suhrkamp taschenbuch
wissenschaft 1639

Während der Bezug auf Semiotik, Diskurstheorie und Dekonstruktion in vielen Geisteswissenschaften längst zu den intellektuellen Selbstverständlichkeiten gehört, steht der *linguistic turn* in der Geschichtswissenschaft immer noch im Verdacht, den Historikern den Sinn für die Wirklichkeit zu rauben. Führende Vertreter des Fachs wähnen sich »am Rande des Abgrunds«, befürchten »das Ende der Geschichte als Wissenschaft« und verfassen eine »Defense of History«.

Im neuen Buch von Philipp Sarasin wird diese äußerst polemisch geführte Debatte über die Grundlagen der Geschichtswissenschaft aufgenommen. In acht zum Teil noch unveröffentlichten Aufsätzen werden die erkenntnistheoretischen Grundlinien einer diskursanalytischen Geschichtsschreibung geprüft und ihre Möglichkeiten im Feld der Kulturgeschichte empirisch ausgelotet.

Philipp Sarasin ist Professor für Neuere Geschichte an der Universität Zürich. Im Suhrkamp Verlag hat er mit Jakob Tanner den Band *Physiologie und industrielle Gesellschaft. Studien zur Verwissenschaftlichung des Körpers im 19. und 20. Jahrhundert* (stw 1343) herausgegeben. Außerdem ist von ihm erschienen: *Reizbare Maschinen. Eine Geschichte des Körpers 1765-1914* (stw 1524).

Philipp Sarasin
Geschichtswissenschaft und Diskursanalyse

Suhrkamp

Bibliografische Information Der Deutschen Bibliothek
Die Deutsche Bibliothek verzeichnet diese Publikation in der
Deutschen Nationalbibliografie
http://dnb.ddb.de

suhrkamp taschenbuch wissenschaft 1639
Erste Auflage 2003
© Suhrkamp Verlag Frankfurt am Main 2003
Suhrkamp Taschenbuch Verlag
Druck: Nomos Verlagsgesellschaft, Baden-Baden
Printed in Germany
Umschlag nach Entwürfen von
Willy Fleckhaus und Rolf Staudt
ISBN 3-518-29239-0

1 2 3 4 5 6 – 08 07 06 05 04 03

Inhalt

Vorwort

Zu den heute noch bekannten Bonmots von Karl Marx gehört die Bemerkung, dass die Menschen wohl »ihre eigene Geschichte machen, aber [...] nicht aus freien Stücken«, weil die »vorgefundenen, gegebenen und überlieferten Umstände« sie daran hindern.[1] Welche »Umstände«? Objektivitäten der wirklichen Geschichte, Fakten jenseits der erträumten, in Diskursen herbeigeredeten und der nachträglich erinnerten Geschichte, ökonomische Strukturen und politische Verhältnisse? Ein Irrtum, denn Marx ist überraschender, als man denkt. Die »Umstände« sind nichts anderes als »die Tradition aller toten Geschlechter«, die wie ein »Alp auf dem Gehirne der Lebenden lastet« – die Tradition alter »Namen, Schlachtparolen, Kostüme«, deren sich selbst Revolutionäre jeweils bedienen, »um in dieser altehrwürdigen Verkleidung und mit dieser erborgten Sprache die neue Weltgeschichtsszene aufzuführen«. Selbst die Urszenen der Moderne, Luther und die Französische Revolution, sind nicht Geschichte »aus freien Stücken«, sondern erscheinen »maskiert«, »drapiert« und als Parodie, als farcenhafte Verdoppelung ursprünglicher Dramen.[2] Bei Marx wurde aus dem Bonmot noch keine Theorie; heute aber lässt sich sein Geistesblitz wieder aufnehmen: Die Sprache der Tradition ist nicht nur dem Handeln vorgängig, in die erborgte Sprache müssen sich die handelnden Subjekte auch unumgänglich einschreiben, um überhaupt etwas sagen und um, drapiert mit alten Kostümen, die Dispositive der Macht in parodistischer Wiederholung vielleicht verändern zu können.[3]

Sprache ist hinderlich und unumgänglich, sie ist Alptraum und Gesetz zugleich. Geschichte ist nicht verständlich, wenn man nicht die alten Namen, Parolen, Kostüme und Sprachen kennt, in deren signifizierenden Formen das Handeln der Subjekte und damit auch das historisch Neue erscheint. Diese Tradition ist ein klebri-

---

1 Karl Marx: »Der achtzehnte Brumaire des Louis Bonaparte«, in: ders. und Friedrich Engels, *Werke*, Bd. 8, Berlin: Dietz 1988 (1960), S. 115.
2 Marx, »Der achtzehnte Brumaire des Louis Bonaparte«, S. 115.
3 Vgl. Judith Butler: *Psyche der Macht. Das Subjekt der Unterwerfung*, Frankfurt am Main: Suhrkamp 2001, S. 32.

ges, zähes Diskursives, genauso wie jene Kostüme, die die Subjekte wohl wechseln, nicht aber abstreifen können. Die »Gehirne der Lebenden« und ihr »Geschichte-Machen« haben immer Sprachform. Ein Alptraum für manche Historiker.

Die in diesem Band versammelten Texte versuchen von verschiedenen Seiten das Verhältnis von Geschichte und Sprache zu beleuchten. Das geschieht in einem Moment, in dem der »Grundlagenstreit in der Geschichtswissenschaft«[4] um die angebliche Bedrohung der historischen Wahrheit durch Diskurstheorien wohl nicht zu einer Lösung gefunden, sich aber allem Anschein nach aus purer Erschöpfung der Beteiligten beruhigt hat und die Historikerinnen und Historiker wieder ihrem pragmatischen Tagesgeschäft nachgehen. Fürs Tagesgeschäft geschrieben sind auch die Texte in diesem Band. Sie sind in den letzten acht Jahren entstanden, weil ich verstehen wollte, ob und wie sich mit dem poststrukturalistischen Konzept des Diskurses arbeiten lässt und wie unter dieser Perspektive so unterschiedliche historische Gegenstände wie der Körper, der Taylorismus, Nationen, die Bakteriologie oder die Politik der Schweiz im Zweiten Weltkrieg erforscht werden könnten. Die Spuren der ersten Erkundungen in diesem Feld habe ich verwischt, um den Leserinnen und Lesern zu ersparen, sie nachvollziehen zu müssen; ansonsten aber reflektiert diese Sammlung die Unabgeschlossenheit meiner Überlegungen. Das hat neben allen ihnen immanenten Schwächen auch einen systematischen Grund. Diskursanalyse beziehungsweise Diskurstheorie ist keine Methode, die man »lernen« könnte, sondern sie erscheint mir eher als eine theoretische, vielleicht sogar philosophische Haltung. Philosophiehistoriker können zeigen, dass im Grunde schon mit dem Deutschen Idealismus, genauer noch mit Fichte, jene moderne Bewegung einsetzte, dem Denken die *wahre* Erfassung der Dinge in der Welt »in Freiheit« zu ermöglichen – und nicht wie noch bei Kant die bloße schematische Abbildung eines Dings an sich; damit aber ging der letzte Grund dieser Wahrheit zugleich für immer verloren.[5] Der Anspruch auf Wahrheit ist für eine diskursanalytische

---

4 Rainer Maria Kiesow und Dieter Simon (Hg.): *Auf der Suche nach der verlorenen Wahrheit. Zum Grundlagenstreit in der Geschichtswissenschaft.* Mit Beiträgen von Lorraine Daston, Egon Flaig u. a., Frankfurt am Main, New York: Campus 2000.

5 Gerhard Gamm: *Der deutsche Idealismus. Eine Einführung in die Philosophie von Fichte, Hegel und Schelling,* Stuttgart: Reclam 1997, »Einleitung«.

Geschichtsschreibung genauso selbstverständlich und genauso unverzichtbar wie für jede »realistische« Historiografie, aber sie kann sich nicht mehr in der Gewissheit wiegen, dass ihre Aussagen in einem zwingenden und daher einzig wahren Korrespondenzverhältnis zu den »Fakten« stehen. Denn auch die »Fakten« haben immer schon Masken getragen, auf falsche Namen gehört und in erborgten Sprachen neue Geschichten erzählt.

Zürich, im Juli 2002

Geschichtswissenschaft und Diskursanalyse

Lange Jahre nach dem *linguistic turn* noch über das Verhältnis von Geschichtswissenschaft und Diskurstheorie beziehungsweise Diskursanalyse zu schreiben, mutet paradox an. Denn von einem epistemologischen *turn* zu reden, scheint doch nahe zu legen, diesen als verbindlich anzusehen. Wer wollte noch zu jenen gehören, die ihn nicht mitgemacht haben oder die nicht zumindest wissen, wie angesichts von Sprachphilosophie, Semiotik und Diskurstheorie zu argumentieren wäre …? Tatsächlich verhält es sich jedoch umgekehrt: Der postmoderne *turn* steht im Verdacht, den Historikern den Sinn für die Wirklichkeit zu rauben; führende Vertreter des Fachs wähnen sich daher schon »am Rande des Abgrunds«,[1] befürchten »das Ende der Geschichte als Wissenschaft«[2] und einer von ihnen verfasst eine »Defense of History«.[3] Dass Peter Schöttler in der angesehenen Zeitschrift *Geschichte und Gesellschaft* fragen durfte »Wer hat Angst vor dem *linguistic turn*?«,[4] hat die Gemüter ebenso wenig beruhigt wie Jörn Rüsens Hinweis, dass schon Ranke von der faktenorientierten Geschichtswissenschaft sagte, sie sei als interpretierende immer »zugleich Kunst«; dasselbe lässt sich von Jacob Burckhardt zeigen.[5] Als Historiker über den *linguistic turn* und seine diskursanalytischen und dekonstruktivistischen Methoden nachzudenken, bedeutet daher grundsätzlich auch, das Selbstverständnis der Geschichtsschreibung als Wissenschaft zu reflektieren. Dazu sollen im Folgenden nicht nur einige Grundlinien der Epistemologie der ›traditionellen‹ Geschichtswissenschaft noch einmal kurz

1 Roger Chartier: *Au bord de la falaise. L'historien entre certitudes et inquiétude*, Paris: Albin Michel 1998.
2 Georg G. Iggers: *Geschichtswissenschaft im 20. Jahrhundert*, Göttingen: Vandenhoeck 1993, S. 87.
3 Richard J. Evans: *Fakten und Fiktionen. Über die Grundlagen historischer Erkenntnis*, Frankfurt am Main: Campus, 1999 (*In Defense of History*, London 1997).
4 Peter Schöttler: »Wer hat Angst vor dem ›linguistic turn‹?«, in: *Geschichte und Gesellschaft* 23, 1997, 1, S. 134-151.
5 Jörn Rüsen: *Historische Orientierung. Über die Arbeit des Geschichtsbewußtseins, sich in der Zeit zurechtzufinden*, Köln: Böhlau, 1994, S. 202 f.; Hans-Jürgen Goertz: *Unsichere Geschichte. Zur Theorie historischer Referentialität*, Stuttgart: Reclam 2001, S. 16.

skizziert werden, sondern auch jene der poststrukturalistischen Diskurstheorie, obwohl die Allesleser unter ihren Verächtern das selbstverständlich alles schon wissen – oder sich vom freundlichen Referat-Stil eines Georg G. Iggers darüber unterrichten ließen, dass die »Sprachtheorie« von Barthes bis Derrida »gleichzeitig Nutzloses und Sinnvolles enthält«.[6] Ich werde argumentieren, dass im Gegensatz zu einer solchen scheinbaren Erledigung der Diskussion diese weiterhin auf eine produktive Weise offen ist beziehungsweise offen zu halten sei.[7] Der in diesem Sinne offene »Grundlagenstreit in der Geschichtswissenschaft«[8] um die Frage der »historischen Wahrheit«, wie sie von Evans, Wehler, Chartier und anderen aufgeworfen wurde, wobei die Schimäre »der« postmodernen Geschichtswissenschaft auf der Anklagebank sitzt, wird allerdings reichlich hysterisch geführt.[9] Es scheint mir daher geboten, in einiger Ruhe und Ausführlichkeit die erkenntnistheoretischen und methodischen Voraussetzungen der Geschichtsschreibung und die Möglichkeiten der diskurstheoretischen Begründung einer Kulturgeschichte im weiten Sinne des Begriffs zu prüfen.

1. Der *linguistic turn* in der Geschichtswissenschaft

In der sozial- und geisteswissenschaftlichen Diskussion fungiert der Begriff des *linguistic turn* seit Richard Rortys gleichnamigem Sammelband[10] von 1967 als kleinster gemeinsamer Nenner all jener epistemologischen Positionen, die die konstitutive Rolle der Sprache

6 Georg G. Iggers, »Zur ›Linguistischen Wende‹ im Geschichtsdenken und in der Geschichtsschreibung«, in: *Geschichte und Gesellschaft* 21, 1995, H. 4, S. 557-570.

7 Siehe dazu im deutschsprachigen Raum vor allem Achim Landwehr: *Geschichte des Sagbaren. Einführung in die Historische Diskursanalyse*, Tübingen: edition discord 2001 (Historische Einführung), sowie Goertz, *Unsichere Geschichte*, 2001.

8 Rainer Maria Kiesow und Dieter Simon (Hg.): *Auf der Suche nach der verlorenen Wahrheit. Zum Grundlagenstreit in der Geschichtswissenschaft* (Mit Beiträgen von Lorraine Daston, Egon Flaig u. a.), Frankfurt am Main, New York: Campus 2000.

9 Zur Besonnenheit mahnt insbesondere Lorraine Daston: »Die unerschütterliche Praxis«, in: Kiesow/Simon (Hg.), *Auf der Suche nach der verlorenen Wahrheit*, S. 13-25.

10 Richard Rorty (Hg.): *The Linguistic Turn: Recent Essays in Philosophical Method*, Chicago: University of Chicago Press 1992 (1967).

beziehungsweise von Symbolsystemen nicht nur für die Erkenntnis der Wirklichkeit, sondern auch für die Wirklichkeit selbst betonen. Was das im Detail heißt und impliziert, wird im Folgenden noch zu erläutern sein; festzuhalten ist zuerst bloß eine auffallende zeitliche Übereinstimmung: 1966, dem »année lumière« des Strukturalismus in Frankreich,[11] erschienen unter anderem Michel Foucaults *Les mots et les choses*,[12] Jacques Lacans *Écrits*,[13] Roland Barthes' Aufsatz *Introduction à l'analyse structurale des récits*[14] und in New York Berger/Luckmanns *Social Construction of Reality*;[15] im selben Jahr wie Rorty, 1967, publizierte Jacques Derrida die *Grammatologie* und die Aufsatzsammlung *L'écriture et la différence*;[16] Foucaults diskurstheoretisches Methodenbuch *Archéologie du savoir* folgte dann 1969.[17] Trotz zum Teil gewichtiger theoretischer Unterschiede im Einzelnen konvergieren vor allem die französischen Texte in einer Auffassung des Verhältnisses von Realität und Zeichen, die dem Zeichen den bloßen Abbildcharakter abspricht und ihm im Gegenzug die Funktion der Konstruktion sowohl gesellschaftlicher Wirklichkeit als auch der erkannten, geordneten Natur auflädt. (Berger/Luckmanns Ansatz ist insofern weit weniger radikal, als es den Autoren einzig um die sprach- und handlungsvermittelte Konstruktion *sozialer* Wirklichkeit geht; dabei beziehen sie sich nicht wie die französischen Autoren auf die Sprachtheorie von Ferdinand de Saussure und den Strukturalismus von Lévi-Strauss, sondern auf die Phänomenologie von Edmund Husserl und Alfred Schütz.)

11 François Dosse: *Histoire du structuralisme*, I: »Le champ du signe, 1945-1966«, II: »Le chant du cygne, 1967 à nos jours«, Paris: éditions la découverte, 1991, Bd. 1, S. 384 f.

12 Michel Foucault: *Die Ordnung der Dinge. Eine Archäologie der Humanwissenschaften*, Frankfurt am Main: Suhrkamp 1978 (*Les mots et les choses*, Paris 1966).

13 Jacques Lacan: *Écrits*, Paris: du Seuil 1966.

14 Roland Barthes: »Introduction à l'analyse structurale des récits«, in: *Communications* (1966) 8, S. 1-27.

15 Peter L. Berger und Thomas Luckmann: *Die gesellschaftliche Konstruktion der Wirklichkeit. Eine Theorie der Wissenssoziologie*, Frankfurt am Main: S. Fischer, 1977 (New York 1966).

16 Jacques Derrida: *Grammatologie*, Frankfurt am Main: Suhrkamp 1990 (Paris 1967); ders.: *Die Schrift und die Differenz*, Frankfurt am Main: Suhrkamp 1994 (Paris 1967).

17 Michel Foucault: *Archäologie des Wissens*, Frankfurt am Main: Suhrkamp 1981 (1. Auflage 1973; Paris 1969).

1.1. Rückblende: »Sinn« in der Geschichtswissenschaft vor dem linguistic turn

Um die Reaktionen der Historiker auf den *linguistic turn* (1.2.) zu verstehen, ist es notwendig, sich zuerst zu vergegenwärtigen, wie sich in der Geschichtswissenschaft die Frage nach dem »Sinn« vor dem *turn* gestellt hat, das heißt die Frage nach dem, was seit Max Weber der die historischen Subjekte integrierende »Sinnzusammenhang« heißt, und damit die Frage danach, wie man diesen erforscht und darstellt. Dazu haben sich, wie ich im Folgenden kurz zeigen möchte, vor allem in der deutschen Geschichtswissenschaft verschiedene Strategien herausgebildet: Die klassische des Historismus, der von den Intentionen bedeutender historischer Subjekte ausgeht; die Abkehr der Historischen Sozialwissenschaft von solchen Fragen überhaupt; dann die partielle Übernahme der französischen Mentalitätsgeschichte; schließlich die Alltagsgeschichte der achtziger und neunziger Jahre des 20. Jahrhunderts als eine Neo-Spielart des Historismus. Auf die neuere Kulturgeschichte, die sich schon in einer Zeit »nach« dem *linguistic turn* positioniert, komme ich später zurück.

Bei Wilhelm von Humboldt ist Geschichtsschreibung die »Darstellung des Strebens der Idee, Dasein in der Wirklichkeit zu gewinnen«.[18] Die Erkenntnis dieser »Ideen« setzt voraus, dass sie in den Bewusstseinsakten der Subjekte durch den hermeneutischen Verstehensakt fassbar sind, das heißt dass sie sich vor allem bei den »großen Individuen«[19] als bewusste, rationale Intentionen zeigen. Indem der Historiker diese *interpretiert*, deutet er die *Real*geschichte.[20] Das bewusst sprechende Subjekt wurde damit zum Ankerpunkt der Geschichtswissenschaft; zwischen ihm und dem Historiker garan-

---

18 Wilhelm von Humboldt, *Über die Aufgabe des Geschichtsschreibers*, Leipzig: Insel 1919, S. 35.

19 Jacob Burckhardt: *Weltgeschichtliche Betrachtungen*, hg. von Werner Kaegi, Bern: Haupt 1941, S. 42. Die Konzentration auf ›bedeutende‹ Individuen ist für das historistische Argument zwar nicht notwendig (der ›Geist‹ *kann* auch aus dem Munde ›Unbedeutender‹ sprechen), aber sie prägte im Ganzen doch den Stil historistischer Geschichtsschreibung.

20 Johann Georg Droysen: *Historik* (historisch-kritische Ausgabe von P. Leyh), Stuttgart-Bad Cannstatt: Frommann-Holzboog 1977, S. 22, vgl. 365, 404; vgl. Jörn Rüsen, *Konfigurationen des Historismus*, Frankfurt am Main: Suhrkamp 1993, S. 259-261.

tierte ein kantisches »großes Ich der Menschheit«[21] die Übereinstimmung zwischen Historikersprache und dem Sprechen der historischen Subjekte.

In kritischer Absetzung von dieser doppelten Idealisierung des Subjekts[22] hat sich in der Historischen Sozialwissenschaft die Frage nach dem Sinn und mit ihm das Subjekt verflüchtigt. Die Formel von Jürgen Habermas, dass »der historische Zusammenhang nicht in dem aufgeht, was die Menschen wechselseitig intendieren«,[23] wurde von Jürgen Kocka programmatisch als Basis-Argument für eine nichthermeneutische, sondern theoriegeleitete, von Individuen und Einzelfällen absehende, das heißt generalisierende und strukturanalytische Geschichtsschreibung vorgebracht.[24] »Ereignisse, Handlungen und Personen [sind] soweit irgend möglich strukturgeschichtlich zu erfassen«; der »Rest«, der sich der Systematisierung des Materials im Rahmen explikativer Generalisierungsstrategien nicht fügt, bleibt der Erzählung überlassen.[25] Vor allem in ihrer Konstitutionsphase bis in die frühen 1980er Jahre hat die Historische Sozialwissenschaft faktisch die den gesellschaftlichen Prozess determinierenden Strukturen als sozioökonomischen Zusam-

21 J. G. Droysen, *Historik*, S. 22, 366, 380; vgl. Burckhardt, *Weltgeschichtliche Betrachtungen*, S. 50; von Humboldt, *Über die Aufgabe*, S. 10; vgl. auch S. 23; vgl. Herbert Schnädelbach, *Philosophie in Deutschland 1831-1933*, Frankfurt am Main: Suhrkamp 1983, S. 63-67.

22 Mit ihren Wirkungen bis heute, vor allem dank der durch Gadamer restaurierten hermeneutischen Epistemologie. Vgl. die überzeugende Gadamer-Kritik bei K.-G. Faber, *Theorie der Geschichtswissenschaft*, München: Beck 1982 (5. Aufl.), S. 116-127; vgl. auch die ungebrochene positive Gadamer-Auslegung bei St. Fuchs und M. Wingens: »Sinnverstehen als Lebensform. Über die Möglichkeiten hermeneutischer Objektivität«, in: *Geschichte und Gesellschaft*, 1986, H. 4, S. 477-501, und bei Ute Daniel: »Quo vadis, Sozialgeschichte? Kleines Plädoyer für eine hermeneutische Wende«, in: Winfried Schulze (Hg.): *Sozialgeschichte, Alltagsgeschichte, Mikro-Historie*, Göttingen: Vandenhoeck & Ruprecht 1994, S. 54-64.

23 Jürgen Habermas: *Zur Logik der Sozialwissenschaften. Materialien*, Frankfurt am Main: Suhrkamp 1977 (1970), S. 116.

24 Jürgen Kocka: »Theorien in der Sozial- und Gesellschaftsgeschichte. Vorschläge zur historischen Schichtungsanalyse«, in: *Geschichte und Gesellschaft*, 1975, H. 1, S. 10-11.

25 Jürgen Kocka: *Sozialgeschichte. Begriff – Entwicklung – Probleme*, Göttingen: Vandenhoeck & Ruprecht 1977, S. 76-77; ders., »Zurück zur Erzählung? Plädoyer für historische Argumentation«, in: ders., *Geschichte und Aufklärung. Aufsätze*, Göttingen: Vandenhoeck & Ruprecht 1989, S. 8-20.

menhang nichtintendierter Handlungsfolgen identifiziert. Zwar wurde zuweilen recht pauschal konzidiert, dass auch »Gebräuche und Gewohnheiten, unbewußte Verhaltensformen und kollektive Mentalitäten, Religions- und Wertsysteme«[26] Strukturen seien – aber offenbar nicht die (fast) alles erklärenden. »Kultur« erschien meist als bloß deskriptiver Zusatz, welcher gegenüber der Analyse sozioökonomischer Strukturen kein Gewicht hatte.[27] Konzeptionell hat hermeneutisches Sinnverstehen – meist als Ideologiekritik auf der Basis einer Beschreibung »der« Realität – zwar Platz im Methoden-Set der Historischen Sozialwissenschaft und sind Kulturanalysen nicht ausgeschlossen,[28] doch zu einem eigentlichen Forschungskonzept mit einer entsprechenden Methodenreflexion hat sich dies nie entwickelt. Dass Hans-Ulrich Wehler in seiner Streitschrift *Die Herausforderung der Kulturgeschichte*[29] von 1998 Pierre Bourdieu in den sozialwissenschaftlichen Götterolymp aufgenommen hat, war nur möglich, weil Bourdieus Kulturtheorie durchwegs sozial-reduktionistisch argumentiert, wie ich weiter unten kurz zeigen werde.

Entsprechend der Trennung von strukturell Erfassbarem und dem »Rest« wird das historische Subjekt als zweckrational handelndes konzipiert, eine idealtypische Konstruktion, die Max Weber allerdings mit der Einsicht darüber verknüpfte, dass über die Werte und Ziele dieses Subjekts nicht rational entschieden werden könne (was offen lässt, inwieweit diese Ziele selbst rational sind).[30] Aus dem vor dem Hintergrund des Nationalsozialismus begreiflichen Interesse an historischer Objektivität *und* herrschaftskritischer Rationa-

---

26 Ein etwas begriffloses Sammelsurium … (Kocka, *Sozialgeschichte*, S. 77).

27 Vgl. zum Beispiel Gerhard A. Ritter und Klaus Tenfelde: *Arbeiter im Deutschen Kaiserreich 1871 bis 1914*, Bonn: Dietz 1992, wo von 838 Textseiten deren rund 40 – also nicht einmal 5 % – die »Sozialisation durch Schule und Bildung« und der »Arbeiterkultur« übrig blieben.

28 Kocka, *Sozialgeschichte*, S. 75; vgl. die Aussagen zur Geschichtswissenschaft allgemein in Jörn Rüsen und Friedrich Jaeger: »Historische Methode«, in: *Fischer Lexikon Geschichte*, hg. von Richard von Dülmen, Frankfurt am Main: Fischer 1990, S. 21.

29 Hans-Ulrich Wehler: *Die Herausforderung der Kulturgeschichte*, München: Beck 1998.

30 Vgl. Max Weber: *Wissenschaft als Beruf*, Berlin: Duncker und Humblot 1975, S. 28; Wolfgang Schluchter: *Religion und Lebensführung*, Band 1: *Studien zu Max Webers Kultur- und Werttheorie*, Frankfurt am Main: Suhrkamp 1991, S. 51; Rogers Brubaker: *The Limits of Rationality. An Essay on the Social and Moral Thought of Max Weber*, London etc.: George Allen and Unwin 1984.

lität[31] forderte Jürgen Kocka 1986, die Prinzipien wissenschaftlicher Rationalität »als Kriterien zur Abwägung konkurrierender Werte, Handlungsziele und Interessen im Bereich des privaten wie des gesellschaftspolitischen Handelns einzusetzen«.[32] Diese an Webers Grenzbegriff der »Persönlichkeit« orientierte virtuelle Überbrückung des Bruchs zwischen Sein und Sollen[33] droht in der historischen Analyse das Sprechen und Handeln von Subjekten unter der Hand am Rationalitätsmodell des Wissenschaftler zu messen (der sich auf »Meta-Werte«[34] stützt), was nicht nur zu den schon ausführlich kritisierten Anachronismen und Ethnozentrismen[35] führen kann, sondern zugleich wiederum jenen »Rest« zum Verschwinden bringt, den man als die nicht in Argumente einlösbaren ›Anteile‹ am Subjekt bezeichnen könnte: Dieses wird so auf seine vornehmlich an ökonomische »Interessen« und rational rekonstruierbare »Weltbilder« zuweisbaren Konturen festgelegt.[36] Dieses Subjekt handelt weder »irrational« noch nach »freiem Willen«, sondern »zweckvoll-rational«, nach Maßgabe der im Rahmen des Möglichen liegenden Handlungszwecke.[37] Einzig die Wahl dieser Ziele ist von dem in Weltbildern gespeicherten Sinn gesteuert; diese »Sinngebung« erscheint der subjektiven Introspektion, wie sie allein der

31 Winfried Schulze: *Deutsche Geschichtswissenschaft nach 1945*, München: R. Oldenbourg 1989, S. 201 f., 281-285; Hans-Ulrich Wehler: »Selbstverständnis und Zukunft der westdeutschen Geschichtswissenschaft«, in: *Geschichtswissenschaft vor 2000. Perspektiven der Historiografiegeschichte, Geschichtstheorie, Sozial- und Kulturgeschichte* (Festschrift G. G. Iggers), hg. von K. H. Jarausch, J. Rüsen, H. Schleier, Hagen: Margit Rottmann 1991, S. 68-71.

32 Jürgen Kocka: »Max Webers Bedeutung«, in: ders. (Hg.): *Max Weber als Historiker*, Göttingen: Vandenhoeck & Ruprecht 1986, S. 16.

33 Max Weber: »Die ›Objektivität‹ sozialwissenschaftlicher und sozialpolitischer Erkenntnis«, in: *Gesammelte Aufsätze zur Wissenschaftslehre*, Tübingen: J. C. B. Mohr (Paul Siebeck) 1988 (7. Auflage), S. 147-214, v. a. S. 151. Für wertvolle Hinweise danke ich Hubert Treiber.

34 Kocka, »Max Webers Bedeutung«, S. 16.

35 Hans Medick: »»Missionare im Ruderboot? Ethnologische Erkenntnisweisen als Herausforderung an die Sozialgeschichte«, in: Alf Lüdtke (Hg.): *Alltagsgeschichte. Zur Rekonstruktion historischer Erfahrungen und Lebensweisen*, Frankfurt am Main, New York: Campus 1989, S. 48-84.

36 Vgl. Max Weber: »Die Wirtschaftsethik der Weltreligionen«, in: *Gesammelte Aufsätze zur Religionssoziologie I*, Tübingen: J. C. B. Mohr (Paul Siebeck) 1988 (1920), S. 252.

37 Max Weber: »Roscher und Knies und die logischen Probleme der historischen Nationalökonomie«, in: *Wissenschaftslehre*, S. 133.

»Persönlichkeit« ganz gelingt, als »letzte[r] Wertmaßstab« der subjektiven Handlungsziele.[38] Auch wenn Weber wusste, dass diese idealtypische, nach dem Modell des Puritaners gebaute Konstruktion nicht unbedingt der Wirklichkeit entspricht,[39] so gilt doch, dass das Weber'sche Subjekt nicht nur rational handelt, sondern sich selbst auch vollständig durchsichtig ist: Obwohl es in überindividuellen »Sinnzusammenhängen« steht, kann es sich *idealiter* auf eine »denkende Besinnung auf die letzten Elemente [seines] sinnvollen Handelns«, seines »in letzter Linie Gewollten« stützen – und daher widerspruchsfrei, das heißt rational handeln.[40] Das heißt umgekehrt aber auch: Der auf kulturellen Systemen basierende Sinn strukturiert das Denken, Wollen und Handeln des Subjekts nur insofern, als dieses sich in einer autonomen, selbsttransparenten Reflexion auf die *letzten* Gründe (!) seiner Wahl von Handlungszielen diese vielfältigen Deutungsangebote zu eigen macht, ohne dabei an persönlicher Kohärenz und Rationalität zu verlieren.

Das entspricht nun in den wesentlichen Zügen auch der »Kapital«-Theorie Pierre Bourdieus. Diese besagt, dass Individuen nicht einfach »den Strukturen« unterworfen sind, sondern innerhalb eines Sets struktureller Faktoren (Klassenstruktur und Habitus) die Möglichkeit haben, im Medium einer rationalen Wahl ihre diversen »Kapitale« – ökonomische, soziale, symbolische – zu optimieren, indem sie mit ihnen einen regen Handel treiben.[41] Bourdieu bleibt allerdings explizit dem Modell der *rationalen* Wahl treu (deren Rationalität sich gut hegelsch natürlich daran misst, dass sie den Linien des objektiv Möglichen folgt[42]) – und damit dem rationalen Subjekt. Und er bleibt überdies Funktionalist: Die Aneignungspraktiken funktionieren streng im Sinne der Optimierung der eige-

---

38 Weber, »Objektivität ...«, S. 149-151.

39 Vgl. die Bemerkung, dass die idealtypische Konstruktion des rationalen Handelns alle »irrationalen, affektuell bedingten Sinnzusammenhänge des Sichverhaltens« ausblende, womit »die Gefahr rationalistischer Deutungen am unrechten Ort naheliegt.« (Max Weber: *Wirtschaft und Gesellschaft. Grundriss der verstehenden Soziologie*. Fünfte, revidierte Auflage, besorgt von Johannes Winckelmann, Tübingen: J. C. B. Mohr [Paul Siebeck] 1980 S. 2 f.).

40 Weber, »Objektivität ...«, S. 149.

41 Siehe dazu im Wesentlichen Pierre Bourdieu: *Sozialer Sinn. Kritik der theoretischen Vernunft*, Frankfurt am Main: Suhrkamp 1987.

42 Pierre Bourdieu: *Entwurf einer Theorie der Praxis auf der Grundlage der kabylischen Gesellschaft*, Frankfurt am Main: Suhrkamp 1979, S. 149-166.

nen realen und symbolischen Kapitalpositionen.[43] Dass Subjekte, geleitet von »kulturellen Systemen« (Geertz), Dinge tun, die ihre im weitesten Sinne soziale Position nicht verbessern oder auch nur stabilisieren, ist in diesem Modell zumindest eine stark unterbelichtete Möglichkeit.[44]

Es ist für das gesamte Verhältnis der neueren und gerade der fortschrittlichen, der sozialwissenschaftlich eingestellten Geschichtswissenschaft in Deutschland entscheidend, dass die Historische Sozialwissenschaft in der Tradition des Historismus und Max Webers *cum* Bourdieu[45] kulturelle Strukturen meist mit intentionalem Sinn rationaler Subjekte und diesen mit hermeneutischem Verstehen identifiziert hat.[46] Das hat den Nachteil, dass dieser Schule der deutschen Historiografie damit »das Interesse an ›meaning‹ [als ein] geradezu revisionistische[s] Programm«[47] erscheint, weil so die Intentionalität des historistischen Subjekts wieder als Ankerpunkt der Geschichtswissenschaft restauriert würde. Ist es also möglich, von Bedeutung zu reden, ohne sich damit gleich die Altlasten der Intentionalität als Urgrund des Denkens aufzuladen? Die Alltagshistorikerinnen und -historiker haben seit den späten 1970er Jahren damit begonnen, die Erfahrungen, Wahrnehmungen und Deutungen der Subjekte ins Zentrum ihrer Überlegungen zu stellen. Das Subjekt und sein Alltag werden hier als Ort konzipiert, an dem die Vermittlung von Struktur und Ereignis, von bedingenden Umständen und Handlung geschieht, weil, wie Thomas Nipperdey schon 1973 bemerkte, Strukturen nicht ohne vermittelnde Deutungsprozesse auf das Handeln durchschlagen.[48] Eine zentrale Rolle bei die-

43 Vgl. Bourdieu, *Sozialer Sinn*, zum Beispiel S. 32-36.

44 Vgl. Bourdieu, *Entwurf*, S. 167 f. Siehe zu dieser Kritik auch Peter Schöttler, »Mentalitäten, Ideologien, Diskurse …«, S. 129, Anm. 82.

45 Wehler, *Die Herausforderung der Kulturgeschichte*, S. 15-44.

46 Eine Gleichsetzung, die ihre philosophische Validierung dann bei Habermas findet: Jürgen Habermas: *Theorie des kommunikativen Handelns*. Bd. 2: *Zur Kritik der funktionalistischen Vernunft*, Frankfurt am Main: Suhrkamp 1981, zum Beispiel S. 226 und 348; vgl. dazu kritisch Axel Honneth: *Kritik der Macht. Reflexionsstufen einer kritischen Gesellschaftstheorie*, Frankfurt am Main: Suhrkamp 1985, S. 321.

47 Kocka, *Sozialgeschichte*, S. 90; vgl. Rüsen, *Rekonstruktion der Vergangenheit*, S. 35-37.

48 Thomas Nipperdey: »Die anthropologische Dimension der Geschichtswissenschaft«, in: G. Schulz (Hg.), *Geschichte heute. Positionen, Tendenzen und Probleme*, Göttingen: Vandenhoeck & Ruprecht 1973, S. 236.

sem Versuch, die Strukturdeterminiertheiten der Sozialgeschichte aufzubrechen, kommt in jüngster Zeit dem Konzept der *Aneignung* zu. Dieses bezieht sich im Wesentlichen auf Geertz,[49] auf das Konzept der *agency*, den Handlungs- und Gestaltungsmöglichkeiten der eigenen alltäglichen Realität, wie es E. P. Thompson am Beispiel der Entstehung der englischen Arbeiterklasse diskutiert hat.[50] Zentral für diesen Ansatz ist das Anliegen, sich von jedem soziostrukturellen Reduktionismus oder Funktionalismus zu trennen; Alf Lüdtke hat daher darauf insistiert, dass Menschen nicht nur die vorgefundenen »Bilder, Wörter und Grammatiken nutzen«, sondern sie »zugleich je von neuem variieren«[51] – und zwar in individueller Weise, ohne auf Gruppen- oder gar Klasseninteressen Rücksicht zu nehmen. Der Begriff »Eigensinn«, den Lüdtke zur Kennzeichnung dieser Praktiken benutzt, bezeichnet einerseits den Umstand, dass nicht »jedes Verhalten und jede Aktion« auf der Folie rational rekonstruierbarer »Kapital«-Positionen à la Bourdieu »verständlich zu machen« ist. Der entsprechende Anspruch auf Erklärbarkeit vergangenen Verhaltens muss etwa vor der »Rätselhaftigkeit ›der Verhältnisse‹ und dem Grauen vor der Auswegslosigkeit, welches Erfahrungszusammenhänge unterminiert und aufbricht«, versagen.[52]

Das ist zweifellos überzeugend; dennoch stellt sich andrerseits die Frage, ob das Konzept der »Aneignung« und des »Eigensinns« nicht die Eigengesetzlichkeit der symbolischen Strukturen unterschätzt, so dass dann bloß noch deren »Aneignung« ein Forschungsproblem darzustellen scheint. Und überdies fällt auf, dass unter dem Zeichen der »Aneignung« das Subjekt des Eigensinns oft wunderbar bewusst

49 Siehe zum Beispiel Clifford Geertz: »Person, Zeit und Umgangsformen auf Bali«, in: ders.: *Dichte Beschreibung. Beiträge zum Verstehen kultureller Systeme*, Frankfurt am Main: Suhrkamp 1983, S. 192-195.

50 Vgl. auch E. P. Thompsons Auseinandersetzung mit dem Strukturalismus von Louis Althusser in: *Das Elend der Theorie. Zur Produktion geschichtlicher Erfahrung*, Frankfurt am Main, New York: Campus 1980.

51 Alf Lüdtke: »Geschichte und *Eigensinn*«, in: *Alltagskultur, Subjektivität und Geschichte. Zur Theorie und Praxis von Alltagsgeschichte*, hg. von der Berliner Geschichtswerkstatt, Münster: Westfälisches Dampfboot 1994, S. 145-146 (Titelhervorhebung im Original). Vgl. zu einer solchen Position der Aneignung auch Michel de Certeau: *L'invention du quotidien, 1. Arts de faire*, Paris: Gallimard 1990 (nouvelle édition), zum Beispiel S. XXXVIII.

52 Lüdtke, »Geschichte und *Eigensinn*«, S. 148-149.

und strategisch zu handeln scheint. Hält man sich an den programmatischen Aufsatz von Reinhard Sieder »Sozialgeschichte auf dem Weg zu einer historischen Kulturwissenschaft?« von 1994, dann sind »Menschen nicht bloß Marionetten äußerer Bedingungen, nicht Gefangene in Strukturgehäusen, sondern *Akteure*«.[53] Diese seien zwar nicht »autonom«, seien »nicht – wie in der idealistischen Geschichtsauffassung – ›freie Individuen‹«, aber über das bloße Beschwören einer »*Dialektik* von den je und je vorfindlichen Handlungsbedingung und den Praktiken der Akteure«[54] hinaus wird nicht gezeigt, wie dieser nichtidealistische Akteur beschaffen ist. Vielmehr verraten Sieders Ausführungen, dass in einem mit weitestgehenden Geltungsansprüchen überladenen Aneignungs- und Eigensinn-Konzept genau dieses Subjekt wieder aufersteht. Sieder schreibt, die soziale Wirklichkeit sei »doppelt konstituiert«: Auf der einen Seite durch die »Strukturen des Sozialen, des Ökonomischen, des Politischen«, die er zusammenfassend »›die Strukturen‹« nennt, und auf der anderen Seite durch »die Handlungen, Deutungen, Ideologien und Diskurse der Akteure« beziehungsweise die »Handlungen, Deutungen, Ideologien, Diskurse und Mythen«.[55] Nicht nur einzelne, ereignishafte Handlungen und Deutungen, die zumindest als Phänomene ins Feld der Aneignung und der *agency* gehören, stehen »den Strukturen« gegenüber, sondern auch »Ideologien, Diskurse und Mythen«. Das Subjekt ist also in seinem Sprechen keineswegs ideologischen Wahrnehmungsmustern und mythischen Erzählformen *unterworfen*, sondern verfügt über Diskurse wie über seine eigenen strategischen Handlungen und Deutungen im Machtfeld der Kapital(sorten)akkumulation. Das hat Konsequenzen für die historische Forschung. Die »poststrukturale [sic] Sozialgeschichte«, so Sieder, »denkt Strukturen nicht mehr als die zähen Determinanten des Handelns und Deutens, sondern ›strukturell‹ ist eine Eigenschaft der durch Handeln und Deuten hervorgebrachten Verhältnisse«.[56] »Strukturen« sind diesem Konzept zufolge den Subjekten, ihrem Sprechen und ihrem Handeln nicht vorgängig, son-

---

53 Reinhard Sieder: »Sozialgeschichte auf dem Weg zu einer historischen Kulturwissenschaft?«, in: *Geschichte und Gesellschaft* 20, 1994, H. 3, S. 445-468, Zitat S. 448 (Hervorhebung im Original).

54 Sieder: »Sozialgeschichte …«, S. 448 (Hervorhebung im Original).

55 Sieder: »Sozialgeschichte …«, S. 448-449.

56 Sieder: »Sozialgeschichte …«, S. 452.

dern werden selbst von den Subjekten laufend neu hervorgebracht – in mehr oder weniger freien und bewussten Schöpfungsakten, wie man zu folgern sich gezwungen sieht.

Dieser Strukturbegriff stellt zwar die Dinge mit einem semantischen Trick auf den Kopf, löst damit aber keine Probleme. Wer dennoch daran festhält, dass wie auch immer gedachte Strukturen zumindest die Bezeichnung für etwas sind, worüber das Subjekt in seinem Handeln nicht bewusst verfügt – beziehungsweise überhaupt nicht oder nur nachträglich, reflexiv verfügt –, den kann diese Lösung nicht überzeugen. Sieders Umdeutung ist vielmehr ein Indiz dafür, dass es nicht möglich ist, den die Subjekte integrierenden »Sinnzusammenhang« durch deren eigene Intentionen oder Selbstdeutungen hindurch zu erfassen, ohne damit idealistischen Fiktionen zu erliegen oder dann doch wieder strukturfunktionalistisch zu argumentieren. Angesichts dieser manifesten Schwierigkeit schien sich seit den 1970er Jahren auch in Deutschland der Begriff der *Mentalität* aufzudrängen. Obwohl das Konzept der »Mentalität« von Roger Chartier 1989 gleichsam offiziell für erledigt erklärt wurde,[57] soll uns in diesem Rückblick auf verschiedene historiografische Ansätze »vor« dem *linguistic turn* der Versuch von František Graus als Leitfaden dienen, den Ansatz der Mentalitätengeschichte stringent zu fassen.

Graus versteht Mentalitäten als »Muster«, die aus dem Hintergrund des Nicht-Explizierbaren heraus Verhaltensweisen und Meinungen strukturieren, indem sie Grenzen des Sagbaren errichten und Erwartungshorizonte bestimmen.[58] Es sind »funktionierende, oft widersprüchliche, aber immer strukturierte (nie amorphe) Systeme [...], die das Handeln, Fühlen und die Meinungen von Menschen in Gemeinschaften mitbestimmen«.[59] Diese Hintergrundüberzeugungen nennt er ein schwer fassbares »Konglomerat« von in

---

57 Roger Chartier: »Le monde comme représentation«, in: *Annales E. S. C.*, 1989, Nr. 6, S. 1505-1520.

58 František Graus: »Mentalität – Versuch einer Begriffsbestimmung«, in: ders. (Hg.): *Mentalitäten im Mittelalter. Methodische und inhaltliche Probleme*, Sigmaringen: Jan Thorbecke 1987, S. 14-16. Vgl. Jacques LeGoff: »Les mentalités, une histoire ambiguë«, in: ders. und P. Nora (Hg.): *Faire de l'histoire, Bd. 3: Nouveaux objets*, Paris: Gallimard 1974, S. 76-94, siehe etwa die einleitenden Sätze S. 74 (deutsch in: Ulrich Raulff [Hg.]: *Mentalitäten-Geschichte. Zur historischen Rekonstruktion geistiger Prozesse*, Berlin 1987, S. 18-32).

59 Graus, »Mentalität ...«, S. 48.

sich oft widersprüchlichen sowie sozial und regional differenzierten Repräsentationen, Glaubenshaltungen, Verhaltensroutinen, die allesamt nicht in bewusster Rede reflektiert werden können.[60] Graus unterläuft damit den Glauben an das »bei Historikern immer noch so überaus beliebte psychologisierende Einfühlen (Verstehen)« einer Intention.[61] Er fasst Mentalitäten als etwas auf, was »hinter« der Sprache und ihren »Stilisierungen«, hinter allen Äußerungen und Gesten steht – mit anderen Worten: hinter allen rekonstruierbaren Zeichensystemen.[62]

Was bleibt, wenn zwar hinter der Sprache nicht der Geist wohnt, es gleichwohl aber ein »Hinter« der Sprache geben soll? Offenbar der Körper; jedenfalls begreift Graus Mentalität metaphorisch nach einem physiologischen Erklärungsmodell: »Mentalität ist der gemeinsame *Tonus* längerfristiger Verhaltensformen und Meinungen von Individuen innerhalb von Gruppen. [...] Mentalitäten äußern sich sowohl in spezifischer Ansprechbarkeit auf *Impulse* als auch in *Reaktionsformen*.« Und weil sich in solchen Verhaltensformen kein Geist äußert, sondern ein Tonus, kann man sie nicht verstehen, sondern bloß »testen«.[63] Forschungspraktisch läuft sein mentalitätsgeschichtliches Projekt zwar auf die Analyse sprachlicher Äußerungen und deutbarer Handlungen hinaus. Doch die Grenze seines Ansatzes liegt darin, dass seine Abneigung gegen Hermeneutik ihn daran hindert, *Sprache* als analysierbares Medium von Mentalität einzusetzen: Sprache als konkrete Äußerung und Sprache als Zeichensystem, das »hinter« den »Meinungen und Verhaltensweisen« liegt. Graus weiß zwar, »dass ›Sinn‹ jeweils nur durch die Kombination von Elementen entsteht, die isoliert nicht als sinnvoll angesprochen werden können«,[64] aber er kann nicht zeigen, wie das »Konglomerat« der beobachteten Einzelphänomene von einer Sinn ermöglichenden Struktur abhängig ist. Auch die konkrete Genese von Vorstellungen und Verhaltensweisen bleibt gegenüber dem bloßen Feststellen ihrer vielfältigen Tradition und Erscheinungsweisen unterbelichtet. Das ›physiologische‹ Impuls-/Reaktion-Modell be-

60 Graus, »Mentalität ...«, S. 17.
61 Graus, »Mentalität ...«, S. 36, 48.
62 Graus, »Mentalität ...«, etwa S. 35 oder S. 47: »Die eigentliche Aufgabe der Mentalitätsforschung ließe sich als ein Vordringen hinter die Fassade der Stilisierungen definieren.«
63 Graus, »Mentalität ...«, S. 17 (Hervorhebung von mir, Ph. S.), 29, 38.
64 Graus, »Mentalität ...«, S. 14.

schreibt nur Einzelfunktionen der kulturellen Codes wie »Gegensätze« oder die »Kipp-Punkte« zwischen positiven und negativen Wertungen,[65] aber es beschreibt nicht, wie Wissensformen hervorgebracht, verteilt und angeeignet werden.[66]

1.2. Reaktionen der Geschichtswissenschaft auf den lingistic turn

Angesichts der hier rekapitulierten Positionen vor allem der deutschen Geschichtswissenschaft hinsichtlich der Frage des »Sinns« wird deutlich, in welche epistemologischen und methodologischen Kontexte der *linguistic turn* intervenierte. Dabei lassen sich zusammenfassend und mit Blick auf die internationale *mainstream*-Geschichtsschreibung erweitert vor allem zwei grundlegende Züge der Reaktion der Historikerinnen und Historiker auf die Herausforderung des *linguistic turn* unterscheiden: Zum einen ist die Geschichtswissenschaft bis heute de facto mehrheitlich davon überzeugt, dass empirische, objektivierbare »Fakten« aus dem Bereich des politischen Handelns sowie staatlicher und wirtschaftlicher Verhältnisse gleichsam das Gerüst jener Wirklichkeit ausmachen, die Historiker/innen rekonstruieren. Das Gewicht liegt dabei einerseits auf der Betonung der Fakten, der rekonstruierbaren Tatsachen – was auch von vielen »Kulturalisten« nicht bestritten wird –, und andererseits auf der Vorstellung, es gäbe Bereiche gesellschaftlicher Wirklichkeit, die relativ sprachunabhängig funktionieren, wie etwa der Markt oder staatliche Institutionen – was jeder »Kulturalist« natürlich bestreitet.[67] Jedenfalls war vor allem Letzteres – die Annahme von relativ »sprachfreien« und damit »normfreien« ökonomischen und institutionellen Basis-Strukturen[68] – für die alte Politikgeschichte des Historismus wie noch, wie wir gesehen haben, für die historische Sozialwissenschaft Bielefelder Provenienz eine zwingende Voraussetzung historischen Denkens. Für die französische Historiker-Schule um die Zeitschrift *Annales E. S. C.* galt dies nicht

---

65 Graus, »Mentalität …«, S. 38.

66 Dies betont als Postulat hingegen LeGoff, »Les mentalités, une histoire ambiguë«, S. 87 f.

67 Alun Munslow: *The Routledge Companion to Historical Studies*, London: Routledge, 2000, S. 151 f.

68 So auch Habermas, *Theorie des kommunikativen Handelns*, Bd. 2, S. 227.

im selben Maße. Wohl verfolgten die *Annales* beziehungsweise ihre Vordenker, Lucien Febvre, Marc Bloch, Fernand Braudel oder Georges Duby, ebenso wie die deutschen Sozialhistoriker einen strukturgeschichtlichen und sozialwissenschaftlichen Ansatz. Kulturelle, sprachliche beziehungsweise »geistige« Prozesse und Verhältnisse gehören aber als *mentalité* beziehungsweise als »dritte Ebene« mit zu einem Konzept, das neben der *Économie* und der *Société* immer auch die *Civilisation*, das heißt die »Kultur«, umfasste.[69]

Eine signifikante, dabei aber überaus einfluss- und folgenreiche Randposition innerhalb der Geschichtswissenschaft nehmen feministische Historikerinnen und Historiker ein, die im Rahmen der Entwicklung feministischer Theorie schon seit den 1980er Jahren den »Essentialismus« einer angeblich biologisch präfigurierten Geschlechtsidentität kritisierten und daher über die gesellschaftliche, diskursiv vermittelte Konstruktion von Geschlecht zu schreiben begannen.[70] Dabei hat die radikale Position Judith Butlers, die in *Gender Trouble* das biologische Geschlecht als vollständig diskursiv und performativ konstruiert begreift,[71] auch eine gewisse Gegenbewegung ausgelöst. In den heutigen Debatten »nach« dem *linguistic turn* steht bei einigen feministischen Historikerinnen die Frage im Zentrum, ob zum Beispiel der Körper oder Subjektivität als eine letzte Referenz und Grundlage von Erfahrung außerhalb des omnipräsenten Spiels der Diskurse und Zeichen angesehen werden können.[72]

Der zweite Zug, der die *mainstream*-Geschichtswissenschaft angesichts des *linguistic turn* bestimmt, war und ist die Überzeugung,

---

69 Vgl. dazu allgemein Peter Burke: *Offene Geschichte. Die Schule der Annales*, Berlin: Wagenbach 1991.

70 Joan W. Scott: *Gender and the Politics of History*, New York: Columbia University Press 1988; dies.: »Gender. Eine nützliche Kategorie der historischen Analyse«, in: Nancy Kaiser (Hg.): *SELBSTBEWUSST. Frauen in den USA*, Leipzig: Reclam 1994, S. 27-75; vgl. Renate Hof: »Die Entwicklung der Gender Studies«, in: Hadumod Bussmann und dies. (Hg.): *Genus. Zur Geschlechterdifferenz in den Kulturwissenschaften*, Stuttgart: Kröner 1995.

71 Judith Butler: *Das Unbehagen der Geschlechter*, Frankfurt am Main: Suhrkamp 1991 (*Gender Trouble*, 1990).

72 Kathleen Canning: »Feminist History after the Linguistic Turn: Historicizing Discourse and Experience«, in: *Signs: Journal of Women in Culture and Society* 9, 1994, Nr. 2; Lyndal Roper: »Jenseits des linguistic turn«, in: Historische Anthropologie, 1999, H. 3, S. 452-466.

dass die Sprache der Historiker ein genügend kontrollierbares Medium sei, um als hinreichend klarer Spiegel vergangener Wirklichkeit zu gelten. Der kleine Aufsatz von Roland Barthes *Le discours de l'histoire* von 1967, in dem Barthes diese Illusion als einen vom Diskurs der Historiker selbst erzeugten »Realitätseffekt« (»*effet du réel*«) enthüllt, hat die Historiker wenig berührt.[73] Ein bis heute nachwirkender Schock löste hingegen Hayden Whites *Metahistory* von 1973 aus, wo am Beispiel vier herausragender Geschichtsschreiber des 19. Jahrhunderts gezeigt wird, wie sehr die historiografische Repräsentation vergangener Wirklichkeit von der sprachlichen Form dieser Repräsentation, das heißt von grundlegenden Tropen, stilistischen Vorentscheidungen und *plot*-Strukturen geprägt wird: Der Inhalt der erzählten Geschichte erweist sich unter Whites Blick als abhängig von der Form.[74] In Georg G. Iggers' Überblicksdarstellung *Geschichtswissenschaft im 20. Jahrhundert* schrumpft diese Einsicht dann in bezeichnender Weise auf die Schreckensmeldung, »dass Geschichtsschreibung sich von Dichtung nicht unterscheide«.[75] Für Roger Chartier, der den *linguistic turn* als »Angriff« auf die Geschichtswissenschaft versteht, bedeutet dies: »Die am besten gesicherten historiografischen Operationen sind von nun an ohne Objekt, angefangen bei den grundlegenden Unterscheidungen zwischen Text und Kontext, zwischen sozialen Realitäten und symbolischen Ausdrücken, zwischen Diskurs und nichtdiskursiven Praktiken.«[76]

Das alles heißt nicht, dass sich der *linguistic turn* und im engeren Sinne die Diskurstheorie – ich komme auf die Begriffsbestimmung zurück – in der Geschichtswissenschaft nicht auch Gehör verschafft

73 Roland Barthes: »Le discours de l'histoire«, in: *Information sur les sciences sociales* 6, 1967, Nr. 4, S. 65-75, vgl. aber Joan W. Scott: »Nach der Geschichte?«, in: *WerkstattGeschichte* 17, 1997, S. 5-23.

74 Haden White: *The Content of the Form: Narrative Discourse and Historical Representation*, Baltimore: Johns Hopkins University Press, 1987; ders.: *Metahistory. Die historische Einbildungskraft im 19. Jahrhundert*, Frankfurt am Main: S. Fischer 1991 (Baltimore 1973), ders.: »Der historische Text als literarisches Kunstwerk«, in: Christoph Conrad und Martina Kessel (Hg.): *Geschichte schreiben in der Postmoderne. Beiträge zur aktuellen Diskussion*, Stuttgart: Reclam 1994, S. 123-157, vgl. Michel de Certeau: *L'écriture de l'histoire*, Paris: Seuil 1975.

75 Iggers, *Geschichtswissenschaft im 20. Jahrhundert*, S. 87.

76 Roger Chartier: »Zeit der Zweifel. Zum Verständnis gegenwärtiger Geschichtsschreibung«, in: Conrad/Kessel (Hg.), *Geschichte schreiben in der Postmoderne*, S. 84-97, S. 88.

hätten. Im Gegenteil: Vor allem in den USA war und ist ihr Einfluss so groß, dass sich »realistische« Historikerinnen und Historiker von der American Historical Society abgespalten und eine neue Historical Society gegründet haben.[77] Und auch wenn man mit Blick auf die deutschsprachige Geschichtswissenschaft nicht ohne Grund die Widerstände und Verspätungen ihrer von einem Gestus spöttischer Distanz begleiteten Rezeption beklagen kann, dokumentieren einige oft zitierte Aufsätze, Handbucharticel und Sammelbände zumindest den Umstand, dass die entsprechenden Autoren, Texte, Theorien und Argumente im Fach keineswegs unbekannt geblieben sind.[78] Dennoch ist es wohl kein Zufall, dass im 1998 erschienenen, von Hans-Jürgen Goertz herausgegebenen Reader *Geschichte. Ein Grundkurs* der einzige von 38 Beiträgen, der nicht von einer deutschsprachigen Historikerin oder einem deutschsprachigen Historiker stammt, Lynn Hunts Aufsatz *Psychologie, Ethnologie und linguistic turn in der Geschichtswissenschaft* (sic) auf Seite 671 ff. ist – eingereiht in der Abteilung »Impulse aus dem interdisziplinären Gespräch«![79] Auch wenn dieser »Impuls« de facto durchaus zurückhaltend ausfällt und Hunt befürchtet, dass die Historiker unter dem

---

77 Elizabeth Fox-Genovese und Elisabeth Lasch-Quinn (Hg.): *Reconstructing History. The Emergence of a New Historical Society*, London: Routledge 1999.

78 Vgl. vor allem (in chronologischer Reihenfolge): Peter Schöttler: »Mentalitäten, Ideologien, Diskurse …«; Robert Jütte: »Moderne Linguistik und ›Nouvelle Histoire‹«, in: *Geschichte und Gesellschaft* 16, 1990, H. 1, S. 104-120; James W. Fernandez: »Spielerisch und planvoll. Zur Theorie der Tropen in der Anthropologie«, in: *Historische Anthropologie*, 1994, H. 2, S. 1-20; Conrad/Kessel (Hg.), *Geschichte schreiben in der Postmoderne*; Peter Jelavich: »Poststrukturalismus und Sozialgeschichte – aus amerikanischer Perspektive«, in: *Geschichte und Gesellschaft* 21, 1995, H. 2, S. 259-290; Iggers, »Zur ›Linguistischen Wende‹ …«; Ernst Hanisch: »Die linguistische Wende. Geschichtswissenschaft und Literatur«, in: Wolfgang Hardtwig, Hans-Ulrich Wehler (Hg.): *Kulturgeschichte Heute*, Göttingen: Vandenhoeck & Ruprecht 1996 (= *Geschichte und Gesellschaft*, Sonderheft 16), S. 212-230; Schöttler, »Wer hat Angst …«; Philipp Sarasin: »Subjekte, Diskurse, Körper. Überlegungen zu einer diskursanalytischen Kulturgeschichte«, in: Hardtwig/Wehler (Hg.), *Kulturgeschichte Heute*, S. 131-164; am Rande auch in Thomas Mergel und Thomas Welskopp (Hg.): *Geschichte zwischen Kultur und Gesellschaft. Beiträge zur Theoriedebatte*, München: Beck 1997; nicht auf die Geschichtswissenschaft begrenzt Hannelore Bublitz, A. D. Bührmann u. a. (Hg.): *Das Wuchern der Diskurse. Perspektiven der Diskursanalyse Foucaults*, Frankfurt am Main: Campus 1999.

79 Hans-Jürgen Goertz (Hg.): *Geschichte. Ein Grundkurs*. Reinbek bei Hamburg: Rowohlt, 1998; vgl. aber das dezidiert poststrukturalistische Programm in ders.:

Einfluss der poststrukturalistischen Sprachphilosophie den Sinn für die Wirklichkeit verlieren,[80] sieht sie die Chance des *turn* doch darin, »die Kategorien, die Menschen in der Vergangenheit entwickelt haben, um ihre sozialen und kulturellen Erfahrungen zu organisieren, klarer zu erfassen« beziehungsweise »die Konstruktionen sozialer Kategorien (wie Klasse oder Körper) zu analysieren«.[81] Aber das ist schon eine relative Außenseiterposition. Repräsentativer zumindest für die deutschsprachige Geschichtswissenschaft ist der Text von Luise Schorn-Schütte, die in der Abteilung »Konzeptionen der Geschichtswissenschaft« über *Ideen-, Geistes-, Kulturgeschichte* (sic!) schreibt und dabei diskurstheoretische Ansätze mit keinem Wort erwähnt.[82]

In genau diese Perspektive schreibt sich auch der Band *Kompendium Kulturgeschichte* von Ute Daniel ein. Kulturgeschichte ist hier von Anfang an und ganz selbstverständlich mit Verweis auf Gadamer die Anstrengung, in jeder Geschichtsschreibung »die hermeneutische Dimension zu berücksichtigen«.[83] Das heißt, genauer formuliert, dass sich kein historischer Gegenstand begreifen lasse, »ohne die Bedeutungen, Wahrnehmungsweisen und Sinnstiftungen der zeitgenössischen Menschen in das Verstehen, Beschreiben oder Erklären [durch die Historiker/innen] einzubeziehen, [… mit anderen Worten,] ohne den kulturellen Kontext von Meinen und Glauben, von Fürchten und Wissen«.[84] Vielleicht signalisiert diese griffige Formulierung am besten nicht nur das Programm einer neueren, von »Bedeutung« ausgehenden Kulturgeschichte, sondern auch in klarer Weise die Differenz zum Ansatz einer diskursanalytischen Kulturgeschichte, wie ich sie in diesem Band darstellen möchte. Die Frage, über die sich ein Grundlagenstreit lohnt, lässt sich vielleicht ironischerweise mit den zweckentfremdeten Worten von Jürgen Habermas formulieren: Ob denn tatsächlich »Kultur«

Unsichere Geschichte. Zur Theorie historischer Referentialität, Stuttgart: Reclam 2001.

80 Lynn Hunt: »Psychologie, Ethnologie und ›linguistic turn‹ in der Geschichtswissenschaft«, in: Goertz (Hg.), *Geschichte*, S. 676 f.

81 Hunt: »Psychologie, Ethnologie und ›linguistic turn‹ …«, S. 677 f.

82 Luise Schorn-Schütte: »Ideen-, Geistes-, Kulturgeschichte«, in: Goertz (Hg.), *Geschichte*, S. 489-515.

83 Daniel, Ute: *Kompendium Kulturgeschichte. Theorien, Praxis, Schlüsselwörter*, Frankfurt am Main: Suhrkamp 2001, S. 12.

84 Daniel, *Kompendium Kulturgeschichte*, S. 17.

beziehungsweise ganz allgemein die Wirkungen der symbolischen Systeme »in dem aufgeht, was die Menschen wechselseitig intendieren«?[85] Was die hermeneutische Kulturgeschichte von einer diskurstheoretisch fundierten Kulturgeschichte trennt, ist genau die Frage nach der Stellung des Subjekts und damit des subjektiven Meinens und Glaubens in dem zu erforschenden historischen Zusammenhang. Wie ich weiter oben schon zu zeigen versuchte, läuft auch diese so genannte »neue« Kulturgeschichte[86] Gefahr, in die alten Fallen der Subjektphilosophie, der Bewusstseinszentriertheit und des Intentionalismus zu tappen. Die Frage nach dem, was sich *jenseits* dessen, was als Glauben und Meinen hermeneutisch verstanden werden kann, als realitäts- und damit geschichtsmächtig ausweisen lässt, ist zweifellos die entscheidende und sie bildet auch den roten Faden durch alle hier versammelten Texte.

1.3. Probleme der Geschichtswissenschaft

Für die ausgesprochene Zurückhaltung der Geschichtswissenschaft, auf den *linguistic turn* beziehungsweise die Diskurstheorie zu reagieren, gibt es allerdings auch Gründe, die bedenkenswert sind. Denn selbst jene Historikerinnen und Historiker, die den *linguistic turn* grundsätzlich als wichtige Anregung für ihre Arbeit verstehen, bleiben gegenüber diskursanalytischen Ansätzen oft reserviert. Diese Reserviertheit ist dabei zumindest auch Ausdruck des grundsätzlich schwierigen Verhältnisses der Geschichtsschreibung zu analytischen Methoden. Wenn Historiker/innen gesellschaftliche Zusammenhänge untersuchen und darstellen wollen, die sich durch ein komplexes Wirkungsgeflecht von Faktoren verschiedenster Art auszeichnen – von individuellem Handeln über wirtschaftliche Strukturen, politische Programme, rechtliche Rahmenbedingungen bis hin zu kulturellen »Hintergründen« –, sind sie mit einer Fülle von meist hochgradig disparatem Quellenmaterial konfrontiert. Daraus

---

85 Habermas, *Zur Logik der Sozialwissenschaften*, S. 116.

86 Vgl. dazu meine Besprechung von Wolfgang Hardtwig (Hg.): *Wege zur Kulturgeschichte* (= Geschichte und Gesellschaft 23, 1997, H. 1), in: H-Soz-u-Kult, 25. 1. 99, wieder abgedruckt in: *Historical Social Research/Historische Sozialforschung. The Official Journal of QUANTUM and INTERQUANT*, Sonderheft H-Soz-u-Kult, Bd. 24, 1999, Nr. 3, S. 85-91.

ergeben sich zwei Probleme. Zum einen ist gegenüber allen strukturgeschichtlichen Ansätzen, wie sie am prominentesten von den *Annales* in Frankreich und der Historischen Sozialwissenschaft in Deutschland vertreten wurden, mit Regelmäßigkeit der Einwand erhoben worden, dass die Komplexität historischer Zusammenhänge unter dem rigorosen Zugriff einer Strukturanalyse verschwindet und insbesondere der Anteil des subjektiven Wahrnehmens und Handelns systematisch ausgeblendet werde. Es ist klar, dass der poststrukturalistische Topos, das Subjekt sei nur eine Schnittstelle von Diskursen, diese Kritik nicht dämpft, und es wird von hier aus zumindest nachvollziehbar, dass traditionelle Erzählformen, die die Schilderung von nicht- oder überindividuellen Sachverhalten mit der Darstellung von subjektiven Wahrnehmungen und Handlungen verschränken können, wieder attraktiv erscheinen.

Das zweite Problem, das sich für die Geschichtswissenschaft angesichts ihrer immer hochkomplexen Gegenstände ergibt, ließe sich unter dem Stichwort »basale Hermeneutik« rubrizieren. Historiker/innen müssen angesichts der verwirrenden, mehrschichtigen gesellschaftlichen Situationen, die sie untersuchen, zwangsläufig fähig sein, »Zusammenhänge zu verstehen« und sich »einen Reim aufs Ganze« zu machen. Dadurch dass sie gezwungen sind, ihre Quellen einigermaßen zu verstehen (und bei großen Datenmassen oft nur oberflächlich zu verstehen, um sie in ein umfassenderes »Bild« einordnen zu können), rekurrieren sie wie selbstverständlich auf die Tatsache, dass sie derselben Kultur wie der untersuchte Gegenstand angehören – der christlichen Kultur oder der Kultur der Moderne; damit stehen sie in der Kontinuität einer Tradition, die ihnen dieses Verstehen ermöglicht.[87] Dieses unschuldige, selbstverständliche Verstehen ist zweifellos genau das, womit Foucault brechen wollte, wenn er die Gewissheiten des Traditionszusammenhangs, den Rekurs auf einen Ursprung und die »Stifterfunktion« des Subjekts als imaginäre Verzerrungen der »wirklichen« Geschichte zurückwies.[88] Und man könnte daher mit einigem Recht sagen, dass dieses naive Verstehen, das die jedem Historiker eigentlich bewusste Gefahr des Anachronismus in sich birgt und das dort Kontinuitäten schafft, wo es darum ginge, die Brüche wahrzunehmen, im Zentrum jeder diskurstheoretischen Kritik an der Geschichtswissenschaft steht.

87 Ulrich Muhlack: »Verstehen«, in: Goertz (Hg.), *Geschichte*, S. 99-131.
88 Foucault, *Archäologie*, S. 23, 33-34.

Dennoch ist den Historikern zuzubilligen, dass ihr Verfahren nicht nur ganz praktikabel, sondern zumindest in pragmatischer Hinsicht durchaus nicht zu umgehen ist: Texte müssen in jedem Fall zumindest in ihrem manifesten Sinn »verstanden« werden. Wie imaginär auch immer dieses Verstehen ist – es ist zweifellos der erste Modus, in welchem Historiker ihre Quellentexte verarbeiten müssen. Selbst, wenn, wie ich argumentieren werde, die Strukturen der Produktion von Sinn diesem vorgängig sind und auch ohne Rekurs auf ein Verstehen analysiert werden können, ist »Verstehen« spontaner und direkter als jedes diskursanalytische Verfahren – und es ist für das »Verständnis« historischer Zusammenhänge in pragmatischer Hinsicht zweifellos effizient. Das vom Traditionszusammenhang gestiftete implizite Wissen garantiert, dass dieses »Verstehen« nicht ganz in die Irre geht, wie es allerdings auch gleichzeitig die strukturellen Bedingungen für das, was so »verstanden« wird, selbst nicht zu erhellen vermag. Die »Selbstwahrnehmung« der historischen Subjekte jedenfalls wird durch dieses primäre, basale Textverstehen weder schon erhellt, noch wird diese Wahrnehmung damit gleich zum *explanans* des historischen Zusammenhangs gemacht.

Ich will hier nicht diese Hermeneutik als »Methode« propagieren und die schwierige Frage des Verhältnisses von Erzählung und Erklärung auch nicht weiter diskutieren, sondern damit umgekehrt eher die Probleme andeuten, die die Rezeption der Diskurstheorie in der Geschichtswissenschaft behindern. Wer einen diskurstheoretischen Ansatz vertritt, muss sich einerseits in einer gewissen Bescheidenheit fragen, was Diskurstheorie zusätzlich zu den üblichen und unumgänglichen hermeneutischen Mühen der Historikerinnen und Historiker noch *mehr* einbringen kann; man muss sich andrerseits aber auch klar machen, von welchem Punkt an die Diskurstheorie dazu zwingt, Verstehen durch Erklären und Erzählen durch Analyse zu substituieren. Diese Fragen sind das Motiv für die folgenden Überlegungen. Dabei werde ich mich relativ weit von der Geschichtswissenschaft wegbewegen, um untersuchen zu können, was sich als das Spezifische der Diskurstheorie herausstellen lässt: Im 2. Abschnitt rekapituliere ich einige wichtige Elemente einer nichtlinguistischen Diskurstheorie; im 3. Abschnitt diskutiere ich das Konzept der Materialität der Diskurse, das auch in der Geschichtswissenschaft aufgegriffen worden ist. Im 4. und im 5. Abschnitt argumentiere ich, dass diskurstheoretische Ansätze, die von Lacan und Derrida ausgehen, die Foucault'sche Diskursanalyse öffnen und erweitern können. Im 6. Abschnitt schließlich will ich versuchen, mögliche Anstöße der Diskurstheorie für die Geschichtswissenschaft zu skizzieren.

2. »Eine Art von Nicht-Ort«: Elemente der Diskurstheorie

Diskurstheorie, wie sie seit den späten 1960er Jahren in Frankreich ausgearbeitet wurde, ist schwer auf einen Nenner zu bringen: Sie zielt ebenso auf »Sprache« wie auf »Wirklichkeit« – was zusammen mit Foucaults Versicherung, es gehe ihm weder um die Worte noch um die Dinge, nicht aufhört, Verwirrung zu stiften.[89] Vielleicht ist es sinnvoll, sich in diesem Feld nochmals eine wichtige Ausgangsposition vor Augen zu führen, die Jacques Derrida 1966 in einer prägnanten Formulierung umrissen hat. Die Theorie des Zeichens musste laut Derrida seit Nietzsche über Saussure und Freud bis hin zu Jakobson zur Einsicht führen, dass die Zeichen nicht bloß arbiträr sind, sondern dass die Signifikate – das heißt das, was Zeichen bedeuten – sich einzig noch als Effekte des entsprechenden Zeichensystems denken lassen: »Es gibt kein Signifikat, das dem Spiel aufeinander verweisender Signifikanten entkäme, welches die Sprache konstituiert [...]«.[90] Die Zeichen seien nicht länger als »Substitut« für die Sache zu denken, die als Realität dem Zeichen »irgendwie präexistiert hätte«. Damit aber gebe es überhaupt keine ursprüngliche Präsenz eines Eigentlichen mehr, von dem die Zeichen nur das verspätete und unvollständige Abbild wären, sondern einzig noch »eine Art von Nicht-Ort, worin sich ein unendlicher Austausch von Zeichen abspielt«. Die Konsequenzen dieses Bruchs sind bekannt: »Mit diesem Augenblick bemächtigt sich die Sprache des universellen Problemfeldes. Es ist dies auch der Augenblick, da infolge der Abwesenheit eines Zentrums oder eines Ursprungs alles

89 Michel Foucault: »›Qui êtes-vous, professeur Foucault?‹, Interview mit Paolo Caruso«, zuerst erschienen in *La Fiera letteraria*, XLII, Nr. 39, 1967, jetzt in: ders., *Dits et écrits* (hg. von Daniel Defert und François Ewald), Bd. 1, 1954-1969, Paris: Gallimard, 1994, S. 776 f.
90 Derrida *Grammatologie*, S. 17.

zum Diskurs wird – vorausgesetzt, man kann sich über dieses Wort verständigen –, das heißt zum System, in dem das zentrale, originäre oder transzendentale Signifikat niemals absolut, außerhalb eines Systems von Differenzen, präsent ist.«[91]

Das heißt natürlich nicht, dass die Welt nicht voller Dinge wäre, die tatsächlich geschehen – aber die Rede vom niemals außerhalb eines Systems von differenziellen Zeichen präsenten Signifikats bedeutet primär, dass es nicht möglich ist, sich in der Wahrnehmung von Wirklichkeit jenseits der Sprache beziehungsweise jenseits von Diskursen zu bewegen. Jede Form von Wirklichkeit, über die Historiker schreiben möchten – und es gibt keinen Grund, wieso sie das nicht tun sollen –, ist, um es vorerst in dieser Allgemeinheit zu sagen, ohne die Repräsentationssysteme von Texten, Statistiken, visuellen Darstellungen etc. nicht fassbar, sondern bleibt immer nur durch diese nie vollständig transparenten Sprachen und Repräsentationsmedien vermittelt.

Dieses Problem, das bei der klassischen Quellenkritik beginnt und sich verschärft in der Frage der »Auswahl« und des »Ordnens« des Materials in der historiografischen Darstellung zeigt, ist Historikern an sich gut bekannt und wird von ihnen reflektiert.[92] Doch selbst wenn Historikerinnen und Historiker mittlerweile – nach dem *linguistic turn* – gern zugestehen, dass vergangene Wirklichkeit nicht außerhalb von Sprache zu fassen ist, ist nicht erkennbar, dass sich die Zunft mit der sperrigen Materialität der Repräsentationssysteme selbst auseinander setzt, wie dies einzelne Wissenschaftshistoriker mit Erfolg tun.[93] Noch immer werden Quellen als »Dokumente« für vergangene Wirklichkeit gelesen, möglicherweise besser, genauer und kritischer gelesen – aber dennoch als Medium mit einer hinreichenden Transparenz.

Wie also wäre die Sprachlichkeit und Diskursivität historischer Phänomene zu reflektieren? Was impliziert es zu sagen, dass die Bedeutung beziehungsweise der »Sinn« der Dinge diskursiv erzeugt

91 Jacques Derrida: *Die Schrift und die Differenz*, Frankfurt am Main: Suhrkamp 1994 (Paris 1967), S. 424.

92 Conrad/Kessel (Hg.), *Geschichte schreiben in der Postmoderne*, S. 16, 19 f.

93 Timothy Lenoir (Hg.): *Inscribing Science. Scientific Texts and the Materiality of Communication*, Stanford, Cal.: Stanford University Press 1998; Hans-Jörg Rheinberger: *Experimentalsysteme und epistemische Dinge. Eine Geschichte der Proteinsynthese im Reagenzglas*, Göttingen: Wallstein 2001.

werden und sich *nicht* aus jenem alltäglichen hermeneutischen Vorverständnis heraus erschließen lassen, das ich oben im Hinblick auf die Verstehensnöte der Historiker/innen »basale Hermeneutik« genannt habe und das in der Phänomenologie der Ausgangspunkt für jede Rekonstruktion von Sinn darstellt?[94] Foucault hat einem Interview über seine intellektuellen Ausgangspunkte in dieser Hinsicht bemerkt, dass der Sinn, den die Phänomenologie als »immer schon da« beschreibt, seiner Generation in den 1950er Jahren zum Problem geworden sei: »[...] le sens n'apparaît pas tout seul, il n'est pas ›déjà là‹, ou plutôt, ›il y est déjà‹, oui, mais sous un certain nombre de conditions formelles. Et, depuis 1955, nous nous sommes principalement consacrés à l'analyse des conditions formelles de l'apparition du sens«.[95]

Diskursanalyse ließe sich seither als das Bemühen verstehen, die formellen Bedingungen zu untersuchen, die die Produktion von Sinn steuern. Das hat zu mindestens drei Diskurs-Analyseformen geführt, die allerdings einigermaßen berührungslos nebeneinander stehen:[96] Das sind *erstens* sprachgeschichtliche Untersuchungen (Begriffsgeschichte und Lexikografie), womit das Wort ›Diskurs‹ teilweise eine linguistische Konnotation erhält (ich gehe auf diese Ansätze hier nicht ein). *Zweitens* – und ebenfalls sehr »nahe am Text« und »an den Worten« – führt der von Derrida und von der Lacan'schen Psychoanalyse ausgehende Aufweis der prinzipiellen Unabschließbarkeit der immer polysemischen Sprache und damit der Nichtfixierbarkeit von Sinn zu einem Konzept von ›Diskurs‹, das diesen als instabile Konventionalisierung von Aussageweisen begreift. ›Diskurs‹ ist so gesehen – und darauf wird zurückzukommen sein – der Name für die von der Dekonstruktion nachgewiesene unmögliche Stabilität des Sinns.

Foucault schließlich vertritt eine *dritte* Variante des Diskursbegriffs. Er hat Diskurse wie erwähnt als ebenso weit von den »Wor-

94 Vgl. Alfred Schütz und Thomas Luckmann: *Strukturen der Lebenswelt*, Bd. 1, Frankfurt am Main: Suhrkamp 1979, Georg Gadamer: *Wahrheit und Methode*, Tübingen: J. C. B. Mohr 1975.

95 Foucault, »›Qui êtes-vous, professeur Foucault?‹ ...«, S. 602.

96 Maingueneau unterscheidet sieben Sorten von Diskurs beziehungsweise Diskursanalyse (Dominique Maingueneau: *L'Analyse du Discours. Introduction aux lectures de l'archive*, Paris: Hachette, 1991, S. 15); vgl. als Überblick über die Tendenzen der Diskursanalyse die Aufsätze in *Langages*, Nr. 117, März 1995, zum Thema »Les analyses du discours en France« (hg. von D. Maingueneau).

ten« wie von den »Dingen« entfernt situiert, und er hat sich sehr dezidiert von allen Versuchen distanziert, unterhalb der Oberfläche des manifesten Diskurses das »halbverschwiegene Geschwätz eines anderen Diskurses« aufzuspüren.[97] Er sucht nicht nach jenen Mehrdeutigkeiten und Paradoxa, die dem Gebrauch der Sprache selbst inhärent sind, sondern nach der kompakten Formation von *énoncés*, von positiven, historisch vorfindlichen Aussagen. Ihn interessiert nicht das endlose »Spiel« (Derrida) des Verweises von einem Signifikanten auf einen anderen und der nie abschließbare Sinn, sondern die historische Begrenztheit, die faktische »Knappheit« einzelner existierender Aussagen und Aussageserien. Diskurse bewegen sich nach Foucault in einem »Zwischenbereich« zwischen den Worten und den Dingen, wo diese eine kompakte Materialität mit eigenen, beschreibbaren Regeln darstellen, um auf diese Weise die gesellschaftliche Konstruktion der Dinge ebenso zu steuern wie dem sprechenden Subjekt einen Ort zuzuweisen, an dem sich sein Sprechen und seine Sprache erst entfalten können.

Foucault meint mit den *conditions formelles* gemäß seinem eigenen Forschungsinteresse nicht einfach alle Arten von Codes, sondern spricht sehr spezifisch von Diskursen, von Redezusammenhängen mit Aussage- und Wahrheitsregeln, die historisch situiert sind, das heißt einen Anfang und ein Ende sowie einen bestimmten sozialen (und, im weltweiten Vergleich, auch kulturellen) Ort haben.[98] Dominique Maingueneau hat vier Charakteristika herausgearbeitet, die das Objekt der Diskursanalyse Foucault'schen Typs ausmachen.[99] Diese untersucht erstens den *Ort* des Aussagens, das heißt den historisch, sozial und kulturell bestimmten Ausgangspunkt (nicht: Ursprung) einer Serie ähnlicher Aussagen. Es ist dies der Ort des legitimierten Sprechens, der Ort einer zumindest gewissen Institutionalisierung und damit der Ort der Macht. Dies ist auch der Platz, den ein Subjekt einnehmen muss, wenn es im Rahmen eines Diskurses etwas sagen will, das als wahr gelten soll.[100] Zweitens dokumentiert Diskursanalyse die *Einschreibung*, das heißt das Aussa-

---

97 Foucault, *Archäologie*, S. 43, vgl. 293.

98 Foucault, *Archäologie*, S. 9-13, 41 f.

99 Maingueneau, *L'Analyse du Discours*, S. 17-24, vgl. Foucault, Archäologie, S. 62-68.

100 Vgl. Michel Foucault: *Die Ordnung des Diskurses*, Frankfurt am Main, Berlin, Wien: Ullstein 1979 (Paris 1971), S. 24-26.

gen als Wiederholung ähnlicher Aussagen. Durch diese Gleichförmigkeit generieren miteinander verbundene Aussagen ein Ordnungsschema beziehungsweise diskursive Regelmäßigkeiten, nach deren Muster die Aussagen im Feld dieses Diskurses generiert werden. Dass sie in der Wiederholung auch dauernd leicht modifiziert werden und somit jede Aussage immer ein Stück weit als »individuell« erscheint, ist kein prinzipielles Argument gegen die Behauptung diskursiver Regelmäßigkeit, sondern eher deren Bestätigung.[101] Drittens fragt Diskursanalyse, wie Foucault sie in der *Archéologie* entwirft, nach den *Grenzen* und dem *Interdiskurs*, das heißt nach den Grenzziehungen, den Verboten des Sagbaren, und den Verbindungen und Vermittlungselementen zu anderen Diskursen. Jürgen Link hat in diesem Zusammenhang besonders auf die wichtige Rolle der »Kollektivsymbole« hingewiesen, das heißt auf jene diskursiven Elemente, die zu einer bestimmten Zeit in vielen Diskursen vorkommen und als Ressource von Evidenz und Deutbarkeit dienen.[102] Viertens schließlich konstituieren diese genannten drei Elemente das *Archiv*, das heißt die in den Texten einer diskursiven Tradition gespeicherten und im Verhältnis zu allen denkbaren Sätzen über eine Gegenstand faktisch immer »seltenen« Aussagemöglichkeiten, welche eine bestimmte aktuelle (Wieder-)Aussageweise legitimiert. Ein diskursives Archiv – das natürlich eine Konstruktion der Analyse ist – zu untersuchen bedeutet, anhand einer Serie von Texten die wesentlichen Aussagen zu sichten und zu ordnen; auf der Basis dieses Archivs erst kann man dann inhaltliche Aussagen darüber machen, wie Diskurse die soziale Welt des Bezeichneten in ihrer historischen Spezifität hervorbringen.

Es ist nicht ein ›Ding‹ in der Welt, das bestimmt, was gesagt wird, sondern es sind die vom Sprecher ins Spiel gebrachten Signifikanten und die Struktur der signifikativen Kette (*chaine signifiante*), die die Bedeutungen erzeugen. Das gemeinte Ding, der Referent, ist *als*

101 Foucault, Archäologie, S. 285.
102 Vgl. Frank Becker, Ute Gerhard und Jürgen Link: »Moderne Kollektivsymbolik. Ein diskurstheoretisch orientierter Forschungsbericht mit Auswahlbibliographie«, in: *Internationales Archiv für Sozialgeschichte der deutschen Literatur* 22, 1997, H. 1, S. 70-154; Jürgen Link: »Noch einmal: Diskurs. Interdiskurs. Macht«, in: *kultuRRevolution* 11, 1986, S. 4-7; ders. und Wolf Wülfing: *Bewegung und Stillstand in Metaphern und Mythen. Fallstudien zum Verhältnis von elementarem Wissen und Literatur im 19. Jahrhundert*, Stuttgart: Klett-Cotta, 1984; ders.: *Elementare Literatur und generative Diskursanalyse*, München: Fink 1983.

Referent eines bestimmten Sprachzeichens der Sprache nicht vorgängig, sondern wird aus der »chaotischen Mannigfaltigkeit« (Kant) der möglichen Dinge in der Welt als soziale Wirklichkeit erst vom Zeichensystem selbst erzeugt: »Es ist vielmehr die Welt der Worte, die die Welt der Dinge schafft.«[103] Auch das ist grundlegend für Diskursanalyse: Es geht nicht um die abstruse Frage, ob es noch etwas anderes als Texte gebe, sondern darum, wie die nichtsprachlichen Dinge ihre Bedeutung erlangen. Kein Diskurs, kein Klassifikationsgitter, und scheint es uns noch so vertraut, ist je ›von den Sachen selbst‹ abgeleitet, sondern schafft umgekehrt erst die Ordnung der Dinge.[104] Die sinnhafte, die soziale Realität ist eine unmittelbare oder eine in Sedimenten abgelagerte mittelbare Wirkung der von Sprechern verwendeten sprachlichen oder allgemeiner der semiotischen Strukturen – von den einzelnen Phonemen/Zeichenelementen bis zu diskursiven Einheiten. Auch wenn Praktiken, Gesten und Gegenstände selbst nicht mehr sprachlich verfasst sind, sind sie nur relevant in der sozialen Welt, weil ihnen diskursiv eine Bedeutung zugeschrieben wurde/wird: »On demeure«, bemerkte Foucault lakonisch, »dans la dimension du discours.«[105]

---

103 Jacques Lacan: »Funktion und Feld des Sprechens und der Sprache in der Psychoanalyse (Bericht auf dem Kongress in Rom 1953)«, in: *Schriften*, hg. von N. Haas und H.-J. Metzger, Bd. I. Berlin: Quadriga 1991 (Paris 1966), S. 117; ders.: »Das Drängen des Buchstabens im Unbewußten oder die Vernunft seit Freud«, in: *Schriften*, Bd. II. Berlin: Quadriga 1991, S. 15-55 (Paris 1966), S. 24. Dies ist keine Schrulle Lacans, sondern eine seit Nietzsche und Wittgenstein wohletablierte erkenntnistheoretische Position, vgl. Günter Abel: *Interpretationswelten. Gegenwartsphilosophie zwischen Essentialismus und Relativismus*, Frankfurt am Main: Suhrkamp 1993, S. 43-47, 64-68, 209 ff. 300-314. Vgl. dazu Friedrich Nietzsche, »Über Wahrheit und Lüge im außermoralischen Sinne«, in: *Sämtliche Werke, Kritische Studienausgabe*, Bd. 1, S. 873-890, sowie im Anschluss daran die sehr erhellenden Bemerkungen von Josef Simon: »Sprache als Zeichen betrachtet«, in: Jürgen Trabant (Hg.): *Sprache denken. Positionen aktueller Sprachphilosophie*, Frankfurt am Main: Fischer 1995, S. 93-100, und ders. (Hg.), *Zeichen und Interpretation*, Frankfurt am Main: Suhrkamp 1994, »Vorwort«, S. 7-15.

104 Vgl. dazu Hans Lenk, »Interpretationskonstrukte als Interpretationskonstrukte«, in: Simon (Hg.), *Zeichen und Interpretation*, S. 36-56.

105 Michel Foucault, *L'Archéologie du Savoir*, Paris: Gallimard, S. 101. Vgl. erläuternd Steven Woolgar: »On the Alleged Distinction Between Discourse and Praxis«, in: *Social Studies of Science* 16, 1986, S. 309-317. Diese Sichtweise ist keine Spezifität poststrukturalistischen Denkens, vgl. etwa Fernandez, »Spielerisch und planvoll …«, der die möglichen Verbindungslinien zwischen einer symbolorien-

3. Die Materialität von Diskursen

Die Foucault'sche Diskursanalyse basiert auf einem sehr empirischen Konzept von Diskurs. Dieser erzeugt epistemische Gegenstände – Gegenstände, von denen man etwas weiß[106] – nur innerhalb seiner faktischen Reichweite: Ein medizinischer Diskurs erreicht die Laien nur sehr bedingt, vermittelt oder überhaupt nicht, ein politischer Diskurs des 16. Jahrhunderts ist im 18. längst vergessen und so weiter. Der Geist weht eben nicht, wo er will, sondern ist ein Effekt von diskursiven Strukturen, die historisch situierbar sind, eine soziale Kontur haben und an bestimmte Medien gebunden sind. Dieser historisierende Zug der Foucault'schen Diskursanalyse begründet zugleich ihren materialistischen Charakter. Zu behaupten, dass Diskurse nicht »Geist« oder bloßer »Sinn« seien, impliziert, solchen Strukturen eine spezifische Materialität zuzuschreiben, die Diskurse grundlegend von einem geistesgeschichtlich verstandenen Rede- oder Themen- beziehungsweise – und vor allem – Traditionszusammenhang unterscheidet. Dieser Materialität ist eine spezifische Eigenlogik inhärent, eine Spezifität, die jeden gemeinten Sinn notwendigerweise mitprägt und das subjektiv »Gemeinte« vom tatsächlich Gesagten trennt.

Dabei lassen sich im Wesentlichen drei Ebenen von Materialität beziehungsweise Eigenlogik unterscheiden. Das ist erstens und wie oben bereits skizziert die Eigenlogik der *Diskursordnung*, die sich dem Subjekt des Aussagens mit der gemachten Aussage entzieht: Diskurse sind in einer Weise regelhaft organisiert, dass durch sie die Gegenstände des Diskurses und die Möglichkeiten wahrer Rede vorgegeben werden. Zweitens bedeutet Materialität die Eigenlogik der entsprechenden *Medien*: Diskurse sind auf Medien angewiesen, die in ihrer je spezifischen materiellen und sozialen Eigenart Bedingungen des Aussagens darstellen und die Rezeption beeinflussen, noch lange bevor ein Autor etwas sagen wollte. Und drittens sind Diskurse *sprachlicher Natur*, das heißt, sie verwenden ein Zeichensystem, das einen immer und notwendigerweise polysemischen Charakter hat, ein Zeichensystem, das sie zwar zu bändigen versu-

tierten Anthropologie und der poststrukturalistischen Diskursanalyse aufzeigt; nicht zufällig spielen da die sprachlichen Tropen eine zentrale Rolle.

106 Vgl. dazu auch Hans-Jörg Rheinberger: *Experiment, Differenz, Schrift. Zur Geschichte epistemischer Dinge*, Marburg: Basilisken Presse 1992.

chen, aber eben nur versuchen. Ich möchte hier auf den zweiten und den dritten Punkt näher eingehen: die Medialität von Diskursen und die polysemische Eigenlogik der Sprache, die sich am deutlichsten in ihren Metaphern zeigt.

3.1. Medialität

Die Frage nach den Medien, das heißt die Frage nach den materiellen Trägern und nach den Produktionsverhältnissen von Texten, ist in der Geschichtswissenschaft vor allem von Roger Chartier aufgegriffen worden, dessen Kritik an der traditionellen Kultur- und Mentalitätsgeschichte »seligen Angedenkens« auf der Tradition der Foucault'schen Diskursanalyse basiert.[107] Das bedeutet, dass er Diskurse als materielle Strukturen begreift und dass er deshalb nach den ökonomischen und technischen Bedingungen der Buchproduktion und nach den konkreten Lesepraktiken fragt. Chartier hat, in der Nachfolge von R. Mandrou und anderer, am Beispiel der *Bibliothèque bleue* im 18. Jahrhundert gezeigt, wie in dieser Sammlung klassischer Werke in populärer Form nicht nur die Preise dem Geschmack des großen Publikums angepasst wurden, sondern auch die Texte selbst.[108] Aus dieser Beobachtung entwickelt er das Argument, dass der Sinn und die »Wahrheit« von Texten von dieser Art von Veränderungen nicht unabhängig sind, weil diese Bedeutungseffekte nur eintreten »à partir du moment où ils deviennent des réalités physiques«,[109] das heißt nur auf der Basis physischer Lettern oder akustischer Laute. Autoren und Verleger versuchen deshalb, »Protokolle« möglicher Lektüren schon im Buch einzuschreiben und dessen Rezeptionsweisen durch typografische Verfahren, Leseanleitungen etc. vorzuschreiben, um damit bestimmte Sinneffekte

107 Pierre Bourdieu, Roger Chartier und Robert Darnton: »Dialog über die Kulturgeschichte«, in: *Freibeuter* 26, 1985, S. 22-37, S. 24; Roger Chartier: »Texts, Printing, Readings«, in: Lynn Hunt (Hg.): *The New Cultural History*, Berkeley: University of California Press, 1989, S. 168.

108 Roger Chartier: »Livres bleus et lectures populaires«, in: H.-J. Martin und Roger Chartier (Hg.): *Histoire de l'Edition Française*, Bd. 2: *Le livre triomphant, 1660-1830*. Paris: Promodis 1984, S. 498-511.

109 Pierre Bourdieu und Roger Chartier: »La lecture, une pratique culturelle« (Gesprächsaufzeichnung), in: Roger Chartier (Hg.): *Pratiques de la lecture*, Marseille: Rivages 1985, S. 221.

zu erzeugen. Autoren und Verleger stellen sich immer bestimmte Leserinnen und Leser vor – »ideale Leser«, wie Umberto Eco sagt.[110] Vor allem Verleger versuchen, sich durch die Art der Illustration und der typografischen Gestaltung, durch den Umfang, die Preisgestaltung und die Vertriebsweisen an ein bestimmtes Publikum zu adressieren, und sie versuchen zusammen mit den Autoren den Leserinnen und Lesern zu suggerieren, wie sie das Buch lesen und ›gebrauchen‹ sollen. Damit bietet es sich an zu untersuchen, welche »Protokolle« möglicher Lektüren schon im Buch eingeschrieben sind.[111] Gérard Genette spricht in diesem Zusammenhang vom »Paratext«,[112] das heißt von jenen Elementen eines gedruckten Textes, die auf ihn hinweisen, ihn einleiten, ihn in einen thematischen Zusammenhang stellen, Hinweise auf seinen richtigen Gebrauch geben, seine Bedeutung unterstreichen und seinen Sinn erläutern: Titel und Untertitel, Illustrationen, Vorworte, Adressaten, Klappentexte, Inserate und Ähnliches.

Aber die materielle und textuelle Form allein garantiert »den« Sinn noch nicht: De facto können Leserinnen und Leser zwar mit Texten immer auch auf sehr verschiedene Weise umgehen, denn jede Lektüre ist »par définition rebelle et vagabonde«.[113] Unterschiedliche Lektüreweisen hängen primär von den unterschiedlichen Lese- und Schreibkompetenzen ab, dann aber auch von Interessen und Erwartungen, die Leserinnen und Leser mit einem Buch verbinden und schließlich von der kulturellen Codierung beziehungsweise Wertung einzelner Genres oder Textsorten. Mit anderen Worten: Lektüre in ihrer großen Vielfalt einer individuellen und zum Teil auch kollektiven Praxis verändert »den« Sinn eines Textes noch einmal. Die historische Rekonstruktion von verschiedenen Formen der Lektüre stößt allerdings an deutliche Grenzen: Weil die Lektürepraktiken in den Quellen nicht gerade häufig dokumentiert sind, bleibt meist nur die Möglichkeit, Grundstruktu-

---

110 Umberto Eco: *Im Wald der Fiktionen. Sechs Streifzüge durch die Literatur*, München: Hanser 1994.

111 Chartier, in: Bourdieu und Chartier, *Pratiques de la lecture*, S. 222.

112 Gérard Genette: *Palimpseste. Literatur auf der zweiten Stufe*, Frankfurt am Main: Suhrkamp 1993 (Paris 1983), S. 11

113 Roger Chartier: *L'ordre des livres. Lecteurs, auteurs, bibliothèques en Europe entre XIVe et XVIIIe siècle*, Aix-en-Provence: Alinea 1992, S. 8, vgl. ders.: »Texts, Printing, Readings«, S. 157; ders.: »Le monde comme représentation«, S. 1509 f.

ren der Lesekompetenzen und -praktiken in diachroner und in synchron-vergleichender Perspektive herauszuarbeiten, um Möglichkeitsspielräume kultureller Praxen innerhalb der Reichweite eines bestimmten Diskurses in etwa abzuschätzen. Zusammen mit der Analyse der »Protokolle« der Lektüre in den Büchern selbst bieten diese Überlegungen zu den sozialen, regionalen und geschlechtsspezifischen Modi des Lesens Aufschlüsse zur Frage, wer was wann und wo gelesen, gemeint, geglaubt und gewusst haben konnte – und zwar bevor auch nur ein einziger Text vom Historiker »verstanden« beziehungsweise sein Sinn entziffert worden wäre.

Man kann die Frage nach der Medialität, die hier in einem engeren Sinne von »Medien« verstanden wurde, noch weiter treiben. Zum einen möchte ich auf den Ansatz von Friedrich A. Kittler hinweisen, der es unternimmt, den »Sinn« beziehungsweise den »Geist«, auf den die Hermeneutik zielt, von den materiellen »Aufschreibesystemen« her als Effekt technisch-organisatorischer Dispositive zu dekonstruieren und damit aus den Geisteswissenschaften »auszutreiben«.[114] Allerdings funktionieren und wirken Aufschreibesysteme immer auf einer allgemeineren Ebene als einzelne Diskurse – sie sind für diese zwar eine Voraussetzung, können jedoch nicht als etwas spezifiziert werden, das zwei zeitgleiche Diskurse unterscheidet; aus diesem Grund gehe ich hier nicht weiter auf diesen Ansatz ein.

In ähnlicher Weise wäre hier die Frage nach der Materialität von Ordnungssystemen und Klassifikationsanstrengungen weiterzuverfolgen, wie sie zum Beispiel in der Wissenschaftsgeschichte oder in der Geschichte der Kriminologie untersucht wird. Wenn die grundlegende Leistung von Diskursen darin gesehen werden kann, Ordnung zu schaffen und in ein Feld von Phänomenen Unterscheidungen wie wahr/falsch, sinnvoll/unsinnig, männlich/weiblich und ähnliche einzuführen, dann liegt es nahe, diese Operation nicht nur als eine rein textuelle aufzufassen, sondern als eine ganz handgreifliche, physische. So zeigt zum Beispiel die Untersuchung von Stefan

---

114 Vgl. zur Kritik an einer hermeneutischen Position aus der Perspektive einer vor allem von Lacans Konzept der Materialität des Signifikanten gelesenen diskursanalytischen Kritik, die in überzeugender Weise die Frage der Materialität bis hin zu jener der Schreibwerkzeuge beziehungsweise der »Aufschreibesysteme« treibt, Friedrich A. Kittler: *Aufschreibesysteme 1800-1900*, München: Wilhelm Fink 1995 (3., vollst. überarb. Neuauflage, 1. Auflage 1985).

Müller-Wille über die epistemische Funktion des Herbarschranks des großen Sammlers und Klassifikators Carl von Linné (1707–1778), wie hier die Schubladen dieses Schranks das eigentliche Werkzeug der Ordnungsstiftung, der Klassifikation waren.[115] In ähnlicher Weise argumentiert Peter Becker, dass die Technologien der Klassifikation als ganz materielle Operationen dazu dienten, »den« Verbrecher ebenso zu konstruieren wie einzelne Individuen dieser Kategorie zuzuordnen.[116]

3.2. Polysemie

Das andere Moment, das ich unter dem Stichwort der »Materialität des Diskurses« näher diskutieren möchte, ist die Eigenlogik des sprachlichen Systems, das in all diesen Diskursen immer in Funktion ist. Auch wenn Foucault versucht, an der reinen Positivität, Oberflächlichkeit und Neutralität von manifesten Aussagen als dem einzig legitimen Untersuchungsgegenstand festzuhalten, zeigen doch seine immer wiederkehrenden Abgrenzungen gegen jede Form von Sprachanalyse und seine Aufforderung, »die Souveränität des Signifikanten auf[zu]heben«, weil sonst »der Diskurs seine Realität verliert«,[117] dass hier ein Problem vorliegt: Lassen sich denn die *énoncés* tatsächlich jenseits aller vom Spiel der Signifikanten gestifteten Mehrdeutigkeit fassen, und sind Aussagen einfach Aussagen? Sind Diskurse primär von ihrer Kompaktheit her zu begreifen, von der homogenen Oberfläche, die sie angeblich darstellen, um auf ihr Sinneffekte zu ermöglichen? Wieso soll uns das »halbverschwiegene Geschwätz eines anderen Diskurses«, der zwischen den Zeilen spricht, eigentlich nicht interessieren dürfen – eines Diskurses, der vielleicht die Spur dessen darstellt, was den angeblich bloß manifesten Diskurs dann auseinander brechen lässt und der auf

---

115 Stefan Müller-Wille: »Carl von Linnés Herbarschrank. Zur epistemischen Funktion eines Sammlungsmöbels«, in: Anke te Heesen und E. C. Spary (Hg.): *Sammeln als Wissen. Das Sammeln und seine wissenschaftliche Bedeutung*, Göttingen: Wallstein 2001, S. 22-38.

116 Peter Becker: *Dem Verbrecher auf der Spur. Polizeiarbeit und Kriminalistik im 19. Jahrhundert*, Köln, Wien: Böhlau 2002; ders.: *Verderbnis und Entartung. Zur Geschichte der Kriminologie des 19. Jahrhunderts als Diskurs und Praxis*, Göttingen: Vandenhoeck & Ruprecht 2002.

117 Foucault, *Ordnung des Diskurses*, S. 34 f.

diese Weise Geschichtlichkeit in die Struktur des Diskurses einschreibt?

Wie schon erwähnt, wurde in den späten sechziger Jahren in Frankreich von Derrida, Lacan und andern die Konsequenz aus der Erosion des traditionellen Zeichenbegriffs seit Saussure darin gesehen, dass das Signifikat nur noch als Effekt der Kombination von Signifikanten gedacht werden kann, weil Sprache als ein System differenzieller Elemente aufgefasst wird, die ihre Bedeutung allein durch ihren relativen Wert in diesem System selbst erhalten. Das heißt, dass sich ein Signifikant implizit immer auf den nächsten bezieht und dieser wiederum auf den nächsten, um so in einer nie abschließbaren Kette von Verweisungszusammenhängen »Sinn« zu erzeugen. Derrida prägte für dieses doppelte Moment der Differenz der Zeichen *und* des ständigen Aufschubs einer nie erreichbaren »endgültigen« Fixierung des Sinns den Neologismus *différance*, die den Sinn immer zugleich erzeugt und untergräbt;[118] Lacan seinerseits spricht davon, »dass das Signifizierte unaufhörlich unter dem Signifikanten gleitet«.[119] Dieses unaufhörliche Gleiten der Signifikate ist nicht zu stoppen; die Signifikanten bezeichnen immer auch noch etwas anderes als die konventionelle denotative Bedeutung, sie produzieren – in der Form von Metaphern und Metonymien – weitere konnotative Bedeutungen, indem durch den Transfer von Signifikanten in einen neuen Kontext neue Signifikate generiert werden. Weil diese metaphorischen Signifikanten durch die versteckten metonymischen Verweise ihre alten Bedeutungen gleichwohl noch präsent halten, erzeugen sie unaufhebbare Polysemien. Diskurse sind so gesehen nicht nur die Anstrengung, dieses

118 Derrida, *Grammatologie*, S. 44.

119 Jacques Lacan: »Subversion des Subjekts und Dialektik des Begehrens im Freudschen Unbewußten«, in: *Schriften*, Bd. 2, S. 27; vgl. Michel Pêcheux, C. Haroche und P. Henry: »La sémantique et la coupure saussurienne: langue, langage, discours«, in: ders.: *L'Inquiétude du discours. Textes de Michel Pêcheux*, Paris: Editions des Cendres, 1990, S. 133-154; Andrea Köpper: *Dekonstruktive Textbewegungen. Zu Lektüreverfahren Derridas*, Wien: Passagen 1999; Claus v. Bormann: »Das Spiel des Signifikanten. Zur Struktur des Diskurses bei Lacan«, in: Jürgen Fohrmann und Harald Müller (Hg.): *Diskurstheorien und Literaturwissenschaft*, Frankfurt am Main: Suhrkamp 1988, S. 53-80; Joël Dor: *Introduction à la lecture de Lacan*. Bd. 1. *L'inconscient structuré comme un langage*, Paris: Denoël 1985; Elizabeth Grosz: *Jacques Lacan. A feminist introduction*, London: Routledge 1990; Roland Chemama (Hg.): *Dictionnaire de la psychoanalyse*, Paris: Larousse 1993 (Larousse Références).

Gleiten durch die konventionalisierende Festlegung von Bedeutungen zum Stoppen zu bringen, sondern zugleich auch der Ort, wo diese Brüche, Widersprüche, Verdrängungen und Paradoxa sprachlicher Äußerungen sich ereignen.

In dieser Weise auf der Instabilität des Sinns zu beharren ist kein fundamentaler Einwand gegen Foucaults Diskursanalyse. Eine Fabrikordnung oder ein Gefängnisreglement sind Texte, die wir zweifellos nicht auf ihre – wahrscheinlich kaum feststellbare – Mehrdeutigkeit hin lesen, sondern deren *énoncés* uns interessieren. Es sind Texte, die wir in den Zusammenhang einer Diskursordnung und in ihr institutionelles Umfeld einfügen, um ihre Produktionsbedingungen – und die entsprechenden Machtverhältnisse – zu rekonstruieren. Aber diese Art von Analyse hat den Nachteil, Texte von ihrer Serialität und Diskursivität her homogener und kompakter erscheinen zu lassen, als sie es möglicherweise sind – ja es ist sogar denkbar, dass der Diskursanalytiker unversehens in die Rolle der diskursiven »Polizei« gerät, die das »Wuchern des Diskurses« unterbindet.[120] Die reine, feststellbare Positivität bloß manifester Aussagen, die sich als diskrete Elemente in einem Archiv aufbewahren und gleichsam als Einzelteile beschreiben lassen, die selbst nichts bedeuten, ist eine positivistische Fiktion. Zum einen kann der Diskursanalytiker – wie die eingangs erwähnten Historiker – sich nicht vollständig vom primären, basalen Verstehen jener Elemente freimachen, die er angeblich in ihrer reinen Bedeutungslosigkeit bloß klassifiziert. Das heißt aber, dass er interpretierend nicht nur in seinen Gegenstand involviert ist, sondern durch seine Interpretationen und Unterscheidungen auch die Möglichkeit unterschiedlicher Lektüren diskursiver Elemente einführt, eine Möglichkeit, die doch die Positivität der archäologischen Methode eigentlich verbieten müsste.[121] Wenn dem so ist, stellt sich darüber hinaus die Frage, wie und in welchen Verstehenshorizonten die diskursiven Elemente klassifiziert und damit interpretiert werden sollen. Denn diese Elemente gewinnen ihre Bedeutung ja nicht nur im Kontext des einen Diskurses, in dem sie vorkommen, sondern darüber hinaus immer auch im Zusammenspiel von Signifikanten innerhalb eines einzel-

---

120 Foucault, *Ordnung des Diskurses*, S. 25, 34.
121 Vgl. zu dieser Kritik ausführlich Hubert L. Dreyfus und Paul Rabinow: *Michel Foucault. Jenseits von Strukturalismus und Hermeneutik*, Frankfurt am Main: Athenäum 1987, S. 111-114.

nen Textes sowie zwischen den Texten, auf die dieser eine möglicherweise verweist.

Grundlegend für Diskursanalyse ist daher, dass das, was, wie Lacan bemerkt, »bei der Information als Redundanz auftritt, genau das ist, was beim Sprechen als Resonanz dient«: In dieser Resonanz, die im Signifikantennetz von (informationstechnisch gesehen eigentlich überflüssigen) Sprachzeichen entsteht, wird jener Sinn evoziert, der über die manifeste, konventionelle Wort- beziehungsweise Satzbedeutung hinausschießt.[122] Eine diskursanalytische Untersuchung einzelner Texte, in denen die Stimmen von Individuen vernehmbar sind, betrachtet den Text daher nicht als intentionale Äußerung eines Autors, eines individuellen Bewusstseins, sondern als eine »Oberfläche«, als ein Gewebe von Signifikanten und signifikativen Einheiten, die in ihrer Intertextualität und in ihrem vom Autor nie wirklich kontrollierten Arrangement Bedeutungseffekte haben, die immer über den einheitlichen, intendierten Sinn hinausgehen.[123] Auf dieser polysemischen »Oberfläche« der Signifikanten, gezeichnet von den Interferenzen mehrerer Diskurse oder, wie Bachtin sagt, von »dialogisierte(r) Redevielfalt«,[124] ist nichts ›sinnlos‹, sondern dient umgekehrt jedes einzelne Element zur Erzeugung von Sinn. Dieser Hinweis auf die *surface discursive* impliziert nicht, dass linguistische, gar lexikometrische Analysen einem solchen Gegenstand allein adäquat seien. Es geht vielmehr darum zu erkennen, dass – versteckt oder nicht – auf dieser »Oberfläche« *alles* erscheint, was an Bedeutung überhaupt eine Rolle spielen kann: Es gibt nichts Sinnhaftes »hinter« der Sprache, die bloße »Stilisierung« wäre, und auch kein soziales Handeln, das sich außerhalb sprachlicher Bedeutungskonstitution bewegt. Folglich ist zu rekonstruieren, auf welche Weise ein Text die Polysemie seiner Bedeutungseffekte erzeugt, indem man, ohne gleich schon zu wissen, was der

122 Lacan, »Funktion …«, S. 143. Vgl. dazu auch Julia Kristeva: *Semeiotikè. Recherches pour une sémanalyse (Extraits)*, Paris: du Seuil 1978, S. 18.

123 Michel Pêcheux u. a., »La sémantique et la coupure saussurienne …«, S. 147; vgl. Julia Kristeva: »Bachtin, das Wort, der Dialog und der Roman«, in: *Literaturwissenschaft und Linguistik*, Bd. 3: *Zur linguistischen Basis der Literaturwissenschaft II*, Frankfurt am Main: Suhrkamp 1972, S. 345-375, und Michail Bachtin: *Die Ästhetik der Wortes* (hg. von R. Grübel), Frankfurt am Main: Suhrkamp 1979 (hier insbesondere: »Das Wort im Roman«, S. 154-300, von 1934/35). Zur Theorie der Dialogizität in der Diskursanalyse Maingueneau, *L'Analyse*, S. 153 f.

124 Bachtin, *Ästhetik*, S. 166.

Autor eigentlich sagen wollte, die »Zeichenbeziehungen«[125] (Freud) seiner Signifikanten untersucht. Das *forschungspraktische Apriori*, Texte nicht hermeneutisch auf der Basis von Traditionszusammenhängen und »Vorurteilen« (Gadamer)[126] zu ›verstehen‹, sondern die Struktur ihrer Signifikanten zu analysieren und daher auch in scheinbar eindeutigen Texten Subtexte und möglicherweise gegenläufigen Sinn zu vermuten, der die Unverständlichkeit oder Eigensinnigkeit von Aussagen oder von in diesen Texten berichteten Handlungen erhellen könnte, bewahrt schließlich auch vor der simplifizierenden Alternative zwischen bewusstem Sprechen und Strukturdeterminismus.[127]

3.3. Metaphern[128]

Diskursive Elemente sind nie neutral. Am deutlichsten zeigt sich dies an der sprachlichen Trope der Metapher, die einem traditionellen Verständnis zufolge auf Literatur beschränkt sei und in wissenschaftlichen Texten nichts zu suchen habe beziehungsweise diese als semantische Verunreinigung bedroht. Die neuere Metapherndiskussion hat allerdings gezeigt, dass sich diese saubere Trennung nicht aufrechterhalten lässt. Außerhalb des poststrukturalistischen beziehungsweise dekonstruktivistischen Theoriekontextes hat vor allem und besonders einflussreich Max Black mit seiner »Interaktionstheorie« der Metapher schon vor einiger Zeit und gegen die Einwände von Davidson darauf hingewiesen, dass die Metapher einen kognitiven Gehalt habe.[129]

---

125 Sigmund Freud: *Die Traumdeutung*, hg. von A. Mitscherlich u. a. (Studienausgabe, Bd. 2), Frankfurt am Main: S. Fischer 1972, S. 280 f.

126 Vgl. E. Kaleri: »Die Universalität der Hermeneutik bei Hans-Georg Gadamer«, in: Hans Lenk: *Philosophie und Interpretation: Vorlesungen zur Entwicklung konstruktionistischer Interpretationsansätze*, Frankfurt am Main: Suhrkamp 1993, S. 118-137, insb. S. 131-135.

127 Vgl. dazu auch Hans Ulrich Gumbrecht: »Für eine phänomenologische Fundierung der sozialhistorischen Begriffsgeschichte«, in: Reinhart Koselleck (Hg.): *Historische Semantik und Begriffsgeschichte*, Stuttgart: Klett-Cotta 1978, S. 75-101.

128 Vgl. dazu ausführlich meinen Aufsatz »Infizierte Körper, kontaminierte Sprachen. Metaphern als Gegenstand der Wissenschaftsgeschichte«, in diesem Band, S. 191 ff.

129 Max Black: »Die Metapher«, in: Anselm Haverkamp (Hg.): *Theorie der Meta-*

Vor allem die feministische Wissenschaftsforschung der letzten Jahre hat – sich entweder auf Black oder auf den Poststrukturalismus beziehend – argumentiert, dass Metaphern wissenschaftliche Texte tiefgreifend organisieren. Diese müssen allerdings nicht offen zu Tage liegen, sondern zeigen sich erst in der Analyse eines intervenierenden zweiten, »halb verschwiegenen« Diskurses, der etwa von versteckten *gender*-Metaphern oder rassistischen Implikationen geprägt sein kann.[130] Mit anderen Worten: Die Metaphorizität von *énoncés* erscheint so als Ansatzpunkt einer historischen Untersuchung von Texten, die gleichsam neben oder nach der Analyse der diskursiven Regelmäßigkeiten die Gegenrechnung aufmacht und die Risse und Brüche im diskursiven Feld aufspürt.

4. Artikulation und leere Signifikanten: Diskurstheorie des Politischen

Die Konsequenzen eines diskurstheoretischen Ansatzes reichen weit; in seinem Licht lassen sich auch die Gesellschaft und das Politische neu denken, wie die beiden »Post-Marxisten« Ernesto Laclau und Chantal Mouffe gezeigt haben. Für sie sind »Synonymie, Metonymie und Metapher keine Gedankenformen, die einer ursprünglichen, konstitutiven Buchstäblichkeit sozialer Verhältnisse einen zweiten Sinn hinzufügen; vielmehr sind sie selbst Teil des ursprünglichen Terrains, auf dem das Soziale konstituiert wird«.[131]

pher, Darmstadt: Wissenschaftliche Buchgesellschaft 1996, S. 55-79; ders.: »Mehr über die Metapher«, in: Haverkamp (Hg.), *Theorie der Metapher*, S. 379-413; Donald Davidson: »Was Metaphern bedeuten«, in: ders.: *Wahrheit und Interpretation*, Frankfurt am Main: Suhrkamp 1976, S. 343-371.

130 Vgl. Nancy Leys Stepan: »Race and Gender: The Role of Analogy in Science«, in: *Isis* 77, 1986, S. 261-277; Donna Haraway: *Simians, Cyborgs, and Women. The Reinvention of Nature*, London: Free Association Books 1991; Jennifer Terry und Jacqueline Urla (Hg.): *Deviant Bodies. Critical Perspectives on Difference in Science and Popular Culture*, Bloomington, Indianapolis: Indiana University Press 1995; Mary Hesse: »Models, Metaphors and Truth«, in: Z. Radman (Hg.): *From a Metaphorical Point of View. A Multidisciplinary Approach to the Cognitive Content of Metaphor*, Berlin: de Gruyter 1995, S. 351-372; Evelyn Fox Keller: *Das Leben neu denken. Metaphern der Biologie im 20. Jahrhundert*, München: Antje Kunstmann 1998 (New York 1995).

131 Ernesto Laclau und Chantal Mouffe: *Hegemonie und radikale Demokratie. Zur Dekonstruktion des Marxismus*, Wien: Passagen 1995 (London 1985), S. 160 f.

Wenn, wie sie mit Foucault argumentieren, Diskurse soziale Wirklichkeit als Konstruktion hervorbringen, dabei aber die Sprache selbst voller Brüche und Mehrdeutigkeiten ist, löst sich die alte »hegelmarxistische« Idee von Gesellschaft als einer – letztlich geschlossenen – Totalität auf: »Wir müssen folglich die Offenheit des Sozialen als konstitutiven Grund beziehungsweise als ›negative Essenz‹ des Existierenden ansehen sowie die verschiedenen ›sozialen Ordnungen‹ als prekäre und letztlich verfehlte Versuche, das Feld der Differenzen zu zähmen.«[132]

Die Gesellschaft ist so gesehen eine »symbolische Ordnung«;[133] sie teilt sich daher auch nicht mehr in die zwei Ebenen des »Wesens« und der »Erscheinung« – der Ökonomie und der Ideologie zum Beispiel –, sondern fällt mit ihren diskursiven Formierungen in eins: »Die Gesellschaft und die sozialen Agenten haben kein Wesen, und ihre Regelmäßigkeiten bestehen lediglich aus den relativen und prekären Formen der Fixierung, die die Errichtung einer bestimmten Ordnung mit sich bringt«.[134]

Diese vorübergehende Fixierung des Verhältnisses zwischen Worten und dem Bezeichneten geschieht, wie erwähnt, bloß noch als Konvention. Lacan hat für diese Fixierung das Bild der *points de capitons* geprägt, der Polsterknöpfe oder Stepp-Punkte: Das sind jene »privilegierte[n] Signifikanten, die die Bedeutung einer Signifikantenkette fixieren«.[135] Entscheidend ist aber, dass diese prekäre Bedeutungsfixierung keine »Schließung« ist, keine »endgültige Naht«[136] zwischen Signifikanten und Signifikaten, die die volle Positivität der bezeichneten Gesellschaft oder sozialen Gruppe endgültig zum Ausdruck bringen würde. Weil die Sprache als das einzige Medium der Artikulation von Identität polysemisch ist und buchstäblicher Sinn unmöglich bleibt, ist jede gesellschaftliche Identität und damit jede politische Position bruchstückhaft und offen für Veränderungen.[137]

Das hier nur sehr verkürzt wiedergegebene theoretische Modell

---

132 Laclau/Mouffe, *Hegemonie und radikale Demokratie*, S. 142.
133 Laclau/Mouffe, *Hegemonie und radikale Demokratie*, S. 145.
134 Laclau/Mouffe, *Hegemonie und radikale Demokratie*, S. 145.
135 Laclau/Mouffe, *Hegemonie und radikale Demokratie*, S. 164.
136 Laclau/Mouffe, *Hegemonie und radikale Demokratie*, S. 162 f.
137 Vgl. dazu auch Joan W. Scott: »Fantasy Echo: History and the Construction of Identity«, in: *Critical Inquiry* 27, 2001, S. 284-304.

von Laclau/Mouffe[138] macht verständlich, warum Gesellschaften nicht anders denn als temporäre und prekäre Artikulation einer bestimmten sozialen Selbstbeschreibung gedacht werden können. Die Gesellschaft hat kein »Wesen«, das von ihrer Imagination, ihrer »Erfindung« verschieden wäre, keine »Identität«, die sich auf einen »nationalen Kern«, auf »Interessen« oder auf eine ethnische »Substanz« zurückführen ließe. Das ist die ins Gesellschaftstheoretische gewendete Konsequenz der Diskurstheorie, wie sie Laclau/Mouffe vor allem von Derrida und Lacan her lesen. Wenn Sprache ihren Sinn nicht von einem außersprachlichen Referenten her erhält, stellt sich dann auch auf dieser Theorieebene die Frage, wie zum Beispiel »Identitäten« artikuliert werden, wenn diese Artikulationen nichts »Natürliches« reflektieren können. Und genauso, wie Historiker und Diskursanalytiker gezwungenermaßen ihre Texte immer ein Stück weit »verstehen«, das heißt die Trennung zwischen Signifikant und Signifikat pragmatisch schließen müssen, scheinen auch Gesellschaften diese »Schließung« immer anzustreben. Denn ganz formal lässt sich sagen, dass kein Feld von Differenzen möglich ist, wenn nicht einzelne Bedeutungen fixiert werden. Die Abwesenheit jeglicher Versuche, »Identität« zu artikulieren, wäre mit vollständiger sozialer Anomie gleichzusetzen. Weil sich die Identität nicht abschließend und positiv fixieren lässt, »so existiert [sie] nur als Anstrengung, dieses unmögliche Objekt zu konstruieren«.[139]

Diese »artikulatorische Praxis« operiert mit zwei Instrumenten: Erstens mittels »privilegierter Signifikanten« und zweitens, damit unmittelbar verknüpft, durch eine spezifische Form der Grenzziehung, die das Feld der Differenzen konstituiert, indem sie es gegen außen zu schließen versucht. Was heißt das? Laclau/Mouffe beschreiben Gesellschaft oder soziale Gruppen als diskursiv strukturiert und damit als ein Feld von Differenzen. Jedes Mitglied, jedes Ereignis und jede Gruppe »sind« ein wenig »anders« und formulieren ihre Identität durch die Differenz zu allen andern. Gleichzeitig existieren aber auch Äquivalenzrelationen zwischen ihnen, die dadurch zustande kommen, dass sie sich als »gleich« im Verhältnis zu einem Dritten, zu einem Außen definieren. So mögen die Mitglieder einer Gruppe je relativ verschieden sein, im Verhältnis zu einer

138 Dazu ausführlich Jacob Torfing: *New Theories of Discourse. Laclau, Mouffe and Žižek*, Oxford: Blackwell 1999.
139 Laclau/Mouffe, *Hegemonie und radikale Demokratie*, S. 164.

ihnen zum Beispiel feindlichen Gruppe erfahren sie sich aber als »gleich«. Im Feld der Differenzen, in dem verschiedene Signifikantenketten zum Beispiel »mich« beschreiben und viele Selbstbeschreibungen sich in zum Teil widersprüchlicher Weise überlagern, wird »starke« Identität als Klasse, Nation, Ethnie oder gar »Rasse« nur erzeugt, wenn dieses Gleiten mit seinen instabilen Effekten durch privilegierte Signifikanten fixiert wird. Dieses formale Argument[140] läuft darauf hinaus, dass eine »starke« Identitätsbehauptung durch eine ausgeprägte Äquivalenzrelation im Verhältnis zu einem »ganz Anderen« erzeugt wird – dieses Verhältnis zum Außen absorbiert dann alle interne Differenz. Eine solche starke Differenz nennen Laclau/Mouffe ›Antagonismus‹. Der Begriff bezeichnet dasjenige, was nicht Teil des Feldes der Differenzen ist, sondern als das Gegenteil schlechthin das Feld insgesamt begrenzt.[141]

Weil eine soziale Gruppe sich immer nur in Relation zu einem Andern konstituieren kann, ist in jede »Identität« immer ein konstitutiver Mangel eingeschrieben – ein Mangel an vollem Sein, an Positivität.[142] Die privilegierten Signifikanten stiften »Identität«, indem sie genau jene fehlende Positivität ausdrücken, jene fehlende Ganzheit (»fullness«), die soziale Gruppen als eine notwendige Fiktion von sich entwerfen müssen: Positiv in einer imaginären Schließung als »Deutschland«, »das Volk« etc., negativ hingegen, indem zum Beispiel die Juden zum Signifikanten dessen gemacht werden, was »Deutschland mangelt«. Je leerer diese »empty signifiers«[143] sind, je unklarer ihr Signifikat bleibt, desto besser eignen sie sich offensichtlich für ihre Funktion als Stepp-Punkte und als Marker für den konstitutiven Antagonismus: Die Fahne einer Nation bedeutet

---

140 Eine sehr konzise Darstellung dieses Konzepts liefert Ernesto Laclau: »Why do Empty Signifiers Matter to Politics?«, in: Jeffrey Weeks (Hg.): *The Lesser Evil and the Greater Good*, London: Rivers Oram Press 1994, S. 167-178; vgl. auch Laclau/Mouffe, *Hegemonie und radikale Demokratie*, S. 176 ff., sowie Torfing, *New Theories of Discourse*, S. 81-131; Oliver Marchart: »Undarstellbarkeit und ›ontologische Differenz‹. Einleitung« zu: Judith Butler, S. Critchley, E. Laclau, S. Žižek u. a.: *Das Undarstellbare der Politik. Zur Hegemonietheorie Ernesto Laclaus*, hg. von O. Marchart. Wien: Turia & Kant 1998, S. 7-20.

141 Laclau/Mouffe, *Hegemonie und radikale Demokratie*, S. 176-192.

142 Siehe dazu ausführlich Ernesto Laclau und L. Zac: »Minding the Gap: The Subject of Politics«, in: Ernesto Laclau (Hg.): *The Making of Political Identities*, London: Verso 1994, S. 11-39, insb. S. 31-37.

143 Vgl. Laclau, »Why do Empty Signifiers Matter to Politics?«

nichts weiter als »das Ganze« der Nation – ebenso wie »schwarze Haut« zuweilen die reine Negativität der fehlenden Ganzheit zu absorbieren vermag. Mit anderen Worten: Während die Fahne als positiv besetzter, ansonsten aber vollständig leerer Signifikant für die Nation steht und sie so symbolisch zusammenhält, war und ist »schwarze Haut« im europäischen und amerikanischen Westen immer wieder ein negativ besetzter leerer Signifikant, der gleichsam all das in sich aufsaugt, was unbewusst als Mangel an vollem Sein und Ganzheit einer weißen, westlichen Identität empfunden wurde – und der auf diese Weise eine prekäre Identität stiftet.

5. Lacan'sche Horizonte jenseits der Diskurstheorie

Mit einigen meiner Argumente habe ich von Lacan her Stellung bezogen gegen Foucaults Konzept des Diskurses. Die Frage, was solche Differenzen mit der Geschichtswissenschaft zu tun haben, möchte ich vorerst noch aufschieben; hier will ich zu zeigen versuchen, dass sich diese Differenzen nicht einfach nur auf die Frage reduzieren lassen, ob Diskurse von der Polysemie untergraben werden oder nicht, sondern mit dem Problem zusammenhängen, wie sich das Reale denken lässt.

Foucault, um zuerst kurz zu diesem zurückzukehren, war es nie einfach um »Sprache« zu tun, sondern immer um jene Realität, die von Diskursen und den mit ihnen verbundenen Praktiken hervorgebracht wird. Zwar hat er in seiner Antrittsvorlesung am Collège de France von 1970 nochmals das Verhältnis von »wuchernden« Diskursen und kontrollierenden Institutionen beschrieben,[144] danach aber wird seine Zurückweisung der Sprache als Untersuchungsgegenstand grundsätzlich. Im Aufsatz *Nietzsche, la Généalogie, l'Histoire* von 1971 betont er, dass die Gesellschaft nicht von Diskursen strukturiert werde, sondern von Machtrelationen, die nicht nach dem Muster »der Sprache und der Zeichen« zu denken sind, sondern nach der Logik »des Krieges und der Schlacht«[145] und die primär auf Körpern ihre Spuren hinterlassen. Anstelle von sich überkreuzenden Diskursen stehen sich nun »Kräfte« gegenüber,

144 Foucault, *Ordnung des Diskurses*, S. 7 ff.
145 Michel Foucault: *Dispositive der Macht. Über Sexualität, Wissen und Wahrheit*, Berlin: Merve 1978, S. 29.

und zwar auf einem offenen Feld, ja einer »Bühne«, die als »Nicht-Ort« erscheint, wo aber nicht mehr – wie noch bei Derrida vier Jahre zuvor – das »Spiel der Zeichen« kein Ende findet, sondern »das Spiel der Beherrschung«.[146] Im Zentrum von Foucaults Theorie stehen nun die Macht und der Körper.

Ich will in Bezug auf diese theoretische Verschiebung nur einen Punkt herausheben. Das Problem der Foucault'schen Diskursanalyse in der *Archéologie* bestand darin, dass Diskurse als autonome Gebilde konzipiert wurden, die im Grunde auf kein Außen angewiesen sind, um zu funktionieren, sondern sich aus sich selbst speisen und die auftauchen und wieder verschwinden, ohne dass dafür ein diskursexterner Grund angegeben werden könnte. Foucault hat die diskursive Oberfläche der *énoncés* als eine sich selbst generierende, kompakte und ausschließlich manifeste Struktur verstanden, weil kein Subjekt in diese Struktur interveniert. Das Subjekt erhielt in der *Archéologie* seinen Platz legitimen Sprechens allein vom Diskurs zugewiesen. Diese zwar gegenüber der »biographischen Illusion«[147] produktive, insgesamt aber einseitige postmoderne Position, die das Subjekt zum bloßen Effekt macht und damit – *so to speak* – dessen »Materialität« und »Eigenlogik« nicht in Betracht ziehen kann, lässt sich von Lacan her überdenken. Gäbe es *nur* Sprache, nur das Symbolische, dann würde, so Lacan, das Subjekt tatsächlich verschwinden.[148] Das Symbolische, die Sprache, die Diskurse sind dem Individuum zwar vorgängig; in sie ›schreibt es sich ein‹, in ihren Strukturen organisiert sich erst seine Wahrnehmung und seine Erfahrung. Aber das Subjekt verschwindet nicht in diesen Strukturen. Denn einerseits sind diese Strukturen nicht einheitlich, sondern widersprüchlich, voll von Brüchen. Allein schon ihre Vielfalt, die Koexistenz mehrerer symbolischer Strukturen mit ihren vielen Verknüpfungsmöglichkeiten und Interferenzen ermöglicht eine große Zahl von individuellen Subjektpositionen und damit von je ein wenig anders gelagerten individuellen Formen der Wahrnehmung und

146 Michel Foucault: »Nietzsche, die Genealogie, die Historie«, in: ders.: *Von der Subversion des Wissens*, Frankfurt am Main: Fischer 1987, S. 77.

147 Pierre Bourdieu: »Die biographische Illusion«, in: *BIOS* 3, 1990, H. 1, S. 75-81.

148 »In Knechtschaft und Größe würde alles Lebendige sich zugrunde richten, wenn nicht das Begehren sein Teil bewahrte in den Interferenzen und Schlägen, die die Zyklen der Sprache auf es zulaufen lassen, sobald die Sprachverwirrung eingreift und sobald in der Zerrissenheit eines universalen Werks die Ordnungsvorstellungen sich widersprechen« (Lacan, »Funktion …«, S. 120).

des Aussagens. Dennoch bleibt das Subjekt so streng genommen eine bloße Funktion symbolischer Formen, und sein Sprechen und Handeln kann entsprechend beschrieben werden – wie etwa Bourdieu dies tut.

Lacan konzipiert das Subjekt als Subjekt des Unbewussten,[149] das durch das metaphorische und metonymische Spiel der Signifikanten strukturiert ist und dadurch immer mehr sagt, als es eigentlich sagen wollte. Der entscheidende Punkt hier ist, dass das Lacan'sche Subjekt des Unbewussten nicht nur sich selbst als immer schon durch die Sprache strukturiertes erfährt und gleichzeitig in ihr seine »Identität« als »Ich« behaupten muss – es ist vielmehr genau durch seinen konstitutiven Mangel an »Identität«, an »Ganzheit« definiert (Lacan prägte dafür den Term des durchgestrichenen S, des *sujet barré*). Er spricht daher vom »Begehren«. Der Begriff ist ein *terminius technicus*: Indem das Subjekt notwendigerweise in der Sprache lebt, ist es grundsätzlich der Differenz zwischen einem letztlich körperlichen Bedürfnis (*besoin*) und den ›Sagbarkeiten‹ der Sprache unterworfen, welche die *demande*, die »Anfrage« an einen andern, formen.[150] Diese für Subjekte dadurch mit Notwendigkeit produzierte unbewusste, in der *demande* immer mitenthaltene Differenz nennt Lacan das Begehren (*désir*), das einen unaufhebbaren Mangel beständig aufzuheben versucht: den Mangel eines ursprünglichen Objektes des (frühkindlichen) seit dem Eintritt in die Sprache nie mehr erreichbaren Genießens, einen Mangel, der durch kein reales Objekt mehr befriedigt werden kann. Das Subjekt ist zwar sprachkonstituiert, wird bestimmt von der Ordnung der Signifikanten, aber es geht darin nicht auf; vielmehr bleibt immer ein Rest, eine Nicht-Transparenz, ein Unbewusstes: der Mangel und damit das Begehren, das sich »subversiv« in unbewussten Sprachbildern in die Brüche, Widersprüche und Löcher des Diskurses einschreibt und immer etwas anderes, noch etwas mehr will, über die gegebenen Möglichkeiten seiner Welt immer hinausdrängt.[151]

Daher ist das Begehren auch die »Energie«, etwas »Ganzes«, eine

149 Lacan, »Subversion des Subjekts …«.
150 Vgl. Abel, *Interpretationswelten*, S. 91, 376 ff.
151 Lacan, »Drängen …«, S. 44. Siehe zu diesem hier sehr verkürzt dargestellten Zusammenhang Dor, *Introduction*, S. 179-190. Vgl. Peter Widmer: *Subversion des Begehrens. Jacques Lacan oder die zweite Revolution der Psychoanalyse*, Frankfurt am Main: Fischer 1990; Michel Pêcheux: »Sur les contextes épistémologiques de l'analyse de discours«, in: *Mots*, 1984, Nr. 9, S. 7-17.

»Person« zu sein, wie sie im Spiegelbild des Körpers des Anderen erscheint und wie es das Symbolische vom Subjekt fordert, es ihm ermöglicht und zugleich versagt. Der Mangel an »Ganzheit« betrifft gleichermaßen auch den Körper, dessen Bedürfnisse in Sprache gefasst werden müssen und so als Begehren erscheinen. In jedem Fall also drückt sich im Begehren negativ etwas aus, was unsagbar ist, was eine konstitutive Leere darstellt, ohne die das Subjekt tatsächlich nichts mehr als eine Schnittstelle im Raum von Diskursen wäre.[152] Dieses unsagbare Negative nennt Lacan das Reale – ein Außen, das konstitutiv ist für das, was über die von Diskursen, das heißt symbolisch und imaginär strukturierte soziale Wirklichkeit ausgesagt werden kann. Es ist konstitutiv, weil es sie begrenzt, unterbricht, scheitern lässt, zu Neuanfängen zwingt etc. Und weil der Mangel und diese Grenze real sind, reicht die Sprache nie ganz, kommt nie zum Abschluss, kann nie alles sagen, produziert immer wieder Ungesagtes und Missverständnisse – genauso wie unser Begehren sich niemals ganz, endgültig stillen ließe. Das Begehren als die Schnittstelle zwischen Bedürfnis und Sprache, zwischen Körper und Diskurs ist ebenso metonymisch wie die Sprache selbst, ist ebenso nicht abschließbar, verweist ebenso – wie die Signifikanten, die es strukturieren – immer noch auf etwas anderes. Es ist also mit anderen Worten die den manifesten Sinn und die gegebenen diskursiven Positivitäten unterminierende Negativität des Begehrens, die bewirkt, dass Diskurse vom Flüstern verborgener Bedeutungen unterwandert werden, aufbrechen und sich verändern.[153]

Zweifellos kann man in der alltäglichen historischen Arbeit nicht immer so weit gehen, in textuellen Brüchen, Widersprüchen, merkwürdigen Wiederholungen, Auslassungen und Versprechern einen individuellen Eigensinn zu suchen oder gar, in einer psychoanalytischen Textlektüre, sich auf die Frage nach dem Begehren eines historischen Subjekts einzulassen.[154] Aber es gibt grundsätzlich nicht

152 Slavoj Žižek: *Das Unbehagen im Subjekt*, Wien: Passagen 1998; ders.: *Die Tücke des Subjekts*, Frankfurt am Main: Suhrkamp 2001.

153 Vgl. Paul Allen Miller: »Toward a Post-Foucauldian History of Discoursive Practices«, in: *Configurations* 7, 1999, Nr. 2, S. 227-246; Joan Copjec: »Strukturen gehen nicht auf die Straße«, in: *RISS, Zeitschrift für Psychoanalyse* 14, 1999, Nr. 45, S. 11-27.

154 Vgl. dazu meinen kurzen Aufsatz »Autobiographische Ver-Sprecher. Diskursanalyse und Psychoanalyse in alltagsgeschichtlicher Perspektive«, in: *WerkstattGeschichte* 7, 1994, S. 31-41.

viel Möglichkeiten, als Historikerin oder Historiker das Subjekt zu denken: Entweder man kassiert es zugunsten struktureller Determinanten; oder man glaubt an seine Fähigkeit, in einem nichttrivialen Sinne bewusst zu sprechen und zu handeln sowie sich über die letzten Motive seines Handelns Klarheit zu verschaffen – und betrachtet daher seine Handlungen und Äußerungen durchweg als Strategien. Das aber führt in die oben beschriebenen Aporien eines seine Welt laufend aus sich selbst heraussetzenden Subjekts. Oder schließlich, man verfügt über eine Theorie des dezentrierten Subjekts, die zumindest zur Vorsicht gemahnt beziehungsweise perspektivisch zeigt, dass Menschen eben gerade nicht und nie restlos auf einerseits ihre Intentionen noch andrerseits auf strukturierende Determinanten reduzibel sind. Judith Butler hat in *Psyche der Macht. Das Subjekt der Unterwerfung* diese paradoxe Situation, in der sich das Denken des Subjekts heute befindet, sehr eingehend untersucht. Ausgehend vom Foucault'schen Begriff der Macht, argumentiert sie in lacanianischer Weise, dass Macht beziehungsweise die Unterwerfung unter die Macht genau dasjenige ist, was das Subjekt begehren muss, um überhaupt leben zu können – von Mächtigen abhängig zu sein und sich Regeln zu unterwerfen ist die Voraussetzung des Menschseins und Inhalt jeder gelingenden Sozialisation; jenseits davon liegt nur die Psychose. Sie entwickelt dazu einen Begriff der »Psyche«, in dem all das enthalten ist, was über das Subjekt als reinen Schnittpunkt von Diskursen hinausweist. Zugleich aber begreift sie den Widerstand, der sich vom Unbewussten (Lacan) oder vom Körper (Foucault) her denken lässt, nicht einfach als außerdiskursiv, sondern als etwas, was wiederum nur innerhalb der Matrix diskursiver Formierungen gedacht werden kann, weil es »gar kein Begehren ohne Gesetz gibt, das eben jenes Begehren formt und erhält, das es untersagt«.[155] Erst von einer solchen Position aus lässt sich die Frage formulieren, ob und wie das Subjekt fähig ist, die es selbst und sein Begehren konstituierende und normierende, nicht selten auch verletzende Macht »umzukehren« und in eine Voraussetzung für Handlungsfähigkeit zu wenden, was allerdings, so Butler, auf eine ambivalente Mischung von Widerstand gegen die Macht und Wiederholung beziehungsweise Stärkung der Macht hinausläuft.[156] Man kann, um es

---

155 Butler, Judith: *Psyche der Macht. Das Subjekt der Unterwerfung*, Frankfurt am Main: Suhrkamp 2001, S. 99.
156 Butler, *Psyche der Macht*, S. 18.

einfacher zu sagen, nur im Rahmen vorgegebener Normen und Machtverhältnisse gegen diese Vorgaben aufbegehren. Um das Subjekt als ein Subjekt der *agency* zu denken, bietet, so meine ich, dieser Theorierahmen bessere Möglichkeiten als andere theoretische Ausgangspunkte, denn nur hier kann jenseits der Fallen der Subjekt- und Bewusstseinsphilosophie gefragt werden, wie Subjekte sich in den Widersprüchen der symbolischen Ordnung als eigenständige, eigensinnige Produkte dieser Ordnung einnisten.[157]

6. Diskurstheorie und Geschichtswissenschaft

6.1. Abwehrreflexe

In meinen wenigen Bemerkungen zur Rezeption des *linguistic turn* und der Diskurstheorie in der Geschichtswissenschaft habe ich unter anderem die auffallende »Angst« der Historiker vor dem *turn*[158] betont. Bevor ich versuche, die Denkanstöße der Diskurstheorie zusammenzufassen, soll hier noch einmal auf diese ziemlich hartnäckigen Abwehrreflexe zurückgekommen werden. Diese basieren auf dem erstaunlichen Selbstmissverständnis, das davon ausgeht, die immer notwendige Auswahl von Quellen aus einem Archiv, die faktische Eingeschränktheit jeder möglichen Untersuchungsperspektive und die unhintergehbar interpretative Leistung bei der Konstruktion von Zusammenhängen würden den »Wahrheitsgehalt« der historiografischen Darstellung nicht grundsätzlich schmälern – die Behauptung hingegen, alle Wirklichkeit sei sprachlich konstruiert, stoße die Historiker umstandslos ins Spiegelkabinett bloßer Dichtung.[159] Das Selbstmissverständnis der Zunft, das ihre Ab-

---

157 In ähnlicher Weise fragt die an Foucault anschließende Gourvernementalitäts-Diskussion nach den Möglichkeiten, die taktischen Dispositive der Macht umzukehren und in Instrumente des Widerstandes zu verwandeln; vgl. dazu Ulrich Bröckling, Susanne Krasmann und Thomas Lemke (Hg.): *Gouvernementalität der Gegenwart. Studien zur Ökonomisierung des Sozialen*, Frankfurt am Main: Suhrkamp 2000, und die theoretisch allerdings sehr unscharf argumentierenden Autoren Michael Hardt und Antonio Negri: *Empire. Die neue Weltordnung*, Frankfurt am Main, New York 2002.

158 Vgl. Schöttler, »Wer hat Angst …«.

159 Zu diesem Selbstmissverständnis vgl. auch Rüsen, *Historische Orientierung*, S. 203.

wehrreflexe erzeugt, ist insofern erstaunlich, als es auf einer von Historikern selbst längst widerlegten Epistemologie beruht. »Eine Geschichte«, bemerkte beispielsweise Reinhart Koselleck ebenso lapidar wie scharfsinnig schon vor Jahren, »ist nie identisch mit der Quelle, die von dieser Geschichte zeugt.«[160] Mit anderen Worten, Historiker bewegen sich immer zwischen objektiv rekonstruierbaren Quellenbefunden – Hitlers Vereidigung als Reichskanzler hat nachweislich am 30. Januar 1933 stattgefunden – und dem Umstand, dass Quellen und auch Serien von Quellen nicht selbst ihre Interpretation liefern. Insofern ist zwar Roger Chartier zuzustimmen, wenn er den Unterschied von Geschichtsschreibung und Literatur daran festmacht, dass sich der historiografische Text in einer »doppelten Abhängigkeit« konstituiert: »der Abhängigkeit von den Archiven, mithin von der Vergangenheit, deren Spur das Archiv ist; und der Abhängigkeit von den Wissenschaftlichkeitskriterien sowie den technischen Verfahren seines eigenen ›Metiers‹«.[161]

Gerade aber weil das zweite Argument etwas leicht Zirkelschlüssiges hat – es ist gut denkbar, dass sich die Gemeinschaft der Schriftsteller ebenso auf intersubjektiv geltende Regeln ihres »Metiers« verständigt wie jene der Historiker –, ändert Chartiers Hinweis auf die »Spur« vergangener Wirklichkeit nichts daran, dass der Inhalt der »sprachlichen Fiktionen« der Historiker »ebenso *erfunden* wie *vorgefunden* ist«, wie Hayden White schreibt.[162] Interpretationen sind Geschichten über Dinge und Ereignisse, die in Archiven tatsächlich eine Spur hinterlassen haben – aber es sind erfundene Geschichten, die nicht nur aus heutiger Perspektive, mit heutigen Zielen und im Kontext von heutigen wissenschaftlichen, kulturellen und politischen Referenzen erzählt werden, sondern die auch unterschiedlich erzählt werden können, ohne dass jeweils den »Fakten« Gewalt angetan würde.[163] Im Gegenteil: Das so genannte Faktum bekommt seine Relevanz und seine Bedeutung immer erst nachträglich – Be-

160 Reinhart Koselleck: »Standortbindung und Zeitlichkeit. Ein Beitrag zur historiographischen Erschließung der geschichtlichen Welt«, in: ders.: *Vergangene Zukunft. Zur Semantik geschichtlicher Zeiten*, Frankfurt am Main: Suhrkamp, 1985, S. 176-207 (1. Auf. 1979), S. 204.

161 Chartier: »Zeit der Zweifel …«, S. 92.

162 White, »Der historische Text als literarisches Kunstwerk«, S. 125 (Hervorhebung im Original).

163 Vgl. dazu sehr überzeugend Otto Gerhard Oexle: »Im Archiv der Fiktionen«, in: Kiesow/Simon (Hg.), *Auf der Suche nach der verlorenen Wahrheit*, S. 87-103.

deutung und Relevanz haften ihm nicht an, sie sind nicht Teil des Faktums an sich. Es ist vielmehr der Kontext und genauer noch die Nachträglichkeit, die rückwärtsgelesene Geschichte, die uns sagen: Das hier wird wichtig gewesen sein.[164] Die Annahme hingegen, dass die Vergangenheit mit der in ihrer Erzählung rekonstruierten Geschichte in einem direkten, »realistischen« Korrespondenzverhältnis stehe, ist naiv.[165]

Sogar die so genannte »selbst erlebte« Geschichte als Idealfall von unmittelbarem Wirklichkeitsbezug ist keineswegs frei von Interpretationen, Mutmaßungen, Missverständnissen und dem Gefühl der Unwirklichkeit. Das lässt sich beispielhaft an Victor Klemperers Tagebuch oder an Jorge Sempruns Erinnerung an seine Jahre im KZ Buchenwald nachvollziehen: Je präziser Klemperer wahrzunehmen gezwungen ist und je genauer sich Semprun zu erinnern versucht, desto deutlicher wird, dass sie sich aus den Netzen ihrer eigenen Sprache, ihren kulturellen Referenzen, ihren Assoziationsmustern, ihren vielen Namen und doppelten Identitäten nicht befreien können.[166] Klemperer reagierte auf seine quälenden Gefühle von Unsicherheit und Unwirklichkeit mit einer minutiösen Sprach- und Diskursanalyse,[167] und Semprun dekonstruiert alle politischen Ordnungssysteme, die im 20. Jahrhundert die Wahrnehmung von Wirklichkeit organisiert und Gut von Böse geschieden haben. Keiner von beiden hat ein »Kriterium« zur Hand, das es ihm erlaubte, »Fakten und Fiktionen« grundsätzlich zu trennen; beide aber beschreiben eine letztlich unfassbare Wirklichkeit voller Fiktionen – eine Wirklichkeit, auf die sich ihre Aufzeichnungen in hohem Maße beziehen.

164 Vgl. dazu die wichtigen Überlegungen von Hans-Jörg Rheinberger: »Historialität, Spur, Dekonstruktion«, in: ders.: *Experiment, Differenz, Schrift. Zur Geschichte epistemischer Dinge*, Marburg: Basilisken Presse 1992, S. 47-66.

165 Munslow, *The Routledge Companion to Historical Studies*, S. 9-20.

166 Viktor Klemperer: *Ich will Zeugnis ablegen bis zum letzten. Tagebücher 1933-1941/ 1942-1945*, 2 Bände, Berlin: Aufbau-Verlag, 1998 (1995); Jorge Semprun: *Was für ein schöner Sonntag!* Roman, aus dem Französischen von Johannes Piron, Frankfurt am Main: Suhrkamp, 1981 (Paris 1980)

167 Viktor Klemperer: *LTI. Notizbuch eines Philologen*, Leipzig: Reclam 1982.

6.2. Auf dem Weg zu einer diskurstheoretisch fundierten Kulturgeschichte. Fünf Thesen

Ich habe eingangs die Frage gestellt, was Diskurstheorie über die basale Hermeneutik, über das unvermeidliche und spontane Verstehen der Historikerinnen und Historiker hinaus noch *mehr* bringen kann und welche Einsichten sie zusätzlich befördert. Ich habe ausgehend von Foucaults Konzept des Diskurses zu zeigen versucht, was dieses leistet und wo Foucault als »glücklicher Positivist«[168] von einer dekonstruktivistischen und psychoanalytischen Diskurstheorie her fruchtbar kritisiert werden kann. Anhand von Ernesto Laclaus und Chantal Mouffes Artikulationstheorie des Politischen habe ich argumentiert, dass eine solche Diskurstheorie für die Gesellschaftsanalyse fruchtbar sein kann. Damit lassen sich nun einige Denkanstöße und methodologische Vorschläge für eine diskurstheoretisch fundierte Kulturgeschichte thesenartig in fünf Punkten zusammenfassen.

Erstens: Diskurstheorie wirft die Frage nach der Materialität der Quellen auf. Sie lenkt den Blick auf die Tatsache, dass sich die »Eigenlogik« des überlieferten Materials nicht quellenkritisch erledigen lässt, um so eine allein durch Verzerrungen und Fälschungen verdunkelte Transparenz wieder herzustellen, sondern dass diese »Eigenlogik« untersucht werden soll und zu einem konstitutiven Teil der Geschichtsschreibung wird. Es gibt für uns weder die vergangene Wirklichkeit noch einen rekonstruierbaren »Sinn« in einem idealen Jenseits der Quellen. Die Beschreibung und Analyse der Vergangenheit kann sich daher von der Beschreibung und Analyse der Quellen nie lösen, sondern bleibt dieser Schrift verhaftet. Was so in den Blick gerät, ist dennoch kein beliebiges, angeblich »postmodernes« Spiel von Texten, die ohne Wirklichkeitsbezug nur noch wechselseitig auf sich selbst verweisen, sondern konkrete, gesellschaftlich verortbare Formen und Verhältnisse von Medien und Kommunikation, von Informationsverarbeitung und Sinnproduktion.

Zweitens: Diskurse definieren Räume des Sprechens – Räume mit ihren Grenzen, ihren Übergängen zu anderen Diskursen und mit ihren Subjektpositionen. Dies ermöglicht es, strukturelle Vorausset-

---

168 Foucault, *Archäologie*, S. 182.

zungen für Sinn und Handeln zu beschreiben, und zwar gleichsam wie *layers*, wie halbtransparente Folien, die in konkreten historischen Situationen diskontinuierlich übereinandergelagert sind und die Komplexität solcher Situationen zu erklären erlauben. Sie zeigen vor allem, von wo aus und unter welchen diskursiven Voraussetzungen ein historisches Subjekt spricht. Sie zu rekonstruieren bedeutet in erster Linie, das Sprechen dieser Subjekte nicht von ihren Intentionen her verstehen zu wollen, sondern von den diskursiven Mustern aus, in die dieses Sprechen eingeschrieben ist.

Drittens: Die Aufmerksamkeit für die Polysemie der Sprache und die Unabschließbarkeit des Sinns fördert die Einsicht in die Metaphorizität aller sprachlichen Äußerungen – auch von Wissenschaftssprachen – und erlaubt damit Analysen, die die Vielschichtigkeit von Bedeutungen in einer konkreten Situation sichtbar und verdrängte, unterdrückte oder verschwiegene Stimmen im »Rauschen« eines herrschenden Diskurses hörbar machen.

Viertens: Derridas Konzept der *différance*, das heißt der Polysemie, der Unabschließbarkeit des Sinns und der prinzipiellen Offenheit diskursiver Systeme, zeigt aber auch an, dass jede politische Position und jede gesellschaftliche »Identität« als kontingente Artikulation gedacht werden muss. Dieses Konzept der Artikulation schreibt zum einen den Subjekten relativ große Handlungs- beziehungsweise Wahlmöglichkeiten zu; zum andern rückt es die Frage in den Vordergrund, mit welchen Signifikanten und damit mit welchen Bildern und Vorstellungen Gesellschaften sich selbst beschreiben – und zwar konkret, an der Oberfläche der Diskurse fassbar – und mit welchen Bildern sie den sie konstituierenden Antagonismus ausgestalten. Die diskurstheoretische Gesellschaftstheorie von Laclau/Mouffe zeigt, dass das Imaginäre in all diesen diskursiven Praktiken für die Konstitution von Gesellschaft von zentraler Bedeutung ist. Das Imaginäre ist nichts Zusätzliches, das die »eigentlichen« Fundamente Klassenlage, Geschlecht oder ethnische Zugehörigkeit bloß ausschmücken würde, sondern ist selbst für die Strukturierung von Gesellschaft in diesen drei Dimensionen konstitutiv.[169]

Fünftens: Die größte Herausforderung der Diskurstheorie an die Geschichtsschreibung besteht nicht darin, die Diskursivität und

169 Vgl. dazu auch meinen Aufsatz »Die Wirklichkeit der Fiktion«, in diesem Band S. 150 ff.

damit in gewissem Sinne »Fiktionalität« von vergangenen Wirklichkeiten zu denken, wie das immer wieder als Gefahr an die Wand(tafel) gemalt wird. Spannender und schwieriger ist die Frage, wo sich in all den rekonstruierbaren symbolischen Strukturen, die die soziale Wirklichkeit als wahrnehmbare hervorbringen, die Grenzen dieser Strukturen und damit das Reale zeigt, das sie konstituiert. Grundsätzlich lässt sich sagen, dass das Reale als das Unaussprechliche genau dort sichtbar wird, wo Dinge geschehen, die das betroffene Subjekt nicht mehr symbolisieren kann, die es buchstäblich nicht mehr »fassen« kann. Dann reißt das diskursive Netz, brechen die symbolischen Strukturen auseinander und sehen sich Subjekte gezwungen, neu und anders zu denken. Die Frage »Wo bricht das zusammen, was man verstehen kann, wo hört auf, was sich rekonstruieren lässt?« macht dabei offensichtlich nur Sinn, wenn man sich tatsächlich auf die Rekonstruktion von Diskursivität einlässt und wenn man akzeptiert, dass auch individuelles Denken, Sprechen und Handeln symbolisch strukturiert und medial vermittelt ist. Dann aber gewinnt man – möglicherweise – von der Frage nach dem Realen her ein genaueres Verständnis von der Wirkungsweise und den Grenzen von Diskursen.[170] »History from the perspective of the real«, schreibt Paul Allen Miller, »is not a narrative of events, but a series of symbolic systems progressively collapsing before their own ineffable but changing beyond.«[171] Die Geschichte von Diskursen, ist, mit anderen Worten, erst dort wirklich interessant, wo diese am Realen scheitern.

170 Vgl. Jakob Tanner: »Körpererfahrung, Schmerz und die Konstruktion des Kulturellen«, in: *Historische Anthropologie* 2, 1994, H. 3, S. 489-502, sowie meinen Aufsatz »Vom Realen reden?«, in diesem Band S. 122 ff.
171 Miller, »Toward a Post-Foucauldian History of Discursive Practices«, S. 219.

Die Rationalisierung des Körpers

Über »Scientific Management« und »biologische Rationalisierung«[1]

> »… Worte wie zum Beispiel ›efficiency‹ sind jedem Amerikaner und jeder Amerikanerin verständlich, während ich hätte fürchten müssen, bei Verwendung der entsprechenden deutschen Ausdrücke zum mindesten das Interesse der nicht technisch Gebildeten zu riskieren, an die sich ganz besonders dieses Buch wendet.«
>
> (Taylor-Übersetzer Rudolf Roesler, 1912)

I. Einleitung: Ein individueller »Horror«

Der Knabe hat schlecht geschlafen, Alpträume quälten ihn, »very fearsome and terrifying nightmares«. Weil er beobachtete, dass seine nächtlichen »obsessions« ihn immer nur dann heimsuchten, wenn er auf dem Rücken liegend aufwachte, hat er daraus geschlossen, es müsse ein Zusammenhang bestehen zwischen diesen Träumen und seiner Körperhaltung im Schlaf. Also zwang er sich, anders zu liegen: Er konstruierte eine Art »harness«, ein Geschirr aus Riemen und hölzernen Bolzen, das so beschaffen war, dass ihn, sobald er sich im Schlaf von der Seite auf den Rücken drehte, die Holzspitzen in den Rücken stachen und ihn weckten. Die schlechten Träume verschwanden.[2]

Er wusste nicht nur, wie er seinen Körper im Schlaf, sondern auch, wie er seinen Geist bei Tage zu richten hatte. In einem Schul-

1 Für wertvolle Hinweise auf Literatur, für Anregung und Kritik danke ich Hubert Treiber, Anson Rabinbach, Patrick Friedenson, Heidrun Homburg, Guenther Roth, Alfred Bürgin, Jakob Tanner, Achatz von Müller, Susanna Burghartz, Albert Schnyder und Esther Baur Sarasin. Dem »Schweizerischen Nationalfonds zur Förderung der wissenschaftlichen Forschung« danke ich für die Unterstützung meiner Arbeit.

2 F. B. Copley, *Frederick W. Taylor. Father of Scientific Management*, hg. von der Taylor Society, New York 1923, Bd. 1, S. 58.

aufsatz behauptete er: »Unsere erfolgreichsten Geschäftsleute und *professional men* sind im Allgemeinen nicht jene mit dem besten Gedächtnis, sondern jene, denen beigebracht wurde zu denken; um also im Leben erfolgreich zu sein, sollten wir unsere Denkkraft schulen und weniger unser Gedächtnis.«[3] Misstrauisch gegenüber der Erinnerung und dem Vergangenen, konnte dies Denken nur zweckgerichtet, erfolgsorientiert und systematisch sein. Der Knabe wachte beim Spielen darüber, dass alle seine Kameraden die Regeln strikt einhielten; er selbst analysierte beim *Croquet* genauestens die Winkel der verschiedenen Schläge, ihre optimale Stärke; bei Wanderungen beobachtete er seine Schritte und suchte konstant nach der Art zu gehen, die mit dem kleinsten Energieaufwand die größte Schrittweite erlaubte.[4]

Doch der »Horror«[5] blieb: Ein Leben lang litt der Mann, der als Fred. W. Taylor berühmt werden sollte, an Schlaflosigkeit und konnte nur im Sitzen, gestützt von Dutzenden von Kissen, etwas Ruhe finden. Taylors Biograf Frank B. Copley – beauftragt und autorisiert von Taylors Witwe und der Taylor Society[6] – hat »zur Enttäuschung aller Freudianer« keine Details zu Taylors Träumen liefern können. Aber er teilt uns immerhin mit, dieser von Arbeit besessene Mann sei gequält gewesen von den »Geistern« seiner puritanischen Familie in Germantown, Pennsylvania, die stolz auf ihre Herkunft von »Mayflower«-Quäkern (1620) war.[7] »Es ist offensichtlich«, notiert Copley, »dass irgendwo im Innern dieses tapferen Mannes *the ghost of fear, of horror* verborgen war.«[8] Welcher Horror? Der Biograf erwähnt Taylors angstvolle Weigerung, über Krankheit oder Tod zu reden,[9] jene Grenzen menschlicher Existenz, wo auch rigide Selbstkontrolle nichts mehr über den eigenen Körper vermag. Und sonst – symmetrisch, am anderen Ende der Skala, wo ebenfalls die Kontrolle ein Ende hat: sich erinnern, Zeit verschwenden, zu viel genießen, in Träume versinken? Wir wissen es nicht; jedenfalls litt Taylor, puritanisch erzogen, für alle einsichtig zumin-

3 Ebd., S. 55.
4 Ebd., S. 57.
5 Ebd.
6 D. Nelson, *Frederick W. Taylor and the Rise of Scientific Management*, Madison 1980, S. 194-197.
7 Copley, *F. W. Taylor*, S. 23-27 (wie Anm. 2).
8 Ebd., S. 57.
9 Ebd., S. 59.

dest an einem: »He suffered markedly from the excess of his virtu-es.«[10]

Tugenden, die über jedes Maß gehen; Regeln einhalten bis zur Verzweiflung der Spielkameraden; neben einem 10-Stunden-Arbeitstag und einem Fernstudium sich noch als Tennisspieler üben bis zum Gewinn der US-Meisterschaft im Herren-Doppel 1881,[11] so schnell sprechen, dass die Worte unverständlich wurden und seine Sprache in heftigen Ausbrüchen gar »die Ressourcen der englischen Sprache« erschöpften …[12] Auch ohne weitschweifige individualpsychologische Spekulationen, auf die man als Historiker mit Vorteil verzichtet, drängt sich die Vermutung auf: Taylor war wohl zwanghaft, das heißt bedroht von einem uns unbekannten »Horror«, den abzuwehren ihm nur in minutiösen und ununterbrochenen Praktiken der Selbstkontrolle gelang.[13] Immerfort beim Gehen die eigenen Schritte kontrollieren zu müssen oder von der dauernden Angst gequält zu werden, Zeit zu verlieren, könnte zum Bild eines Zwangskranken im klinischen Sinne passen – so wie jene, die mehrmals täglich ihre Hemden im Schrank zählen. Aber Taylor war kein klinischer Fall; die ›fixen Ideen‹ dieses amerikanischen Ingenieurs haben nicht Psychiater, sondern Ingenieure, Physiologen, Industrielle, Ökonomen, Gewerkschafter und Politiker in höchstem Maße beschäftigt, sie beeindruckt und zu emphatischer Zustimmung oder heftigstem Widerspruch gedrängt.[14] Seine *Principles of Scientific Management, 1911* erstmals erschienen[15] und dann innerhalb von zwei Jahren auf Deutsch, Französisch, Holländisch, Schwedisch, Russisch, Italienisch, Spanisch und Japanisch publiziert, wurden zu

10 Ebd., S. 75.
11 Ebd., S. 117.
12 Ebd., S. 165.
13 Zum Begriff des Zwangs im psychoanalytischen Sinne vgl. J. Laplanche und J.-B. Pontalis, *Das Vokabular der Psychoanalyse*, Frankfurt am Main 1986 (Paris 1967), S. 643-646.
14 Siehe als Überblicke dazu: Paul Devinat, *Wissenschaftliche Betriebsführung in Europa* (Internationales Arbeitsamt, Studien und Berichte, Reihe B, Nr. 17), Genf 1927; sowie Ch. S. Maier, »Between Taylorism and Technocracy: European ideologies and the vision of industrial productivity in the 1920s«, in: *The Journal of Contemporary History* 5, (1970), 2, S. 27-61.
15 F. W. Taylor, *Principles of Scientific Management*, New York 1911. Seine in den *Principles* propagierten Ansätze hat Taylor zuerst entwickelt in: *A Piece Rate System* (Transactions of the American Society of Mechanical Engineers, Nr. 637), New York 1885, und: *Shop Management*, New York 1902.

einem der einflussreichsten Bücher des Jahrhunderts. Wenn ein individueller Zwang solcher Art gesellschaftliche Wirksamkeit entfaltet, drängt sich eine begriffliche Operation, eine Verschiebung vom psychoanalytischen beziehungsweise klinischen Terminus zum unbestimmteren Fremdwort auf: Der Zwang wird dann zur Obsession, die Taylor offenbar mit anderen Zeitgenossen teilte. Für den ›beherrschenden Gedanken‹ der Rationalisierung ist in Taylors individuellem »Horror« und seinen Zwängen nicht der Grund zu suchen, wohl aber eine historisch enorm einflussreiche Verkörperung.

2. Rationalisierungs-Kultur

Ich gehe in diesem Aufsatz von der These aus, dass die Rationalisierung des Körpers ein wesentlicher Teil des säkularen Trends zur Rationalisierung aller Lebensbereiche der westlichen Industriegesellschaften ist. Dieser Trend reicht, grob gesagt, von der Errichtung der Rechnungsführung materieller wie geistiger Güter im 15. und 16. Jahrhundert über die Verschärfung der Disziplin und Überwachung in Gefängnissen, Spitälern und Kasernen im 17. und 18. Jahrhundert bis zu den (bürgerlichen) Praktiken der Selbstkontrolle zeitlicher und körperlicher Verhaltensweisen in einer methodischen Lebensführung vor allem im 18. und 19. Jahrhundert.[16] Die Rationalisierung des Körpers ist ein zentrales, altes Thema der gesamten

16 Die beiden klassischen Texte zur Beschreibung dieses Vorgangs, die stellvertretend für eine riesige Fülle von Literatur zum Thema stehen und ihrerseits Ausgangspunkt einer unüberblickbaren Debatte wurden, stammen von Weber und Foucault: M. Weber, *Die Protestantische Ethik und der Geist des Kapitalismus*, in: ders.: *Gesammelte Aufsätze zur Religionssoziologie I*, Tübingen 1988 (1920), S. 1-206; M. Foucault, *Überwachen und Strafen. Die Geburt des Gefängnisses*, Frankfurt am Main 1979 (Paris 1975). Vgl. zum Rationalisierungs-Begriff von Max Weber insbesondere R. Brubaker, *The Limits of Rationality. An Essay on the Social and Moral Thought of Max Weber*, London 1984; sowie S. Kalberg, »Max Webers Typen der Rationalität, Grundsteine für die Analyse von Rationalisierungs-Prozessen in der Geschichte«, in: W. M. Sprondel und C. Seyfarth (Hg.), *Max Weber und die Rationalisierung sozialen Handelns*, Stuttgart 1981, S. 9-38. Zur Rationalisierung des Körpers: S. Turner, »The Rationalization of the Body. Reflections on Modernity and Discipline«, in: S. Whimster und S. Lash (Hg.), *Max Weber, Rationality and Modernity*, London 1987, S. 222-241, insbes. S. 223; ders., »The government of the body, medical regimen and the rationalization of diet«, in: *The British Journal of Sociology* 13 (1982), S. 254-269.

Rationalisierungsproblematik, die ich hier in ihrer Breite nicht darstellen kann. Sie hat, mit anderen Worten, nicht erst mit dem Taylorismus begonnen, mit dem wir uns hier vorrangig beschäftigen werden; die oft nur auf Randgruppen (Soldaten, calvinistische Großbürger usw.) beschränkten Praktiken einer rationalen Selbst- oder Fremd-Kontrolle körperlicher Bewegungen stehen allerdings nicht in einem *direkten* Zusammenhang mit der tayloristischen Rationalisierungskultur, wie sie in den 1920er Jahren blühte. Gegenüber diesen älteren Formen körperlicher Rationalisierung, die ihrem Anspruch nach wohl methodisch, kaum aber wissenschaftlich waren, entsteht seit der Mitte des 19. Jahrhunderts eine Rationalisierungskultur, die den Impuls zur methodisch-rationalen Kontrolle mit den Formen und Ansprüchen einer beginnenden Massenkultur sowie mit der Tendenz zur – oft vulgarisierten – Wissenschaftlichkeit verband. Seit der Mitte des 19. Jahrhunderts verrät zum Beispiel die Sprache der hygienischen und gymnastischen Diskurse, in denen Methoden zur Gesunderhaltung des Körpers propagiert wurden, den Glauben an die Möglichkeit oder gar Notwendigkeit der Rationalisierbarkeit und Normierbarkeit des Körpers und seiner Gesten. Dabei ging es weit weniger um die Steigerung der Leistungsfähigkeit des Arbeiterkörpers als um die körperliche Ertüchtigung der bürgerlichen Leserinnen und Leser der Hygiene-Ratgeber und -Zeitschriften. Zu diesen Diskursen, in denen Gymnastik meist als »Arbeit« galt – und Arbeit zuweilen als Gymnastik –, seien zur Illustration einige Beispiele aus Frankreich zitiert.

1876 erschien in der verbreiteten, der Popularisierung von Wissenschaft gewidmeten Zeitschrift *La Nature* ein Artikel über die Wohltaten einer regelmäßigen Gymnastik in der Schule. Hier lernen, heißt es da, »die Kinder und jungen Leute, *aus ihren Muskeln und ihrem Gehirn das Maximum an nützlicher Arbeit zu ziehen*«, denn heute wisse man, dass gymnastische Übungen den Effekt hätten, »1. die Muskelkraft um bis zu 23 und sogar bis zu 38 Prozent zu erhöhen; … 2. die Kapazität der Lunge um mindestens ein Sechstel zu steigern; 3. das Gewicht um bis zu 15 Prozent zu erhöhen« usw.[17] Die etwas sprunghaften physiologischen Feststellungen verraten allerdings, wie selbst in dieser sehr auf Wissenschaftlichkeit bedachten Zeitschrift der Zusammenhang von maximaler Arbeitsleistung und gymnastisch gesteigerter körperlicher Fähigkeiten um 1876 erst eine

17 *La Nature*, 28. 10. 1876, Nr. 178, S. 338 (Hervorhebung von mir, Ph. S.).

vage Idee war. Die Regularisierung der Bewegungen in der Gymnastik war hingegen schon eine selbstverständliche Vorstellung. In Hygiene-Ratgebern wie etwa Billaudeaus *Éléments d'hygiène populaire à l'usage des pensionnats et des écoles primaires* von 1877 ist davon die Rede, dass die Gymnastik die Menschen »stark und tatkräftig« mache. Dann lesen wir: »Man kann sagen, dass alle Bewegungen des Arbeiters in der Werkstatt ihren Platz haben im Programm der gymnastischen Übungen, mit dem Unterschied allerdings, dass diese Bewegungen in der Werkstatt nicht regelmäßig sind, sondern von den Anforderungen des Werkstücks abhängen, während umgekehrt in der Turnanstalt die Bewegungen koordiniert und präzisen Regeln unterworfen sind. Die Übungen in der Werkstatt sind unendlich variabel, die in der Turnhalle durch Rhythmus und Takt geregelt.«[18] In Jules Arnoulds Standardwerk *Nouveaux éléments d'hygiene* von 1881 heißt es schlicht: »Jeder Bewegungsapparat ist erziehbar; jede Bewegungsform kann modifiziert, reguliert werden.«[19]

Diese hier notwendigerweise spärlichen Hinweise sollen zeigen, dass die Normierung der Gesten des Körpers nicht erst mit dem Taylorismus denkbar wurde. Auf der anderen Seite entsteht nun aber – und das ist das Thema dieses Aufsatzes – mit dem Taylorismus und seinem europäischen Pendant, der Arbeitsphysiologie, eine eigentliche Rationalisierungskultur, in der nicht die Gesunderhaltung des Körpers, sondern die Normierung der Bewegungen zur Steigerung der produktiven körperlichen Leistungen zum vordringlichen Problem erklärt wurde. Aus verschiedenen Gründen blieb der reale Einfluss des Taylorismus *strictu senso*[20] auf die konkrete Gestaltung der Industriearbeit zwar relativ limitiert; vor allem wa-

---

18 Dr. Billaudeau, *Elements d'hygiène populaire à l'usage des pensionnats et des écoles primaires*, Paris 1877. S. 68.

19 J. Arnould, *Nouveaux éléments d'hygiene*, Paris 1881, S. 984.

20 Eine systematische Darstellung der konkreten Auswirkungen des Taylorismus auf die Industrie der amerikanischen und europäischen Gesellschaften würde den Rahmen dieses Aufsatzes bei weitem sprengen. Als Einstieg in die Literatur zur Geschichte des Taylorismus seien daher hier genannt: J. A. Merkle, *Management and Ideology: The Legacy of the International Scientific Management Movement*, Berkeley 1980; R. Vahrenkamp, »Frederick Winslow Taylor: Ein Denker zwischen Manufaktur und Großindustrie«, Einleitung in: F. W. Taylor, *Die Grundsätze wissenschaftlicher Betriebsführung*, Weinheim 1977; A. Moutet, »Les origines du systeme de Taylor en France. Le point de vue patrona (1907-1914)«, in: *Le Mouvement Social* 93 (1975), S. 15-49; P. Fridenson, »Un tournant taylorien de la société fran-

ren die technischen und ökonomischen Imperative zur Rationalisierung des arbeitenden Körpers in konkreten industriellen Zusammenhängen wegen der schon fortgeschrittenen Mechanisierung der Arbeit[21] weitaus *geringer,* als dies die Tayloristen angenommen haben. Und dennoch hat der Taylorismus die *Kultur* der westlichen Gesellschaft und die allgemeine Vorstellung davon, was ein rationaler Umgang mit Zeit, Arbeitskraft, Energie und eben auch dem Körper sei, seit dem Ersten Weltkrieg tief greifend affiziert; die Körperanalytik Taylors und der Arbeitsphysiologen waren Anstoß und Ausgangspunkt für die gesamte Rationalisierungsbewegung der 1920er Jahre.[22] Ich will im Folgenden Taylors *Fokussierung auf den Körper* (ich beschränke mich auf diesen Aspekt des Taylorismus) *als Diskurs* näher untersuchen, um diese Körperanalytik dann im zweiten Teil dieses Aufsatzes mit den entsprechenden Überlegungen der französischen Arbeitsphysiologie in Verbindung zu bringen. Nach einigen kurzen ergänzenden Bemerkungen zur Psychotechnik werde ich dann am Schluss die Frage diskutieren, inwieweit Rationali-

çaise (1904-1918)«, in: *Annales* 5 (1987), S. 1031-1060; H. Homburg, »Anfänge des Taylorsystems in Deutschland vor dem Ersten Weltkrieg. Eine Problemskizze unter besonderer Berücksichtigung der Arbeitskämpfe bei Bosch 1913«, in: *Geschichte und Gesellschaft* 4 (1978), S. 170-194; R. Jaun, *Management und Arbeiterschaft. Verwissenschaftlichung, Amerikanisierung und Rationalisierung der Arbeitsverhältnisse in der Schweiz 1873-1959,* Zürich 1986. Den besten Überblick (mit weiteren Länderstudien) bieten zwei Sammelbände: L. Murard und P. Zylberman (Hg.), *Le soldat du travail* (*Recherches* 32-33), Paris 1978; M. de Montmollin und O. Pastré (Hg.), *Le Taylorisme* (Actes du colloque international sur le taylorisme, Paris 2.-4. Mai 1983), Paris 1984.

21 D. S. Landes: *Der entfesselte Prometheus. Technologischer Wandel und industrielle Entwicklung in Westeuropa von 1750 bis zur Gegenwart,* München 1983 (Cambridge 1968), S. 276-296.

22 Dieser weitreichende Einfluss des Taylorismus ist der gebotenen Kürze wegen hier nicht weiter zu belegen, vielmehr sei auf drei Bibliografien mit verschiedenen nationalen Gewichtungen verwiesen, die diesen Einfluss wohl am besten widerspiegeln: D. Yovanovitch, *Les stimulants modernes du travail ouvrier. Essai de bibliographie systématique,* Préface de C. Bouglé, Paris 1923; H. Cannons, *Bibliography of Industrial Efficiency and Factory Management,* London 1920; sowie für die Rationalisierungsbewegung vor allem in Deutschland von P. Devinat, »Versuch einer systematischen Bibliographie der in deutscher Sprache erschienenen Arbeiten oder Artikel über die wissenschaftliche Organisation der Arbeit«, in: ders., *Wissenschaftliche Betriebsführung,* S. 186-225, Anhang II-A (wie Anm. 14). Vgl. dazu auch den Aufsatz von D. Peukert, »Der ›Traum der Vernunft‹«, in: ders., *Max Webers Diagnose der Moderne,* Göttingen 1989, S. 55-91.

sierung eine Obsession ist, ohne dass dieses Epitheton bloß eine *façon de parler* wäre.

Der Weg von Texten und Diskursen bis hin zur realen Praxis, vor allem in der Industrie, ist lang und weder linear noch kontinuierlich.[23] Ich argumentiere daher im Folgenden diskursimmanent, weil das, was ich zeigen will, in den frühen *Texten* der Rationalisierungskultur noch erkennbar ist, im polyphonen Rauschen der Praxis hingegen kaum mehr wahrgenommen werden kann.

3. »Scientific Management«

F. W. Taylor war Maschineningenieur. Seine langjährigen Experimente mit verschiedenen Werkzeugstählen zur Ermittlung der optimalen Schnittwinkel, Vorschübe (Schnitt-Tiefe) und Drehzahlen bei der Stahlbearbeitung[24] führten zur Entwicklung einer härteren Stahlsorte und neuer, verwissenschaftlichter Metallbearbeitungstechniken, die auf der Pariser Weltausstellung von 1900 die europäischen Ingenieure zu »Begeisterungsschreien«[25] provozierten und tatsächlich eine enorme Produktivitätssteigerung der Werkzeugmaschinen ermöglichten.[26]

Doch die Gründe für Taylors nachhaltigen Einfluss lagen nicht in einer spezifischen ingenieurwissenschaftlichen Leistung, sondern darin, dass er als Maschinentechniker einen ihm fremden Wissensbereich okkupierte: den Menschen. Weil Taylor davon überzeugt war, dass die gegenüber früher enorm gesteigerte Produktivität seiner Epoche letztlich nicht auf Maschinen beruhte, die die »produktive Wirkung der menschlichen Kraft« vervielfachen, sondern auf »der größeren Produktivität des einzelnen Individuums« (GwB, S. 153),[27] machte er sich *als Ingenieur* zum selbst ernannten Experten

23 R. Chartier, »Le monde comme représentation«, in: *Annales* 6 (1989), S. 1509 ff.
24 Nelson, *Taylor*, S. 37-38 (wie Anm. 6). Taylor publizierte seine Resultate 1906: *On the Art of Cutting Metals* (Transactions of the American Society of Mechanical Engineers, 28), New York 1906, und propagierte sie in den *Principles* als Beispiel für Scientific Management.
25 A. Vielleville, *Le système Taylor* (Thèse de Droit), Paris 1914, S. 5.
26 Landes, *Der entfesselte Prometheus*, S. 279 (wie Anm. 21); H. B. Drury, *Wissenschaftliche Betriebsführung. Eine geschichtliche und kritische Würdigung des Taylor-Systems*, deutsche Übers. von I. M. Witte, München, Berlin 1922, S. 65; H. Le Chatelier, *Le Taylorisme*, Paris 1928, S. 23.

für die Physiologie und Psychologie von Arbeiterinnen und Arbeitern. Die Aufgabe des Ingenieurs, wie Taylor sie konzipierte, wurde damit in den *Principles* zu einer gleichermaßen maschinen- wie sozialtechnologischen, indem er *die Produktivität der Maschine in einem systematischen Zusammenhang mit der menschlichen Arbeitsproduktivität dachte.* Der Fluchtpunkt von Taylors Diskurs liegt daher weder in der optimierten Maschine noch im verbesserten Menschen, sondern im »System«, in der »Organisation«, in der Mensch und Maschine zu einer Einheit mit maximaler Leistung und Effizienz verknüpft werden (GwB, S. 4).[28]

Sucht man die Grundzüge des *Scientific Management* zu erkennen, so fällt auf, dass Taylors System-Denken sich vorab an dem aufhält, was er das systematische Schlendern der Arbeiterinnen und Arbeiter nennt. Die relative Macht der Arbeiter über den Produktionsprozess im so genannten Kontraktsystem oder die »freinage«, das heißt die Möglichkeit der Arbeiter/innen, unter Lohnarbeitsbedingungen ihre Produktivität bewusst zu limitieren,[29] präsentiert Taylor in seinen Texten als überall verbreitetes, »stillschweigende(s) oder offene(s) Übereinkommen der Arbeiter, sich um die Arbeit zu

27 F. W. Taylor, *Die Grundsätze wissenschaftlicher Betriebsführung* (deutsche autorisierte Ausgabe von R. Roesler), München und Berlin 1919 (Reprint, 2. Auflage München 1983), S. 153 (im Folgenden im Text zitiert als GwB und Seitenzahl).

28 Vgl. O. Cinqualbre, »La mise en schémas de l'usine (1910-1930)«, in: *Le Mouvement Social*, 125 (1983), S. 97-112. Es ist allerdings darauf hinzuweisen, dass Taylor die organisatorischen Fragen eines Produktionsbetriebes als Unternehmen, das heißt inklusive aller kaufmännischen und finanztechnischen Aspekte, vollkommen vernachlässigte; vgl. dazu etwa Taylor, *Shop Management*, S. 19-21 (wie Anm. 15); Drury, *Wissenschaftliche Betriebsführung*, S. 9 (wie Anm. 27); und Nelson, *F. W. Taylor*, S. 103 (wie Anm. 6).

29 1916 haben zwei als Fräser eingestellte Polizisten die Produktionsleistung der besten Arbeiter während zwei Wochen um 30 % überboten. (A. Dewerpe, *Le Monde du Travail en France, 1800-1950*, Paris 1989, S. 108). Max Weber nannte das »›Bremsen‹, (…) die Form, in der eine Arbeiterschaft, bewußt und hartnäckig, aber wortlos, mit dem Unternehmer um den Kaufpreis für ihre Leistung feilscht und ringt.« (M. Weber, »Zur Psychophysik der industriellen Arbeit«, in: ders.: *Gesammelte Aufsätze zur Soziologie und Sozialpolitik*, Tübingen 1988 [1924], S. 156). Vgl. P. Fridenson, »France, Etats-Unis: Genèse de l'usine nouvelle«, in: Murard/Zylberman (Hg.), *Le soldat du travail*, S. 375-379 (wie Anm. 20); M. Perrot, »The Three Age of Industrial Discipline in Nineteenth-Century France«, in: J. M. Merriman (Hg.), *Consciousness and Class Experience in Nineteenth-Century Europe*, New York, London 1979, S. 155, 161 f. Die »Lohnfrage« hat eine breite Literatur

drücken«, als systematische Weigerung, »alle Kräfte anzustrengen« (GwB, S. 12), das heißt als gewerkschaftlich organisierte Kraftverschwendung und Verschleuderung von Arbeitszeit. Diese Wahrnehmung der industriellen und gesellschaftlichen Realität um 1900 war keinesfalls einzigartig, bei Taylor aber verdichtete sie sich allem Anschein nach zur *idée fixe* – wie wir vermuten dürfen mit Affinitäten zu seinen jugendlichen Zwängen beziehungsweise seinem »Horror«: Die Obsession des *dauernden* Zeit- und Energieverlustes, das heißt die Vorstellung, dass die technisch mögliche maximale Produktivität und Prosperität von einer Klasse der Gesellschaft – den Arbeitern – *systematisch* manipuliert werde, hat Taylor förmlich besessen gemacht und gequält, wie dies zeitgenössische Beobachter mit einiger Verwunderung bemerkten.[30]

Der obsessiv verformten Wahrnehmung entspricht bei Taylor die rigide Systematik der Gegenmittel. Dem systematischen Bummeln der Arbeiter, das als »systematischer Widerstand« (GwB, S. 20) grundsätzlich konfliktorientiert sei, antwortet Taylor seinerseits mit »Statistiken, System und Zusammenarbeiten« (GwB, S. 127). Mit wissenschaftlichen Methoden (»Statistik«) soll die Tätigkeit des Industriearbeiters vom Ingenieur mittels Zeitstudien analysiert und systematisiert werden, um die Norm für die »angemessene Tagesleistung« (GwB, S. 154), die man von einem »first-class man« verlangen kann, festzulegen: »... Man messe mit der Stoppuhr die Zeit, welche zu jeder dieser Einzeloperationen [eines Arbeitsvorgangs, Ph. S.] nötig ist, und suche dann die schnellste Art und Weise herauszufinden, auf die sie sich ausführen läßt. ... Nach Beseitigung aller unnötigen Bewegungen stelle man die schnellsten und besten Bewegungen, ebenso die besten Arbeitsgeräte tabellarisch in Serien geordnet zusammen« (GwB, S. 126). Auf dieser tabellarisch-statistischen Basis, die durch die Verschriftlichung des Wissens schon per se eine Machtverschiebung vom Handarbeiter zum »Mann im

erzeugt, für die hier stellvertretend auf D. Schloss, *Les modes de rémunération du travail*, Paris 1902 (engl. Ausgabe 1898), verwiesen sei.

30 So etwa A. Imbert, *Le Système Taylor, Analyses et Commentaires*, Paris 1920, S. 46; J.-M. Lahy, »La méthode Taylor peut-elle déterminer une Organisation scientifique du Travail«, in: *La Grande Revue*, 2e Série, Nr. 95, 25. September 1913, S. 548; oder D. Yovanovitsch, *Le rendement optimum du travail ouvrier* (Thèse lett. Paris), Paris 1923, S. 175. Vgl. auch G. Friedmann, »Frederick Winslow Taylor, l'optimisme d'un ingénieur«, in: *Annales d'Histoire economique et sociale*, 1935, S. 595.

Arbeitsverteilbureau«, dem »Mann zur Kopfarbeit« (GWB, S. 40) impliziert,[31] konstruieren nun der Ingenieur und seine *time-study men* die Verteilung der Arbeiter/innen im Raum und die Organisation ihrer räumlichen Bewegungen[32] sowie die Gesten ihrer Körper in neuer Weise. So entsteht die »beste Methode«, die »zur Norm (wird) und Norm bleibt, bis sie ihrerseits wieder von einer schnelleren und besseren Serie von Bewegungen verdrängt wird« (GwB, S. 126). In der »Zusammenarbeit« mit dem Ingenieur oder dem *time-study man* lernt der Arbeiter dann neu und von Grund auf, wie man nach »wissenschaftlichen Grundsätzen« arbeitet, das heißt gemäß der schriftliche(n) Anleitung, die ihm bis ins Detail seine Aufgabe, seine Werkzeuge und ihre Handhabung erklärt« (GwB, S. 41).[33]

Trotz dieser Betonung der »Zusammenarbeit« und des »Erklärens« lässt Taylor keinen Zweifel daran bestehen, dass diese Rekonstruktion der körperlichen Gesten strenge Kontrolle durch die verschiedenen Meister (darunter ein »Disciplinarian«) impliziert. Für ihn als Technizisten handelt es sich dabei jedoch nicht um ein Herrschaftsverhältnis unter Menschen: Die »Lehrer« sind bloß dazu da, »langsamere Leute ... (zu) beobachten und ihnen (zu) helfen, bis sie *die vernunftgemäß zu verlangende höchste Geschwindigkeit – am besten vielleicht mit Normaltempo bezeichnet –* erreicht haben« (ebd.).[34] Idealtypisch und rein diskursimmanent gesprochen, heißt das: Während so der Körper einem Ausdruck Foucaults zufolge »gelehrig« wird,[35] verwandelt sich Herrschaft in Kontrolle, weil die lei-

---

31 Vgl. dazu J. Goody, *Die Logik der Schrift und die Organisation von Gesellschaft*, Frankfurt am Main 1990. Bei Taylor heißt es: »Den Leitern fällt es zum Beispiel zu, all die überlieferten Kenntnisse zusammenzutragen, die früher Alleinbesitz der einzelnen Arbeiter waren, sie zu klassifizieren und in Tabellen zu bringen, aus diesen Kenntnissen Regeln, Gesetze und Formeln zu bilden, zur Hilfe und zum Besten des Arbeiters bei seiner täglichen Arbeit« (GwB, S. 38).

32 Taylor setzte etwa die »Mädchen«, die die Stahlkugeln in der Fahrradfabrik prüfen mussten und die gewöhnlich »gleichzeitig plauderten und arbeiteten«, »so weit auseinander, daß sie sich während der Arbeit nicht gut unterhalten konnten« (GwB, S. 97).

33 Taylors Referenz für eine auf Zeitstudien gestützte Optimierung von Handarbeiten waren neben seinen eigenen Untersuchungen jene Frank B. Gilbreth und seiner Frau (etwa das Maurerbeispiel, GwB, S. 80-86). Vgl. F. B. Gilbreth, *Motion Study: A method for increasing the efficiency of the workman*, New York 1911; sowie ders. und L. M. Gilbreth, *Fatigue Study. The Elimination of Humanity's greatest unnecessary waste*, New York 1916.

34 Hervorhebung von mir, Ph. S.

tenden Ingenieure allein das verlangen, was »vernunftgemäß« und
»normal« ist.[36] Wenn Wissen und Macht aufseiten der »Leitung«
vereint sind, kann sich die Macht darauf beschränken, als Wissen zu
erscheinen und im Namen der Vernunft die Körper und Gesten der
Arbeitenden zu formen. Dass dies gleichwohl nichts anderes als eine
Konzentration von Macht ist, hat Max Weber schon vor dem Ersten
Weltkrieg klar erkannt: Im »amerikanischen System des ›scientific
management‹ ... wird der psychophysische Apparat des Menschen ... seines, durch den eigenen organischen Zusammenhang
gegebenen, Rhythmus entkleidet und unter planvoller Zerlegung in
Funktionen einzelner Muskeln und Schaffung einer optimalen
Kräfteökonomie den Bedingungen der Arbeit entsprechend neu
rhythmisiert. Dieser gesamte Rationalisierungsprozeß geht hier wie
überall ... mit der Zentralisierung der sachlichen Betriebsmittel *in
der Verfügungsgewalt des Herrn*« und dem »Umsichgreifen der Disziplinierung ... parallel«.[37]

Während Taylors Konzept in diesem Sinne auf die Analyse und

35 Foucault, *Überwachen und Strafen*, S. 173 (wie Anm. 16).

36 Vgl. Maier, »Between Taylorism and Technocracy«, S. 32 f. (wie Anm. 14).

37 M. Weber, *Wirtschaft und Gesellschaft, Grundriß einer verstehenden Soziologie*
(5. Aufl., Tübingen 1980, S. 686-687, Hervorhebung von mir, Ph. S.; [1. Aufl.
1922; die zitierte Textstelle hat W. schon vor dem Ersten Weltkrieg geschrieben;
für den Hinweis danke ich Guenther Roth]). Die heutige Diskussion über das
Disziplinierungskonzept geht neben Weber von G. Oestreich (*Geist und Gestalt
des modernen Staates*, Berlin 1969) und M. Foucault (*Überwachen und Strafen*, wie
Anm. 16) aus; vgl. dazu S. Breuer, »Sozialdisziplinierung, Probleme und Problem-
verlagerungen eines Konzepts bei Max Weber, Gerhard Oestreich und Michel
Foucault«, in: Ch. Sachsse und F. Tennstedt (Hg.), *Soziale Sicherheit und soziale
Disziplinierung. Beiträge zu einer historischen Theorie der Sozialpolitik*, Frankfurt
am Main 1986, S. 45-69. Vgl. auch Perrot, »The three Ages« (wie Anm. 29). Zu
den Zusammenhängen von Fabrikdisziplin mit der Tradition klösterlicher Zeit-
einteilung und Disziplin vgl. H. Treiber und H. Steinert, *Die Fabrikation des zuverlässigen Menschen, über die Wahlverwandtschaft von Kloster- und Fabrikdisziplin*,
München 1980. Zur Differenz zwischen Fabrikordnung beziehungsweise Diszi-
plinierungsabsicht und realem Fabrikalltag vgl. H. Treiber, »Der Fabrikherr des
19. Jahrhunderts als Moral-Unternehmer; Über die Fabrikation von ›Berufsmen-
schen‹ in einer entzauberten Welt«, in: H. König, B. von Greiff, H. Schauer
(Hg.), *Sozialphilosophie der industriellen Arbeit* (*Leviathan*, Sonderheft 11), Opladen 1990, S. 152, sowie A. Lüdtke, »Die Ordnung der Fabrik. ›Sozialdisziplinierung‹ und Eigen-Sinn bei Fabrikarbeitern im späten 19. Jahrhundert«, in: R. Vier-
haus u. a., *Frühe Neuzeit – Frühe Moderne? Forschungen zur Vielschichtigkeit von
Übergangsprozessen*, Göttingen 1992, S. 206-231.

Disziplinierung des Körpers fokussiert war, entwickelte Henry Ford in seinen *Ford Automobile Works* in Detroit ein Fabrikorganisationssystem, das konzeptionell nicht vom arbeitenden Körper, sondern vom industriellen Serienprodukt (das berühmte »Modell T«) und seiner *maschinellen* Herstellung ausging. Er radikalisierte Taylors Konzept,[38] indem er auf der Basis der Zeitstudien einen entscheidenden Schritt über Taylor hinaus ging: Ford ließ die zerlegten Arbeitsvorgänge nicht mehr neu zusammensetzen und vom Arbeiter entsprechend von Neuem erlernen, sondern reihte sie als getrennte, simple Einzelbewegungen aneinander und ließ sie von mehreren Arbeitern hintereinander ausführen. Die Werkstücke wurden auf dem Fließband zum Arbeiter transportiert, der »nach vollendeter Verrichtung den Teil, an dem er gearbeitet hat, stets an dem gleichen Fleck – der sich selbstverständlich an der handlichsten Stelle befinden muß – niederlegen kann«. Nun bestimmte die Geschwindigkeit des Fließbandes den Arbeitsrhythmus. Der Vorteil dieses Dispositivs war nach Ford »eine Verminderung der Ansprüche an die Denkfähigkeit des Arbeitenden und eine Reduzierung seiner Bewegungen auf das Mindestmaß. Nach Möglichkeit hat er ein und dieselbe Sache mit nur ein und derselben Bewegung zu verrichten.«[39] Die bei Taylor auf *first-class men* zugeschnittenen Leistungsnormen und das Differenziallohnsystem, das Normunterschreitungen mit empfindlichen Verdiensteinbußen bestrafte, Normerfüllungen aber belohnte,[40] haben wesentlich zum schlechten Ruf der »Taylorei«[41] beigetragen. Ford hingegen konnte dank des Fließbands darauf verzichten, wie Taylor die Leistung eines *first-class man*, der eine *komplexe* Arbeitsaufgabe bewältigen muss, zur Norm zu nehmen: »Die große Masse der bei uns angestellten Arbeiter ist ungeschult; sie lernen ihre Aufgabe innerhalb weniger Stunden oder

---

38 Henry Ford erwähnt Taylors Namen in seinem Buch *Mein Leben und Werk* (24. Auflage, Leipzig, o. J.) kein einziges Mal; allerdings wissen wir vom Bericht des von der »US-Commission on Industrial Relations« beauftragten R. F. Hoxie und seiner Untersuchungskommission, dass Taylor selbst die Ford'sche Fabrik als ein Beispiel für erfolgreiches Scientific Management bezeichnete (R. F. Hoxie, *Scientific Management and Labor*, New York und London, 1915, S. 4).

39 Ford, *Mein Leben und Werk*, S. 89 (wie Anm. 38).

40 Siehe dazu vor allem Taylor, *Shop Management*, S. 22-30 (wie Anm. 15).

41 F. v. Gottl-Ottilienfeld, *Fordismus? Paraphrasen über das Verhältnis von Wirtschaft und Technische Vernunft bei Henry Ford und Frederick W. Taylor*, Jena 1924, S. 7.

Tage.«[42]

Das bedeutet, dass sich Ford und seine Ingenieure auch kaum um den Arbeiter und dessen Körper kümmerten. In Taylors Diskurs hingegen erscheint nicht nur die Schnittstelle Mensch–*Maschine* als jener Bereich, der wegen der komplexeren technischen Vorgaben »problematisch«[43] wird und der Kompetenz des Arbeiters entzogen werden soll, sondern, in eher noch überwiegender Weise, das Verhältnis des Arbeiters *zu sich selbst, zu seinem eigenen Körper*. In allgemeinen Worten weist Taylor zwar immer wieder darauf hin, dass selbst ein »erstklassiger« Arbeiter nicht fähig sei, technisch komplizierte und rasch wechselnde Aufgaben der maschinellen Produktion zu bewältigen (etwa GwB, S. 120), aber seine konkreten *Beispiele* kreisen um einfachste körperliche Arbeit: Schaufeln, Roheisen-Verladen, Mauern … Wir haben oben gesehen, dass Taylor als Junge Angst hatte, sein Körper entgleite seiner Kontrolle und verschwende dabei zu viel Energie – oder er ›versinke‹ gar in wilde, furchterregende Träume, was er mit seinem »harness« dann verhinderte. Ich vermute, dass seine merkwürdige, ja anachronistische Fixierung auf den arbeitenden Körper damit zumindest in einem Analogieverhältnis stand. Es ist auffallend genug, dass ihn als Ingenieur weniger die arbeitsrationalisierende Maschine interessierte als der rationalisierte Körper. Das Mittel der Rationalisierung und der Kontrolle ist nicht wie bei Ford das Fließband, der Maschinenrhythmus, sondern das »System«, die »Wissenschaft«.

Dies zeigt sich mit aller Deutlichkeit am *locus classicus* des Taylorismus, dem von Befürwortern wie Gegnern immer wieder zitierten *pig iron*-Beispiel: Taylor beschreibt, wie er die Leistung von Roheisen-Verladern von 12 auf 47 Tonnen pro Tag steigerte, ohne dass Maschinen zum Einsatz gekommen wären. Vielmehr hat man den für das Experiment ausgewählten Arbeiter gegen höheren Lohn nicht nur zur Erbringung der Maximalleistung verpflichtet, sondern vor allem dazu, seine Ruhepausen strikt nach den Anweisungen des *time-study man* einzuhalten (GwB, S. 49). Taylors Ziel war es, mit diesem Experiment ein »Gesetz« für »die angemessene, ›faire‹ Maximalarbeit« herauszufinden, »die ein erstklassiger Arbeiter billi-

---

42 Ford, *Mein Leben und Werk*, S. 91 (wie Anm. 38).

43 Zum heuristischen Gebrauch des Begriffs der »Problematisierung« siehe M. Foucault, *Der Gebrauch der Lüste* (*Sexualität und Wahrheit*, Bd. 2), Frankfurt am Main 1989 (Paris 1984), S. 19.

gerweise ohne Überanstrengung täglich zu leisten vermag« (GwB, S. 59), das heißt die Arbeitsmenge, die man »jahraus, jahrein täglich von einem Arbeiter erwarten kann, ohne dass er dabei körperlichen oder seelischen Schaden erleidet« (GwB, S. 58). Im Falle dieser Roheisenbalken von 40 kg habe sich erwiesen, dass ein Arbeiter 43 % des Tages belastet und 57 % des Tages »ganz frei von Arbeit« sein soll, damit »die Gewebe der Armmuskeln« in regelmäßigen Pausen »durch das Blut wieder erneuert und in normalen Stand gesetzt werden« (GwB, S. 61 f.). Die Zahlen spielen keine Rolle, auch nicht die Frage, ob das Beispiel realistisch ist oder ob der Taylorismus *in praxi* ein System der Übermüdung und Auspressung der Arbeiter war oder nicht.[44] Uns interessiert lediglich die Argumentationsweise Taylors: Allein die Systematik der Pausen, die der Ingenieur nach seinen ›Feldstudien‹ dann am Schreibtisch entwickele, habe die Leistungssteigerung um das Dreifache ermöglicht, ohne zur langfristigen Übermüdung des Arbeiters zu führen. Das Roheisen-Beispiel zeigt, dass das »System«, das durch den *scientific manager* installiert wird, über die periodische Ermüdung des arbeitenden *Körpers* reguliert wird.

Allerdings, so Taylors entscheidende Ergänzung dieser auf den ersten Blick kaum überraschenden Feststellung, könne der Arbeiter diese Ermüdung nicht selbst erkennen und rechtzeitig die entsprechenden Pausen einlegen: dies sei Sache der Wissenschaft beziehungsweise des den arbeitenden Körper analysierenden Ingenieurs (GwB, S. 66). Mit anderen Worten: Taylors Rationalisierung bedeutet nicht die Unterwerfung des arbeitenden Körpers unter die mechanische Kadenz einer Maschine, sondern dessen Unterwerfung unter ein »wissenschaftliches System«. Schon das scheinbar Einfachste – das Gefühl der Ermüdung, das die Leistungsfähigkeit der Arbeiter/innen limitiert – wird vom Ingenieur mit statistischen Methoden zu einem wissenschaftlichen Problem umgeformt, zu dessen Lösung den körperlich Arbeitenden die Kompetenz fehlt. Wir werden im Zusammenhang mit der Arbeitsphysiologie auf die-

---

44 An Taylors Rationalisierungs-Konzept wurde schon sehr früh unter anderem kritisiert, sein Erfinder negiere die durch physiologische Gesetze gegebenen Leistungsgrenzen des Menschen, treibe die Arbeiter/innen mit seinem Norm- und Lohnsystem zu einer gesundheitsschädigenden Maximalarbeit (so zum Beispiel in der Schrift des radikalen französischen Syndikalisten Émile Pouget, *L'organisation du surmenage (le système Taylor)*, Paris 1913).

sen Punkt zurückkommen.

   Zusammenfassend lässt sich sagen, dass Taylors Rationalisierungs-
konzept auf einer Körperanalytik[45] basiert, die die Systematisierung
und Verschriftlichung von traditionellen oder zumindest konventionellen Umgangsweisen der Arbeiter/innen mit ihrem eigenen
Körper[46] dazu benutzt, das Verhältnis von Arbeitsaufgabe und Kör-
perbewegung zu optimieren, indem die Bewegungen wie die Pausen von der »Leitung« angeordnet werden. Im Fall des Roheisen-
Beispiels entsteht der Rationalisierungsgewinn gar allein aus der
Differenz zwischen dem Ruhe*bedürfnis*, das der Arbeiter verspürt,
und der Pausen*systematik*, die der Ingenieur entwirft. Dazu kommt
(ich habe diesen Aspekt beiseite gelassen) das Postulat Taylors, auf
der Basis der Zeitstudien und der neuen Arbeitsnormen die Arbeiterinnen und Arbeiter systematisch zu testen, nach Fähigkeiten zu
sortieren und auf die ihnen entsprechenden Arbeiten zu verteilen.
Das – zumindest theoretische – Ziel dieser Verwissenschaftlichung
war es, ohne langfristige Übermüdung aus den arbeitenden Körpern ein Maximum an »psychophysischer« Leistung zu gewinnen.
Ich werde nun zu zeigen versuchen, wie wenig sich dieses körper-
zentrierte Rationalisierungskonzept Taylors von den Grundannah-
men der europäischen Arbeitswissenschaft unterschieden hat.

45 Analyse des Körpers bedeutet selbstverständlich auch Analyse der Nerven (Reak-
   tionszeitmessungen wie bei den »Kugelprüferinnen«) und reicht bis in die kurz
   vor dem Ersten Weltkrieg aufkommende industrielle Testpsychologie hinein (siehe dazu unten meine Bemerkungen zu H. Münsterberg).
46 Es wäre ein Missverständnis zu glauben, ›die Macht‹ treffe auf einen ursprünglich
   ›freien‹ Körper, der der ›Selbsterfahrung‹ direkt zugänglich sei. Denn einerseits ist
   der Körper immer nur über seine kulturelle, das heißt symbolische und diskursive
   Formung ›erfahrbar‹ Dies impliziert andrerseits, dass sich immer schon Machtverhältnisse in der Körper einschreiben – zumindest in Gesellschaften, die, wie
   die unsere seit dem 17./18. Jahrhundert, das Individuum als solches für wichtig
   nehmen: als Staatsbürger, als wirtschaftlich und/oder generativ produktiver Faktor etc. Vgl. dazu M. Foucault, *Überwachen und Strafen* (wie Anm. 16); ders., *Der
   Wille zum Wissen* (*Sexualität und Wahrheit*, Bd. 1), Frankfurt am Main 1983 (Paris
   1976); sowie, aus einer Fülle von Literatur zu diesem Thema, überblicksartig R.
   Braun, »Der ›gelehrige‹ Körper als wirtschaftlich-industrieller Wachstumsfaktor«,
   in: Wissenschaftskolleg zu Berlin, *Jahrbuch 1989/90*, hg. von W. Lepenies, Berlin
   1991, S. 201-226.

4. »Biologische Rationalisierung«

Es ist hier nicht der Ort, die positive Aufnahme, die Taylors Ideen in Ingenieur-Kreisen fand,[47] darzustellen. Vielmehr will ich am Beispiel der französischen Arbeitsphysiologie von 1920[48] die Frage klären, wie die von industriellen Leistungsfunktionen und Profitmöglichkeiten unabhängigen Wissenschaftler, die sich mit dem arbeitenden Körper beschäftigen, auf Taylors Rationalisierungsvorschläge reagierten. Ich beschränke mich auf Frankreich, weil man etwas schematisch davon ausgehen kann, dass in den frühen Jahren der Arbeitswissenschaft (bis 1920) in Frankreich, ganz in der Tradition des cartesianischen und materialistischen Denkens der Aufklärung, die *physiologische* Untersuchung des arbeitenden Körpers im Vordergrund stand, während in dem von Neukantianismus geprägten Deutschland die Studien zur Ermüdung bei *geistiger* Arbeit (Wundt, Kraepelin) vorherrschten und zur Entwicklung der *Psychotechnik* führten.[49] Als einziges Beispiel für psychotechnische Testverfahren werde ich zur Ergänzung die Untersuchung der Reaktionsfähigkeiten von Straßenbahnführern durch den Deutschamerikaner Hugo Münsterberg diskutieren.

Es ist eine offene Frage, wie man die Gemeinsamkeiten und Diffe-

47 Vgl. für Frankreich Fridenson, »Un tournant taylorien«, S. 1038-1040 (wie Anm. 20); für Deutschland Homburg, »Anfänge des Taylorsystems«, S. 178 (wie Anm. 20).

48 Siehe vor allem A. Rabinbach, *The Human Motor. Energy, Fatigue and the Origins of Modernity*, New York 1990; G. Ribeill, »Les débuts de l'ergonomie en France à la veille de première guerre mondiale«, in: *Le Mouvement social* (1980), S. 3-36; H. W. Schneider, »The Scientific Study of Labor in Interwar France«, in: *French Historical Studies* 17 (1991), Nr. 2.

49 Siehe etwa E. Kraepelin, »Über geistige Arbeit« (in: *Neue Heidelberger Jahrbücher* IV, H. 1; Vortrag vom 15. 12. 1893), Jena (4. Aufl.) 1903; J. P. Hylan und E. Kraepelin, »Über die Wirkung kurzer Arbeitszeiten«, in: *Psychologische Arbeiten*, hg. von E. K., Bd. 4, Leipzig 1904; äußerst kritisch mit Kraepelin setzt sich Max Weber in seiner »Psychophysik der industriellen Arbeit« (wie Anm. 29) auseinander (auf Webers ausführliche Diskussion der Arbeitsphysiologie, das heißt seine vielen differenzierten Kritiken an einzelnen Konzepten und Messverfahren sowie seine eigenen Vorschläge, kann ich im Rahmen dieses Aufsatzes mit seiner Beschränkung auf französische Beispiele leider nicht weiter eingehen). Zur Psychophysik vgl. auch S. Jaeger und I. Staeuble, »Die Psychotechnik und ihre gesellschaftlichen Entwicklungsbedingungen«, in: *Die Psychologie des 20. Jahrhunderts*, Bd. XIII: *Anwendungen im Berufsleben. Arbeits-, Wirtschafts- und Verkehrspsychologie*, hg. von François Stoll, Zürich 1981, S. 53-95, zu Kraepelin S. 60 f.

renzen zwischen dem Taylorismus und seinem Gegenstück – oder eben Pendant –, der europäischen Arbeitswissenschaft, zu gewichten und beurteilen hat. Der französische Soziologe Georges Friedmann etwa vertrat die Ansicht, die Unterschiede zwischen Taylorismus und Arbeitsphysiologie entsprächen einer grundlegenden Diskrepanz zwischen einer rüden Methode zur Durchsetzung von Kapitalverwertungs-Interessen einerseits und einem sozialpolitisch neutral oder eher noch »fortschrittlich« eingestellten wissenschaftlichen Bemühen um die Entwicklung besserer Arbeitsformen zum Wohle der Arbeiterinnen und Arbeiter andrerseits; Friedmann brachte dies auf die Formel vom Gegensatz zwischen Taylorismus und »biologischer Rationalisierung«.[50] Andere Autoren wie etwa Michelle Perrot verstehen hingegen Arbeitswissenschaft und Taylorismus unterschiedslos als Teil der Anstrengung der *Patrons* zur Disziplinierung der Arbeiter und Mittel im Kampf gegen deren klassenkämpferische *flânerie*. Schon vor der (sehr seltenen) Einführung des Taylorismus in französischen Industriebetrieben und unabhängig von den arbeitsphysiologischen Laborversuchen hat sich in den Fabriken seit dem Ende des 19. Jahrhunderts das Arbeitstempo merklich verschärft, wurden Werkzeuge, die oftmals noch im Besitz der Arbeiter waren, standardisiert und von der Firma gestellt, haben Betriebsingenieure Arbeitsabläufe systematisiert und normiert. Taylorismus und Arbeitsphysiologie waren, mit anderen Worten, bloß die sichtbarsten, gleichsam idealtypischen Formen eines sehr vielfältigen Rationalisierungsprozesses, der mit dem Einsetzen der zweiten industriellen Revolution die Arbeitswelt erfasste.[51]

In jüngster Zeit hat Anson Rabinbach in einer groß angelegten Studie über die europäische Arbeitswissenschaft argumentiert, dass trotz aller Ähnlichkeiten zwischen den beiden Konzepten der Gegensatz zwischen *output*- und Lohn-Fokussierung des Taylorismus einerseits und der auf Energieerhaltung und *fatigue*-Minimierung ausgerichteten Wissenschaftlichkeit der Arbeitswissenschaft andererseits entscheidend sei.[52] Wohl hätten die Arbeitsphysiologen ihre

---

50 G. Friedmann, *Der Mensch in der mechanisierten Produktion*, Köln 1952 (Paris 1946), S. 74. Vgl. auch Ribeill, »Les débuts de l'ergonomie«, S. 4 (wie Anm. 48), und Schneider, »The Scientific Study of Labor in Interwar France«, S. 412 (wie Anm. 48).

51 Perrot, »The Three Ages«, S. 164 (wie Anm. 29).

52 Rabinbach, *The Human Motor*, S. 117, 242 ff. (wie Anm. 48), und ders. pointiert

anfängliche Zurückhaltung oder Ablehnung des Taylorismus unter dem Eindruck der kriegsbedingten Notwendigkeit, die Industriearbeit zu rationalisieren, seit 1914 zunehmend aufgegeben, was in den 1920er Jahren zu einer starken Annäherung von Tayloristen und der Psychophysik führte.[53] Doch auch abgesehen davon billigt Rabinbach der Arbeitsphysiologie offensichtlich eine im Vergleich mit Taylor größere Neutralität in der Klassenauseinandersetzung zwischen Arbeit und Kapital und im Ganzen auch mehr »humanistisches« oder gar »utopisches« Potenzial zu.[54] Ich möchte diese These an Hand einiger Beispiele prüfen.

Armand Imbert, Professor für physikalische Biologie und Medizin in Montpellier und Pionier der französischen Arbeitsphysiologie, hat dem »Système Taylor« 1920 eine umfassende Studie gewidmet. Anerkennend geht Imbert davon aus, dass Taylor zwei verschiedene »recherches« mit demselben Ziel kombiniere: »die Erhöhung der Leistung der beiden verwendeten Motorenarten, Arbeiter und Maschinen, beseelte und unbeseelte Maschinen« (ST, S. 17).[55] Der arbeitende Körper sei wie die Dampfmaschine ein Kraftmotor, der Leistung abgibt, die industriell verwendet werden kann: Diese Metapher vom »moteur humain« beginnt sich seit 1870 auf dem Hintergrund der Popularisierung der Thermodynamik in der Wissen-

---

in: »The European Science of Work: The Economy of the Body at the End of the Nineteenth Century«, in: Steven L. Kaplan und C. J. Koepp (Hg.), *Work in France*, 1986, insb. S. 475 f. Vgl. auch ders.: »Der Motor Mensch – Ermüdung, Energie und Technologie des menschlichen Körpers im ausgehenden 19. Jahrhundert«, in: T. Buddensieg und H. Rogge (Hg.), *Die Nützlichen Künste. Gestaltende Technik und Bildende Kunst seit der industriellen Revolution*, Berlin 1981, S. 129-134.

53 Rabinbach, *The Human Motor*, S. 258, 273-280 (wie Anm. 48). Auch P. Devinat ging schon 1927 davon aus, dass erst die starke Annäherung von Taylorismus und Psychophysiologie in den zwanziger Jahren, das heißt die Verbindung von Taylorismus mit Wissenschaft, die Akzeptanz des Rationalisierungsprogramms unter den Arbeitern und von Gewerkschaftsseite ermöglicht habe (Devinat, *Wissenschaftliche Betriebsführung*, S. 36 f.; wie Anm. 14).

54 Rabinbach ist in diesem Punkt nicht explizit; sein Positionsbezug zeigt sich meines Erachtens jedoch darin, dass er die entsprechenden Intentionen der Arbeitsphysiologen mehr oder minder unkritisiert dem ausbeuterischen Charakter des Taylorismus gegenüberstellt; vgl. etwa: *The Human Motor*, S. 204 f. (wie Anm. 48).

55 Imbert, *Le système Taylor* (wie Anm. 30); im Folgenden zitiert als ST und Seitenzahl. Vgl. ders., »L'étude scientifique expérimentale du travail professionnel«, in: *Année Psychologique* XIII (1907), S. 245-259; ders., »Étude expérimentale du travail professionnel«, in: *Revue d'économie politique* (1909), S. 1-34.

schaftssprache und dann zunehmend auch in den Zeitschriften des gebildeten Lesepublikums zu verbreiten.[56] Imbert verteidigt daher Taylor gegen die Kritik, den Arbeiter der Maschine gleichgesetzt zu haben: Von der relativ großen Ähnlichkeit der beiden Motorentypen müsse man vielmehr ausgehen. Seine Argumentation ist dabei ambivalent. Einerseits ist der Physiologe Imbert mit dem Ingenieur Taylor einig, was dessen grundlegende Konzepte angeht: Die *Auslese* der Arbeiter/innen nach psychophysischen Kriterien (wie die Reaktionstests bei den »Kugelprüferinnen« [GwB, S. 94]) entspreche den Tests von Camus und Lahy[57] während des Kriegs zur Eignung von Fliegern und Maschinengewehrschützen (ST, S. 28 f.); mit seinem Konzept der systematischen Personalauslese nach Fähigkeiten auf der Basis seiner Körperanalytik habe Taylor »scientifiquement raisonné« (ST, S. 30). Die viel kritisierten Zeitstudien, wie Taylor sie vorschlage, seien zur Arbeitsbewertung nötig und »juste à priori«, weil sie die Probleme zwischen Arbeit und Kapital vereinfachten (ST, S. 33). Kurzum: Man müsse sich, um Erfolg zu haben und sich gegen die »mauvaise volonté« der Gewerkschaften durchzusetzen, nicht nur die Prinzipien und Verfahrensweisen von Taylor zu eigen machen, sondern sich geradezu »mit der Mentalität dieses amerikanischen Ingenieurs durchtränken ...« (ST, S. 144).

Auf der anderen Seite jedoch kritisiert Imbert das mangelnde wissenschaftliche Fundament von Taylors *Principles*; wenn Taylor physiologische Fragen berühre, seien seine Aussagen generell ungenügend belegt (ST, S. 53). Dies betrifft vor allem die »fatigue«. Eines der erstaunlichsten Phänomene in der Geschichte des Wissens während der zweiten industriellen Revolution ist wohl die Problematisierung der Ermüdung, der *fatigue*, das heißt die Transformation

---

56 Diese Zusammenhänge untersucht ausführlich Rabinbach, *The Human Motor*, S. 120-145 (wie Anm. 48). Vgl. auch H. v. Helmholtz' einflussreichen populärwissenschaftlichen Vortrag »Über die Wechselwirkung der Naturkräfte«, von 1854, in: ders., *Natur und Naturwissenschaft*, München o. J., S. 33-71; über das Eindringen thermodynamischer Konzepte in die Physiologie siehe R. L. Kremer, *The Thermodynamics of Life and Experimental Physiology 1770-1880*, New York, London 1990; vgl. auch K. E. Rothschuh, *Geschichte der Physiologie*, Berlin, Göttingen, Heidelberg 1953, S. 152.

57 Lahy selbst war allerdings der Meinung, seine eigenen psychophysischen Versuche (mit Typografen/innen) seien um ein Entscheidendes wissenschaftlicher als etwa Taylors »Kugelprüferinnen«-Beispiel (Lahy, »La Méthode Taylor«, S. 551-554; wie Anm. 30).

eines banalen menschlichen Bedürfnisses – Ruhe und Schlaf –, das zu erkennen keinerlei Schwierigkeiten bereitet,[58] in ein komplexes physiologisches Phänomen, das der wissenschaftlichen Aufklärung bedarf.[59] Rabinbach hat überzeugend argumentiert, dass die Konzeptualisierung des Körpers als thermodynamische Kraftmaschine und dessen Ermüdung als die Produktivität bedrohende Schranke, ja Widerständigkeit *das* zentrale Konzept der industriellen Moderne war, indem so der arbeitende Körper, die Gesellschaft und die Physik des Kosmos nach einem einheitlichen Paradigma[60] gedacht werden konnten. Erst mit dem Aufkommen neuer kybernetischer und informationstechnischer Produktionsweisen seit den 1950er Jahren hat die Vorstellung vom »human motor« und seine inhärente Ermüdung ihre paradigmatische Funktion eingebüßt.[61]

Wir haben schon gesehen, dass auch Taylor die Ermüdung der Arbeiter/innen zu einem Problem erhob, dessen Lösung nicht diesen selbst überlassen bleiben könne. Imberts Kritik an Taylors mangelnden physiologischen Kenntnissen zielt nun allerdings genau auf diesen Punkt: Wissenschaftlich sei Taylors *fatigue*-»Forschung« ungenügend, weil sie nicht auf objektivierenden Verfahren (Ermüdungsmessungen mit dem Ergografen,[62] Atmungsmessungen etc.), sondern auf den Aussagen der Arbeiter/innen beruhe sowie keine Langzeitstudien zur Frage der Übermüdung durchgeführt wurden (ST, S. 106 f.). Gleichzeitig glaubt Imbert im Gegensatz zu Taylor, dass die Arbeiter/innen intuitiv mehr über ihren Körper und seine Ermüdung wüssten, als der Ingenieur sich's träumen ließe; die *fatigue* sei daher an sich schon ein Wegweiser zur Optimierung von

---

58 Dies zeigt jedenfalls die populärmedizinische Hygiene-Ratgeberliteratur des 19. Jahrhunderts, in der der Zusammenhang von Ermüdung und Schlafrhythmus als selbstverständlich direkt wahrnehmbar und zudem je nach Temperament variabel angesehen wird.

59 Das klassische Werk der Ermüdungsforschung stammt vom italienischen Physiologen Angelo Mosso, *Die Ermüdung*, Leipzig 1892 (Torino 1884). Vgl. auch A. Chauveau, *Le travail musculaire et l'énergie qu'il représente*, Paris 1891; E. Kraepelin, »Die Arbeitskurve«, in: *Festschrift Wilhelm Wundt*, I. Teil (Philosophische Studien, hg. von Wilhelm Wundt, Bd. 19), Leipzig 1902; J. Ioteyko, *La fatigue*, Paris 1920.

60 H. Breger, *Die Natur als arbeitende Maschine. Zur Entstehung des Energiebegriffs in der Physik 1840-1850*, Frankfurt am Main, New York 1982.

61 Rabinbach, *The Human Motor*, S. 122 (wie Anm. 48).

62 Siehe dazu vor allem Mosso, *Die Ermüdung*, S. 76-103 (wie Anm. 59).

Arbeitsabläufen.[63] Im Gegensatz zu Taylor habe Frank B. Gilbreth, der nicht von der *idée fixe* eines systematischen Schlenderns der Arbeiter verfolgt gewesen sei, den Arbeiter nicht zu höherer Leistung angetrieben, sondern die Leistungssteigerung allein dadurch erreicht, dass er die unnötig ermüdenden Bewegungen des Arbeiters eliminierte[64] (ST, S. 47). Imbert kritisierte also nicht, dass das Konzept von Taylors Körperanalytik falsch sei, sondern dass ihr die wissenschaftlichen Instrumente für eine tief greifende Analyse des arbeitenden Körpers fehlten. Die Bestimmung der Arbeitsaufgaben in der Industrie auf der Basis von Zeitstudien dürfe daher nicht Sache des Ingenieurs bleiben, sondern müsse von den Physiologen übernommen werden, um auch all jene »Übertreibungen« in der Festlegung der Arbeitsaufgaben (ST, S. 152) zu vermeiden, die man Taylor noch vorwerfen könne.

Auch Josefa Ioteyko, eine in der Nähe von Kiew geborene, in Brüssel, Paris und nach dem Krieg in Warschau forschende und lehrende Physiologin, hat sich als führende Vertreterin der internationalen *fatigue*-Forschung ausführlich zum Taylorismus geäußert.[65] Wie Imbert geht sie davon aus, dass der Körper die Tendenz habe, seine Bewegungen zu rationalisieren und zu optimieren, weil er intuitiv die *fatigue* zu vermeiden sucht. Die Ermüdung sei als »sentiment« der *psychische* (sic) Faktor (SO, S. 30 f.), der als Regulativ der Energiereduktion des arbeitenden Körpers fungiere. Unter komplexen industriellen Bedingungen höre die *fatigue* nun allerdings auf, ein vom Arbeiter selbst wahrnehmbarer Indikator zu sein; Taylor habe sogar gezeigt, dass der Arbeiter auch schon bei einfachen Arbeiten »in keinem Fall fähig ist, die beste Verwendung seiner mechanischen Arbeitskraft herauszufinden«, was die Resultate der gesamten europäischen Ermüdungsforschung bestätige (SO, S. 73). Das Gefühl der Ermüdung verliere seine »biologische Bedeutung«, das heißt, die Müdigkeits*empfindungen* der Arbeiterinnen und Arbeiter würden unter den Bedingungen der Industriearbeit gleichsam abgetrennt vom traditionalen Zusammenhang mit der körper-

---

63 Vgl. Rainbach, *The Human Motor*, S. 122 (wie Anm. 48).

64 Dass Taylor selbst Gilbreths Experimente als Beispiel für das zitiert, was er selbst eigentlich sagen wollte, zeigt vielleicht am besten, dass Taylor im Zusammenhang mit physiologischen Fragestellungen konzeptionell wohl überfordert war.

65 J. Ioteyko, *La Science du Travail et son Organisation*, Paris 1917 (im Folgenden zitiert als SO).

lichen Ermüdung durch Arbeit. Weil der Organismus »nicht an die neuen Funktionen angepasst ist, die ihm die moderne Industrie auferlegt«, könne daher das Ermüdungsgefühl nicht mehr der regulative Faktor für die Leistungsbegrenzung sein, sondern müsse durch die wissenschaftlichen »mesures de la fatigue« ersetzt werden. Mit anderen Worten: wie viel ein Arbeiterkörper leisten kann, bestimmt angesichts komplexer Produktionsverfahren nicht mehr dessen eigene Müdigkeit, sondern die *fatigue*-Messung durch die Physiologie (SO, S. 32-33).

Die Kritik an der schlechten physiologischen Fundierung von Taylors Körperanalytik, die in schärfster Form vom jungen Physiologen Jean-Marie Lahy vorgetragen wurde,[66] bewog wohl auch den überaus eifrigen Propagandisten des Taylorismus in Frankreich, den Ingenieur und Chemiker Henri Le Chatelier, einen international reputierten Wissenschaftler, Mitglied der *Académie des Sciences*, im Vorwort zu Jules Amars Buch *Le moteur humain* (1914) zum Eingeständnis, dass sich doch vielleicht mit Vorteil eher Physiologen wie Amar denn Ingenieure wie Taylor mit der Analyse der *fatigue* des Arbeiterkörpers beschäftigten.[67] Das war kein Argument gegen den Taylorismus, im Gegenteil: Die Arbeitswissenschaft liefere gleichermaßen den *»inspecteurs du travail«* Anhaltspunkte dafür, wie die Arbeit in den Fabriken zu regeln sei, um bei gegebener Produktion ein Minimum an Ermüdung zu verursachen, und zeige dem Ingenieur, mit welchen Maßnahmen ein Maximum an produktiver Leistung bei gegebener *fatigue* erreicht werden könne. Die wissenschaftlichen Methoden zur Erreichung dieser beiden entgegengesetzten Ziele seien die gleichen. Dieser seit Weber klassische Konflikt moderner Rationalität (dass rationalerweise nicht über divergierende Ziele und Werte geurteilt werden kann[68]) und Ausdruck auch der Ambivalenz der Moderne[69] löste der Ingenieur Le Chatelier für sich

---

66 Lahy schreibt u. a.: »... der Arbeiter als Motor ist wissenschaftlich nicht von Taylor untersucht worden, und der Widerstand des Arbeiters gegen die Ermüdung geht nicht als Variable ein« (Lahy, »La Méthode Taylor«, S. 546; wie Anm. 30). Lahys Buch *Le Système Taylor et la physiologie du travail professionnel* (Paris 1916) stand mir leider nicht zur Verfügung.

67 H. Le Chatelier, »Préface«, in: J. Amar, *Le moteur humain et les bases scientifiques du travail professionnel*, Paris 1914, S. X.

68 Vgl. Brubaker, *The Limits of Rationality*, S. 37-54 (wie Anm. 16).

69 Vgl. dazu D. K. Peukert, *Max Webers Diagnose der Moderne*, Göttingen 1989, insb. S. 27-91.

selbst mit technizistischem Optimismus: er glaubte an das gemeinsame Interesse von Arbeitern wie Unternehmern, die »Abnutzung der menschlichen Maschine auf ein Minimum zu reduzieren« – schließlich könne »man dieser nicht die sorgfältige Pflege verweigern, die man der Dampfmaschine schon seit langem gewährt«.[70]

Was nun aber sagt die Wissenschaft? Jules Amar, Leiter des ersten arbeitsphysiologischen Forschungsinstitutes in Frankreich, markierte natürlich wie Imbert, Lahy und Ioteyko die große Distanz zur faktischen Unwissenschaftlichkeit Taylors – nicht zuletzt, indem er die hochgradig mathematisierte, 600-seitige Darstellung seiner experimentellen Untersuchungen »bescheiden« und lückenhaft nannte und auf die »sorgfältig ausgewählten und verifizierten bibliografischen Anmerkungen« hinwies (MH, S. xiii- xiv).[71] Die Differenzen zwischen seinem Stil und dem Taylors könnten größer nicht sein. Gleichzeitig war Amar aber mit dem »amerikanischen Gelehrten« (MH, S. 517) darin einig, »daß es sich grundsätzlich darum handelt, die *Bewegung* – jene des menschlichen Motors, jene der Maschinen – den Gesetzen einer *sparsamen Verausgabung für eine maximale Arbeit* zu unterwerfen« (MH, S. 512).[72]

Zur Illustration möchte ich hier kurz Amars berühmtestes Beispiel skizzieren: die physiologische Untersuchung von Schleifarbeit mit einer 34 Zentimeter langen Feile. Mit einem Dynamometer, grafischen Aufzeichnungsgeräten, wie sie von Helmholtz und der Bewegungsphysiologe Etienne-Jules Marey entwickelt hatten,[73] und einer Gesichtsmaske, die die Messung des Sauerstoffverbrauchs und der Atemfrequenz gestattete, untersuchte Amar während acht Monaten die Arbeit von zwei Probanden, eines Mechanikers mit 20-jähriger Berufserfahrung und eines 16-jährigen Mechaniklehrlings (MH, S. 533). Über die Messung des Sauerstoffverbrauchs ermittelte Amar den Kalorienverbrauch pro Arbeitsstunde (MH, S. 536); die Messung des Drucks der Hände auf die Feile in den verschiedenen Stadien der Feilenbewegung ermöglichte zudem die Analyse

---

70 Le Chatelier, »Préface«, S. VI-VII (wie Anm. 67).

71 Amar, *Le moteur humain*, S. 609 (wie Anm. 67; im Folgenden zitiert als MH).

72 Hervorhebung im Original, Ph. S.

73 E. J. Marey, *Die Chronographie*, Berlin 1893 (Reprint 1985); ders., *Développement de la méthode graphique par l'emploi de la photographie*, Paris 1884. Vgl. Rabinbach, *The Human Motor*, S. 84-119 (wie Anm. 48); Mosso, *Die Ermüdung*, S. 80 (wie Anm. 59; Ioteyko, *La fatigue*, S. 45 (wie Anm. 59).

des Wirkungsgrads der eingesetzten Muskelenergie (MH, S. 537). Diese rein deskriptive Analyse einer faktischen handwerklichen Arbeit war aber nicht Amars Ziel; er wollte vielmehr durch eine lange Reihe von Versuchen ermitteln, welche Variablen – Rhythmus, Beugungswinkel der Arme, Dauer und Frequenz der Pausen, Fußstellung etc. – die Leistung des Feilenarbeiters beeinflussten, um dann die Werte dieser Variablen im Hinblick auf eine maximale Leistung zu optimieren. Auf dieser Grundlage war nach Amar die »Bestimmung der Bedingungen einer maximalen Tagesarbeit« möglich (MH, S. 552): »Der Körper des Arbeiters muß vertikal und ohne Steifheit 0,20 Meter vom Schraubstock entfernt stehen und letztere auf der Höhe des Nabels angebracht sein. Die Fußstellung muß einen Öffnungswinkel von 68° aufweisen mit einer Distanz zwischen den Fersen von 0,25 Meter. Der linke Arm soll vollständig gestreckt sein und etwas mehr Druck auf das Werkzeug ausüben als der rechte Arm: 8,50 kg und 7,50 kg mit einem Wirkungsgrad von 8 kg. Das Zurückziehen der Feile muß ein einfaches Gleiten sein, ohne Druck der Arme. Schließlich soll der Rhythmus der Feilenbewegung 70 Stöße pro Minute betragen.« Unter der Bedingung dieser Körperhaltung und -bewegung sei der Anstieg des Sauerstoff-Verbrauchs und der Pulsfrequenz gegenüber dem Ruhezustand mit 20 % am geringsten und folglich die Verausgabung von Energie am sparsamsten. Die lokale Ermüdung im rechten Vorderarm sei »zu ertragen«. Amar schließt: Die so erreichte »maximale Arbeit ist mindestens doppelt so groß wie die gewöhnliche Leistung der großen Mehrheit der Arbeiter« (MH, S. 553).[74]

Arbeitsphysiologische Körperanalytik, wie sie in ihrer klassischen Form Amar repräsentierte, umfasste allerdings noch nicht das Ganze der »biologischen Rationalisierung«; vor allem Lahy hat den *psychischen* Eigenschaften und Fähigkeiten der von ihm untersuchten Typografen, Daktylografen oder Straßenbahnführer große Aufmerksamkeit gewidmet und dementsprechend auch von psychischer Ermüdung gesprochen.[75] Diesem Aspekt der Psychophysik beziehungsweise der »biologischen Rationalisierung« werden wir uns gleich noch kurz zuwenden.

Zuerst möchte ich hier aber festhalten, wie *ähnlich* trotz aller Un-

74 Hervorhebung im Original, Ph. S.
75 J.-M. Lahy, *La profession de dactylographe. Étude du geste de la frappe*, Bureau international du Travail, Etudes et documents, Serie J, Nr. 3, Genf 1924.

terschiede der Methoden und der sozialpolitischen Intentionen, auf die Rabinbach hinweist, die Konzepte der Rationalisierung des Körpers von Tayloristen und Arbeitsphysiologen waren. Unabhängig von deren expliziten Intentionen und Urteilen, die sich grob dem erwähnten chronologischen Schema »mehrheitliche Ablehnung des Taylorismus vor dem Krieg – Annäherung in den zwanziger Jahren« fügten, gebrauchte doch der *Diskurs* beider Schulen im Wesentlichen dieselben Elemente und funktionierte nach denselben Regeln:[76] a) der Arbeiterkörper als der zu rationalisierende Widerstand gegen die Anforderungen der industriellen Moderne und Ermüdung als Manifestation dieses Widerstandes; b) der Experte (Ingenieur oder Physiologe), der das Verhältnis des Arbeiters zur Maschinerie und vor allem zu sich selbst wissenschaftlich organisiert; c) die Wissenschaft, die den sterilen und unproduktiven Kampf zwischen Arbeit und Kapital transzendiert und die Gesellschaft nach rationalen Regeln organisieren kann.

Ob man wie Taylor davon ausgeht, die körperliche und geistige Leistung von Arbeitern/innen maximieren zu wollen, und deshalb das Problem der Ermüdung in implizit energetischer Weise diskutiert, oder ob man vom thermodynamischen Konzept der Energieerhaltung her das *fatigue*-Problem neu fasst, um die Ermüdung im Hinblick auf maximale körperliche und geistige Leistungsfähigkeit zu limitieren, ist meines Erachtens nur scheinbar ein Unterschied. Die diskursiven Elemente sind dieselben, sie werden allein gemäß den sozialpolitischen Intentionen der Autoren in ihren Diskursen verschieden arrangiert. Es muss in dieser Hinsicht auffallen, dass Taylor seine *Principles* mit der Bemerkung einleitet, man sehe, »wie die Wälder dahinschwinden, die Wasserkräfte vergeudet, der Boden und seine Schätze in das Meer gewaschen werden«; die »Vergeudung menschlicher Arbeitskraft« durch schlecht organisierte Arbeit werde hingegen kaum »in ihrer Bedeutung erkannt« (GwB, S. 1 f.). Mit anderen Worten: Die Annäherung zwischen den zwei Schulen der Rationalisierung des Körpers war nur konsequent.

Im Vergleich mit dem Taylorismus war die Arbeitsphysiologie unstrittig wissenschaftlicher und in ihren Erkenntnismöglichkeiten differenzierter. Taylor anerkannte dies auch bewundernd: Als Le Chatelier ihm mitteilte, der junge Mann – Amar –, der ihm kürz-

---

76 Zum Konzept des Diskurses vgl. D. Maingueneau, *L'Analyse du Discours. Introduction aux lectures de l'archive*, Paris 1991.

lich seinen Aufsatz über den Feilenarbeiter geschickt habe, sei nun zum Leiter des neuen arbeitsphysiologischen Laboratoriums am *Conservatoire des Arts et des Métiers* in Paris berufen worden,[77] antwortete Taylor: »You are already leading us in France in having established a laboratory (...) for studying human effort. Your scientific methods are so magnificent in France that I confidently expect that in many ways the French people will lead us in the introduction of the principles of scientific management, before many years.«[78] Die Arbeitsphysiologie konnte auf der Basis ihrer Wissenschaftlichkeit im Gegensatz zum Taylorismus zweifellos fortschrittliches Wissen erzeugen (zum Beispiel Wege aufzeigen, wie die Ermüdung minimalisiert werden konnte). Aber sie war gleichzeitig auch ein effizienteres »Macht-Wissen« (Foucault), indem hier nicht bloß ein wohl nicht selten etwas simpler *time-study man* den Arbeiter zu einigen vielleicht rationelleren Bewegungen anhielt, ohne viel von Physiologie zu verstehen ...,[79] sondern sich ein im Vergleich dazu weitaus mächtigerer, weil ›wahrer‹ Diskurs in den Arbeiterkörper einschrieb. Während Taylors Mangel an wissenschaftlicher Durchdringung des Körpers in manifesten Lohnzwang umschlagen musste und so als Macht sich entlarvte (was Widerstand provozieren konnte),[80] war das verführerische Spiel der Wahrheit des arbeitsphysiologischen Diskurses zumindest potentiell sehr viel wirkungsvoller in seinem Bemühen, aus der thermodynamischen Kraftmaschine ›Körper‹ unter der Bedingung ihrer langfristigen Verwendungsfähigkeit die maximale Leistung zu gewinnen. Allein die Tatsache, dass die Arbeitsphysiologie ihre Vision des vollständig vom Wissen durchdrungenen Körpers nie auf breiter Basis in Industriebetrieben realisieren konnte (nicht zuletzt, weil die Unternehmer die Kosten

---

77 Brief von Le Chatelier an Taylor am 12. 4. 1913, in: Taylor Collection (S. C, Williams Library, Stevens Institute of Technology, Hoboken, N. J.), Dossier 63 B.

78 Brief von Taylor an Le Chatelier vom 29. 4. 1913, ebd.

79 Nelson, *F. W. Taylor*, S. 171 (wie Anm. 6). Geradezu vernichtend war die Kritik der Hoxie-Commission an der Arbeit des durchschnittlichen *Time-study man* in der amerikanischen Industrie vor 1914 (Hoxie, *Scientific Management*, S. 44-60; wie Anm. 38).

80 Berühmt wurden die ersten großen Arbeiterstreiks gegen die tayloristischen Zeitstudien, die chronométrage, im Jahr 1913 bei Renault in Paris-Billancourt und bei Bosch in Stuttgart; vgl. P. Fridenson, *Histoire des usines Renault, I. Naissance de la grande entreprise 1898/1939*, Paris 1972, S. 70-79; Homburg, »Anfänge des Taylorsystems«, S. 182-192 (wie Anm. 20).

scheuten), hat die Industriearbeiterschaft der 1920er und 30er Jahre vor dieser *brave new world* der totalen physiologischen Regulation bewahrt – während der unwissenschaftliche Taylorismus mehr oder weniger überlebt beziehungsweise sich weiterentwickelt hat.[81]

François Vatin bemerkt zu Recht, dass »das Werk Amars heute wie eine Karikatur erscheint«. Denn »es war gewissermaßen anachronistisch, am Anfang des 20. Jahrhunderts eine energetische Konzeption der menschlichen Arbeit zu entwickeln, während die Maschinenarbeit schon dazu tendierte, dem Körper jede energetische Funktion im eigentlichen Sinne zu entziehen«.[82] Das gelte zwar auch für Taylor – der ja erstmals durch seine hocheffizienten Drehbank-Stähle berühmt wurde, die jede menschliche (Feilen-)Arbeit um ein Mehrfaches übertrafen … –, doch seine ungenaue, unwissenschaftliche Art populärer Rede hat dank ihrer suggestiven Unbestimmtheit unser Denken mehr beeinflusst als die physiologischen Laborberichte über die Optimierung von Beugungswinkeln proletarischer Arme.

Wie auch immer, die Hochleistungsphysiologie jedenfalls hat sich in einem Gebiet unentbehrlich gemacht, das ihr schon im 19. Jahrhundert die meisten Probanden und die populärsten Argumente lieferte: im Sport,[83] anfänglich vor allem jener der Radfahrer die *heute* ein amerikanischer *Mountainbike*-Konstrukteur mit dem Spruch umwirbt: »What to drive when you're the engine«. Was überdies vom Versuch der physiologischen Regulation übrig blieb, ist allerdings harmloser: eine ›passive‹ Ergonomie, die nicht mehr den Körper den Dingen, sondern die Dinge – Stühle, Werkzeuge, Bildschirme – dem Körper anzupassen sich zur Aufgabe macht.[84]

81 S. P. Warning, *Taylorism transformed. Scientific Management Theory since 1945*, Chapel Hill 1991.
82 F. Vatin, *Le travail, Economie et physique, 1780-1830*, Paris 1993, S. 100.
83 J. Hoberman, *Mortal Engines. The Science of Performance and the Dehumanization of Sport*, New York 1992.
84 Vgl. H. Hardenacke, W. Peetz und G. Wichardt, *Arbeitswissenschaft*, München, Wien 1985; H. Stirn, *Arbeitswissenschaft. Grundlagen, Abgrenzungen, Probleme*, Opladen 1980.

5. Exkurs: Psychotechnische Fähigkeitstests
(H. Münsterberg)

Als Psychotechniker weit einflussreicher als Lahy war zur selben Zeit der in Harvard lehrende Hugo Münsterberg, den ich hier kurz als Beispiel für die psychotechnischen Aspekte der »biologischen Rationalisierung« zitieren will.[85] In seinem Buch *Psychologie und Wirtschaftsleben* von 1912, basierend auf Gastvorlesungen an der Universität Berlin im Jahre 1910, finden wir die uns schon bekannte Überzeugung aller Psychophysiker, dass »das subjektive Müdigkeits-Unlustgefühl durchaus kein zuverlässiger Maßstab für die wirkliche Ermüdung, das heißt für die Beeinträchtigung der Leistungsfähigkeit ist«; Taylors Untersuchung der Roheisen-Verlader wird dazu von Münsterberg ausführlich als Beleg zitiert.[86]

Münsterbergs Experimentalpsychologie war allerdings ebenso wie die französische Arbeitsphysiologie weitaus differenzierter als Taylors empirische Analyse-Verfahren. Gleichzeitig tritt uns hier auch ein wesentlicher Zug der Rationalisierung stärker als bei Taylor entgegen: die Anpassung des Menschen an die komplexer werdende städtisch-industrielle Umwelt. In diesem Sinne moderner als Taylor, untersuchte Münsterberg vor allem die Schnittstelle zwischen dem Menschen und einem komplizierten technisch-situativen Kontext, um die für die entsprechenden Arbeitsanforderungen psychophysisch am besten Befähigten auszulesen, mit dem Ziel, sowohl die Unfallgefahr zu vermindern als auch die produktive Leistung zu steigern. Typisch dafür sind seine Eignungstests für Straßenbahnführer. Die psychophysische Schwierigkeit bestehe für diese in »eine(r) eigentümlich komplexen Aufmerksamkeitsleistung …, mit Hilfe deren in dem schnellwechselnden Straßenbild in beharrlicher Weise die zahlreichen Einzelobjekte, die Fußgänger, die Wagen, die Autos mit Rücksicht auf ihre Schnelligkeit einzeln beurteilt werden

---

85   Ph. Keller, *States of Belonging. German-American Intellectuals and the First World War*, Cambridge (Mass.), London 1979, S. 21-118; A. Cambrosio, »Quand ta psychologie fait son entrée à l'usine: sélection et contrôle des ouvriers aux Etats-Unis pendant les années 1910«, in: *Le Mouvement Social* 113 (1980), S. 37-65; sowie Friedmann, *Der Mensch in der mechanisierten Produktion*, S. 43-47 (wie Anm. 50); Jaeger/Staeuble, »Die Psychotechnik«, S. 62-67 (wie Anm. 49).
86   H. Münsterberg, *Psychologie und Wirtschaftsleben. Ein Beitrag zur angewandten Experimental-Psychologie*, Leipzig 1912, S. 131.

müssen«.[87] Rationalisierung heißt nun nicht nur, dass Münsterberg versucht, die für diese Arbeit dank ihrer spezifischen Reaktionsfähigkeit Geeigneten auszulesen; Rationalisierung heißt hier in Analogie zur Rationalisierung der Bewegungen auch *Abstraktion* von ›Unnötigem‹ auf das strikt Notwendige im Testverfahren. Für seine Tests abstrahierte Münsterberg das oben beschriebene Straßenbild mit seinen schnell wechselnden Erscheinungen durch einen auf einem endlosen Band sich vorwärts bewegendes Raster mit schwarzen und roten Zahlen (1-3). Diese bedeuteten einerseits die respektiven Geschwindigkeiten von Fußgängern, Pferdewagen und Autos und zeigten andrerseits ihre Bewegungsrichtung im Verhältnis zu den Schienen an (schwarz = parallel, also gefahrlos, rot = in Richtung auf die Geleise, das heißt potenziell gefährlich). Je nachdem, wie viele Felder eine rote Zahl links oder rechts von den in der Mitte des Rasters eingezeichneten Schienen (unterteilt in alphabetisch bezeichnete Abschnitte) entfernt war, bedeutete dies Gefahr. »Sobald Sie solche Gefahr sehen«, instruierte Münsterberg den das Rasterband mittels einer Kurbel selbst vorwärts drehenden Probanden, »rufen Sie den Buchstaben im Geleise aus. Denken sie nicht etwa nun an Ihre Straße oder an wirkliche Menschen, sondern wenden sie Ihre ganze Aufmerksamkeit einfach den Zahlen zu.«[88]

Dank dieser hoch abstrakten grafischen Umsetzung der städtischen Wirklichkeit (die natürlich an die gleichzeitig in der Malerei entwickelte Abstraktion denken lässt)[89] kann der Psychophysiker die menschliche Arbeitsleistung rationalisieren: Er erkennt aus einer großen Menge von Probanden die zum Straßenbahnführer Geeigneten, deren Nerven im Gewühl der Großstadt nicht »neurasthenisch« überreizt werden,[90] sondern zu einer »komplexen

---

87 Ebd., S. 46.

88 Ebd., S. 49.

89 Der Ingenieur und Kunsthistoriker Sigfried Giedeon hat ausführlich auf die Zusammenhänge von moderner Kunst und den grafischen Aufzeichnungsmethoden der Physiologen und Psychophysiker hingewiesen: S. Giedeon, *Die Herrschaft der Mechanisierung. Ein Beitrag zur anonymen Geschichte*, Frankfurt am Main 1982, S. 126-138 (Originalausgabe: *Mechanization Takes Command*, Oxford 1948); vgl. dazu auch Rabinbach, *The Human Motor*, S. 84-86, 115 (wie Anm. 48).

90 Vgl. zu dem die damalige Psychologie und Psychiatrie dominierenden Konzept der Neurasthenie G. M. Beard, *A practical treatise on nervous exhaustion (Neurasthenia), its symptoms, nature, sequences, treatment*, New York 1880; A. Proust, G. Ballet, *L'Hygiène de neurasthénique*, Paris 1897.

Aufmerksamkeitsleistung« befähigen … Und überdies ist der Psychophysiker in der Lage, Verlauf und Grad der psychophysischen Ermüdung experimentell zu bestimmen. So wird der Straßenbahnführer dank einer weit über Taylor hinausweisenden ›Nervenanalytik‹ ein *first-class man*, der im Sinne Taylors Höchstleistungen erbringt, das heißt Unfälle und Verzögerungen verhindert.

6. Ermüdung und Sexualität

Jean-Marie Lahy hat – im Gegensatz zu Münsterberg – Taylor kritisiert, weil er allein auf die Arbeit fixiert gewesen sei. Dabei gehe es darum, für den »menschlichen Organismus eine neue Ordnung zu errichten, wo alle Faktoren seines inneren Gleichgewichts als Teile berücksichtigt werden … Die Aufgabe des Psycho-Physiologen besteht daher darin, neben dem guten Funktionieren des Individuums in seinem beruflichen Leben die Ausübung seiner für das soziale Leben notwendigen Aktivitäten sicherzustellen: Familienleben, Politik etc. und die Erholung nach der täglichen Arbeit«.[91] Die Körperanalytik des Physiologen führt über die Regulation der Bewegungen weit hinaus bis zur Regulation des gesamten Soziallebens. Das Argument, dass unter den Bedingungen moderner Industriearbeit nur so, in einer von Experten entworfenen »neuen Ordnung«, das innere Gleichgewicht und damit die Gesundheit erhalten werden können, schreibt sich zwar nahtlos ein in die Tradition der Hygiene-Literatur des 19. Jahrhunderts – aber sehr weit weg von Taylors Ingenieur-Utopie einer besseren Welt lag Lahy damit nicht. Taylor glaubte, dass die Verwissenschaftlichung der Arbeit und der Personalauslese dazu führe, dass jeder auf seinem Gebiet ein *first-class man* sein könne, der bei Wahrung seiner »Individualität« das Maximum an produktiver Arbeit leiste (GwB, S. 152). Diese utopische Vorstellung von einer Harmonie der sozialen Positionen lebte von der alten konservativen Metaphorik des Körpers als Organisationsmodell für die Gesellschaft; neu war allerdings Taylors Glaube, dass dieser vom (Sozial-)Ingenieur rationalisierte Gesellschaftskörper nun als Ganzes zu einer bislang unerreichbaren Produktivität fähig sei. Ohne die alten Verteilungskämpfe zwischen Arbeitern und »Kapitalisten« werde Energie nur noch für die Produktion ver-

91 Lahy, »La méthode Taylor«, S. 560 (wie Anm. 30).

ausgabt (GwB, S. 46-156) – und der Nutzen dieser in der Fabrik wie in der Gesellschaft durch die »Wissenschaft« angeleiteten maximalen Produktivität »würde unbedingt der ganzen Welt im allgemeinen zugute kommen« (GwB, S. 153), das heißt dem »Volk« oder den »Konsumenten« (GwB, S. 147). Mit anderen Worten: Der Ingenieur Taylor sieht die gesellschaftlichen Probleme – das heißt die Verteilungskämpfe um das zu knappe Mehrprodukt – sich lösen, wenn die Produktion wissenschaftlich organisiert wird; der Physiologe Lahy will darüber hinausgehend alle Teile des Gesellschaftskörpers seiner ordnenden wissenschaftlichen Analytik unterziehen.

Diese hier nur in aller Kürze und ohne weitere Verweise[92] skizzierte Perspektive des ›rational‹ organisierten Gesellschaftskörpers könnte als Erklärung dafür reichen, um den ›Sinn‹ des Beharrens auf der Rationalisierung des Körpers zu bestimmen: *Am Arbeiterkörper und durch ihn sollte das Modell der harmonischen Produktionsgesellschaft erprobt und verwirklicht werden.* Diese These, für die sich leicht viele Belege erbringen ließen, erklärt allerdings nicht unsere Ausgangsfrage, zu der ich nun zurückkehren will: Inwiefern haben die Rationalisierungsbemühungen um den Körper etwas Obsessives, so wie wir dies beim jungen Taylor erkennen können – und was könnte das heißen?

Das physikalische Konzept der »Energie« war *das* Thema des *Fin de Siècle*. Die thermodynamische Theorie der Energieerhaltung und der Entropie, die ihrerseits von gesellschaftlichen und körperlichen Metaphern geprägt war,[93] erfuhr Ende des 19. Jahrhunderts eine breite Popularisierung und beeinflusste auch das humanwissenschaftliche Denken. Schon in seinen populärwissenschaftlichen Vorträgen hat von Helmholtz jene griffigen Formeln von der Energie als der letzten Form der Materie und vom unabänderlichen ständigen Verlust von Energie geprägt,[94] die in den Sozialwissenschaften

92 Vor allem auf die seit dem Ersten Weltkrieg geführten Debatten über Konzepte der Gemeinwirtschaft oder organizistischer Staatsvorstellungen (bis hin zum Faschismus).

93 Über die Ursprünge des physikalischen Kraftbegriffs aus der Welt der körperlichen Arbeit siehe Vatin, *Le travail*, v. a. S. 38-56 (wie Anm. 82); sowie Breger, *Die Natur als arbeitende Maschine*, S. 85, 180-184, 220 f. (wie Anm. 60). Zum Wechselverhältnis von populären und wissenschaftlichen Ideen siehe L. Fleck, *Entstehung und Entwicklung einer wissenschaftlichen Tatsache. Einführung in die Lehre vom Denkstil und Denkkollektiv*, Frankfurt am Main 1993 (1935, 1980).

94 Helmholtz selbst versuchte schon, voreilige Schlüsse, die aus dem zweiten Haupt-

den Versuch einer »sozialen Energetik« zeitigten[95] oder – weitaus einflussreicher – in Freuds Theorie des Unbewussten einen großen Teil der begrifflichen und metaphorischen Werkzeuge zur Verfügung stellten. In der *Décadence*-Literatur der Jahrhundertwende schließlich waren Niedergang und Erschöpfung selbstverständliche Topoi.[96]

Auf diesem Hintergrund nun lässt sich in unserem Zusammenhang eine gemeinsame Metaphorik in zwei scheinbar vollständig voneinander unabhängigen Wissensbereichen erkennen, nämlich zwischen dem Rationalisierungsdiskurs, wie wir ihn hier untersucht haben, und dem Reden über Sexualität im 19. Jahrhundert. Die Sprache der Thermodynamik fungiert dabei als »Interdiskurs«,[97] das heißt als Reservoir von Metaphern und Sprachformen, aus dem sich unterschiedliche Diskurse ›bedienen‹ – und damit ihre untergründigen Gemeinsamkeiten herstellen. Die enge Verwandtschaft zwischen dem Rationalisierungsdiskurs mit seinem Kampf gegen die immerzu drohende *fatigue* als Vergeudung, Verlust, Schwächung etc. und der thermodynamischen Vorstellung vom Kosmos als eines entropischen, das heißt dissipativen Systems ist dabei offensichtlich.

Auf der anderen Seite aber existiert auch eine merkwürdige Verbindungslinie zwischen dem zweiten Hauptsatz der Thermodyna-

---

satz der Thermodynamik gezogen wurden, abzuwehren – aber er lieferte dennoch die entsprechenden griffigen Formeln, die dann in der Vulgarisierung dieser physikalischen Theorie eine große Rolle spielten. Etwa: »Aber wenn auch die Kraftvorräte unseres Planetensystems so ungeheuer groß sind, daß sie durch die fortdauernden Ausgaben innerhalb der Dauer unserer Menschengeschichte nicht merklich verringert werden konnten …: so weisen doch unerbittliche mechanische Gesetze darauf hin, daß diese Kraftvorräte, welche nur Verlust, keinen Gewinn erleiden können, endlich erschöpft werden müssen« (v. Helmholtz, »Über die Wechselwirkung der Naturkräfte«, S. 69-70 [wie Anm. 56]).

95 So vor allem der Belgier E. Solvay, *Questions d'énergétique sociale. Notes et publications (1894-1919)*, Brüssel 1910; oder der in Deutschland einflussreiche Taylorist W. Ostwald, *Energetische Grundlagen der Kulturwissenschaften*, Leipzig 1909. Vgl. dazu die scharfe Kritik von Max Weber, »›Energetische‹ Kulturtheorien«, in: ders., *Gesammelte Aufsätze zur Wissenschaftslehre*, Tübingen 1988 (7. Aufl.), S. 400-426.

96 E. Weber, *Fin de Siècle*, Paris 1986, S. 17-43; K. W. Swart, *The sense of decadence in nineteenth-century France*, Den Haag 1964.

97 Jürgen Link, *Elementare Literatur und generative Diskursanalyse*, München 1983, insb. S. 9-38.

mik, der die konstante minimale Abnahme der produktiven Energie in einem geschlossenen System beschreibt (Entropie), und dem, was man ohne weiteres den ›ersten Hauptsatz der Sexualität‹ im 19. Jahrhundert nennen könnte: dem absoluten Verbot der Masturbation. Denn durch sie verliere vor allem der männliche Körper so viel Energie, dass der physische und geistige Zerfall – im Allgemeinen werden Auszehrung, Epilepsie und »Blödsinn« genannt – schon in jungen Jahren unausweichlich sei. Die Referenz für diese die Männer des Jahrhunderts zuweilen wohl tatsächlich ängstigende Vorstellung war in Frankreich die Dissertation des calvinistischen Doktors Tissot aus Lausanne über die Gefahr des *»Onanisme«*:[98] eine sexuelle ›Energielehre‹ des männlichen Körpers, die von 1760 bis 1905 immer wieder neu aufgelegt und in der gesamten hygienischen, psychiatrischen und medizinischen Literatur der Zeit zitiert wurde.[99] »Unser Körper«, so beginnt Tissot seine Schrift, *»verliert beständig.* Könnten wir den mannichfaltigen Verlust, den wir daran leiden, nicht ersetzen, so würden wir gar bald in eine tödtliche Schwachheit verfallen«.[100] Der alltägliche »Verlust« lässt sich mit »Speise und Trank« ersetzen, die für die »Kräfte des Körpers« wertvolle »Saamenfeuchtigkeit« jedoch nicht: Sie bildet einen »Vorrath«, mit dem man(n) haushälterisch umgehen soll. Auch die körperlichen Folgen derjenigen, »die sich in einer natürlichen Beywohnung erschöpfen«, seien »schrecklich« – existenzgefährdend allerdings seien die unkontrollierten Verluste durch

98 S. A. Tissot, *L'onanisme. Dissertation sur les maladies produites par ta masturbation,* Lausanne 1760 (nach dem lateinischen Original von 1758); erste deutsche Übersetzung: *Von der Onanie, oder Abhandlung über die Krankheiten, die von der Selbstbefleckung herrühren,* Eisenach 1785.

99 Bis 1905 erlebte Tissots *Onanisme* in Frankreich mindestens 72 Auflagen. Noch 1856 übernahm der führende Verlag für medizinische Literatur, G. Baillière, das Buch, von 1870 bis 1905 erschien der Text bei Garnier frères. Die wahrscheinlich letzte deutsche Ausgabe erschien 1857 unter dem Titel: *Die Krankheiten, welche durch Selbstbefleckung entstehen und deren radikale Heilung, aus dem Lateinischen Werke mit Zusätzen und Anmerkungen versehen von einem Arzte der Neuzeit,* Heilbronn 1854, 2. Aufl. 1857. Vgl. als Überblick für Frankreich R.-H. Guerrand, »Haro sur ta masturbation!«, in: Ph. Ariès, G. Duby u. a., *Amour et sexualité en Occident,* Paris 1991, S. 299-308.

100 Ich zitiere aus der deutschen Ausgabe von 1785: *Von der Onanie, oder Abhandlung über die Krankheiten, die von der Selbstbefleckung herrühren.* Von Herrn Tissot, … Nach der vierten beträchtlich vermehrten Ausgabe. Aus dem Französischen übersetzt, Eisenach 1785, S, 1 (Hervorhebung von mir, Ph. S.).

Selbstbefleckung.[101] Neben somatischen Krankheiten und allgemeinem körperlichen Zerfall bedeute dies ebenso die Schädigung von Gehirn und Nerven. In Deutschland wies der Pädagoge Johann Friedrich Oest in seiner 1787 erschienenen *Höchstnöthige(n) Belehrung und Warnung für Jünglinge und Knaben* seine jugendlichen Leser darauf hin, dass die »edlen Zeugungssäfte mit dem Gehirn des Menschen, worin seine ganze Denkkraft vereinigt ist, in genauer Verbindung« stünden. »Daher kann man sichs erklären, dass der Verstand abnimmt und zerrüttet wird, wenn die Zeugungskräfte verschwendet werden.«[102]

Solche Schriften stehen in der bis auf die Kirchenväter zurückgehenden Tradition des christlichen Onanie-Verbots. Die Selbstbefleckung wurde im theologischen Denken zwar auch als Schwächung des Körpers begriffen, im Vordergrund stand jedoch deren Sündhaftigkeit. Speziell im Hinblick auf F. W. Taylors puritanischen Hintergrund ist es wahrscheinlich von einiger Bedeutung, dass die frühe Onanie-Literatur schon im 17. Jahrhundert im englischen Puritanismus entstanden war. Der auf den Körper fokussierte calvinistisch-puritanische Sündenbegriff forderte – *notabene* – strenge Prüfung und Kontrolle gerade körperlicher Verhaltensweisen.[103] Die Masturbation, die notwendig zu schnellem körperlichen Zerfall und zum Tod führe, galt als die schlimmste Sünde der Unkeuschheit.[104]

Im 19. Jahrhundert hat sich wohl die Rhetorik des Sündhaften erhalten, die eigentliche Gefahr der Masturbation wurde aber zunehmend als *physiologische* Tatsache begriffen, als wirklicher körperlicher Energieverlust. Gegen Ende des Jahrhunderts wurde es dann in aufgeklärten Milieus üblich, die »Belehrungen« von Tissot und seinen Zeitgenossen als Übertreibung zu relativieren.[105] Gleichzeitig

101 Ebd., S. 1-6.

102 J. F. Oest, *Höchstnöthige Belehrung und Warnung für Jünglinge und Knaben, die schon zu einigem Nachdenken gewöhnt sind,* hg. von Joach. Heinr. Campe, Wolfenbüttel 1787 (Nachdruck München 1977), S. 55.

103 Der offensichtliche, aber meines Wissens noch nicht wirklich ausgeleuchtete Zusammenhang von Puritanismus und Taylorismus würde eine eingehende Studie verdienen. Denn schließlich ist die konzeptionelle Grundlage dazu schon längst gelegt: Weber, *Protestantische Ethik* (wie Anm. 16).

104 K.-F. Jacobs, *Die Entstehung der Onanie-Literatur im 17. und 18. Jahrhundert* (Diss. med.), München 1963.

105 Etwa in: L. Löwenfeld, *Sexualleben und Nervenleiden. Die nervösen Störungen sexuellen Ursprungs,* 3. Aufl., Wiesbaden 1903, S. 80.

fand jedoch die Selbstbefleckungs- und Energieverlust-Angst, wie gesagt, breiten Eingang ins medizinische und hygienische Denken. Noch Auguste Forel vermutete zu Beginn des 20. Jahrhunderts als Folge der männlichen Masturbation »körperlich(e) und geistig(e) Erschöpfung«.[106] Von 1904, als Forels *Sexuelle Frage* zum ersten Mal erschien, stammt auch eine bezeichnende Werbeanzeige mit dem Titel: »Sind Sie schwach? Sind Sie in des Ungeheuers Krallen?« Ein Dr. Sanden aus Paris empfahl hier dem implizit angesprochenen ›Onanisten‹ einen »elektrischen Gürtel« »zur Stärkung des zerrütteten Nervensystems und zur Heilung von organischer Schwäche«. Der Gürtel gebe dem Körper »neues Leben und neue Energie« – Energie eben, die der ›Onanist‹ erschöpft hat …[107] Nicht unerwähnt soll schließlich bleiben, dass als wesentliche Ursache der Neurasthenie, das heißt der ins Pathologische verlängerten nervlichen fatigue,[108] die in einer schlechten Erziehung nicht unterbundene »Neigung« Jugendlicher zur Masturbation angesehen wurde.[109]

Es ist eine auffallende Eigenart des sexuellen Diskurses seit Tissot, dass die »Ausschüttung« von Samen im legitimen und potenziell ›produktiven‹ ehelichen Beischlaf als weniger erschöpfend galt als alle anderen Formen sexueller Verausgabung. Die Gründe dafür sind hier nicht zu untersuchen; vielmehr ist in unserem Zusammenhang von Interesse, dass in der hygienischen Literatur des 19. Jahrhunderts die *Regelmäßigkeit* des (männlichen) Sexualaktes in der Ehe empfohlen wurde.[110] Folgt man dieser Ratgeber-Literatur, so verliert der Geschlechtstrieb seine Gefährlichkeit als ›Verausga-

---

106 A. Forel, *Die sexuelle Frage*, München 1919 (13. Aufl.; 1. Aufl. 1904), S. 263.

107 Abgedruckt in: J. Merkel, D. Richter, »Johann Friedrich Oest und die ›Höchstnöthige Belehrung‹«. Nachwort zu Oest, *Höchstnöthige Belehrung*, S. 186 (wie Anm. 102).

108 Ioteyko, *La fatigue*, S. 100 (wie Anm. 59).

109 Proust/Ballet, *L'Hygiène de neurasthénique*, S. 18 f. (wie Anm. 90).

110 Ein Dr. Clément rät 1875 in seiner *Hygiene conjugale*: »Mit Mäßigung die sexuellen Gelüste genießen: ihr Missbrauch schwächt und führt bald zur Impotenz … Es ist nachgewiesen worden, dass der verheiratete Mann zwischen 20 und 30 Jahren die ehelichen Pflichten zwei- bis viermal wöchentlich verrichten kann, mit einem Tag Pause dazwischen. Zwischen 30 und 40 Jahren zweimal. Zwischen 40 und 50 Jahren einmal. Zwischen 50 und 60 Jahren so wenig wie möglich, höchstens aber einmal alle vierzehn Tage. Sich anders zu verhalten hieße, sich auf vorzeitige Klagen vorzubereiten« (E. Clément, *Hygiène conjugale. Guide des gens mariés*, 4. Aufl., Paris 1875, S. 41 f.).

bung‹ nur, wenn er im Hinblick auf die mögliche Zeugung von Nachkommen und als Teil einer gesundheitsbewussten Lebensführung regelmäßig und kontrolliert ausgeübt wird.[111] Es kann daher auch nicht überraschen, dass speziell dem pubertären Hang zur unproduktiven onanistischen Sexualität durch die Regulation und Normierung der Körperbewegungen auf ganz andere Art begegnet werden soll: Die hygienische Literatur des 19. Jahrhunderts lässt erkennen, dass Gymnastik als das beste Mittel angesehen wurde, vor allem Knaben von ihrer Sexualität abzulenken.[112] Denn gymnastische Übungen galten nicht nur als Energieverausgabung in einem kontrollier- und regulierbaren Feld körperlicher Tätigkeit, sondern im Hinblick auf die Entwicklung der Körperkräfte und der Gesundheit auch als ›produktiv‹.

Es wäre wohl ein Fehler, den mehr oder minder untergründigen Einfluss der die Sexualität betreffenden Ratgeber-Literatur auf die Denkformen beziehungsweise die Sprache der Zeitgenossen zu unterschätzen (die Frage der sexuellen Praxis ist damit noch nicht berührt). Dafür sprechen nicht zuletzt die Anzahl der publizierten einschlägigen Titel und die zum Teil sehr hohen Auflagenzahlen dieser Bücher und Broschüren.[113] Daher scheint es mir trotz der Knappheit der hier gegebenen Hinweise zwingend, von einem Analogieverhältnis zwischen zwei Formen von Energieverlusten und den entsprechenden Ängsten zu sprechen: Energieverluste durch unproduktive, normabweichende Sexualität und Energieverluste durch unproduktive, nicht rationalisierte Arbeit. Wenn die erste Form dieser Ängste über den geschwätzigen sexuellen Diskurs des 19. Jahrhunderts weit verbreitet war, dann bezog wohl die zweite, die Angst vor Energieverlusten in unprodukti-

111 A. Corbin vermutet, dass es im 19. Jahrhundert unter ›Gebildeten‹ eine verbreitete Praxis war, dass Männer eine Art Buchhaltung ihrer sexuellen Aktivität führten (A. Corbin, *Intimität und Vergnügungen im Wandel*, in: Ph. Ariès und G. Duby [Hg.], *Geschichte des privaten Lebens*, Bd. 4: *Von der Revolution zum Großen Krieg* [hg. von M. Perrot], Frankfurt am Main 1992, S. 544).

112 Der französische Ratgeber-Autor Dr. Hayès etwa sagte, als einer unter vielen, mit Bestimmtheit: »Muskelbetätigung, körperliche Ermüdung gehören zu den erstrangigen Mitteln zur wirksamen Bekämpfung der Masturbation, nur darf man hier wieder nicht ins andere Extrem verfallen« (Dr. Hayès, *Hygiène de la puberté*, Paris 1891, S. 102 f.).

113 Der in seinen Reden über Sexualität sehr explizite Eheratgeber *Hygiène et physiologie du mariage, histoire naturelle et médicale de l'homme et de la femme mariés dans ses plus curieux détails* von A. Debay war einer der Bestseller der Gattung: Allein im Jahr 1882 erschienen die 133. bis 137. (sic!) Auflage!

ver Arbeit, zumindest einen Teil ihrer Evidenz nicht aus den technischen Argumenten des Rationalisierungsdiskurses, sondern aus dessen durch gemeinsame Metaphern hergestellte Nähe zum sexuellen Diskurs. Beide Formen von Energieverlusten konvergieren im Bild der Erschöpfung. Verweist daher Sexualität, die nicht produktiv ist, sondern im Genuss sich erschöpft,[114] als »Verausgabung« und damit als Metapher für den Tod, wie Bataille formulierte, nicht gleichzeitig wiederum darauf, dass vielleicht auch die *fatigue* im System der schrankenlosen Produktivität eine Metapher für den Tod ist, für den Tod gleichsam als Fluchtpunkt der ihn im Kleinen vorwegnehmenden Ermüdung – so wie man bekanntlich im Französischen den sexuellen Höhepunkt »*la petite mort*« (»den kleinen Tod«) nennt …?

Wenn man versucht, diese hier skizzierten Konnotationen der *fatigue*-Problematik mit Taylors Körperanalytik zusammenzudenken, führt das zurück zu unserem Ausgangspunkt. Denn uns bleibt am Schluss unserer Überlegungen die Vermutung, dass die sich der Sublimation sowie der Kontrolle durch die Ratio immer wieder entziehenden und so die produktive Arbeit störenden libidinösen Kräfte des Menschen genau jener »Horror« und zugleich jenes Faszinosum waren, die die Rationalisierungsbemühungen Taylors auf den Körper lenkten. Max Weber hat »das Ausschalten aller erotischen ›Lust‹, […] alles rentenziehenden Genießens und der feudalen lebensfrohen Ostentation des Reichtums, […] und die Vermeidung aller Hingabe an die Schönheit der Welt oder die Kunst oder an die eigenen Stimmungen und Gefühle« als die von ihm keineswegs gefeierten »Anforderungen« für eine moderne, das heißt disziplinierte und methodische Lebensführung bezeichnet.[115] Als ein bis ins Extrem konsequenter Repräsentant dieser Lebensweise wusste Taylor, dass die maschinelle Welt im Prinzip regulierbar war; die wirkliche Lücke im System einer utopisch intendierten harmonischen Produktionsgesellschaft erkannte dieser »letzte Puritaner« (H. Treiber) zusammen mit den Arbeitsphysiologen und den Psychophysikern

114 Es ist notwendig, zwischen der Sexualität als einer fast beliebig formbaren (regulierbaren, hygienisierbaren …) Praxis und ihrem Diskurs auf der einen Seite sowie dem Begehren und dem Genuss, die sich den Intentionen und Diskursen entziehen, auf der anderen Seite zu unterscheiden. Vgl. dazu die grundsätzlichen Überlegungen von J. Revel und J.-P. Peter, »Le Corps. L'homme malade et son histoire«, in: Jacques Le Goff und Pierre Nora (Hg.), *Faire de l'histoire*, Bd. 3: *Nouveaux objects*, Paris 1974, S. 175 f., 186 ff.

115 Weber; *Wirtschaft und Gesellschaft*, S. 337 (wie Anm. 37).

in den gefährlichen Möglichkeiten und in den absoluten Grenzen des Körpers: Genuss und Verschwendung, Verausgabung und Tod. So wie der Körper in diesen Diskursen letztlich erscheint, als »Horror« und als Faszinosum zugleich, kehren die Lust und das Genießen, kehren die Stimmungen und Gefühle, versteckt unter der Maske ihrer wissenschaftlichen und produktivistischen Negation,[116] wieder in die Rationalisierungsdiskurse zurück, aus denen die »protestantische Ethik« sie scheinbar längst ausgetrieben hat.

Dies so zu sehen bedeutet nicht, die Relevanz von Arbeitsphysiologie, *fatigue*-Forschung und neuen industriellen Organisationskonzepten im Zusammenhang mit realen technologischen und gesellschaftlichen Wandlungen in der industriellen Moderne zu verkennen – es bedeutet *nicht*, Rationalisierung zur sexuellen Obsession zu erklären. Aber auch ohne einen solchen Reduktionismus, der absurd wäre, bleibt die Frage offen: Ist Rationalisierung nicht in dem Maße eine Obsession, wie tief innen im Bemühen um *efficiency* die Angst steckt, unkontrolliert zu genießen?

116 S. Freud, »Die Verneinung«, in: ders.: *Studienausgabe*, Bd. III (Psychologie des Unbewußten), hg. von A. Mitscherlich u. a., Frankfurt am Main 1975, S. 373-377.

»Mapping the body«

Körpergeschichte zwischen Konstruktivismus, Politik und »Erfahrung«

1996 hat Caroline Bynum Argumente gegen die Positionen jener Historikerinnen und Historiker vorgebracht, in deren Texten sich der Körper »in Sprache auflöst« und die damit die Geste Foucaults wiederholen, das »Verschwinden des Menschen« zu verkünden. Bynum insitiert darauf, dass mit der Frage nach dem Körper nicht nur die *sex/gender*-Problematik zu diskutieren sei, sondern auch dessen Sterblichkeit und damit seine Materialität, das Problem der Identität des Subjekts als verkörperte Person und schließlich das Begehren.[1] Dem ist sicher zuzustimmen, und wer wie Bynum den Körper als Basis all dessen verteidigt, was wir als menschlich ansehen, verdient ohne Zweifel unsere Sympathie. Aber Bynum löst das Problem kaum, wie das Verhältnis von Materialität und Text zu denken wäre. Obwohl sie für ein »Verständnis für die Unmittelbarkeit von lebenden und toten Körpern« plädiert, zeigen ihre Beispiele eher, dass »mindestens einige der vielen Körper des Mittelalters sich in Diskurs auflösen«[2] – ja es wird bei ihren Beispielen nicht recht klar, wie denn die »Unmittelbarkeit des Körpers« jenseits der Diskurse zu denken wäre.

Das ist zuletzt ein Problem, das nur die Mediävistik beträfe – es geht hier generell um die Frage, wie Historikerinnen und Historiker den Körper denken können. Wir leben in einem kulturellen, technologischen und wissenschaftlichen Kontext, in dem Foucaults These von 1966, der Mensch werde verschwinden wie eine Sandfigur am Meeresstrand, nachträglich als ein noch vages Zeichen von etwas erscheint, das heute tatsächlich als Möglichkeit erkennbar

---

1 Caroline Bynum: »Warum das ganze Theater mit dem Körper? Die Sicht einer Mediävistin«, in: *Historische Anthropologie* 4, 1996, 1, S. 1-33; Michel Foucault: *Die Ordnung der Dinge. Eine Archäologie der Humanwissenschaften*, Frankfurt am Main: Suhrkamp 1978 (Paris 1966), insb. S. 388 f., 461 f. Dieser Aufsatz geht auf Überlegungen zurück, die ich erstmals auf der Tagung »Körper Macht Geschichte« (Bielefeld, 15.-17. 12. 1997) vorgetragen habe. Für Anregungen und Kritik danke ich insbesondere Esther Baur und Valentin Groebner.

2 Bynum, »Warum das ganze Theater mit dem Körper? …«, S. 32.

wird. Bislang hat der Körper als Grenzbegriff funktioniert, der die Natur des Menschen von seiner Geschichte trennte, und damit auch die biologisch-medizinischen Wissenschaften von den Kulturwissenschaften. Genau diese Art von Grenzziehung scheint nun – auch wenn sie nie rigoros war – ihren begründenden Sinn einzubüßen.[3] Die Haut etwa hat ihre Funktion als Grenze zwischen innen und außen und als Grenze zwischen Sichtbarkeit und Unsichtbarkeit verloren, seit bildgebende Verfahren Repräsentationen des Körperinnern aus allen Perspektiven ermöglichen. Gleichzeitig lösen sich gegenwärtig die alten Metaphern des Maschinenkörpers auf, die diese Maschine mit einem eigenen »Motor« und einer stabilen Grenze nach außen versehen haben,[4] und es verwischen sich die Unterschiede zwischen biologischen und informationsverarbeitenden Systemen.[5] Selbst noch frühe Repräsentationen des Immunsystems haben bis in die 1980er Jahre hinein dieses als eine Agentur des Körpers konzipiert, die zwischen Selbst und Nicht-Selbst unterscheidet. Heute scheint sich das zu wandeln: Das Immunsystem wird als ein Netz gedacht, als ein offenes und flexibles System, in dem Innen und Außen des Körpers immer schon vermittelt, ja untrennbar aufeinander bezogen sind. Ein lebensfähiges Individuum ist dann dasjenige, dessen Immunsystem mit dem eindringenden Außen in einer kreativen Weise umgehen kann.[6]

Die hier angedeuteten Veränderungen haben ihre eigene Ge-

---

3 Vgl. Hans-Jörg Rheinberger: »Jenseits von Natur und Kultur. Anmerkungen zur Medizin im Zeitalter der Molekularbiologie«, in: Cornelius Borck (Hg.): *Anatomien medizinischen Wissens. Medizin, Macht, Moleküle*. Frankfurt am Main: Fischer 1996, S. 287-306.

4 Anson Rabinbach: *The Human Motor. Energy, fatigue and the origines of modernity*, New York: Basic Books 1990.

5 Vgl. Evelyn Fox Keller: »Der Organismus zwischen Telegraph und Computer: Der Körper einer neuen Maschine«, in: dies.: *Das Leben neu denken. Metaphern in der Biologie im 20. Jahrhundert*, München: Antje Kunstmann 1998, S. 105-148.

6 Emily Martin: »Die neue Kultur der Gesundheit. Soziale Geschlechtsidentität und das Immunsystem in Amerika«, in: Philipp Sarasin und Jakob Tanner (Hg.): *Physiologie und industrielle Gesellschaft. Studien zur Verwissenschaftlichung des Körpers im 19. und 20. Jahrhundert*, Frankfurt am Main: Suhrkamp 1998, S. 508-525; Francisco J. Varela: »Der Körper denkt. Das Immunsystem und der Prozess der Körper-Individuierung«, in: Hans Ulrich Gumbrecht und K. Ludwig Peiffer (Hg.): *Paradoxien, Dissonanzen, Zusammenbrüche. Situationen offener Epistemologie*, Frankfurt am Main: Suhrkamp 1991, S. 727-743.

schichte, die weit ins 18. und 19. Jahrhundert zurückreicht. Die Koppelungen etwa von Muskeln mit elektrischen Schaltkreisen ist nicht der Phantasie von *Science-Fiction*-Autoren der Gegenwart entsprungen, sondern gehörte 1848 zu den Versuchsanordnungen des Physiologen Emil du Bois-Reymond.[7] Was die heutige Situation aber von solchen Vorgeschichten unterscheiden, ist wohl die seit 20 Jahren intensiv geführte Debatte um die Grenze zwischen männlichen und weiblichen Körpern sowie die Einsicht, dass weder männliche noch weibliche Körper mit einer transhistorischen Substanz ausgestattet sind, die uns es ermöglicht, die Körpererfahrungen etwa griechischer Stadtbürger oder mittelalterlicher Nonnen im Medium unserer eigenen Körperlichkeit zu verstehen.[8] Mit der Problematisierung auch der biologischen Geschlechterdifferenz hat sich schließlich die Selbstverständlichkeit verflüchtigt, den – nicht zufällig weißen – Mann zum »Goldstandard« des Körpers zu nehmen, wie Thomas Laqueur das formulierte.[9]

All dies sind nicht nur elitäre Prozesse im Bereich der Spitzenmedizin oder avantgardistischer *cultural studies*. Das veränderte Reden über den Körper korreliert mit der Tatsache, dass in zunehmender Zahl Menschen mit manifest »fremden« Körpern die Grenzen zwischen Nord und Süd, zwischen Ost und West überschreiten. Sie erinnern daran, dass im Reden über den Körper nicht nur die Frage danach verhandelt wird, wie der Körper beschaffen ist, wie er funktioniert und was er bedeutet, sondern auch die Frage, wie mein Körper – unser Körper – sich von anderen, fremden Körpern unterscheidet. Der Körper ist historisch und empirisch kein gemeinsamer Ausgangpunkt der Menschheit schlechthin, keine universelle Basis der Verständigung. Vielmehr nehmen, worauf insbesondere Michel Foucault insistiert hat, die härtesten Differenzdiskurse in

---

7 Vgl. Emil du Bois-Reymond: *Untersuchungen über Thierische Elektricität*, Berlin: Georg Reimer 1848.

8 Thomas Laqueur: *Auf den Leib geschrieben. Die Inszenierung der Geschlechter von der Antike bis Freud*, Frankfurt/New York 1992; Judith Butler: *Das Unbehagen der Geschlechter*, Frankfurt am Main 1991; Barbara Duden: »Geschlecht, Biologie, Körpergeschichte. Bemerkungen zu neuerer Literatur der Körpergeschichte«, in: *Feministische Studien*, 1991, 2, S. 105-122.

9 Laqueur, *Auf den Leib geschrieben*, S. 172; vgl. zur rassistisch-kolonialistischen Markierung des männlichen Körpers Ann Laure Stoler: *Race and the Education of Desire. Foucault's History of Sexuality and the colonial Order of Things*, Durham, London: Duke University Press 1995.

der Moderne ihren Ausgangspunkt immer beim Körper.[10] Das manifeste Relativwerden von Körpern, ihre kulturelle Spezifizierung ist heute in einer Weise zum Politikum geworden, dass es zur Aufgabe der Geschichtswissenschaft werden muss, die historischen Bedingungen und Implikationen solcher Prozesse zu erforschen. Wenn »der menschliche Körper« nicht mehr der unhinterfragte Ausgangspunkt unserer politischen und kulturellen Diskurse und Praktiken ist, sondern selbst Ort und Objekt dieses Handelns, dann wird Körpergeschichte zur politischen Geschichte: Wer generiert die diskursiven Muster, die die Wahrnehmung und die Praktiken strukturieren? Wer sagt, was »normal« ist und was nicht – »lebensunwert«, »genetisch nicht erwünscht«, »fremd«?

1. Zwischen Körper und Leib

Das »Theater mit dem Körper« hat in den Kulturwissenschaften der letzten zwanzig Jahre einen zunehmenden Teil der wissenschaftlichen Bühne für sich beansprucht.[11] Allein, in *konzeptioneller* Hinsicht scheint der Körper im Feld der deutschsprachigen Geschichtswissenschaft mit Ausnahme der Geschichte der Geschlechterdifferenz sowie von Pionierstudien wie Barbara Dudens *Geschichte*

10 Michel Foucault: *Der Wille zum Wissen*, Frankfurt am Main: Suhrkamp 1977, S. 187, S. 161-190.
11 Vgl. die Überblicke in: Michael Feher, Ramona Naddaff und Nadia Tazi (Hg.): *Fragments for a History of the Human Body*, 3 Bände, New York: Zone 1990; Barbara Duden: *Body History, A Repertory, Körpergeschichte, ein Repertorium*, Wolfenbüttel: Tandem 1990; Valentin Groebner: »Körpergeschichte politisch«, in: *Historische Zeitschrift* 258, 1999, S. 281-304; Arthur W. Frank: »For a Sociology of the Body: An Analytical Review«, in: Mike Featherstone, Mike Stepworth, Bryan S. Turner (Hg.): *The Body. Social Process and Cultural Theory*, London etc. 1991, S. 36-102; Margaret Lock: »Cultivating the Body: Anthropology and Epistemologies of Bodily Practice and Knowledge«, in: *Annual Review of Anthropology* 22, 1993, S. 133-155; Nancy Scheper-Hughes, Margaret M. Lock: »The Mindful Body: A Prolegomena to Future Work in Medical Anthropolgy«, in: *Medical Anthropology Quaterly*, 1987, 1, S. 6-41; zur älteren Literatur siehe Utz Jeggle: »Im Schatten des Körpers. Vorüberlegungen zu einer Volkskunde der Körperlichkeit«, in: *Zeitschrift für Volkskunde* 76, 1980, 2, S. 169-188; vgl. auch den Sammelband *Körper Macht Geschichte – Geschichte Macht Körper. Körpergeschichte als Sozialgeschichte*, hg. vom Bielefelder Graduiertenkolleg Sozialgeschichte, Bielefeld: Verlag für Regionalgeschichte 1999.

unter der Haut oder Jakob Tanners Aufsatz über den Schmerz noch kaum die Fantasie der Forschenden herausgefordert zu haben.[12] Dabei ist die Situation – und zwar nicht nur in Deutschland – paradox. Einerseits stützen sich viele Historikerinnen und Historiker in der Abwehr gegen »postmoderne« Positionen auf ein zuweilen emphatisches Konzept von »Erfahrung« als Ausgangspunkt historiografischer Rekonstruktion.[13] Und auf der andern Seite führt mitunter die Begeisterung für die Dekonstruktion vorab der Geschlechterdifferenz zu einer radikal konstruktivistischen Sicht des Körpers, so dass der lebende Körper von sprechenden und handelnden Subjekten letztlich als genauso artifizielles, kontingentes Konstrukt erscheinen muss wie ein isoliertes Muskelmodell im Labor von Physiologen.[14]

Diese beiden gleichermaßen unbefriedigenden Perspektiven haben eine gewisse Entsprechung in der historiografischen und philosophischen Tradition. Jacob Burckhardt hat als Ausgangspunkt der Geschichtswissenschaft und als Ankerpunkt einer fundamentalen Machtkritik den »duldenden, strebenden und handelnden Menschen, wie er ist und immer war und sein wird«, bezeichnet; daher, so Burckhardt, »wird unsere Betrachtung gewissermaßen pathologisch sein«.[15] Eine Metapher der Medizin: Dulden und Streben sind wohl soziale Aktionsformen, aber die Geschichte und die Macht können diesen Menschen, »wie er ist und immer war«, offenbar krank machen, an Körper und Geist. Das ist zweifellos *eine* mögliche Lektüre des Verhältnisses von Körper und Geschichte. Der Körper des Menschen ist Signum seiner Menschlichkeit gegen alle Macht, unter der dieser Mensch leidet. Es sind Pathologien, Spuren

12 Barbara Duden: *Geschichte unter der Haut. Ein Eisenacher Arzt und seine Patientinnen um 1730*, Stuttgart 1992 (1987); Jakob Tanner: »Körpererfahrung, Schmerz und die Konstruktion des Kulturellen«, in: *Historische Anthropologie* 2, 1994, H. 3, S. 489-502; vgl. ders.: »Wie machen Menschen Erfahrungen? Zur Historizität und Semiotik des Körpers«, in: *Körper Macht Geschichte*, S. 16-34.

13 Vgl. dazu eindringlich Joan W. Scott: »The Evidence of Experience«, in: James Chandler u. a. (Hg.): *Questions of Evidence. Proof, Practice, and Persuasion across the Disciplines*, Chicago und London: Chicago University Press 1994, S. 363-387.

14 Vgl. Susan R. Bordo: »The Body and the Reproduction of Feminity: A Feminist Appropriation of Foucault«, in: Alison M. Jaggar und dies. (Hg.): *Gender/Body/Knowledge. Feminist Reconstructions of Being and Knowing*, New Brunswick, London: Rutgers University Press 1989, S. 13-33.

15 Jacob Burckhardt: *Weltgeschichtliche Betrachtungen*, Bern: Hallwag 1941, S. 45.

und Verletzungen im und am Körper, die die Geschichte und die Macht hinterlassen. In dieser Weise hat auch der junge Marx die Macht des aufstrebenden Industriekapitalismus an jenen Zeichen abgelesen, die die Fabrikarbeit an den Körpern der Arbeiter (von Arbeiterinnen sprach Marx nicht) produziert. Durch die neuartige industrielle Ausbeutung wird der Arbeiter »geistig und leiblich zur Maschine herabgedrückt und aus einem Menschen eine abstrakte Tätigkeit und ein Bauch«. Die kapitalistische Industriearbeit erzeugt, so Marx, »Verkrüppelung«, »Blödsinn, Kretinismus«, »Überarbeitung und frühe(n) Tod«.[16]

Das kritische Potenzial dieser Sichtweise, bei der der Körper als Messinstrument fungiert, mit dem an einer metahistorischen Skala die Zumutungen der Moderne gegenüber Individuen abgelesen werden können, ist nicht zu unterschätzen. Doch heute erscheint es fragwürdig, ob dieses Messinstrument tatsächlich stabile Grenzen aufweist und außerhalb der Geschichte steht. Dieser Zweifel ist nicht neu. Hufeland, der Arzt Kants, hat ihn als Gewissheit ausgesprochen – der Körper *ist* historisch[17] –, und gegen Ende des 19. Jahrhunderts hat Nietzsche den Körper gleichsam als eine Wachstafel gedacht, in die sich die Geschichte einschreibt: Der Körper sei der Ort der wahren Ursprünge von moralischen Werten und dem Willen, zu wissen und zu herrschen. Erst am »Leib«, so Nietzsche, lässt sich die wirkliche Genealogie, die wirkliche »Herkunft« des Gewordenen ablesen – als »Gesundheitsgeschichte des europäischen Menschen«.[18] Der Körper ist mit anderen Worten immer schon der Ort der Geschichte und der »eingeritzten Eindrück[e]«; deren »Einschreibung« (M. de Certeau) ins Fleisch ist daher keine Verletzung, keine Pathologie eines Eigentlichen, sondern eine Pro-

16 Karl Marx: »Ökonomisch-philosophische Manuskripte« (1844), in: Karl Marx und Friedrich Engels: *Werke*, Ergänzungsband, 1. Teil, Berlin: Dietz 1968, S. 474, 513.

17 Christoph Wilhelm Hufeland: *Geschichte der Gesundheit nebst einer physischen Karakteristik des jetzigen Zeitalters. Eine Vorlesung in der Königl. Akademie der Wissenschaften zu Berlin*, Berlin: In Commission der Realschul-Buchhandlung 1812.

18 Friedrich Nietzsche: *Zur Genealogie der Moral*, in: *Sämtliche Werke. Kritische Studienausgabe*, hg. von Giorgio Colli und Mazzino Montinari, München: dtv/de Gruyter 1980, Bd. 5, S. 392, vgl. S. 248-250, 263-266, 278 f., 289, 366-371; vgl. ders: *Vom Nutzen und Nachtheil der Historie für das Leben* (= Unzeitgemäße Betrachtung II), in: ebenda, Bd. 1, S. 270; ders.: *Jenseits von Gut und Böse*, in: ebenda, Bd. 5, zum Beispiel §§ 10, 200.

duktion wirklicher Körper.[19] In dieser radikal historischen Perspektive schreibt dann Marc Bloch in seiner während des Zweiten Weltkrieges verfassten und 1949 posthum veröffentlichten *Apologie der Geschichtswissenschaft*: »Wir haben gelernt, dass sich auch der Mensch stark verändert hat, und zwar sowohl mental als auch in den subtilsten Mechanismen seines Körpers. Wie könnte es anders sein? Seine mentale Atmosphäre hat einen grundlegenden Wandel erfahren, seine Hygiene und Ernährungsweise nicht minder.«[20]

Diese Spannweite des theoretischen und historiografischen Feldes, in dem die Körpergeschichte verankert ist, reflektiert sich deutlich auch in jener semantischen Spaltung, die es im Englischen und Französischen nicht gibt, die aber im Deutschen immer noch eine wichtige Rolle spielt: die Spaltung zwischen »Leib« und »Körper«. Hartmut und Gernot Böhme haben 1985 in der Tradition der Kritischen Theorie dasjenige zu entziffern und wieder ans Licht zu stellen versucht, was die aufklärerische Vernunft gewaltsam verdrängt und noch diese Gewalt selbst hinter dem Zeichen einer »reinen Vernunft« zum Verschwinden gebracht habe. »Die Entdeckung des Körpers«, so Böhme/Böhme, »als die wissenschaftliche Medizin ihren Siegeszug antritt, ist zugleich die radikalste Verdrängung des Leibes.« Denn: »Die Auszeichnung der Vernunft als eigentlich Menschliches und zugleich Gottesebenbildliches ist von dem Augenblick an, als intellektuelle Autonomie sich von leiblicher Gebundenheit, natürlichen Abhängigkeiten, affektiven Spontaneitäten und traditionalen Zusammenhängen abhebt, ein Akt der Herrschaft; der Selbstbeherrschung und der Naturbeherrschung zugleich. Zwischen Vernunft und der von ihr beherrschten inneren und äußeren Natur besteht eine Angstspannung.«[21]

Man hat wohl einigen Grund, hier stutzig zu werden. Gesellschaften sind seit je, und nicht erst seit dem angeblichen Siegeszug der aufklärerischen Vernunft, durch symbolische Systeme strukturiert, die die Individuen in einer sehr definierenden und begrenzenden

19 Nietzsche, *Zur Genealogie der Moral*, S. 292; Michel de Certeau: *Kunst des Handelns*, Berlin: Merve 1988, S. 269.

20 Marc Bloch: *Apologie der Geschichtswissenschaft oder Der Beruf des Historikers*, Stuttgart: Klett-Cotta 2002 (Paris 1949, Neuausgabe 1997), S. 49.

21 Hartmut Böhme und Gernot Böhme: *Das Andere der Vernunft. Zur Entwicklung von Rationalitätsstrukturen am Beispiel Kants*, Frankfurt am Main: Suhrkamp 1985, S. 14, 17, 18; vgl. auch Farideh Akashe-Böhme (Hg.): *Von der Auffälligkeit des Leibes*, Frankfurt am Main: Suhrkamp 1995.

Weise zum Subjekt machen und deren Platz in diesen Gesellschaften bestimmen. Was sind denn »natürliche Abhängigkeiten« und »traditionale Zusammenhänge«, auf die diese Kritik an der Verdrängung des Leibes sich stützt? Und wie sehen symbolische Systeme aus, die gleichsam natürlich, dem Leib angepasst wären – oder die gar »somatogen« sein sollen, wie Barbara Duden jüngst gesagt hat?[22] Der Leib jedenfalls erscheint hier als imaginärer Ausgangspunkt der Erfahrung. Im Leib sind die Subjekte scheinbar ganz sie selbst, vom Leib aus, so wird suggeriert, gewinnen sie und mit ihnen die Historikerinnen und Historiker tiefe Einsichten: auf die Gefühle und Empfindungen der Subjekte ebenso wie auch auf die »Zumutungen« der Moderne und die »kolonialisierenden« Wirkungen der Macht.

2. Eine andere Tradition

Dieses Bild basiert auf der Vorstellung einer – wenn man vom Grenzfall der Geschlechterdifferenz absieht – fraglosen physischen Realität, die als kohärent gedacht wird, und ist mit der Idee verknüpft, dass im Innern des Leibes, im Gehirn wahrscheinlich, der somatische »Sitz« des Ich verborgen sei. Die Idee, dass die Einheit des Bewusstseins und damit des Ich eine somatische Entsprechung im Körper haben müsse, ist alt. Descartes identifizierte diese Schnittstelle zwischen Körper und Geist in der Zirbeldrüse, und die Anatomen haben bis zum Ende des 18. Jahrhunderts den somatischen Ort des kohärenten Ich-Bewusstseins im Gehirn in einem angeblichen *sensorium commune* gesucht – erfolglos.[23] Heute stellt die Hirnforschung die Einheit des Denkens und des Subjekts radikal in Frage. »Auch *Sie*«, so Daniel C. Dennett an seine Leserinnen und Leser gerichtet, »sind nicht an einem bestimmten Ort Ihres Gehirns lokalisiert, sondern ziemlich weit über dieses Organ verteilt.«[24]

22 Barbara Duden: »In Tuchfühlung bleiben. Anmerkungen zur poiesis in Soziologie und Historie«, in: *WerkstattGeschichte* 19, 1998, S. 75-87, Zitat S. 87.

23 Michael Hagner: *Homo cerebralis. Der Wandel vom Seelenorgan zum Gehirn*, Berlin: Wagenbach 1997, S. 27-48.

24 Daniel C. Dennett: »Bewußtsein hat mehr mit Ruhm als mit Fernsehen zu tun«, in: Christa Maar, Ernst Pöppel und Thomas Christaller (Hg.): *Die Technik auf dem Weg zur Seele. Forschungen an der Schnittstelle Gehirn/Computer*, Hamburg: Rowohlt 1996, S. 60-89, S. 88 (Hervorhebung im Original).

Dieses Bild eines dezentrierten Subjekts, dem der Körper keine Stütze mehr für die Fiktion seiner »Identität« bietet, ist sehr viel älter, als man, aufgescheucht von der so genannten Postmoderne, meinen könnte – es stammt aus der Aufklärung.

Körpergeschichte kann, mit anderen Worten, an eine historische Tradition anknüpfen, die es ihr ermöglicht, ihre genuin eigenen Historiker-Fragen zu stellen, ohne dabei das naturwissenschaftliche Bild des Körpers aus dem Blick zu verlieren. Als ein Ausgangspunkt solcher Überlegungen bietet sich zum Beispiel Denis Diderots szenisches Stück *Le Rêve de d'Alembert* aus dem Jahr 1769 an, das selbst nichts anderes ist als die philosophisch-literarische Auseinandersetzung mit der Physiologie der Aufklärung.[25] Diderot lässt hier zuerst sich selbst auftreten und mit d'Alembert ein Gespräch über den Sensualismus und die zeitgenössischen Theorien der Sensibilität und Irritabilität führen.[26] Diese Theorien haben den damals sehr ketzerischen Gedanken nahe gelegt, dass der Körper auch ohne cartesianische Seele funktioniere. Dieser müsse vielmehr als eine biologische Maschine reagibler Organe gedacht werden, die von äußeren Reizen angeregt werden und zugleich sich wechselseitig anregen – und allein deshalb lebendig sind. Im *Rêve* spricht d'Alembert dann in einem Fiebertraum, der rhetorisch die Grenzen zwischen rationaler Rede und Wahnsinn verwischt, über diese Theorien: umstürzendes, verrücktes Zeug, das ihn, den Mathematiker, verwirrt. Als dessen Freundin Moidemoiselle de Lespinasse am nächsten Morgen den Arzt Théophile de Bordeu ruft, verwickelt sie diesen in ein Gespräch. Zuerst vergleicht Bordeu den Körper und seine Organe mit einem Bienenschwarm, der als Traube an einem Baum hängt. Die Bienen formen in der Schwebe zwischen Autonomie

25 Denis Diderot: »Gespräche mit d'Alembert«, in: ders.: *Über die Natur*, hg. von J. Köhler, Frankfurt am Main: Fischer 1989, S. 67-143 (der vollständige Titel lautet: *Entretien entre d'Alembert et Diderot, Le Rêve de d'Alembert, Suite de l'entretien*); vgl. Herbert Dieckmann: »Théophile Bordeu und Diderots ›Rêve de D'Alembert‹«, in: *Romanische Forschungen* 52, 1938, S. 55-122.

26 Jacques Roger: *Les sciences de la vie dans la pensée française du XVIIIe siècle. La génération des animaux de Descartes à l'Encyclopédie*, Thèse principale, Paris: Colin 1963, S. 618-630, 654-676; Sergio Moravia: »From *Homme Machine* to *Homme Sensible*. Changing eighteenth-century models of man's image«, in: *Journal of the History of Ideas* 39, 1978, S. 45-60; vgl. Albrecht von Haller: »Von den empfindlichen und reizbaren Theilen des menschlichen Körpers«, in: *Sammlung kleiner Hallerischer Schriften*, Bern: Haller 1772, Bd. 2.

und funktionaler Verkoppelung einen »Körper«, der kein stabiles Zentrum und keine abgeschlossene Einheit aufweist. Moidemoiselle de Lespinasse ihrerseits entwirft für das Gehirn und die Nerven das Bild der Spinne, die ihr Netz aus sich herausspult und bei Berührung des Netzes reagieren oder die Fäden auch wieder einziehen kann. Sie sagt dann:

MOIDEMOISELLE DE LESPINASSE: »Die Lust und der Schmerz ist hier oder dort, an dieser oder jener Stelle in irgendeinem der langen Ausläufer meiner Spinne. […] Die Spinne ist nämlich der gemeinsame Ursprung aller dieser Ausläufer und bezieht auf diese oder jene Stelle Schmerz oder Lust, ohne dies zu spüren.

BORDEU: Das heißt: die ständige, unveränderliche Beziehung aller Eindrücke auf diesen gemeinsamen Ursprung bildet die Einheit des Lebewesens.

MOIDEMOISELLE DE LESPINASSE: Das heißt: das Gedächtnis für alle diese aufeinander folgenden Eindrücke bildet bei jedem Tier die Geschichte seines Lebens und seines Selbst.

BORDEU: Das heißt: das Gedächtnis und der Vergleich, die sich notwendig aus allen diesen Eindrücken ergeben, führen zum Denken und zum Schlußfolgern.

MOIDEMOISELLE DE LESPINASSE: Und dieser Vergleich erfolgt – wo?

BORDEU: Im Ursprung des Geflechts.

MOIDEMOISELLE DE LESPINASSE: Aber dieses Geflecht …

BORDEU: … hat in seinem Ursprung keinen Sinn, der ihm eigen wäre: es sieht nicht, hört nicht, leidet nicht. Es wird geschaffen und ernährt; es entspringt aus einer weichen, unempfindlichen inaktiven Substanz, die ihm als Kissen dient und auf der es ruht, achtgibt, urteilt und entscheidet.«[27]

Ganz innen, im Zentrum des Gehirns als einer unempfindlichen, organischen Substanz, steckt kein Sinn, kein Wesen und keine Seele, sondern ein »Geflecht«, eben das *sensorium commune*. Aber es geht mir nicht um diese sehr zeitgebundene Idee eines letzten Knotenpunktes. Diderots philosophisches Theaterstück (das erst während der Französischen Revolution im Druck erscheinen konnte) lässt an einen sehr viel jüngeren Text denken: an Foucaults Aufsatz »Nietzsche, die Genealogie, die Historie«. In beiden Fällen – bei Diderot wie bei Foucault – geht es um eine Leerstelle, einen leeren Ursprung, um die abwesende Essenz des Körpers. Die Genealogie

27 Diderot, »Gespräche mit d'Alembert«, S. 109.

als die Untersuchung der wechselnden Repräsentationsformen der Dinge entdecke, so Foucault, »dass es hinter allen Dingen ›etwas ganz anderes gibt‹: nicht ihr wesenhaftes und zeitloses Geheimnis, sondern das Geheimnis, dass sie ohne Wesen sind oder dass ihr Wesen Stück für Stück aus Figuren, die ihnen fremd waren, aufgebaut worden ist«.[28] Im historischen Anfang der Dinge finden sich »fremde« Zufälle und Begebenheiten, die mit einem angeblichen Wesen der Dinge nichts zu tun haben: Entwicklungen, Differenzen, Konstellationen. »Es gibt«, so schon Nietzsche, »kein ›Sein‹ hinter dem Thun, Wirken, Werden.«[29]

Das gelte auch für das Subjekt und den Körper. »[A]n der Wurzel dessen, was wir erkennen und was wir sind«, schreibt Foucault, steht »nicht die Wahrheit und das Sein, sondern die Äußerlichkeit des Zufälligen«. Dabei verliert der Körper seine Funktion als überhistorische Referenz: »[… N]ichts am Menschen – auch nicht sein Körper – ist so fest [*fixe*], um die anderen Menschen zu verstehen und sich in ihnen wiedererkennen zu können.«[30] Der Körper ist kein mit sich selbst identisches biologisches *ens naturale*;[31] das bedeutet, mit anderen Worten, dass ein vor aller Diskursivität fixierbarer Ausgangspunkt für eine Hermeneutik des Leibes fehlt.

3. Konstruktivismus im Spiegelstadium

Diese konstruktivistische Position Foucaults ist in ihrer Radikalität ein starkes Gegengift gegen jedes ungeschichtliche Denken eines Ursprungs oder einer Ganzheit des Leibes, aber sie zielt in ihrem extremen Nominalismus auch ziemlich weit. Was wäre, wenn tatsächlich »*nichts* fest« wäre und die menschliche Gestalt nicht eine vertraute und einigermaßen verlässliche Form hätte, die ein gegenseitiges Erkennen und Wiedererkennen ermöglichte? Theoretisch ließe sich von da aus die Idee eines unregulierten, vollständig »eige-

---

28 Michel Foucault: »Nietzsche, die Genealogie, die Historie«, in: ders.: *Von der Subversion des Wissens*, hg. von Walter Seitter, Frankfurt am Main: Fischer 1974, S. 69-90, Zitate S. 71.

29 Nietzsche, *Zur Genealogie der Moral*, S. 279.

30 Foucault, »Nietzsche, die Genealogie, die Historie«, S. 74, 79.

31 Vgl. dazu auch Lynn Margulis und Dorian Sagan: *Geheimnis und Ritual. Die Evolution der menschlichen Sexualität*, München 1993 (New York 1991).

nen« Körpers gewinnen, dessen Ähnlichkeit mit anderen Körpern schon immer unter dem Normierungs- und Disziplinierungsverdacht stünde. Doch eine vollständige reale Verschiedenheit von Körpern würde jede wie auch immer imaginäre Vorstellung eines menschlichen »Wir« verunmöglichen. Das Problem, das hier erscheint, ist tatsächlich heikel. Denn zum einen basieren die kollektiven »Identitäten« von Menschen häufig darauf, dass körperliche Differenzen als Grenzmarke fungieren, als Linie der Exklusion: anatomische Unterschiede der Geschlechtsorgane, Unterschiede der Pigmentierung und Ähnliches.[32] Sexismus oder Rassismus als die zugespitzten Formen solcher Exklusionen machen deutlich, wie gefährlich das Konzept der »Identität« auf der Basis angeblich »gleicher« Körper sein kann. Zum andern aber ist schwer vorstellbar, wie Vorstellungen von »ich« und »wir« nicht immer auch vom Vergleich von Körpern ausgehen sollen. Ob nun dieser Vergleich zur einfachen Unterscheidung oder zur harten Exklusion führt – in jedem Fall vermischen sich im Bild des menschlichen Körpers, das solchem Erkennen und Wiedererkennen zu Grunde liegt, Ähnliches und Differentes, und das Bild »meines« Körpers ist in diesem Sinne immer imaginär: Das Bild vom eigenen Körper nimmt seinen Ausgangspunkt immer beim Bild des Körpers des Andern, um von dort her Kontur zu gewinnen.

Das jedenfalls ist Lacans Argument, dem Foucault dezidiert nicht gefolgt ist. Lacan zeigt in seinem berühmtem Aufsatz über das »Spiegelstadium«, dass die Formierung eines Bildes von sich beziehungsweise einer Vorstellung davon, wer man sei, immer über den Umweg des Bildes des Andern erfolgt. Er geht dabei von der Beobachtung aus, dass Menschenkinder im Alter zwischen 6 und 18 Monaten beginnen, sich in ihrem Spiegelbild zu erkennen und dies zu bekunden.[33] Das Kleinkind, das noch auf fremde Hilfe angewiesen ist, fantasiert in diesem Bild seine eigene Zukunft, seine Ganzheit und körperliche Kompetenz. Diese erlebt es bei anderen, primär seiner Mutter und seinem Vater; es erkennt, dass es auch eine »Ge-

32 Vgl. zur Verwendung der Begriffe Ähnlichkeit, Differenz und Grenzmarke Ernesto Laclau und Chantal Mouffe: *Hegenomie und radikale Demokratie. Zur Dekonstruktion des Marxismus*, Wien 1991 (London 1985), insb. S. 176-183.

33 Jacques Lacan: »Das Spiegelstadium als Bildner der Ich-Funktion«, in: *Schriften*, Bd. 1, hg. von Norbert Haas, Weinheim, Berlin, 3. Aufl. 1991 (Paris 1966), S. 61-70, S. 61.

stalt« hat und so werden wir wie die Mutter oder generell der/die Andere (*the (m)other,* wie Elizabeth Grosz sagt[34]). Dieses Erkennen seiner selbst im Spiegel ist unauflösbar mit einem spezifischen Verkennen in jenem Spiegel-Bild verknüpft, das als antizipiertes eigenes ein Bild des Anderen ist.[35] Der Akt vor dem Spiegel verdeutlicht in prägnanter Weise den Umstand, dass jedes Erkennen des Körpers – und realer Objekte überhaupt – weder die Herstellung eines Abbildes noch das beliebige Imaginieren von irgendetwas ist, sondern die Konstruktion eines »virtuellen Objekts« als einer Kombination realer und imaginärer Bilder.[36]

Allein, wenn in diesem Sinne nicht einfach »nichts fest« ist und Körper untereinander unvergleichbar wären, wie Foucault behauptet – ist dies dann nicht der Ansatzpunkt der »Erfahrung«, der »Wirklichkeit des Leibes«, der »Unmittelbarkeit« und Ursprünglichkeit dessen, was uns als Menschen verbindet? Zweifellos – doch wie wird diese »Erfahrung« mit dem Spiegelbild des Andern zur sozialen Realität? Eine erste Erklärung, die ich später modifizieren werde, ist konstruktivistisch. Der Konstruktivismus in seiner diskursanalytischen (und nicht primär soziologisch-handlungstheoretischen) Spielart postuliert, dass jede Körpererfahrung auf Sprache basieren muss, um Teil des sozialen Universums zu werden. Was das heißt, lässt sich mit einem Rückgriff auf aufklärerische Denktraditionen des 18. Jahrhunderts deutlicher machen. Denn auf dem Hintergrund des Sensualismus stellte sich damals die Frage, wie unter den Bedingungen eines Körpers ohne »Zentrum« überhaupt ein Subjekt zu denken sei, das sagen kann: Dies ist mein Körper. Diderot ließ den armen d'Alembert im Fiebertraum stammeln: »Hören Sie, Philosoph, ich sehe wohl ein Aggregat, ein Gewebe von empfindlichen kleinen Dingen … aber ein Lebewesen! … ein Ganzes, ein System, das eines ist, ein Selbst, welches das Bewußtsein seiner Einheit hat! das sehe ich nicht, nein, das

34 Elizabeth Grosz: *Jacques Lacan, A feminist introduction*, London etc.: Routledge 1990, S. 32.

35 Dieses Argument ist nicht vom faktischen Vorhandensein von Ganzkörperspiegeln abhängig, die erst spät im europäischen 19. Jahrhundert populär werden; es wurde vielmehr schon 1844, ein Jahrhundert vor Lacan, vom Hygieniker Michel Lévy als grundlegend formuliert (Michel Lévy: *Traité d'hygiène publique et privée* [1844], 3. Aufl. Paris 1857, Bd. 1, S. 161).

36 Siehe dazu Jacques Lacan: *Das Seminar, Buch I: Freuds technische Schriften*, Weinheim, Berlin 1990 (Paris 1975), S. 99-107, 181 f.

nicht …«[37] *Eine* der Lösungen dieses Problems ist bekannt und historisch folgenreich geworden. Die bedrohliche Auflösung des Subjekts in ein Konglomerat reizbarer Organe ist, wie Anne C. Vila argumentiert, am Ende des 18. Jahrhunderts mit dem Konzept einer dualistischen Biologie der Geschlechter insofern zum Stillstand gebracht worden, als nun von Pierre Roussel und anderen (in Deutschland etwa Hufeland) dem männlichen Gehirn genügend Kraft zugeschrieben wurde, diesen sich in Nervenreize und selbstständige Organe auflösenden Körper zusammenzuhalten. Die Frauen hingegen, so Roussel, seien wegen ihrer großen Sensibilität und der Dominanz ihrer Nerven über das Gehirn von genau dieser Gefahr dauernd bedroht und repräsentierten sie daher.[38]

Eine zweite Lösung hat am Ende der Französischen Revolution der Medizinphilosoph und *Idéologue* Pierre Cabanis gegeben. Cabanis diskutierte Condillacs Idee, dass das Bewusstsein sich einzig aus Sinneseindrücken, das heißt auf Grund äußerer Reize aufbaue, ging dabei aber von der Überlegung aus, dass »man die Empfindungen nur unterscheiden und vergleichen kann, wenn man ihnen Zeichen anheftet, die sie repräsentieren und charakterisieren: Man vergleicht sie nur, indem man sie durch Zeichen repräsentiert oder charakterisiert, entweder in ihren Beziehungen oder in ihren Differenzen«. Das hat nun Konsequenzen für die Vorstellung, was ein Subjekt sei: »Das ist es, was man Condillac sagen muss: Dass man keineswegs ohne die Hilfe von Sprachen denkt und dass Sprachen analytische Methoden sind; aber man muss hier dem Wort *Sprache* den ausgedehntesten Sinn geben. Damit Condillacs Vorschlag wirklich richtig wird, muss dieses Wort das methodische System der Zeichen bedeuten, durch die man seine eigenen Empfindungen festhält.«[39] Wie also kann man vom Körper und vom Subjekt reden, wenn diese im Zentrum leer sind, keine Essenz haben, keinen Geist oder Seele, der oder die sie organisiert, keinen erfahrbaren Leib, der als Ganzes vor aller Sprache schon da ist – und die dennoch mehr oder

37 Diderot, »Gespräche mit d'Alembert«, S. 85; vgl. auch S. 74 f., 88, 99 f., 115, 129 f.
38 Anne C. Vila: »Sex and Sensibility. Pierre Roussels *Système physique et moral de la femme*«, in: *Representations*, Herbst 1995, Nr. 52, S. 76-93.
39 P. J. G. Cabanis: *Rapports du physique et du moral de l'homme*, 2 Bde., Paris 1802, Bd. 1, S. 71 (Hervorhebung im Original, meine Übersetzung). Condillac hat im *Traité des sensations* (1754) behauptet, Bewusstsein entstehe direkt, ohne Umweg über die Sprache, aus den Empfindungen; Sprache sei nur für die Bildung abstrakter und theoretischer Gedanken notwendig.

weniger kohärente Medien der Erfahrung und des Handelns sind? Poststrukturalistische Theorien und postindustrielle Informationstechnologien scheinen heute in der 1802 von Cabanis formulierten Ansicht zu konvergieren, dass das symbolische System der Sprache diese Syntheseleistung als Effekt erzeugt. Allein die dem Subjekt »ex-time«, wie Lacan sagt, das heißt äußere, vorgängige und daher notwendig fremde Sprache garantiert, dass Reize zu Zeichen werden, zu Codes, die den organischen Speicher dieses Körpers programmieren. Ohne das »methodische System der Zeichen« ist der Körper von Menschen tatsächlich nicht zu denken, und ohne Sprache und deren performative Wiederholungen in der Praxis des Sprechens und Handelns gibt es auch kein Subjekt.[40]

4. Wirkliche Körper

Man kann diese Codierung des Körpers über die eigentliche Sprache oder über Diskurse hinaus verallgemeinern und mit dem Begriff *mapping* bezeichnen, wie Kathleen Biddick dies tut.[41] Kartografie beginnt damit, Umrisslinien festzustellen, Grenzen einzuzeichnen; je dichter das Netz dieser distingierenden Linien – etwa von Höhenlinien – gezogen ist, desto detaillierter erscheint in diesem Netz ein Gegenstand.[42] Dies tun die heutigen bildgebenden Verfahren zur Visualisierung des Körperinnern, etwa des Gehirns; es ließe sich aber auch versuchen, Norbert Elias so zu lesen: Seine Geschichte der sich verschiebenden Scham- und Peinlichkeitsgrenzen wäre dann eine Geschichte des *mapping* des Körpers, indem Diskurse, regulierte Praktiken und institutionelle Gewalt ein Netz sich langsam wandelnder, historisch kontingenter Grenzlinien auf

40 Judith Butler: »Kontingente Grundlagen: Der Feminismus und die Frage der ›Postmoderne‹«, sowie dies.: »Für ein sorgfältiges Lesen«, beide in: Seyla Benhabib, Judith Butler, Burcilla Cornell und Nancy Fraser: *Der Streit um Differenz. Feminismus und Postmoderne in der Gegenwart*, Frankfurt am Main 1993, S. 31-58 und S. 122-132; vgl. auch Judith Butler: *Psyche der Macht. Das Subjekt der Unterwerfung*, Frankfurt am Main: Suhrkamp 2001.

41 Kathleen Biddick: »Genders, Bodies, Borders: Technologies of the Visible«, in: *Speculum* 68, 1993, S. 389.

42 Zum Begriff des »mapping« vgl. die Einleitung von Rosalyn Diprose und Robyn Ferrell in dies. (Hg.): *Cartographies. Poststructuralism and the mapping of bodies and spaces*, North Sidney: Allen and Unwin 1991, S. viii-xi.

den Körper zeichnen. So erst entsteht – und das ist auch schon die Elias'sche Pointe – der Körper als konkreter, in einer Gesellschaft existierender.[43] In diesem *mapping*, das Elias am allerselbstverständlichsten aller Gegenstände vorführt – am Gefühl von Ekel, von Scham oder Peinlichkeit in Zusammenhang mit körperlichen Verrichtungen –, entsteht kein Leib, sondern der Körper von Subjekten. Dieser Körper wird von symbolischen Zwängen codiert. Dieses *mapping* ist also nicht nur eine Repräsentation, sondern die Produktion wirklicher Körper.

Dieser wirkliche Körper ist ein zentraler Ort gesellschaftlichen Handelns. Menschen reden beinahe ohne Unterlass über ihren Körper, vermessen ihn, bilden ihn ab, verändern, pflegen, ästhetisieren ihn – und gebrauchen ihn. Keine dieser Handlungen, die Marcel Mauss »Körpertechniken« nannte, sind natürlich, sondern sind Teil der Kultur.[44] Sie basieren letztlich auf Körperbildern, die beinahe Weltbild-Charakter haben: der galenische Leib mit den vier Säften, der Körper der Physiologie, der sündhafte Leib im Angesicht des sublimen Körpers Christi, der Körper der Kraft und Gesundheit, der sexuelle Körper, der phantasmatische, monströse Körper des Fremden, der Körper der »Normal-Anatomie« und so weiter.[45] Aus der Verschränkung der »privaten« und alltäglichen Körpertechniken mit den ausgefeiltesten Repräsentationen, die hier erkennbar wird, ergeben sich zwei Perspektiven körpergeschichtlicher Forschung: Zum einen die Untersuchung der wechselnden Codierungen des Körpers und deren Konsequenzen; und zum andern die Frage, wie es sich mit jener »Erfahrung« verhält, die Menschen mit ihrem Körper machen.

Die Codierung des Körpers durch Narrative, Plots, Diskurse und entsprechend regulierte Praktiken, Bilder und Repräsentationstechnologien, die ihn als sozial existierenden bis ins Innerste hinein produzieren, hat viel mit politischer Geschichte zu tun, und ich möch-

---

43 Norbert Elias: *Über den Prozeß der Zivilisation. Soziogenetische und psychogenetische Untersuchungen*, 2 Bde., Frankfurt am Main: Suhrkamp 1978, Bd. 1, zum Beispiel S. 204 oder 262.

44 Marcel Mauss: »Die Techniken des Körpers«, in: ders.: *Soziologie und Anthropologie*, Bd. 1, Frankfurt am Main: Fischer 1989, S. 199-220.

45 Vgl. dazu paradigmatisch Londa Schiebinger: »Skeletons in the Closet: The First Illustrations of the Female Skeleton in Eigtheenth-Century Anatomy«, in: C. Gallagher und Th. Laqueur (Hg.): *The Making of the Modern Body. Sexuality and Society in the Nineteenth Century*, Berkeley etc. 1987, S. 42-82.

te mich hier auf diesen Aspekt beschränken. Dabei lassen sich drei Untersuchungsebenen unterscheiden. Erstens ist bekannt, dass der Körper häufig als »natürliches Symbol« für Gruppen, Gesellschaften oder Staaten verwendet wurde – »Haupt und Glieder«, »die zwei Körper des Königs«, der »Volkskörper« etc.[46] Körpergeschichte als Metapherngeschichte kann dazu dienen, auf diese Begrifflichkeit einen geschärften Blick zu werfen und den Schein ihrer falschen Natürlichkeit aufzulösen. Das ist keine neue Perspektive,[47] aber ein Ausgangspunkt zu einer zweiten, noch wenig begangenen Ebene. Dort geht es darum, die reale Verkörperung solcher Metaphern zu untersuchen, das heißt ihre Einschreibung in den körperlichen Habitus und in körperliche Praktiken.[48] So lässt sich untersuchen, wie Körperbilder die Herstellung kollektiver »Identitäten« steuern beziehungsweise wie die Vorstellung dessen, was mein »individueller« Körper sei, von bestimmten Diskursen angeleitet wird: Das Spektrum reicht hier von der bürgerlichen Anleitungsliteratur zur Sorge um sich als Individuum, wie sie etwa die Hygieniker verfasst haben, über die Definitionen der Geschlechterdifferenz bis hin zu den seit der Aufklärung zentralen Debatten über die »rassische« Identität weißer Männer.[49] Eine dritte Ebene von (politischer) Körpergeschichte weist zum Teil über diese beiden diskursanalytischen Untersuchungen hinaus. Einer scharfsichtigen Beobachtung Foucaults zufolge geht es in modernen Gesellschaften, seit sie die »biologische Modernitätsschwelle« überschritten haben, »in ihren politischen Strategien um die Existenz der Gattung selbst«.[50] Diese Strategien, von der Regulierung der Reproduktionsrate der Bevölkerung über die Ausgestaltung der staatlichen Funktion der Daseinsvorsorge bis hin zum Kampf um koloniale Ressourcen oder auch zum Beispiel um »Lebensraum im Osten«, werden nicht nur von hegemonialen und wirklichkeitsmächtigen Körperbildern angeleitet, die zu den

46 Mary Douglas: *Ritual, Tabu und Körpersymbolik. Sozialanthropologische Studien in Industriegesellschaft und Stammeskultur*, Frankfurt am Main: Suhrkamp 1986.

47 Vgl. Judith E. Schlanger: *Critique des totalités organiques*, Thèse Paris-Sorbonne, Paris: Vrin 1971.

48 Siehe dazu zum Beispiel Svenja Goltermann: *Körper der Nation. Habitusformierung und die Politik des Turnens 1860-1890*, Göttingen: Vandenhoeck & Ruprecht 1998.

49 Dazu grundlegend Léon Poliakov: *Der arische Mythos. Zu den Quellen von Rassismus und Nationalismus*, Hamburg: Hamburger Edition 1993.

50 Foucault, *Der Wille zum Wissen*, S. 170.

wichtigsten kulturellen Parametern der Moderne zählen – sie stehen selbst im Zentrum der so genannten »großen« Geschichte.[51]

Die andere oben angesprochene Richtung von Körpergeschichte betrifft die Frage nach der »Unmittelbarkeit« des Körpers, das heißt seiner »Wirklichkeit« und damit auch nach seiner Erfahrbarkeit. Das scheint eine unmögliche Frage zu sein. Denn im Text der Historikerinnen und Historiker erscheinen all diese Körper, von denen hier die Rede ist, als konstruierte. Man kann die Darstellungen untersuchen, die Anatomen von der Geschlechterdifferenz geben, man kann Anorexie als Widerstandspraxis beschreiben, und man kann die Strategien der Biopolitik darstellen, ohne sich um die Frage zu kümmern, was und wie der Körper »ist«. In dieser Betrachtungsweise ist er nur von jenen Signifikanten und Bildern her zu verstehen und zu »erfahren«, die ihn von außen beschreiben und in deren Code das Subjekt über ihn spricht. Ist also der Konstruktivismus die letzte Antwort der Körpergeschichte, und lässt sich über die Körper historischer Subjekte nicht mehr sagen als das, was die zeitgenössischen Diskurse schon gesagt haben? Die Wissenschaftssoziologie beziehungsweise die am Konstruktivismus orientierten *science studies* können sich mit guten Gründen auf diesen erkenntnistheoretischen Agnostizismus zurückziehen.[52] Wer ausschließlich von symbolischen oder sozialen Konstruktionsprozessen spricht, geht letztlich von einem Modell aus, bei dem die symbolisierende, epistemische Objekte generierende Tätigkeit dazu führt, dass diese Objekte sich restlos in das sie erst ermöglichende Repräsentationssystem einfügen. Der Wissenschaftler kann aus dieser Perspektive über das epistemische Objekt nichts anderes sagen, als was die symbolischen Systeme und die Technologien seiner Hervorbringung zu sagen erlauben.[53]

51 Vgl. Dorinda Outram: *The Body and the French Revolution. Sex, Class and Political Culture*, New Haven, London: Yale University Press 1989.

52 Vgl. dazu einführend Jan Golinski: *Making Natural Knowledge. Contructivism and the History of Science*, Cambridge, New York: Cambridge University Press 1998; Thomas Schlich: »Wissenschaft: Die Herstellung wissenschaftlicher Fakten als Thema der Geschichtsforschung«, in: Norbert Paul und Thomas Schlich (Hg.): *Medizingeschichte: Aufgaben, Probleme, Perspektiven*, Frankfurt am Main und New York 1998, S. 107-129.

53 Vgl. dazu und insgesamt über den »naiven« Konstruktivismus hinausweisend Hans-Jörg Rheinberger: *Experimentalsysteme und epistemische Dinge. Eine Geschichte der Proteinsynthese im Reagenzglas*, Göttingen: Wallstein 2001.

Für die Körpergeschichte ist dies allerdings keine befriedigende Position, weil das Subjekt sich seinem Körper gegenüber nicht so verhalten kann, wie der Konstruktivismus zu denken nahe legt. Zwar ist der Traum alt, sich den Körper transparent zu machen und sein Funktionieren zu steuern, und er wurde in der zweiten Hälfte des 19. Jahrhunderts überaus populär. So bemerkte etwa der Schweizer Hygieniker Lorenz Sonderegger in seinem viel gelesenen *Vorposten der Gesundheitspflege* von 1874 im Hinblick auf den alltäglichen Umgang mit sich selbst: »Der Menschenleib ist eine Maschine, welche genauer arbeitet als jeder Chronometer und auf bestimmte Störungen mit bestimmten Abweichungen antwortet. Das Leben ist ein chemisch-physikalisches Experiment, dessen Vorbedingungen genau erfüllt sein müssen, wenn es gelingen soll.«[54] Allein, das mag aus der Perspektive des Labors stimmen, doch aus dem Blickwinkel des Subjekts ist der Körper zu komplex und zu undurchsichtig, als dass dessen Symbolisierung und Regulation vollständig sein könnten. Nietzsche hat das 1873 deutlich formuliert: »Was weiß der Mensch eigentlich von sich selbst! Ja, vermöchte er auch nur sich einmal vollständig, hingelegt wie in einen erleuchteten Glaskasten, zu percipieren? Verschweigt die Natur ihm nicht das Allermeiste, selbst über seinen Körper, um ihn, abseits von den Windungen der Gedärme, dem raschen Fluß der Blutströme, den verwickelten Fasererzitterungen, in ein stolzes gauklerisches Bewußtsein zu bannen und einzuschließen!«[55] Wie viel auch immer vom Körper sichtbar sein mag oder nicht – bei jeder seiner Repräsentationen durch das Subjekt selbst bleibt jedenfalls ein Rest, etwas, was Lacan das Reale nennt: eine Differenz, ein Riss, eine Inkompatibilität, der Einbruch einer Fremdheit – letztlich der Tod.[56] Das Spiegelstadium zeigt schon diese Differenz zwischen dem Bild des Andern und dem als »zerstückelt« wahrgenommenen eigenen Körper, zeigt den Riss zwischen etwas, was verständlich ist und als »menschliche Gestalt« die Menschen miteinander verbindet, und

54 Lorenz Sonderegger: *Vorposten der Gesundheitspflege im Kampfe um's Dasein der Einzelnen und ganzer Völker*, Berlin: Reimer 1874 (2. Aufl.), S. 11.

55 Friedrich Nietzsche: »Ueber Wahrheit und Lüge im außermoralischen Sinne«, in: *Sämtliche Werke*, Bd. 1, S. 877.

56 In dieser Perspektive argumentierten beispielhaft schon Jacques Revel und Jean-Pierre Peter: »Le corps, l'homme malade et son histoire«, in: Jacques Le Goff und Pierre Nora (Hg.): *Faire de l'histoire*, Bd. 3: *Nouveaux objets*, Paris: Gallimard 1971, S. 169-191.

dem Fremden des *eigenen* Körpers, das in dieser Repräsentation nicht aufgeht. Jede Repräsentation des Körpers außerhalb des Labors und ähnlicher Technologien der Reduktion von Komplexität und des Ausschlusses der Differenz – der »Glaskasten« – ist so vom Realen durchkreuzt: ein *mapping* mit Löchern, bei dem immer wieder andere Teile und Bereiche der physischen Realität unmarkiert bleiben. Je nach den symbolischen Systemen, die die eigene Wahrnehmung formen, kann es Verschiedenes sein, was sprachlos macht und eine mühsame nachträgliche Symbolisierung erzwingt. In jedem Fall aber entsteht der Riss dort, wo die Sprache auf das Fleisch trifft und dieses nicht »in Text« aufzulösen vermag: nicht nur beim Tod, sondern unter anderem im Schmerz und im Begehren des verkörperten Subjekts. Das deckt sich genau mit dem, worüber Caroline Bynum spricht, wenn sie auf der »Unmittelbarkeit des Körpers« insistiert, auf dem Realen seines Todes, seiner Materialität, seiner Unablösbarkeit vom »Ich« und auf der Irreduzibilität des Begehrens.[57]

Ist *hier* also, in diesem Einbruch, diesem Schnitt in die Repräsentationsnetze, nun der Ort des »wirklichen« Körpers, der Erfahrung des Leibes? Ist von diesem Punkt aus die »Wahrheit« des Körpers zu erfassen? Die Hygieniker, das heißt jene Mediziner, die über die Selbsttechniken der alltäglichen Sorge um sich schrieben, haben sich vor allem in der ersten Hälfte des 19. Jahrhunderts ausführliche Gedanken darüber gemacht, inwiefern die realen, vorsprachlichen »Signale« von Schmerz und Lust eine »Sprache« des Körpers seien. Einige ihrer wichtigsten Theoretiker kamen zu dem Schluss, dass die einzelnen Organe zwar bestimmte Bedürfnisse hätten, diese jedoch über die an der Oberfläche des Körpers liegenden »Organe der Lust« dem Bewusstsein vermitteln müssten. Lust sei keine Abbildung physischer Bedürfnisse, sondern unterläge einer Eigendynamik, die den Körper ständig der Gefahr aussetze, über immer neue äußere Reize immer weitere Genüsse jenseits seiner »eigentlichen« Bedürfnisse zu suchen: Die Lust sagt nie, wenn es gut und genug ist, sondern fordert neue Lust. Mit anderen Worten, auch der Versuch der Hygieniker, die »Wahrheit« des Körpers in einer »Sprache der Natur«[58] jenseits aller Repräsentationen zu fassen, führte diese in

57 Bynum, »Warum das ganze Theater mit dem Körper? …«, S. 18, 32.
58 *Encyclopédie Méthodique, Médecine*, par une société de médecins, Paris 1798, Bd. 7, Art. »Hygiène«, S. 373-437, S. 431.

ein Spiegelkabinett von ununterscheidbaren »natürlichen« und »künstlichen« Bedürfnissen, so dass die »Wahrheit« des Körpers nicht in diesem selbst, sondern im Bewusstsein des regulierenden Subjekts gesucht werden müsse, das zu formen das Ziel des hygienischen Diskurses war.[59]

Schmerz und Lust sind Erfahrungen, deren Sprache sich nicht vollständig in unsere übersetzen lässt. Die symbolischen Strukturen, die den »Empfindungen Zeichen anheften«, wie Cabanis sagte, sind nie »somatogen«. Weil der Körper und seine Empfindungen nicht bruchlos symbolisierbar sind, ist das Reale tatsächlich dasjenige, was man im vollen Sinne des Wortes erfährt – und zwar so, dass es einem erst einmal die Sprache verschlägt. Menschen machen Erfahrungen, die nicht bereits diskursiv (vor)geformt sind, sondern in die Leerstellen der Repräsentationssysteme einbrechen, Symbolisierungen erzwingen und so die Repräsentationen verändern. Das Reale lässt sich tatsächlich nicht »in Diskurs auflösen« – aber wo und wie es erscheint, ist weder natürlich noch selbstverständlich oder gar »unmittelbar« einsichtig; dieser Einbruch ereignet sich an den Übergängen vom Körper zum Text und in den Leerstellen des Symbolischen. Hier ist das Physische in unseren Diskursen präsent – als Loch, um das die Sprache kreist.[60]

Das meiste, was in so genannten Ego-Dokumenten als »Erfahrung« des sprechenden Subjekts erscheint, verweist schlicht zurück auf die diskursiven Bedingungen, die diese Erfahrung formten. Aber solche Texte zeigen häufig auch die Grenze dieser symbolischen Strukturierungen, zeigen den Ort, wo das Netz der Repräsentationen reißt. Ein Beispiel für solche schmerzhafte Übergänge vom Symbolischen zum Realen und wieder zurück ist Heinrich Heines Bericht über die Choleraepidemie von 1832 in Paris. Als der Seuchenausbruch am 29. März, mitten in den Feiern zur Fastnachtszeit, offiziell wurde, »erblickte man [auf den Boulevards] sogar Masken, die, in karikierter Mißfarbigkeit und Ungestalt, die Furcht vor der Cholera und die Krankheit selbst verspotteten. [... M]an schluckte dabei allerlei Eis und sonstig kaltes Getrinke: als plötzlich der lus-

59 Vgl. dazu ausführlich mein Buch *Reizbare Maschinen. Eine Geschichte des Körpers 1765-1914*, Frankfurt am Main: Suhrkamp 2001, Kapitel 3, sowie den Aufsatz »Vom Realen reden?« in diesem Band S. 122 ff.

60 Vgl. Slavoj Žižek: *Grimassen des Realen. Jacques Lacan oder die Monstrosität des Aktes* (aus dem Englischen), Köln: Kiepenheuer & Witsch 1993, S. 157-160.

tigste der Arlequine eine allzu große Kühle in den Beinen verspürte und die Maske abnahm und zu aller Welt Verwunderung ein veilchenblaues Gesicht zu Vorschein kam. Man merkte sehr bald, daß solches kein Spaß sei [...].« Doch Heine bleibt auf der Höhe seines ironischen Tons: So schnell seien die ersten Toten begraben worden, »daß man ihnen nicht einmal die buntscheckigen Narrenkleider auszog, und lustig, wie sie gelebt haben, liegen sie auch lustig im Grabe«.[61] Und auch der Dichter behält die Maske seiner Sprachkunst an und liest die Krankheit als Metapher gesellschaftlicher und politischer Konvulsionen. Selbst noch als er, im letzten Geleit für einen Freund, mit einem Leichenwagen vor dem Eingangstor des Friedhofs Père Lachaise im Gedränge der schwarzen Wagen stecken bleibt und dabei hört, dass auf dem Fuhrwerk nebenan der Sarg jener jungen Dame liegt, die noch vor kurzem in einem ähnlichen Gedränge aus dem Fenster ihrer Equipage heraus mit ihm geschäkert hatte, erscheint dies als ironischer Effekt des Textes. Dann aber betritt Heine den Friedhof. Was er hier erfährt, überfordert alle üblichen Symbolisierungen des Todes: »Ich will, um die Gemüter zu schonen, hier nicht erzählen, was ich auf dem Père Lachaise gesehen habe. Genug, gefestigter Mann wie ich bin, konnte ich mich doch des tiefsten Grauens nicht mehr erwehren. Man kann an den Sterbebetten das Sterben lernen und nachher mit heiterer Ruhe den Tod erwarten; aber das Begrabenwerden unter die Choleraleichen, in die Kalkgräber, das kann man nicht lernen.«[62]

61 Heinrich Heine: »Französische Zustände, Artikel 6«, in: *Werke*, hg. von Stuart Atkins. Bd. 2, München 1978, S. 292-303, S. 293.
62 Heine, »Französische Zustände«, S. 303.

Vom Realen reden?

Fragmente einer Körpergeschichte der Moderne

>»Das Schiff war so hautnah in die undurchdring-
>liche Finsternis eingehüllt, daß es einem vorkam,
>man fasse, wenn man die Hand über Bord hielt, in
>eine unirdische Substanz. Es wirkte alles unsagbar
>geheimnisvoll und unbeschreiblich grauenhaft.«
>(Joseph Conrad: *Die Schattenlinie*, Frankfurt am
>Main 1983, S. 132)

>»Dann sah ich durch eine offene Tür im gedämpf-
>ten Licht eine unförmige Masse, die mühsam auf
>ein Gestell gebunden war: vernarbt, rot und banda-
>giert.«
>(H. G. Wells: *Die Insel des Dr. Moreau*, München
>1996, S. 68)

Das Reale ist ein schwieriges Register. Es ist in mehrfacher Hinsicht
das, was übrig bleibt, und es ist nur vom Symbolischen und vom
Imaginären her zu verstehen, von dem man zuerst sprechen muss.
Lacan argumentiert in seinem *Seminar I* von 1954, dass Bilder nicht
nur im Spiegelstadium, sondern grundsätzlich die »erste Form«
sind, in denen ein Subjekt sich sieht und seine Welt strukturiert.[1]
Äußere Dinge wie Körper etwa oder auch, um Lacans Beispiel zu
verwenden, Blumen und Vasen werden erst dann zu wahrgenommenen Objekten, wenn im Register des Imaginären äußere Objekte
und innere Bilder übereinandergeblendet werden: Das Subjekt erzeugt so ein neues, ein »virtuelles« oder ein »imaginäres Objekt«.[2]
Aber auch Wissenschaft tut nichts anderes, als virtuelle Objekte
hervorzubringen, die an Stelle der »realen« deren Erkennbarkeit ermöglichen – und das konkret: als Modell, als experimentelles Ar-
tefakt im Laboratorium. Wilhelm Wundt hat 1862 den Forschungsprozess in der Physiologie des menschlichen Körper mit der
Bemerkung charakterisiert, dass »die künstliche, experimentelle

1 Jacques Lacan: *Das Seminar, Buch I: Freuds technische Schriften*, Weinheim, Berlin,
  Quadriga 1990 (Paris 1975), S. 99, 105.
2 Lacan, *Seminar, Buch I*, S. 101, 180-182.

Erzeugung der in der Natur beobachteten Erscheinungen das letzte Ziel aller naturwissenschaftlichen Untersuchungen ist. Das letzte Ziel der Physiologie ist der Homunculus [...].«[3] Der Positivismus glaubt(e) in diesem Sinne, induktiv und empirisch sich langsam zum dann auch tatsächlich vollständig rekonstruierten Modellkörper vorzuarbeiten – und dass dieser als Bild bloß das unschuldige Resultat geduldiger Forschung sei. Lacan hat gemäß den epistemologischen Umbrüchen seit dem *linguistic turn* in der Philosophie diesen positivistischen Idealismus kontinuierlich zunehmender Wahrheit durchschaut und daran erinnert, wie das Verhältnis von Bildern und Objekten wohl tatsächlich organisiert ist: dass »wir ja immer einen Homunculus in unserem Kopf brauchen, um aus d[em] Realen eine Realität zu machen«.[4] Der Homunculus im Kopf erst löst aus dem unfassbar Realen eine erkennbare Realität des menschlichen Körpers heraus. Das Bild beziehungsweise die Form, mit denen wir die äußeren Objekte überblenden, sind dabei aber offensichtlich nicht beliebig: Einerseits müssen sie in *irgend*einer Weise mit den äußeren Objekten beziehungsweise mit diesem Realen kompatibel sein, sonst kommt auch das Imaginäre schnell an seine Grenzen – das Bild wird unscharf.[5] Anderseits aber ist, wie Lacan bemerkt, »die Eigenheit des Bildes seine Besetzung durch Libido. Man nennt Libidobesetzung das, wodurch ein Objekt begehrenswert wird, das heißt dasjenige, wodurch es sich mit jenem Bild vermischt, das wir, verschieden und mehr oder weniger strukturiert, in uns tragen«.[6] Die Realität gibt es nur, weil wir sie hervorbringen wollen.

Der zweite, *de facto* parallele Schritt, durch den äußere Dinge zu unserer Welt werden, ist bekanntlich die Einordnung dieser noch privaten Imaginationen ins Register des Symbolischen, womit sie erst dem Gesetz unterworfen werden, damit kommunizierbar sind und auch »wahr« sein können: Die Sprache »verknotet« das Ima-

3 Wilhelm Wundt, »Beschreibung eines künstlichen Augenmuskelsystems«, in: *Archiv für Ophthalmologie*, 1862, zitiert in Timothy Lenoir: »Das Auge der Physiologen«, in: Philipp Sarasin und Jakob Tanner (Hg.): *Physiologie und industrielle Gesellschaft. Studien zur Verwissenschaftlichung des Körpers im 19. und 20. Jahrhundert*, Frankfurt am Main: Suhrkamp 1998, S. 118.

4 Jacques Lacan: »Die Stellung des Unbewußten«, in: *Schriften*, Bd. II, hg. Von Norbert Haas, Weinheim, Berlin: Quadriga 1991, S. 225 (Hervorhebung von mir, Ph. S.).

5 Lacan, *Seminar, Buch I*, S. 180 f.

6 Lacan, *Seminar, Buch I*, S. 182.

ginäre und das Reale.[7] Heißt das also, dass das Reale das äußere Objekt *ist*, gleichsam vor seiner Besetzung mit Libido und vor seiner Einordnung ins Register des Symbolischen? Ist das Reale ein gewandeltes Kant'sches »Ding an sich«, strukturiert nun nicht mehr durch die starren Kategorien der Vernunft, sondern durch Sprache und Begehren, jedoch epistemiologisch genauso immer »nur« das, was nicht ausgesagt werden kann, was aber doch als Notwendigkeit postuliert werden muss? Das *Seminar I* vermittelt ein wenig diesen Eindruck. Allein, ein solcherart flexibilisiertes »Ding an sich« kann nicht in unsere Welt einbrechen, und kein Phantasma muss uns vor solcherlei Schrecken beschirmen (wenn nicht überhaupt die Kant'sche Konstruktion einer »reinen« Vernunft dieses Phantasma ist). Das Lacan'sche Reale wird, wenn ich recht sehe, im Laufe der Entwicklung seiner Lehre zunehmend »realer« – doch wie genau? Schon das *Seminar I* zeigt, dass das Reale seinen Platz vom Symbolischen erhält, und zwar in dem Maße, wie das Symbolische das Auge so positioniert, dass das imaginäre Bild und das reale Objekt deckungsgleich werden.[8] Später aber präzisiert Lacan – wenn dies nicht in Wahrheit eine Verschiebung ist: Das Reale erscheint dort, wo das Symbolische Lücken und Risse hat, Einschnitte in der Signifikantenkette, die das Subjekt ans Reale binden.[9] Wie auch immer, ob als ein Reales, das sich nur zeigen kann, wenn das Symbolische das Subjekt entsprechend »positioniert«, oder ein Reales, das als das Nicht-Symbolisierte gleichsam durch die Lücken des Symbolischen konstituiert wird, um dort »einzubrechen«: Die dem Symbolischen geschuldete Unvollständigkeit des Blicks beziehungsweise die Löcher in seinem Netz zeigen in jedem Fall kultur- und epochenspezifische Muster, ja letztlich können sie nicht anders als individuell sein: Philologen, Krankenschwestern und SS-Schergen symbolisieren einen sterbenden oder toten Körper vor ihren Augen durchaus unterschiedlich, und er erscheint daher, selbst gräßlich verletzt, nicht in jedem Fall als »Einbruch des Realen«.[10] Das Reale ist also

7 Jacques Lacan: »Peut-être à Vincennes …«, in: *Ornicar?*, 1, 1975, S. 4, zitiert nach: Jacques Siboni: *Les Mathèmes de Lacan*, 1997 (http://www.shef.ac.uk/psysc/index).

8 Lacan, *Seminar, Buch I*, S. 106, 182.

9 Jacques Lacan: »Subversion des Subjekts und Dialektik des Begehrens im freudschen Unbewußten«, in: *Schriften*, Bd. II, S. 175.

10 Vgl. dazu die schöne Studie von Julia Kristeva: »Holbein's Dead Christ«, in: Mi-

grundsätzlich eine Funktion des Symbolischen; dabei wohl aber sinnvollerweise nicht als reales Objekt, das am Rand der symbolischen Ordnung erscheint, wie Lacan noch im *Seminar I* sagt, sondern eher als etwas, das einem die Sprache verschlägt. Dann erst kann es heißen: Was nicht symbolisiert werden kann, »erscheint im Realen«.[11]

Aber das ist nur die eine Seite. Reine Artefakte – am besten wohl Computerprogramme – sind vollständig symbolisierbar (auch wenn sie nicht jede/r versteht); Computer hingegen sind es nur noch weitgehend: ein schlecht isoliertes Kabel ihrer Stromversorgung könnte uns einen Schlag versetzen, der uns eine Weile lang die Sprache raubt. Der Körper schließlich, unser Körper, kann nur noch bruchstückweise und überdies in schier unendlich verschiedenen Varianten im Symbolischen erscheinen. Wie auch immer wir ihn denken: Das Fleisch und die Säfte, um diese kulturell ziemlich ubiquitären Allerweltssignifikanten[12] zu verwenden, sind immer auch noch anders, sind immer auch noch jenseits der Signifikation. Und am Schluss stirbt dieses Fleisch und wir symbolischen Maschinen mit ihm. Bezeichnet also das Reale doch etwas »Wirkliches« außerhalb, etwas, was sich wirklich »entzieht«, wie Lacan sagt,[13] nicht nur als Funktion der je individuellen symbolischen und imaginären Organisation der Wahrnehmung, sondern »überhaupt«, »in jedem Fall«, »grundsätzlich«?

Wer als Historiker über die Geschichte des Körpers arbeitet, stolpert über solche Fragen, die sich in zweifacher Hinsicht präzisieren lassen: Was kann man über den Körper als historisches »virtuelles« Objekt sagen, das heißt über den wirklich existierenden Körper als

---

chel Feher u. a. (Hg.): *Fragments for a History of the Human Body, Part One*, New York: Zone 1990, S. 239-269, insb. S. 239 f., 261-265.

11 Jacques Lacan: »Réponse au commentaire de Jean Hyppolite«, in: *Écrits*, Paris: Seuil 1966, S. 388.

12 Siehe zur Metapher des »Fließens »zur Beschreibung des Körpers und körperlicher Zustände in der Antike, im alten China und in Japan Shigehisa Kuriyama: »›The Flow of Life‹. Moderne Krankheiten und alte Konzepte des Lebendigen in der Medizin der Antike, Japans und Chinas«, in: Sarasin/Tanner (Hg.), *Physiologie und industrielle Gesellschaft*, S. 44-75. Vgl. auch Barbara Duden: *Geschichte unter der Haut. Ein Eisenacher Arzt und seine Patientinnen um 1730*, Stuttgart: Klett-Cotta 1991 (1987), insb. S. 140-162.

13 Jacques Lacan: *Radiophonie/Television*, Weinheim, Berlin: Quadriga 1988 (Paris 1970), S. 13.

gesellschaftliches Phänomen? Wie kann man die Geschichte der Produktion des mit Bedeutung versehenen Körpers schreiben? Welches sind die Diskurse, Technologien und Praktiken, die angeleitet von Bildern im Kopf solche wirklichen Körper hervorbringen?[14] Und zweitens: Gibt es ein für Historiker fassbares Reden über das Reale, über dieses »Jenseits« der Sprache und der Imagination, über die *jouissance* etwa oder über den Tod als wirkliche Einbrüche des Realen in die Konstruktionsgeschichten des Körpers – ist es, mit anderen Worten, möglich, »to give form and color to the nonrepresentable, »wie Kristeva sagt?[15] Und ist dann das, was dort gesagt werden kann, selbst »außerhalb der Geschichte«, der »Körper an sich«?

Ich möchte im Folgenden an zwei empirischen Beispielen die Frage aufgreifen, wie zumindest die Spur des Realen des Körpers in Texten des 19. Jahrhunderts erscheint. Kann man vom Realen reden? Es muss sich zeigen.

Fragment I: Eine Theorie der »jouissance« im frühen 19. Jahrhundert

Hygieniker beschreiben den Körper, sein Funktionieren und seine Gesunderhaltung. Zu Beginn des 19. Jahrhunderts tun sie das noch mit explizitem Bezug auf die damals in der Physiologie dominierende Reiztheorie, so vor allem Karl Friedrich Burdach in seiner *Diätetik für Gesunde* von 1811 und Charles Londe in den *Nouveaux éléments d'hygiène* von 1827.[16] Diese beide Texte scheinen eigenartig zu vibrieren: Körper sind immer tätig, Leben ist Erregung, ohne Reize

---

14 Vgl. dazu Donna Haraway: »Bescheidener Zeuge@Zweites Jahrtausend. Mann-Frau© trifft OncoMouse™. Leviathan und die vier Jots: Die Tatsachen verdrehen«, in: Elvira Scheich (Hg.): *Vermittelte Weiblichkeit. Feministische Wissenschafts- und Gesellschaftstheorie*, Hamburg: Hamburger Edition 1996, S. 347-389.

15 Kristeva, »Holbein's Dead Christ«, S. 254.

16 Karl Friedrich Burdach: *Die Diätetik für Gesunde, wissenschaftlich bearbeitet. Enthält allgemeine Hygiastik*, Leipzig: I. C. Hinrichs 1811 (2. Aufl.; 1. Aufl. 1805); Charles Londe: *Nouveaux éléments d'hygiène, rédigés suivant les principes de la nouvelle doctrine médicale*, 2. Bde. Paris: J.-B. Baillière 1827. – Um den Fußnotenapparat zu entlasten, verzichte ich im Folgenden auf die detaillierten Nachweise; diese finden sich in Ph. Sarasin: *Reizbare Maschinen. Eine Geschichte des Körpers 1765-1914*, Frankfurt am Main: Suhrkamp 2001).

verkümmern die Organe. Die Hygieniker gehen vom gesunden, individuellen Körper aus und erkunden seine Expansions- und Reaktionsmöglichkeiten. »Die bewusste Übung eines Organs«, schreibt Londe, »vergrößert sein Volumen« – denn »die Übung ist tatsächlich ein Reiz« – und erzeugt so »in diesem Organ ein spezielles Bedürfnis, tätig zu sein«: Das aber nennt man je nach Organ »Antrieb, Begehren, Wollen, Willen, Instinkt, Neigung«, die nun ihrerseits den Körper zu weiterer Tätigkeit antreiben und ihn neuen Reizen aussetzen. Reize sind materielle Wirkungen auf den Körper; dieser ist Teil seiner Umwelt und reagiert ständig auf sie, ist einem Hin und Her unterworfen, ohne Ursprung, ohne Ruhe, ohne die Annahme eines festen Ausgangspunkt, weder im Körper selbst noch in der Umwelt – noch in einer präexistenten Seele. Die Reize wirkten »mit dem Bestreben, dem menschlichen Organismus […] ihre Qualitäten mitzuteilen und seine Individualität aufzuheben«, der Organismus aber versuche, seine Individualität »zu behaupten und den Reiz sich zu assimilieren«: Leben ist nichts als »Reizung und Gegenwürkung, in einem Momente vereinigt«, auch hier drängt der gesunde Körper zur »ächten Thätigkeit« – geistiger und körperlicher. So sehr dabei die Außenreize wichtig sind, wird das Subjekt doch auch von seinem Körper selbst zur Bewegung gedrängt: Die Reaktionen der Organe, so Londe, sind »der Ausdruck ihres Begehrens (*l'expression de leurs désirs*)«.

Der Hygieniker Michel Lévy hat dieses Argument sehr grundsätzlich gefasst. Er beschreibt 1844[17] den Menschen als ein Wesen, dessen Nervensystem durch äußere Reize erst seine Sensibilität entwickelt, dessen Körper durch diese Reize in seiner konkreten Gestalt hervorgebracht und dessen Ich erst so erfahrbar wird. Das Kleinkind »ist gierig nach [äußeren] Eindrücken, die ihm die Eigenart (*nature*) seines Ichs vermitteln« – das Kind lernt von außen, durch Reize und durch die »Nachahmung der Gesten« der Anderen, wer es selbst ist: ein Spiegelstadium *avant la lettre*.

Reiz, Gegenwirkung und das Begehren des Organs nach neuen Reizen, nach weiteren Dingen, die auf das Organ einwirken, treiben aber nicht nur den Körper an, sondern ergeben auch die Grammatik einer Sprache, in der der Körper »spricht« und die das Subjekt verstehen kann, um zu erkennen, was gut und was schlecht für seine

---

17 Michel Lévy: *Traité d'Hygiène publique et privée*, 2 Bde., Paris: J.-B. Baillière 1844; ich zitiere aus der dritten Auflage 1857.

Gesundheit ist. Das scheint ganz selbstverständlich, und Londes Beispiele sollen dies auch suggerieren: Nichts sei ein unfehlbareres Zeichen dafür, ob wir »unsere Exkremente ausscheiden sollen, als die Qual ihrer Zurückhaltung«, nichts kann uns den Moment besser anzeigen, wenn »man sich einer Frau nähern soll, als jenes verzehrende Bedürfnis nach Lust (*besoin de plaisir*)«. Folglich müssen uns, so Londe, »Lust und Schmerz [...] als Hygieneregeln dienen«: Der »süßen und zuweilen fordernden Stimme der Lust« und jener des Schmerzes darf man niemals das Gehör versagen, denn sie dienen der individuellen Erhaltung und der Reproduktion der Gattung. Aber der Schein des Selbstverständlichen und Instinkthaften trügt. Es ist zwar wahr, dass die Erhaltung des Körpers die Befriedigung von Bedürfnissen erfordert, aber das körperliche Signal auf diese bis zum Tod immer wiederkehrende Notwendigkeit ist mehr als nur eine »einfache Nachricht«, wie Londe bemerkt. Zwischen dem Bedürfnis und der Befriedigung steht »encore et toujours« eine »mehr oder weniger lebhafte Lust«. Ein Überschuss also über das Notwendige, ein *encore*, ein Zusätzliches, das als Zeichen fungiert, welches immer mehr ausdrückt als das bezeichnete Bedürfnis: Es ist ein subtiler *Surplus*, der hier erscheint.

Londe folgt darin Jean-Noël Hallé, dem ersten Theoretiker dieser Sprache der Lust und des Schmerzes im Kontext der Hygiene. Tatsächlich, sagt Hallé 1821, sind die Lust und der Schmerz sehr spezielle Zeichen: Dass das Subjekt die natürlichen Bedürfnisse seines Körpers überhaupt wahrnimmt und sie befriedigt, wird ihm durch Lust und Schmerz angezeigt. Die Lust ist jene »Lockung (*attrait*), die uns zu den Objekten unserer Bedürfnisse lenkt, oder zu jenen Dingen, deren Wirkung auf unsere Organe in uns angenehme Empfindungen bewirken und die uns an ihr Genießen binden (*qui nous attachent à leur jouissance*)«. Wie sehr das Bedürfnis und die Lust verschiedene Funktionen haben – die Reproduktion des Organs einerseits und die Zeichenfunktion andrerseits –, unterstreicht Hallé dadurch, dass er sie verschiedenen Körperregionen zuordnet. Während das *besoin* ein »internes Gefühl« ist, im Dunkel des Körpers verborgen, schwer zu erkennen und zu verstehen, lebt die Lust auf der Oberfläche. Denn die Organe, die Bedürfnisse verspüren, haben »interne Funktionen« zu erledigen und sind »tiefer und näher am Zentrum des Organismus angesiedelt«. Die Organe der Lust hingegen dienen dazu, »Eindrücke von außen zu empfangen und

Empfindungen zu erzeugen«, und sie sind »auf der Oberfläche oder nahe der Oberfläche des Körpers plaziert«. Als die entsprechenden Organe, die er selbst nicht nennt, lassen sich die Haut, die Körperöffnungen und die Schleimhäute bezeichnen. Diese »Organe der Lust« sind passiv, sie dienen der Reizvermittlung von außen nach innen und der Vermittlung von inneren Bedürfnissen nach außen.

Hallé fährt nun fort: »Also kann man die Lust verstehen entweder als das sichere Vorgefühl des Genießens, vorbereitet durch das [entsprechende] Wissen und durch das Begehren nach dem Ding [der Bedürfnisbefriedigung], oder durch das Genießen selbst, und zwar in dem Maße, als die Empfindung, die das Genießen erzeugt, noch nicht erschöpft ist.«[18] Drei Elemente also sind hier im Spiel: das körperliche Bedürfnis, die Lust, die einen Mangel signalisiert, und das Genießen der Organe. Das durch frühere Reize zum Begehren angeregte Organ erzeugt das Gefühl der Lust auf ein Ding, das ihm Befriedigung verschaffen kann, reizt seinerseits das Subjekt zum Handeln; wird ihm dann dieses Ding zugeführt, geht Lust in Genießen über – und erzeugt wiederum Lust auf ein neues Ding. Es sind, genau gesagt, die Organe, die ganz für sich, ohne sich viel um das Subjekt zu kümmern, die Befriedigung ihres *besoin* genießen. Aber die Lust, die das Subjekt empfindet, und die ein Zeichen des *désir* der Organe war, vermittelt jetzt, wiederum durch ihren Charakter als Zeichen, das Subjekt mit dem Genießen des Organs. Diese *jouissance* aber bewegt sich jenseits der Sprache der Lust und ihrer Zeichen: Sie ist nichts anderes als das Reale, das hier im Spiel ist.

Moderne Hygiene ist Teil einer gesellschaftlichen Transformation seit der Französischen Revolution, die den Körper zum *ultimate sign.* (D. Outram[19]) politischen und individuellen Handelns werden ließ. Wenn seither die immer schon notwendige Bedürfnisbefriedigung nicht mehr durch religiöse Ziele relativiert wird, sondern ins Zentrum rückt, schiebt sich auch der *Surplus* der Lust in den Vordergrund, der die *jouissance* anzeigt. Dieser *Surplus* erweist sich als ziemlich dynamisch, wie Hallé noch ganz sorglos bestätigt. Das *besoin de plaisir*, das »verzehrende« Bedürfnis nach jener Lust, die mit der Befriedigung von Bedürfnissen verbunden ist, schießt

18 *Dictionaire [sic] des sciences médicales, par une société de médecins et de chirurgiens*, Bd. 53, Paris: C. L. F. Panckoucke 1821, Art. »Sujet de l'hygiène«, S. 320.
19 Dorinda Outram: *The Body and the French Revolution. Sex, Class and Political Culture*, New Haven, London: Yale University Press 1989, S. 58.

immer über diese hinaus; es ist ein Zeichen, das immer schon auf ein anderes verweist, das nie zur Ruhe kommt, immer neue Lust fordert: Lust auf Lust. Das macht die Dinge kompliziert, und Hallé versucht sie mit einigen Unterscheidungen in den Griff zu bekommen. Er nennt Schmerz und Lust nicht nur Anzeichen für ein Bedürfnis, sondern bezeichnet ihr Nachlassen und Aufhören auch als ein Zeichen für das »Maß«, wann dieses Bedürfnis befriedigt ist. Und er operiert überdies mit der Unterscheidung von »natürlichen« und »künstlichen« Bedürfnissen; die Letzteren seien allein das Resultat der Gewohnheit und scheinen in einer »periodischen Erregung (*érection*) der Organe zu bestehen, die ursprünglich durch einen regelmäßigen Reiz erzeugt wurde«. Ein natürliches Bedürfnis reflektiere die Anforderungen und Fähigkeiten eines Organs zur Ausführung seiner normalen Funktion, ein künstliches hingegen habe als Resultat übermäßiger Reize nichts mit den »wirklichen Interessen« des Organismus zu tun. Und während bei natürlichen Bedürfnissen die Lust angeblich »immer in einer bestimmten Proportion mit dem Bedürfnis« sei, überschreite dementsprechend bei künstlichen Bedürfnissen die Lust das natürliche Maß, und die Befriedigung sei hier »überflüssiges Genießen und nichts als Lust«. Doch Hallé erweist sich als Theoretiker eines expansiven und produktiven bürgerlichen Körpers, wenn er sogleich sagt, dass die künstlichen Bedürfnisse und das überschüssige Genießen für die individuelle Existenz zwar nicht notwendig seien, durchaus aber einen gesellschaftlichen Nutzen haben können, zumindest jedenfalls der Reproduktion der Gattung dienen: Individuelle Lüste können mit ihrem *Surplus* ein Beitrag zur »perfection« der Gesellschaft leisten, und insofern sei es unmöglich, die Frage der Bedürfnisse und der Lüste außerhalb des gesellschaftlichen Kontextes zu begreifen.

Hallé beschreibt einen Körper mit seinen Lüsten und seiner *jouissance*, der so dynamisch und veränderlich ist wie die Gesellschaft, in der er lebt. Die Unterscheidung von natürlichen und künstlichen Bedürfnissen hat er durch den Hinweis auf die nützlichen gesellschaftlichen Effekte der »überflüssigen Genüsse« relativiert; nun geht er noch einen Schritt weiter und argumentiert, dass der Körper durch Reize sich dauernd verändert, so dass er auch seine Fähigkeit, auf Reize adäquat zu reagieren, ständig erweitert. Irgendwann aber, so Hallé, übersteigt dies alle physiologischen Möglichkeiten, kippt in den Exzess, der die Lust vernichtet, wird zum Überdruss, zum *dégoût*, und führt zur Genussunfähigkeit – Schmerz wie Lust haben, wie dann auch Lacan bemerkt, einen »Endpunkt: die Ohnmacht des Subjekts«.[20]

Ein Problem also der Sprache und der Zeichen in diesem Feld, das vom Realen der *jouissance* durchkreuzt wird. Denn Schmerz und Lust sind oft vage Zeichen, und die »Kommunikation« zwischen dem Subjekt und seinem Körper bleibt unsicher. Diese Vagheit stammt natürlich von jenem *Surplus* der Lust, die gleich einer Metapher immer mehr sagt, als eigentlich nötig wäre, und die wie jede Sprache die Dinge verschiebt. Allein, welche Zeichen des Körpers sprechen dann noch seine »Wahrheit« aus? Oder gibt es gar keine »Wahrheit« des Körpers jenseits der kulturell kodierten Gewohnheiten, die die Zeichen repräsentieren könnten, weil das Reale der *jouissance* nicht einmal durch die dem Bewusstsein und der kulturellen Kodierung zugänglichen Zeichen der Lust adäquat und verlässlich repräsentiert werden kann? Wo also liegt das »Maß« des Zuträglichen, des Hygienischen, das Maß, von dem Schmerz und Lust doch angeblich sprechen? Wo liegt die »natürliche« Grenze der Fähigkeit der Organe, auf Reize zu reagieren? Hier sei der »Spielraum« groß, sagt Hallé, weil die Organe einerseits durch Übung und Gewohnheiten verändert werden und andrerseits sich vorübergehend durch zusätzliche Reize und Lüste noch weiter erregen lassen. Von welchem Maß also spricht dann noch welche Lust in diesem Spiegelkabinett des Künstlichen und des Natürlichen? Hallés Lösung dieses hermeneutischen Verwirrspiels ist von einer erhabenen Dialektik: Es sei just der große Spielraum von natürlichen und habituellen Bedürfnissen, der eine sichere Basis für die Erhaltung der Gesundheit bilde, weil die Entwicklung vielfältigster Bedürfnisse den Körper fähig mache, passagere Exzesse als geradezu stärkend zu ertragen. Weil dieser Spielraum, diese beweglichen Grenzen für die Gesundheit notwendig seien, dürfe man sich auf keinen Fall zu streng an eine hygienische Regel, an ein *Régime*, halten und müsse dieses immer wieder durch einen Exzess unterbrechen … Ist das verwirrend? Nein, denn am Schluss seiner Argumentation erweist sich Hallé als politischer Autor, dessen Gesetz der körperlichen Selbstregierung liberaler Logik gehorcht: Das Einzige wirkliche Kriterium sei, dass das betreffende Organ »seine Aufgaben zügig, leicht und ohne Empfindung von Schmerz und Leiden ausüben könne,

20 Jacques Lacan: »Kant mit Sade«, in: *Schriften*, Bd. II, S. 144 f.

und dass abgesehen davon die anderen Organe des Körpers gleichzeitig ihre vollständige Freiheit und Integrität bewahren«. Die *jouissance* findet, um es kantianisch zu sagen, dort ihre Grenze, wo sie die Freiheit anderer Organe behindert und/oder das entsprechende Organ seinen Pflichten nicht mehr nachkommen kann.

Der Körper, dessen einzelne Organe alle für sich ihre Funktionen ausüben, ohne ihre Nachbarn dadurch in ihrer Freiheit einzuschränken, kommuniziert in der Sprache der Lust und des Schmerzes, und es ist keine Frage, dass diese Lust beziehungsweise dass das Genießen des Körpers von den Hygienikern im ersten Drittel des 19. Jahrhunderts unverhohlen als Ziel vorgestellt wurden. Es ist nicht immer in dieser Weise über den Körper gesprochen worden, weder vorher noch nachher. Was also »bedeuten« diese Theorien, die dem Realen der *jouissance* einen Platz einzuräumen scheinen: Wieso tauchen sie damals auf? In welchem gesellschaftlichen Kontext stehen sie? Burdach, Londe und Hallé theoretisieren eine expansiven Körper, dessen Genießen als Antrieb für eine bürgerliche *Vita activa* erscheint. Ist also der *Surplus* der Lust nichts anderes als eine Metapher für jenen Mehrwert, den das bürgerliche Subjekt seinen Lohnarbeitern abpresst, um aus ihrer Arbeit Genuss zu ziehen? Soll man behaupten, dass dieser Mechanismus der Lust jener kapitalistischen Logik gleicht, die die Reproduktion des Kapitals aus der Umlaufbahn der Gebrauchswerte und der einfachen Bedürfnisbefriedigung hinausschleudert auf die Spirale der Mehrwertproduktion, der Erzeugung von Kapital durch Kapital – jenes »rastlose Streben«, mit dem, wie Marx sagt, das »Kapital die Arbeit über die Grenzen ihrer Naturbedürftigkeit hinaustreibt« und als dessen Folge »an die Stelle des Naturbedürfnisses ein geschichtlich erzeugtes getreten ist«[21] Sind Lust und Kapital, die sich beide nicht in der Befriedigung der einfachen Bedürfnisse zur Reproduktion der Gattung erschöpfen und die beide, im Streben nach Mehrwert und nach »Mehr-Genießen« (Lacan), die »ursprünglichen«, die »natürlichen« Dinge und Körper verändern, einander äquivalent?[22] Ist der expansive Körper der Lust dieser Hygieniker und Reiztheoretiker zugleich jener bürgerliche Körper, dessen Bedürfnisexpansion die

21 Karl Marx: *Grundrisse zur Kritik der politischen Ökonomie*, Berlin: Dietz 1974, S. 231.
22 Vgl. dazu Slavoj Žižek: *Mehr-Genießen. Lacan in der Populärkultur*, Wien: Turia & Kant 1992 (= Wo Es war, Nr. 1).

Expansion der Warenproduktion antreibt und dessen Genießen in jeder Beziehung von Mehrwerten abhängt?

Strukturell sind die Parallelen und die Konvergenzen auffallend, und in der Mitte des 19. Jahrhunderts beginnen sich, unter dem Eindruck der Revolution von 1848, der Choleraepidemie der frühen 1850er Jahre und dem Aufstieg der industriellen Gesellschaft, die konservativen Stimmen jener zu mehren, denen die *jouissances* Sorgen machten. Der Hygieniker Paul-Max Simon etwa bemerkt 1877, seit einem Jahrhundert entstehe eine »neue Welt«, angetrieben durch Individuen, die die »Befriedigung ihrer Interessen verfolgen«: Eine Welt, in der »die Fortschritte der Industrie den Geschmack am Genießen entwickelt haben«, in der »das Begehren sich zu bereichern [...] zur Hauptsorge« geworden ist und der »Geschmack am Reichtum um jeden Preis die Familienbande zerbrochen hat«, um so »Wahnsinn und andere Nervenkrankheiten« zu erzeugen. Eine Welt, in der »der Überfluss des Zahlenhaften, die allseits erhöhte Konsumption, die mit der Konsumption gleichlaufende Produktion« – das heißt die Produktion, die nichts anderes tut, als auf das Begehren zu reagieren, das sie selbst anreizt – dazu führen, dass man das »Leben am Genuss misst«; eine Welt also, in der diese »angehäuften und [...] übertriebenen Genüsse das Nervensystem verbrauchen, einem die Vernunft rauben« und in der viele dieser »fieberhaften und überlasteten Existenzen« in der »vollständigen Lähmung« enden ...[23]

In der zweiten Hälfte des Jahrhunderts wurden, mit anderen Worten, der Reiz, die Lust und die *jouissance* in den Körpertheorien der Hygieniker zunehmend mit Angst besetzt. Ich will das an einem Beispiel zeigen, das von abschreckender Banalität zu sein scheint: das Waschen des Körpers.

Fragment II: »Springing from the surface of the body«

Das bürgerliche Narrativ vom Ursprung der Moderne hat viel mit Sauberkeit und dem Waschen des Körpers zu tun, weil der Kontrast zwischen dem Schmutz des Ancien Régime und heute so groß scheint. Es ist eine Geschichte, die man sich immer wieder gern er-

23 Paul-Max Simon: *Hygiène de l'ésprit au point de vue pratique de la préservation des maladies mentales et nerveuses*, Paris: J.-B. Baillière 1877, S. 93-96.

zählt: Die Geschichte vom langsamen Verschwinden der *crasse* des Volkes, jener angeblich schmierigen Schicht aus altem Schweiß, abgeschilferten Hautpartikeln, Staub und Dreck, die nie abgewaschen wurde außer für die Taufe, am Tag der Hochzeit und vor der Beerdigung; vom selbstverständlich gewordenen Ekel vor dem ranzigem Geruch bröckeligen Talgs in verborgenen Hautfalten, fettigen Haaren und schwarz geränderten Fingernägeln; vom Ekel auch vor dem Weichsel- oder »Judenzopf« mit seinen feuchten Hautflechten, vor der geschwürigen »Läusesucht« oder gar vor der sagenhafen *aura seminis*, dem Gestank potenter Männer … Ja, muss denn der Ursprung der Moderne nicht mit der Symbolik des reinigenden Wassers verknüpft sein? Man gewinnt zuweilen den Eindruck, und mir scheinen daher an diesen Erzählungen von der modernen Geschichte der Sauberkeit und der so genannten Körperhygiene vor allem die vielfältigen Bedeutungen, die imaginären Einsätze, mit welchen die Reinigung vor allem der Haut befrachtet wurden, interessant zu sein. Was ist, muss man sich fragen, »im Spiel«, wenn die Hygieniker die Praxis des Waschens beschreiben, bei der das Subjekt immerhin lernt, die reizbare Oberfläche seines Körpers bis in jede Furche hinein zu berühren?

Ich möchte mit einem längeren Textbeispiel beginnen, das die bürgerliche Ursprungserzählung nicht nur als Initiation in die Moderne, sondern auch als Anleitung zur Praxis präsentiert, als handfeste Anleitung dazu, wie man aus dem Schmutz der Jahrhunderte die Haut des neuen Zeitalters herausschält. Das kleine, 39-seitige Büchlein über das Waschen von A. Claise – *Les véritables bons conseils hygiéniques illustrés pour le grand entretien de propreté de la peau de genre humain* […] von 1875[24] – ist sehr konkret:

»Für die Körperwäsche gießt man ungefähr einen Eimer Wasser in ein Becken oder ein anderes *meuble* (im Winter könnte man dieses Wasser allenfalls erwärmen) und stellt dann dieses Becken auf einen Tisch. Nun zieht man sein Hemd und seine Weste aus, wenn man eine hat, dann rollt man den Gurt der Hosen so weit hinunter, dass sie über den Hüften aufliegen; man nimmt ein Stück Seife, taucht sie ins Wasser und reibt sie mit den Händen. Sind diese voller Schaum, führt man sie an den Hals, ohne zu vergessen, sie hinten

---

24 A. Claise: *Les véritables bons conseils hygiéniques illustrés pour le grand entretien de propreté de la peau de genre humain et manière dont on doit entretenir ses effets d'habillement* […], (2. Aufl.) Boulogne-sur-Mer: Asamer 1875.

beim Nacken durchzuführen, der immer am schmutzigsten ist, dann über die Brust, die Arme, den Bauch, den Rücken, die Flanken, immer wieder mit Wasser, bis man ganz feucht ist. Nun fährt man fort, sich mit den Händen zu reiben, nimmt dann sogar einen Waschlappen, um das Wasser auf der Haut zu verbrauchen (*de manière à user l'eau sur la peau*), und in dem Moment, in dem das Wasser auf der Haut verschwunden ist, wie wenn man sich nur abgetrocknet hätte, erscheint überall die *crasse*. Ohne Zeit zu verlieren, fährt man fort, sich zu reiben, denn das nun ist der entscheidende Moment, und man reibt sich, bis man spürt, wie die Haut unter den Händen prickelt (*pique*). Nun sieht man eine Menge von *Crasse*-Rollen abfallen, und die Haut wird hell und rot. Man muss es hier noch einmal betonen, dass wenn die *crasse* sich löst, man sich beeilen muss, sich überall zu reiben, denn sobald die Haut nicht mehr die Feuchtigkeit des Wassers spürt, wird sie trocken, die *crasse* löst sich nicht mehr, falls man sie nicht ein zweites Mal befeuchtet. Wenn man sich nach diesem ersten Waschen sauber fühlt, beugt man sich von Neuem über das Waschbecken und spült sich ab, indem man über alle gewaschenen Körperteile ein wenig Wasser gießt, ohne dabei auch die Haare und das Innere der Ohren zu vergessen; dann trocknet man sich mit einem weißen Tuch ab. […] Hat man das getan, was soeben beschrieben wurde, und diesen Teil des Körpers gereinigt, zieht man ein frisch gewaschenes Hemd und seine Weste wieder an.«

Dieselben Operationen vollzieht man dann – immer noch mit demselben Wasser im Becken – mit den Beinen, den Füßen und schließlich mit den Geschlechtsteilen. Dann sagt Claise: »Wenn der Körper so gewaschen wird, wie es eben erklärt wurde, wird er sicher keinen schlechten Geruch mehr verbreiten, und wenn dies alles richtig gemacht wurde, kann man sich schmeicheln und sogar darauf stolz sein, dass alle Teile des Körpers sauber sind« – denn »um sich so zu reinigen, braucht es Mut«. Das heißt, es ist nicht selbstverständlich, sich so zu reinigen. Wie also soll man den Text von Claise verstehen? Offensichtlich beschreibt er einen Vorgang, der als Inauguration zu funktionieren scheint, als erstmaliges und buchstäbliches Herausschälen des modernen Körpers aus alten Krusten, aus jener Schmutzschicht, die die Autoren natürlich ausschließlich mit den »Anderen« identifizieren, mit den Bauern, den Arbeitern, kurz: mit dem Volk. Die Beschreibung der *crasse* und deren Entfernung von der Oberfläche der Haut ist bei Claise ein wenig krud, und zweifellos scheint man in diesem Text den Schmutz des vorhygienischen Zeitalters deutlich vor sich zu sehen, ihn zu riechen, und man ahnt die Mühen, ja die »Kulturleistung« einer solchen elementaren Reinigung. Das ist alles ziemlich physisch. Die *crasse* selbst allerdings hat eine erstaunliche Eigenschaft: Als Schmutzschicht auf dem Körper ist sie unsichtbar. Claise schreibt, erst wenn das Wasser auf der Haut »aufgebraucht« worden ist – saugt die Haut nicht Wasser auf, wie man immer noch annahm? –, »erscheint die *crasse*«, und man muss aufpassen, diesen entscheidenden Moment nicht zu verpassen, sonst trocknet die Haut wieder, und der Effekt verschwindet. Das Wasser löst also etwas auf und macht es sichtbar – unter der Voraussetzung, dass man kräftig seine Haut reibt, bis sie zu prickeln oder gar zu brennen beginnt –, es bringt etwas zum Vorschein, das auf der Haut nicht als normaler Schmutz erkennbar ist, das auch nicht, wie etwa Schweiß, von den Kleidern aufgesogen oder von ihnen abgescheuert wurde, etwas, was das nichtgeübte Auge zwar nicht sieht, das aber die Poren »verstopft«. Das Wort *crasse* ist ein im Französischen seit dem 14. Jahrhundert gebräuchliches Wort für körperlichen Schmutz; obwohl seit dem späten 18. Jahrhundert die Ärzte davon zu reden beginnen, dass man die Poren von der *crasse* befreien müsse, damit die Haut »atmen« könne, taucht der Begriff in den hygienischen Texten der ersten Hälfte des 19. Jahrhunderts kaum auf. Nach der Revolution von 1848 beginnt Jules Massé[25] hingegen, in grundsätzlicher Weise von der *crasse* zu reden: »das Wort ist hart, aber man muss es aussprechen«. Staub und Schmutz bilden zusammen mit den ausgedünsteten fettigen Stoffen »ein Art vorübergehenden Firniss, der die Poren blockiert« und so Krankheiten erzeugt – was man offensichtlich nicht so ohne weiteres sehen kann. Doch der Arzt weiß, dass es so ist. Gegen Ende des Jahrhunderts nimmt die *crasse* in jenen sozialen Schichten, bei welchen man sie immer noch vermutet, bedrohlichere Formen an und wird nun auch eher sichtbar. Abgesehen davon, dass sie immer stärker soziale Differenz markiert, gerät sie jetzt auch in Zusammenhang mit der Bakteriologie. Dr. Prévost ist überzeugt, dass sie »die Krankheitskeime enthält, die zu zerstören gut für sich selbst wie für seine Nachbarn ist. Ja,« fährt er fort, »der Schmutz (*sa-*

---

25 Jules Massé: *Cours d'hygiène populaire*, Paris: Bureaux de l'encyclopédie (Bibliothèque des familles et des paroisses; Encyclopédie de la santé) 1854.

leté) der Bewohner eines Quartiers kann zu einem Infektionsherd für irgendeine Epidemie werden, und daran sieht man, dass die Gräfin, die jeden Tag ein Bad nimmt, ohne Zweifel im selben Boot sitzt wie jener Lumpensammler, der nie eines nimmt«.[26]

Was ist an der *crasse* so bedeutsam? Sie ist angeblich eine Schicht auf der Haut – also muss man über die Haut sprechen. Deren Anatomie und Physiologie waren um 1875, als Claise schrieb, einigermaßen bekannt: ihr mehrschichtiger Aufbau mit der Oberhaut oder Epidermis, bestehend aus der unteren Schleimschicht und der oberen Hornschicht aus getrockneten, abgeplatteten Zellen, sowie unter der Epidermis die Lederhaut und die Unterhautzellgewebe. Je genauer, ja mikroskopischer der Blick auf die Haut wird, desto deutlicher zeigt sich, wie ein Dermatologe in Leipzig 1898 schreibt, dass die eingetrockneten, leblosen Zellen der Oberhaut »leicht beim Waschen oder durch mechanische, von den Kleidern oder anderweitig bewirkte Reibungen in Form kleiner Hornschüppchen beständig abgestoßen« werden. Ein normaler Vorgang, meist kaum sichtbar, der höchstens in krankhaft vermehrte Schuppenbildung übergehen kann, oder dann als schwielige Verdickung zur Bildung von Hornhäuten führt. Doch abgesehen davon: Diese Oberhaut und ihre einzelnen feinen Schichten »sind durchscheinend, so dass sie etwa die Transparenz eines dünnen Milchglases besitzen« – sie sind semitransparent und weiß.[27] Der berühmte deutsche Hygieniker Carl Reclam hat, wie Unzählige andere auch, vor allem auf die »eigentliche Hautschicht« hingewiesen: »auch Korion oder Lederhaut genannt, weil aus ihr das Leder für Handschuhe, Stiefeln u. s. w. bereitet wird. Man kann ebenso«, klärte er seine Leserinnen und Leser auf, »aus der menschlichen Haut ein festes und zähes Leder gewinnen, wie aus den Häuten der Thiere. Diese Lederhaut besteht aus einem elatischen Fasergewebe, in welchem zahlreiche Nerven und Blutgefässe verlaufen, in dem die Tastorgane, die Haare mit ihren in kleinen cylindrischen Gebilden steckenden Wurzeln und zahlreiche Fettdrüsen und Schweissdrüsen sich befinden«.[28] Die Haut, bemerkt schon Charles Londe 1827, ist einerseits ein Organ

26 *L'Hygiène pour tous*, 21. 2. 1880, S. 2.
27 P. Thimm: *Lehre und Pflege der Schönheit des menschlichen Körpers für Gebildete*, Leipzig: Georg Thieme 1898, S. 224 f.
28 C(arl). Reclam: *Gesundheits-Schlüssel für Haus, Schule und Arbeit*, Leipzig: Philipp Reclam jun. 1856 (?), S. 61.

des Tastsinns und andrerseits der Sekretion in beide Richtungen, »sie gehört also gleichzeitig zu den Funktionen der Außenbeziehung und den Funktionen der Ernährung« des Körpers. Und überdies sei das »Ausüben des Tastsinns (*l'excercise du toucher*) ein mächtiges Hilfsmittel beim Geschlechtsakt«. Etwas trockener als der Reiztheoretiker Londe betont eine Generation später Michel Lévy die Funktion der Haut als »Sitz der allgemeinen Empfindungsfähigkeit (*sensibilité générale*), des Tastsinns, das heißt jenes Sinns, der unsere Beziehungen zur Außenwelt am meisten vervielfältigt und in uns ununterbrochen das Gefühl unserer eigenen Existenz erneuert«.

Beginnt also da erst eigentlich der Körper des Menschen, bei dieser festen, weißlich-rosaroten, elastischen Schicht mit Nerven, Tastorganen, Haaren, Drüsen? »Die Haut«, sagt der schon zitierte Dermatologe Thimm in seinem populären Ratgeber, »ist die lebendige Schranke zwischen dem ›Ich‹ und der Außenwelt; ihre Verletzung durch äußere Gewalten ist mit der Verletzung der ganzen Person identisch. Das Individuum hört hier auf und beginnt hier auch zugleich. Die Haut ist also einer der wichtigsten Teile des menschlichen Körpers, welcher gleichzeitig die Grenze, die Schutzwehr, die Wache und die äußere Form des Individuums bildet.« Was darüber liegt, die Epidermis und vor allem deren äußere Hornschicht, ist wohl ein Schutz, zugleich aber ist sie etwas, das die Sensibilität der Außenwahrnehmung behindert wie die schwielig verhornte Proletarierhaut, die unempfindlich macht und in schmerzhaften Rissen und Schrunden aufbricht.

Die Sorgen der Hygieniker kreisen um diese oberste, verhornte Schicht der Epidermis, die sich zusammen mit Talg, Schweiß und äußerem Dreck zu etwas Totem und Fremden verbindet; sie erscheint in den Texten als etwas, das »nur durch Reiben und Waschen entfernt werden«[29] kann, durch »warme Waschungen und Bäder, unterstützt von Seife und Abreibungen (mit Flanell oder Bürste)«,[30] durch »Einseifungen, Waschungen, Abreibungen«[31] – ja, man dürfe sich »vor allem nicht davor fürchten, sich kräftig abzurei-

29 *Meyer's Neues Konversationslexikon*, Bd. 8, 1868, S. 672.
30 Carl Ernst Bock: *Das Buch vom gesunden und kranken Menschen*, Leipzig: Ernst Keil 1876 (11. Aufl.; 1. Aufl. 1855), S. 478.
31 M. Schutz: *Hygiène générale de la Femme, Alimentation, vêtements, soins corporels d'après l'enseignement et la pratique du Docteur Auvard, avec une préface du Professeur Pouchet*, Paris: Octave Doin 1903, S. 312.

ben«.[32] Auch Custer legt das Gewicht auf die Abreibung mit diversen Instrumenten: »Die Abwaschungen, Abreibungen mit lauem, kühlen und schließlich kaltem Wasser, mit Frottirtuch, Bürstenhandschuh oder Körperbürste sollen [...] vom Scheitel bis zu den Zehen häufig geübt und am besten morgens nach dem Aufstehen vorgenommen werden.«[33] Und wenn morgens in der Kammer das Wasser fehlt? »Auch trockene Abreibungen«, so der *Gartenlauben*-Ratgeber Carl Ernst Bock, »besonders mit rauen Tüchern, sind in Ermangelung warmen Wassers sehr vorteilhaft und können die Mündungen der Hautdrüsen frei machen«. Scoutteten empfiehlt, die angefeuchtete Haut mit einem Tuch zu reiben, »bis dieses warm wird«.[34] Daher versichert auch Massé: »... frottez ferme« – »reiben Sie sich fest, und wenn Sie sich dabei die Haut aufreiben (*écorchez*), wird diese Verletzung nicht gefährlich sein, das versichere ich Ihnen.« Und so weiter: Man versteht jetzt, weshalb das Tuch, aus dem heute unsere Badetücher gemacht sind, nicht etwa »Séchee-«, sondern »Frottee«-Stoff heißt, von dem der Fremdwörter-Duden in missdeutender Weise sagt, dies sei ein »stark saugfähiges Baumwollgewebe«.

Kurzum, das, was Claise in kleinen Rollen in jener mühevollen Prozedur, die etwa eine Stunde dauert und einmal pro Woche wiederholt werden soll, von seinem Körper entfernt, erscheint zwar als etwas Altes, Nie-Gewaschenes, Ursprüngliches. Aber Claise sagt nicht, dass sich die kleinen Rollen nur beim ersten Waschen vom Körper lösen, und so scheint sich diese Inauguration fortgesetzt wiederholen zu müssen. Mit anderen Worten, was wie Hüllen vom Körper des Subjekts abfällt, ist nicht mehr die *crasse*, wenn man annimmt, dass ein nie gewaschener Körper zwar tatsächlich einiges an Ablagerungen auf seiner Oberfläche hervorzubringen und anzusammeln vermag, ein regelmäßig gewaschener Körper aber kaum. Wenn man die Haut reibt, bis sie rot wird, bestehen die ominösen *Crasse*-Rollen – bei allem möglichen Schmutz – nicht unwesentlich auch aus der obersten Schicht der Haut selbst. Sie sind ein ziemlich

32 Jean Fauconney Caufeynon: *Le Conseiller secret des dames*, Paris: Offenstadt 1903, S. 153.
33 Gustav Custer: *Öffentliche und private Gesundheitspflege*, Zürich, Stuttgart: Schröter und Meyer 1887, S. 208.
34 H. Scoutetten: *De l'eau, sous le rapport hygiènique et médical ou de l'hydrothérapie*, Paris, Strasbourg: P. Bertrand, J.-B. Baillière und Vwe. Levrault 1843, S. 356.

unfassbares »Etwas« vom Körper des Subjekts, das so entfernt wird, eine von äußerem Dreck und inneren Stoffen alterierte und bedrohte Grenze.

Doch was genau repräsentiert die Vorstellung von der *crasse*, die abgerieben werden muss, damit die weiße Haut erscheint? Was ist der imaginäre Einsatz, um den es hier möglicherweise – soweit sich die Texte deuten lassen – (auch) noch geht? Ein Doktor Degoix, Chefredaktor der Zeitschriften *Petit médecin des familles* und *Hygiène pratique*, schreibt 1891: »Die erste Tugend einer jeden Person, die auf sich hält (*qui se respecte*), welchem Geschlecht sie auch angehört, ist die Sauberkeit. Das ist sozusagen das Charakteristikum eines Individuums, weil das Äußere die unfehlbare Enthüllung des ›Inneren‹ ist. Man kann vermuten, dass ein Mensch, der nicht alle Maßnahmen der Sauberkeit ergreift, die ihm die Hygiene oder der Anstand vorschreiben, von irgendeinem körperlichen oder moralischen Makel (*tare*) geprägt ist. Ohne unsere nationale Selbstliebe zu kränken, kann man sagen, dass wir in allem, was die Körperpflege gemäß der allerelementarsten Hygiene betrifft, weit im Rückstand gegenüber unseren Nachbarn in England sind, dem Vaterland des rosaroten und frischen Fleisches (*chairs*) und der blonden *Misses* von Keepseake.«[35]

Wie soll man das verstehen? Zuerst einmal scheint es – um diese in sich verschlungenen Verneinungen und Vergleiche ein wenig zu entwirren – just so zu sein, dass es die »nationale Selbstliebe« der Franzosen kränkt, dass sie angeblich die elementarsten Regeln der Hygiene, beziehungsweise der Sauberkeit weit weniger beachten als die Engländer – Regeln, an deren Einhaltung abzulesen ist, dass das Individuum gesund und moralisch untadelig ist. So wie blonde englische Frauen und deren rosarotes Fleisch, von denen man aus »Keeps(e)akes«, das heißt aus englischen Almanachgeschichten, weiß: Das Bild des idealisierten Andern ist vollständig, rein und makellos, es entspricht jener sichtbar gemachten Oberfläche einer halbtransparenten Haut, die als die Haut blonder *Misses* nicht anders denn als weiß, weich und sauber vorgestellt werden kann. In Bezug auf die Franzosen aber spricht die zitierte Passage von einem Fleck: *tare* heißt gemäß dem *Sachs-Villatte* einerseits – und zwar »im bildlichen Sinne« – »Fleck(en), Schande, Fehl« und andrerseits »a) Abgang (was an der Menge oder Güte einer Ware abgeht und daher

35 Docteur Degoix: *Hygiène de la Toilette*, Paris: J.-B. Baillière et Fils 1891, S. 11.

nicht bezahlt wird), im weiteren Sinne *tare de caisse* Mankogeld; b) im engeren Sinne Gewicht der Verpackung einer Ware [...] und Vergütung dafür.«[36] Im Körper beziehungsweise in der »Moral« der Franzosen ist ein Mangel verborgen, ein unnennbarer »Abgang«, etwas, was in der Kasse fehlt, aber auch eine Hülle, die immer noch nicht weggeworfen worden ist, obwohl sie nicht das ist, worauf es ankommt. Das alles ist eine »Schande«, ein diffuser »Fleck« mitten im Text, etwas Schmieriges wie die *crasse*, die man wegwischen muss. Das ist offensichtlich Ausdruck einer bestimmten Körperlichkeit, von etwas Schmutzigem, auch Unkontrollierten, zweifellos, auf das sich die »Hygieneregeln«, wie Degoix sagt, beziehen. Aber es ist auch der verdrehte Ausdruck eines Genießens, das sich darin zeigt, dass die *tares* als »moralisch« bedenklich erscheinen, also die »Schande« eines verbotenen Genusses sind. »Wenn der äussere Mensch nicht rein und ordentlich aussieht«, schreibt Carl Reclam, »so entsteht der Verdacht, dass auch der innere nicht wohl geordnet und frei von Unsauberkeiten sei«; er könne dann, so ein anderer Hygieniker, »auch keine sauberen Gedanken und reinen Gefühle haben«.[37] Aber gerade daran mangelt es den Franzosen Degoix zufolge, und bei diesen ist der »Fehl« gar in das Selbst- und Fremdstereotyp eingebaut, von den »Frivolitäten« etwa der Pariser Mode bis hin zum »Pariser«, dem Kondom, der sexuelle Lust ohne »Konsequenzen« ermöglicht.

Was hier in diesem Doppelsinn erscheint, ist etwas, was das Subjekt offensichtlich an sich selbst nicht richtig und trennscharf erkennen kann, sondern nur anamorphotisch verzerrt als störenden, unkonturierten Fleck. Im Lacan'schen Protokoll lässt sich dieser Fleck als jenes unbekannte, unfassbare, längst verdrängte X lesen, das bei der Spaltung des Subjekts, das heißt in dem Moment abfällt, wie dieses sich der symbolischen Ordnung der Sprache unterwerfen muss, jenes ominöse *objet a*, das für eine immer schon verlorene präsymbolische Körperlichkeit und für ein Genießen steht, nach dem jedes Begehren vergeblich sucht. Etwas sperrt sich, ist Zeichen

---

36 Sachs-Villatte: *Enzyklopädisches Wörterbuch der französischen & deutschen Sprache*, Berlin: Langenscheidtsche Verlagsbuchhandlung 1896, zitiert nach der vierten Bearbeitung 1917, S. 870.

37 Hermann Klencke: *Die physische Lebenskunst oder praktische Anwendung der Naturwissenschaften auf Förderung des persönlichen Daseins. Ein Familienbuch*, Leipzig: Eduard Kummer 1864, S. 281.

für ein Genießen, einen körperlichen Überschuss, der nicht »bezahlt« beziehungsweise symbolisiert werden kann und der daher im Feld des Symbolischen immer als »Mankogeld«, als Mangel erscheint, der das Begehren antreibt. Dieser »Fehl« ist hier als ein nicht Wegwischbares, durchs Waschen in die Ordnung des wechselseitigen »Respekts« Transferierbares repräsentiert. Bei wem? Bei den Franzosen natürlich, denn das heißt: bei sich selbst, wovon man zumindest eine Ahnung hat, nicht aber bei den Engländern, im idealisierten Bild des Anderen, von dessen *tares* man nichts ahnen will.[38]

Es wäre natürlich irreführend, diese *tares*, diese Flecken und Hüllen, die weggewischt und weggeworfen werden sollen, bloß in simpler Weise mit »unterdrückter Sexualität« oder sonstigen verbotenen Genüssen und Vergnügungen zu identifizieren, die ohne hygienischen Rigorismus dem Subjekt zugänglich wären. Denn gleichzeitig haben die Hygieniker ja, wie wir gesehen haben, immer von der Haut gesprochen, die abgerubbelt werden muss, um den Körper vom Schmutz seiner alterierten Hülle zu befreien: die wörtliche Bedeutung von *tares*. Der Physiologe und Hygieniker Ludwig Büchner nennt in seinem *Buch vom langen Leben* von 1892 die »Absonderungs-Produkte der Haut«, die abgerieben werden sollen, »Produkte der sog. regressiven Metamorphose (rückschreitenden Stoffverwandlung)«.[39] Carl Ernst Bock, ärztlicher Ratgeber in der *Gartenlaube*, spricht von den »Gewebsschlacken« und den »Mauserstoffen«, die aus dem Blut durch die Haut abgesondert werden müssen; der französische Hygieniker Chevalier redet mit vielen an-

---

38 Man muss nicht eigens betonen, dass dies natürlich mit der »Realität« im viktorianischen England nur insofern zu tun hat, als das rosarote Fleisch der englischer *Misses* dort wie anderswo im Bürgertum und bei adligen Damen und Herren auf der Schmutzarbeit der Dienstbotinnen beruhte. Siehe dazu den Aufsatz von Leonore Davidoff über eine bestürzende *Folie à deux* zwischen einem Bürger und seiner Dienstbotin, deren gemeinsame sexuelle Perversion um die Bilder von Schmutz und Erniedrigung kreiste und insgesamt eine Inszenierung der Dichotomien Weiblichkeit/Männlichkeit, Dienstboten/Herren, Arbeiter/Bürger, Tier/Mensch und Schwarze/Weiße darstellte: Leonore Davidoff: »Die viktorianische Kultur im Spiegel zweier Tagebücher«, in: L. Borrow, D. Schmidt und J. Schwarzkopf (Hg.): *Nichts als Unterdrückung? Geschlecht und Klasse in der englischen Sozialgeschichte*, Münster: Westfälisches Dampfboot 1991, S. 142-168.

39 Ludwig Büchner: *Das Buch vom langen Leben, oder Lehre von der Dauer und Erhaltung des Lebens (Makrobiotik), nach den wissenschaftlichen Prinzipien der Neuzeit allgemein verständlich dargestellt*, Leipzig: Max Spohr 1892, S. 234.

deren von »Schadstoffen«, und alle, die von den Poren als den »vaisseaux exhalans« sprechen und von der Haut als Organ der Exkretion in Form des Schweißes, meinen nichts anderes: Was sich auf der Haut zeigt, ist physiologisch dem Urin und dem Kot äquivalent. Auf der Haut, dort wo die *tares* und die *crasse* erscheinen, beginnt sich der Körper wieder in die organischen Basissubstanzen aufzulösen, verwandelt er sich zurück in Materie. An dieser Grenze, die voller Empfindung ist, der privilegierte Ort der Lust und des Schmerzes sowie der Außen- und Selbstwahrnehmung des Subjekts, berührt daher das Leben den Tod. Hier auf der Haut, auf diesem Bildschirm des Subjekts, zeigen sich ineinander verschlungen die Spuren der *jouissance* und der Sterblichkeit, der moralischen und der körperlichen *tares*: Spuren des Realen.

Dass mit der *crasse* zugleich vom Genießen und vom Tod die Rede ist, kann man nicht »belegen«. Dennoch, der Schlüssel für eine solche Deutung könnte vielleicht ein Traum Freuds liefern – und »Schlüssel« bedeutet hier nichts mehr als eine Zusammenstellung von bestimmten Signifikanten, die wie ein kleiner Assoziations-Code funktionieren. Es handelt sich um den Traum der »drei Parzen«, die in der Küche Mehlspeisen bereiten, und in dem es, wie Freud schreibt, um »die großen Bedürfnisse des Lebens« geht.[40] Eine der drei Frauen, die, die zwischen ihren Händen die Knödel herstellt, erweist sich als die Mutter Freuds, »die das Leben gibt«. Die nächste Assoziation: »An der Frauenbrust treffen sich Liebe und Hunger.« Dann die Frage, wie er von der notwendigerweise immer erst nachträglich sexuell konnotierten Brust zu den Knödeln komme: »Eine sonderbare Beschäftigung für eine Parze, welche dringend der Aufklärung bedarf! Diese kommt nun aus einer anderen und früheren Kindererinnerung. Als ich sechs Jahre alt war und den ersten Unterricht bei meiner Mutter genoß, sollte ich glauben, daß wir aus Erde gemacht sind und darum zur Erde zurückkehren müssen. Es behagte mir aber nicht und ich zweifelte die Lehre an. Da rieb meine Mutter die Handflächen aneinander – ganz ähnlich wie beim Knödelmachen, nur dass sich kein Teig zwischen ihnen befindet – und zeigte mir die schwärzlichen *Epidermis*schuppen, die sich dabei abreiben, als eine Probe der Erde, aus der wir gemacht

40 Sigmund Freud: *Die Traumdeutung* (= Studienausgabe, Bd. II), hg. von A. Mitscherlich u. a., Frankfurt am Main: S. Fischer 1972, S. 214-218; für diesen wichtigen Hinweis danke ich Andreas Cremonini, Basel.

sind, vor. Mein Erstaunen über diese Demonstration *ad oculos* war grenzenlos und ich ergab mich in das, was ich später in den Worten ausgedrückt hören sollte: Du bist der Natur einen Tod schuldig.«[41]

Über weitere Assoziationsketten gelangt Freud dann von der Epidermis und der Sterblichkeit wieder zum Genießen, konkret zu einer »Fischblase«, das heißt »den Überziehern, die ja offenbar ein Gerät der sexuellen Technik bedeuten«. Die Erinnerungs- und Assoziationsebene um den Tod und die schwarzen Epidermisschuppen ist umrankt von Bildern der sexuellen Lust, die auf ein verlorenes Genießen verweisen, und er unterlässt es nicht, auch da die entsprechende Geschichte einzuflechten: »Ein junger Mann, erzählt die Anekdote, der ein großer Verehrer der Frauenschönheit wurde, äußerte einmal, als die Rede auf die schöne Amme kam, die ihn als Säugling genährt: es tue ihm leid, die gute Gelegenheit damals nicht besser ausgenützt zu haben.«[42] Dann spricht Freud, immer noch im Kontext des komplizierten Traums, von Namen und deren verulkenden Deformationen auch in seiner eigenen Traumanalyse: »Goethe bemerkt einmal, wie empfindlich man für seinen Namen ist, mit dem man sich verwachsen fühlt wie mit seiner *Haut*, als Herder auf seinen Namen dichtete: ›Der du von *Göttern* abstammst, von Gothen und vom Kote‹ –.«[43] Und tatsächlich hat Goethe sich dagegen gewehrt, seinen Namen mit dem Kot in Verbindung gebracht zu sehen, wo doch der Name wie eine Haut sei, an der »man nicht schaben und schinden darf, ohne ihn [den Menschen] selbst zu verletzen«, wie er in *Dichtung und Wahrheit* schreibt …[44] 1862, als Freud sechs Jahre alt war, hat ihm die Mutter gezeigt, wie leicht man die *crasse* von der Haut abreiben kann, und der Sinn der Demonstration war der Hinweis auf die Präsenz des Todes als Spur aus schwarzen Epidermisschuppen, die sich von der Haut lösen. Vom Tod über den Kot bis zur verlorenen Mutterbrust,

41 Freud, *Traumdeutung*, S. 214, 215 (Hervorhebung im Original).

42 Freud, *Traumdeutung*, S. 215.

43 Freud, *Traumdeutung*, S. 216, 217 (Hervorhebung im Original); Goethe zitiert Herder in *Dichtung und Wahrheit* vollständig folgendermaßen: »Der du von *Göttern* abstammst, von Gothen und vom Kote, Goethe.« Vgl. Barbara Hahn: *Unter falschem Namen. Von der schwierigen Autorschaft der Frauen*, Frankfurt am Main 1991, S. 8; für den Hinweis danke ich Esther Baur, Basel.

44 Johann Wolfgang Goethe: *Aus meinem Leben. Dichtung und Wahrheit* (Hamburger Ausgabe, Bd. 4), S. 407, zitiert in Hahn, *Unter falschem Namen*, S. 8.

von Goethe bis zur Fischblase entsteht in Freuds eigener Traumanalyse das Signifikantennetz, das die *crasse* zwischen den Händen der Mutter – die Mehlspeise der »Parze« – umgibt. Dieses assoziative Hin und Her zwischen den Bildern der Sterblichkeit und dem Genießen scheint nicht zufällig zu sein. Sagt nicht auch die heutige Psychoanalyse, das *objet a* sei neben dem Blick und der Stimme der Mutter auch deren Brust sowie – die *faeces*?

Zweifellos steht Hygiene dann, wenn es um Reinigung geht, aber auch bei der Suche nach Gesundheit und langem Leben in einem – nun ja – trivialen Sinne für eine Praxis beziehungsweise ein Handeln gegen den Tod, für ein Symbolisieren des Realen, das als schmutziger Tod und als gefährliche *jouissance* seine Spuren schon auf dem lebenden Körper hinterlässt. In diesem wirklich ganz und gar trivialen Sinne sagt der rührende Monin in seiner unvergleichlich offenherzigen *Hygiène des Riches*: »Da wir nun einmal im Westen leben (*que nous nous trouvons du côté du versant occidental de l'existence*), sollten wir uns bemühen, so nahe wie möglich an eine rationelle Hygiene heranzukommen. [… L]aßt uns die Unbill der Witterung ebenso fliehen wie die niedrigen und feuchten Wohnungen [sic!], die ungesunden Berufe, das Ungleichgewicht in der Diät, die Emotionen des Spiels und der Politik. Halten wir uns fern von schlaflosen Nächten, von übertriebener körperlicher und psychischer Erschöpfung, […] pflegen und reinigen wir sorgfältig und regelmäßig unsere Haut, denn sie ist es, vor allem andern, durch die wir älter werden.«[45] Die Haut, vor allem andern, ist der Ort, wo der Tod sich zeigt.

Das Reiben und Schaben der eigenen Haut ist eine ziemlich handfeste Weise, aus der Hülle des Todes die lebendige, empfindsame, rosarote, ja weißliche Haut des bürgerlichen und europäischen, westlichen Subjekts herauszuschälen. Möglicherweise besteht das »Bürgerliche« und das »Rationalisierende« dieser hygienischen Sauberkeit – und damit auch die Wurzel jener Bedeutungen, die in der Moderne ans Waschen sich knüpfen – schlicht darin, dass sie einen Kampf darstellt gegen Spuren des Körpers als etwas, das sich dem Bewusstsein, dem selbstbestimmten Handeln und dem Verstehen »entzieht«.[46] Die Ironie dieser hygienischen »Repression« liegt allerdings darin, dass die Diskurse der Hygieniker wie nie zuvor

45 Ernest Monin: *Hygiène des Riches*, Paris: Octave Doin 1891, S. 6-7, 9.
46 Lacan, *Radiophonie/Television*, S. 13.

ganz gewöhnliche Leute dazu »anreizten«,[47] ihre gesamte Körper-oberfläche als eigene, intime sichtbar und spürbar werden zu lassen. Um es mit der Schärfe des zugespitzten Paradoxes zu formulieren: Die vielleicht letztlich von nichts anderem als von der Angst vor sozialer Verunreinigung, Tod und einem unerhörten Genießen motivierte hygienische Kampagne für körperliche Sauberkeit, welche seit dem frühen 19. Jahrhundert bis heute nicht aufgehört hat, an Aggressivität, Ausdehnung und Akzeptanz zu gewinnen, hat gegen vielfältige traditionelle Widerstände eine Art von Blick auf sich selbst und von *souci de soi* durchgesetzt, die den Körper als nackten, individuellen und reizbaren in den Wahrnehmungshorizont des Alltags gerückt haben.

Dieses im 19. Jahrhundert entwickelte Programm war allerdings nicht frei von latenten Fallstricken für jene, die ihm folgten. Denn erstens musste sich nun etwas auf der Oberfläche verraten, was »innen« ist und was in den Zeiten der zeichenhaften Kleidersauberkeit und der gepuderten Wangen wie im 18. Jahrhundert noch leicht hat verborgen bleiben können. Dass äußere Sauberkeit – am Besten noch in Zusammenspiel mit dem Ebenmaß der Gesichtszüge – innere Reinheit und die Lauterkeit der Absichten manifestieren soll, war seit den Zeiten von Lavaters Physiognomik ein geradezu klassisches bürgerliches Argument, um die Übereinstimmung von innen und außen, von Denken und Handeln, von Wesen und Erscheinung tugendhafter Bürgerinnen und Bürger zu fordern beziehungsweise zu zeigen.[48] Aber dies ist auch ein heikles Argument, weil es die Bürgerinnen und Bürger dem permanenten Verdacht, ja der Erfahrung aussetzen muss, dass das nicht funktioniert. Als ein »Ich«, das »einen Körper hat«, erfährt das Subjekt so überdeutlich, dass der Körper notwendigerweise von diesem Ich verschieden ist. Sich »vollständig« und »rein« auf der Oberfläche der eigenen Haut zeigen zu wollen, muss einen infiniten Regress erzeugen, um die immer neuen *tares* zu tilgen, die hier auftauchen. Die Spirale zwischen den Flecken und dem Waschen jedenfalls hat sich im Laufe der letzten hundert Jahre sehr prägnant gedreht – jede Kosmetikreklame verspricht heute trockenen Auges noch mehr »tiefe Rein-

47 Vgl. Michel Foucault: *Der Wille zum Wissen* (= *Sexualität und Wahrheit*, Bd. 1), Frankfurt am Main 1977, S. 27 ff. (Paris 1976).
48 Vgl. Barbara Maria Stafford: *Body Criticism. Imaging the Unseen in Enlightenment Art and Medicine*, Cambridge (Mass.), London: MIT Press 1991, S. 84-102.

heit« –, und sie kann im Einzelfall bis zum Waschzwang sich steigern.

Der zweite Fallstrick, den das Waschprogramm der Hygieniker bereithält, oder besser gesagt: das die alten Körperordnungen Umstürzende dieses Programms, liegt darin, dass es mit dem Argument verknüpft wurde, die Haut als die gesamte Oberfläche des Körpers stelle als »Tastorgan« die primäre Verbindung zwischen dem Ich und seiner Außenwelt her. Die Hygieniker sprechen schon in der ersten Hälfte des Jahrhunderts mit aller Deutlichkeit die Vorstellung aus, dass das, was man als körperliche Person von sich und der Welt wissen kann, sich zuerst einmal den über die Haut vermittelten Reizen verdankt. Damit knüpfen sie natürlich an den Sensualismus des 18. Jahrhunderts an; wichtiger aber ist, dass sie so den gesamten Bewusstseinsphilosophien und Seelenhermeneutiken des 19. Jahrhunderts fundamental widersprechen. Was! – das Wissen, das das Ich von sich und der Welt hat, soll auf dem aufbauen, was es auf der Oberfläche seines ungewaschenen, stinkenden Körpers so alles empfindet und was dementsprechend die flatterhaften, seit der Aufklärung als »weiblich« konnotierten Nerven ihm vorgaukeln?! Es ist einigermaßen unerhört, den Körper als reizbare Maschine zu denken, aber die Hygieniker tun, ganz in der Tradition der materialistischen Reiztheorie des späten 18. Jahrhunderts, nichts anderes. Sie waren damit im 19. Jahrhundert ziemlich avanciert, auch wenn sie nicht immer den Eindruck erwecken; jedenfalls formuliert etwa Freud einen solchen Gedanken explizit erst 1923 in *Das Ich und das Es*: »Das Ich ist vor allem ein körperliches, es ist nicht nur ein Oberflächenwesen, sondern selbst die Projektion einer Oberfläche«, und in einer Fußnote zur englischsprachigen Ausgabe von 1927 ergänzt er: »I. e. the ego is ulitmately derived from bodily sensations, chiefly from those springing from the surface of the body. It may thus be regarded as a mental projection of the surface of the body […].«[49] Wenn das als das Letzte erscheint, was in der Moderne über den vorsprachlichen »Kern« des Subjekts ausgesagt werden kann – präzisiert oder ergänzt durch die verlorenen Sinneseindrücke und Hautreize der Stimme, des Blicks, der Brust und der *faeces* –, dann haben die Hygieniker des 19. Jahrhunderts für diese Einsicht die all-

49 Sigmund Freud: »Das Ich und das Es«, in: *Studienausgabe*, Bd. III, Frankfurt am Main 1975, S. 294 und dort auch Fußnote 2 mit dem Hinweis auf die englische Ausgabe.

tagskulturelle Basis bereitet. Wohl ohne dass sie das intendierten, haben sie doch den modernen Ursprung von Innerlichkeit und Subjektivität freigelegt: die gereinigte Oberfläche der empfindsamen Haut.

Die Marke

Kann man dem Nichtrepräsentierbaren »Form und Farbe« geben? »Der Körper, wenn man ihn ernst nimmt«, so Lacan, um nun diesen Satz endlich vollständig zu zitieren, »ist zunächst das, was die Marke tragen kann, geeignet, ihn in eine Folge von Signifikanten einzureihen. Von dieser Marke her ist es Träger der Relation, nicht eventuell, sondern notwendig, denn es heißt encore sie ertragen, sich ihr zu entziehen.«[50] Warum eigentlich? Drängt es denn das Reale nicht, sich zu zeigen? Wenn man liest, wie die Hygieniker über das Genießen der Organe reden, wird deutlich, dass sich dieses Reale jeder Verstehbarkeit entzieht, überschüssig ist und das Subjekt blind weitertreibt – bis zur Ohnmacht, wenn der Körper nicht so formbar wäre und sich nicht unserem Begehren anpassen würde. Der Körper ist ein reales Objekt – aber es gibt kein Symbolisches, das seine adäquate Erkennbarkeit, das heißt sein Deckungsgleichwerden mit einem imaginären Objekt garantiert. Während der Körper als Reales sich entzieht und die Spuren dieses Realen auf der Haut gerade nicht jene Zeichen sind, die dem wechselseitigen »Respekt« entsprächen, bedeutet die kulturelle Codierung des Körpers das Wegwischen jener *tares* und ihre Ersetzung durch symbolische Marken, durch »Körperwappen«, wie Lacan 1960 sagt, durch Bilder und Signifikanten, die den realen Körper zu einer sozialen Realität machen, das heißt den Körper zum Träger jener Relationen werden lassen, die das Soziale sind.[51] All das prägt zwar nicht nur dem Körper, sondern selbst seinem den *besoin* repräsentierenden Trieb »ein Wissen« auf, eine kulturelle Codierung. Aber das geschieht vollständig unbewusst, »weil es [das Wissen] nämlich eingeschrieben ist in einen Diskurs, dessen Subjekt – wie der Nachrichtensklave im antiken Brauch – unter seinem Haar das Kodizill mit seinem Todesurteil trägt und weder Sinn noch Text kennt, noch in welcher Sprache

50 Lacan, *Radiophonie/Television*, S. 13.
51 Vgl. Haraway: »Anspruchsloser Zeuge …«, S. 363.

es geschrieben ist, noch schließlich, daß man es auf seine blankge-
schabte Haut [!] tätowierte, als es schlief«.[52] Es ist dies das »Einschreiben des Gesetzes«, wie Michel de Certeau sagt.[53] Das tun zum
Beispiel Physiologen oder Hygieniker, und darüber können auch
Historiker reden.

52 Lacan, » Subversion des Subjekts«, S. 178.
53 Michel de Certeau: *Kunst des Handelns*, Berlin: Merve 1988, S. 269 (Paris 1980).

Die Wirklichkeit der Fiktion

Zum Konzept der
»imagined communities«

Zu sagen »Das bildest du dir nur ein«, ist in der Alltagssprache eine ziemlich deutliche Form, einer Behauptung jeden Realitätsgehalt abzusprechen. Etwas höflicher ist die skeptische Bemerkung »Das erscheint mir aber reichlich konstruiert«, doch sie ist nicht weniger spöttisch. Beide Einwände stützen sich auf den dichten, soliden Hintergrund einer Realität, die evident zu sein scheint. »Wirklichkeit« ist in der Alltagssprache das Gegenteil von imaginären Konstruktionen, von Sprachspielen oder schlicht Erfindungen; sie wird als das begriffen, was – im Gegensatz zur bloßen Prätention – faktisch gegeben ist.

Insofern kann der Satz »Mach dir keine Illusionen über die Wirklichkeit« politisches Gewicht haben: Lasse dich, so kann er heißen, vom schönen Schein nicht täuschen, durchschaue die demokratische Fassade, erkenne, wie perfid hinter ihrem Schutz die Macht operiert etc. Wird denn die Kritik der Macht nicht ebenso unmöglich wie jede Geschichtswissenschaft, wenn zwischen Realität und Fiktion nicht mehr unterschieden werden kann? Mit anderen Worten: Basiert das Politische nicht darauf, Wirklichkeit von Fiktionen zu unterscheiden? Das scheint offensichtlich. Es macht zweifellos einen Unterschied, ob anlässlich der Demonstration von algerischen FLN-Sympathisanten in Paris 1961 wahrscheinlich etwa 200 Menschen von der Polizei umgebracht wurden oder nur einer, wie die Behörden bis vor kurzem immer behauptet haben. Allein, die Frage, was der nach der Öffnung der Archive jetzt wohl belegbare Umstand bedeutet, dass die Polizei damals ein Massaker verübt hat, ist damit noch nicht beantwortet. Zum Beispiel: Welche Art von Staat ist das, der mit Maurice Papon einen alten *collaborateur* als Polizeipräfekten und späteren Minister beschäftigt? Für was war dieser Polizeieinsatz ein Symptom: für Papons Gesinnung? Für den Rassismus der französischen Polizei? Oder für die Politik der Fünften Republik? Das sind keine Fragen nach Fakten, sondern nach Vorstellungen, nach Repräsentationen, nach Bedeutungen. Sie zu beantworten ist von großem politischen Gewicht – allein, sie lassen sich offensichtlich nicht im Rekurs auf »Fakten« entscheiden, die unabhängig von Vorstellungen und »bloßen Ideen« wären. Auch wenn Papon sich demonstrierende Algerier wohl in einer Weise vorgestellt hat, die nicht »der Wirklichkeit« entsprach, waren diese Vorstellungen nicht weniger wirklich als die Toten in der Seine. Das Verhältnis von Wirklichkeit und Fiktion ist komplizierter, als es auf den ersten Blick zu sein scheint.

Im Folgenden soll dieses Verhältnis an einem eingeschränkten Gegenstand diskutiert werden: Am Konzept der *imagined communities*, den »vorgestellten Gemeinschaften«, als die in den Sozialwissenschaften seit Benedict Andersons gleichnamigem Buch von 1983 vornehmlich Nationen begriffen werden. Dabei war es, um genauer zu sein, Ernest Gellner, der schon 1964 davon sprach, dass Nationen erfunden werden: »Nationalismus ist keineswegs das Erwachen von Nationen zu Selbstbewußtsein: man *erfindet* Nationen, wo es sie vorher nicht gab.«[1] Im Deutschen ist die Rede von der »Erfindung der Nation« – so Andersons deutscher Buchtitel – zumindest als Rhetorik in allen nicht ganz traditionellen wissenschaftlichen und politischen Milieus seit etwa zehn Jahren gängige Münze. Ob kritisch gemeint oder nicht: Dass Nationen nicht »wirklich« sind, sondern »bloß vorgestellt« und »erfunden«, scheint gut zur so genannten Postmoderne zu passen, in der angeblich alles – nicht nur Nationen, sondern auch Ethnien und »Rassen« – sich in beliebige, realitätsferne Sprachspiele, Diskurse und soziale Konstruktionen auflöst. Und doch hat schon Ernest Renan 1882 in seinem Vortrag »Qu'est-ce que c'est une nation?« die These vertreten, dass Nationen auf nichts anderem als dem »Willen« ihrer Bürger beruhen, eine Gemeinschaft zu sein,[2] und auch das sozialwissenschaftliche Konzept des ethnischen beziehungsweise des nationalen »Gemeinsamkeitsglaubens« als wirkungsmächtige soziale Fiktion ist weit älter als die geschmähte Postmoderne: Es stammt von Max Weber. Ausgehend von Weber möchte ich zeigen, dass sich Andersons Ausar-

---

1 Ernest Gellner: *Thought and Change*, London 1964, S. 169, zitiert in: Benedict Anderson: *Die Erfindung der Nation. Zur Karriere eines folgenreichen Konzepts*, Berlin: Ullstein Propyläen 1998 (erw. Ausgabe; Originalausgabe: *Imagined Communities*, London 1983), S. 15 (Hervorhebung durch Anderson).

2 Ernest Renan: *Was ist eine Nation? Rede am 11. März 1882 an der Sorbonne*, übersetzt von Henning Ritter. Hamburg: Europäische Verlagsanstalt 1996.

beitung dieses Konzeptes, das ich kurz rekapituliere, noch präziser fassen lässt, wenn man auf theoretische Modelle zurückgreift, die Ernesto Laclau, Chantal Mouffe und Slavoj Žižek vorgelegt haben.

1. Ethnizität als Konstruktion bei Max Weber

Im Rahmen seiner vor dem Ersten Weltkrieg verfassten Untersuchung der »gesellschaftlichen Ordnungen und Mächte« unterscheidet Weber in *Wirtschaft und Gesellschaft* (1922) vier Formen der »Vergesellschaftung«: 1. die weitgehend auf Verwandtschaft beruhenden »Hausgemeinschaften« und »Sippen«, 2. die »ethnischen Gemeinschaftsbeziehungen«, 3. die »Typen religiöser Vergemeinschaftung« sowie 4. die »Marktvergesellschaftung«. Das Kapitel über die »ethnischen Gemeinschaftsbeziehungen« beginnt Weber mit der »›Rasse‹zugehörigkeit« als möglicher, allerdings »problematischer« Quelle des Gemeinschaftshandelns: Diese führe zur Gemeinschaft, wenn irgendwelche physischen Merkmale »subjektiv«, wie Weber schreibt, als gemeinsam beziehungsweise fremd empfunden werden; dies geschehe aber nur, wenn »irgendwelche gemeinsamen Schicksale der rassenmäßig Gleichartigen mit irgendeiner *Gegensätzlichkeit* der Gleichartigen gegen *auffällig* Andersgeartete verbunden sind«.[3] Es gibt, davon geht Weber aus, physische Unterschiede zwischen Menschen, aber als solche konstituieren sie noch in keiner Weise soziale Gruppen oder gar »Gemeinschaften« mit einem gemeinsamen Handeln. Weber ist in einer Zeit, in der in Deutschland rassistisches Denken die Geistes- und Sozialwissenschaften zunehmend durchseuchte, auffallend auf der Hut: »Nicht nur die Tatsache, daß, sondern auch der Grad, in welchem das reale Blutsband als solches beachtet wird, ist durch andere Gründe als das Maß der objektiven Rassenverwandtschaft mitbestimmt. Der winzigste Tropfen Negerblut disqualifiziert in den Vereinigten Staaten unbedingt, während sehr beträchtliche Einschüsse indianischen Blutes es nicht tun.«[4]

---

3 Weber, Max: *Wirtschaft und Gesellschaft. Grundriss der verstehenden Soziologie.* Fünfte, revidierte Auflage, besorgt von Johannes Winckelmann, Tübingen: J. C. B. Mohr (Paul Siebeck) 1980, S. 234 (Hervorhebung im Original).

4 Weber, *Wirtschaft und Gesellschaft*, S. 235.

Auch wenn Weber die im ersten Zwischentitel des Kapitels verwendeten Anführungsstriche um das Wort »Rasse« hier weglässt und er den Begriff der »objektiven Rassenverwandtschaft« nicht scheut, ist es wichtig, seinen Punkt nicht zu verfehlen: Was auch immer die anthropologischen Merkmale verschiedener Menschen sein mögen, die zu negieren absurd wäre, so sind es doch immer soziale Kategorien, die die Wahrnehmung des Andern und das Verhalten ihm gegenüber bestimmen: »Ständische, also anerzogene Unterschiede und namentlich Unterschiede der ›Bildung‹ (im weitesten Sinne des Wortes) sind ein weit stärkeres Hemmnis des konventionellen Konnubiums [der Mischehen, Ph. S.] als Unterschiede des anthropologischen Typus.«[5] Webers Argumentation zielt darauf, das Moment der subjektiven Empfindung, der Wahrnehmung und der Sedimentierung dieser Wahrnehmungen in Praxisformen, in »Lebensgepflogenheiten« systematisch jeder möglichen Überlegung zu physischen Unterschieden vorzuziehen. Anstatt von der wie auch immer gedachten »Ursprünglichkeit« von anthropologischen Unterschieden zwischen Menschen auszugehen, kehrt Weber die Blickrichtung um und schreibt: »Fast jede Art von Gemeinsamkeit und Gegensätzlichkeit des Habitus und der Gepflogenheiten kann Anlass zu dem subjektiven Glauben werden, dass zwischen den sich anziehenden oder abstoßenden Gruppen Stammverwandtschaft oder Stammfremdheit bestehe.«[6] Alle möglichen Mutmaßungen über die »Rasse« sind, so Webers Ausgangspunkt, als Reflexe sozialer Differenzen anzusehen. Sie sind eine bestimmte Form, die Kohärenz sozialer Gruppen zu denken; insofern kann ihnen der Charakter einer gesellschaftlich integrierenden Fiktion zukommen. Weber schreibt daher: »Der Stammverwandtschaftsglaube kann – ganz einerlei natürlich, ob er objektiv irgendwie begründet ist – namentlich für die politische Gemeinschaftsbildung wichtige Konsequenzen haben. Wir wollen solche Menschengruppen, welche aufgrund von Ähnlichkeiten des äußeren Habitus oder der Sitten oder beider oder von Erinnerungen an Kolonisation und Wanderung einen subjektiven Glauben an eine Abstammungsgemeinsamkeit hegen, derart, dass dieser für die Propagierung von Vergemeinschaftungen wichtig wird, dann, wenn sie nicht ›Sippen‹ darstellen [das heißt reale Verwandtschaftsnetze, Ph. S.], ›ethnische‹ Gruppen nen-

5 Weber, *Wirtschaft und Gesellschaft*, S. 235.
6 Weber, *Wirtschaft und Gesellschaft*, S. 237.

nen, ganz einerlei, ob eine Blutsgemeinsamkeit objektiv vorliegt oder nicht.«[7]

Ethnizität also ist ebenso wie »Rasse« kein Ausgangspunkt oder »Ursprung«, den ein toleranter Multikulturalismus freudig akzeptiert (und so reproduziert), sondern Produkt gesellschaftlicher Verhältnisse. Das heißt nicht, dass Ethnizität eine beliebige, durch Kritik auflösbare Illusion wäre; vielmehr betont Weber, dass Gesellschaften mit einer schwachen »Rationalisierung« des Sozialen durch Marktbeziehungen und moderne Herrschaftsformen dazu neigen, die Fiktion der Ethnizität zu erzeugen. Dazu komme, dass »überall in erster Linie die politische Gemeinschaft, auch in ihren noch so künstlichen Gliederungen, ethnischen Gemeinsamkeitsglauben [weckt …], es sei denn, dass dem drastische Unterschiede der Sitte und des Habitus, oder, und namentlich, der Sprache im Wege stehen«.[8] Als Funktion der politischen Vergesellschaftung, politischer Grenzen und gemeinsamen politischen Handelns kann so »außerordentlich leicht […] die Vorstellung der ›Blutsgemeinschaft‹« entstehen.[9] Aber Ethnizität rekurriert nicht primär auf das »Blut«, sondern meist auf Sprache und Religion; das sei insofern nahe liegend, »weil die sinnhafte ›Verständlichkeit‹ des Tuns des Anderen die elementarste Voraussetzung der Vergesellschaftung ist«.[10] Allein, sprachliche und religiöse Gemeinsamkeiten sind nur Ausgangspunkt und Kontur der ethnischen Fiktion, nicht aber deren Ursache. Weber nennt, wie erwähnt, neben den politischen Gründen für das Entstehen des Abstammungsglaubens insbesondere den Mechanismus, soziale Differenzen mit einem speziellen, »ständischen« Ehrbegriff zu belegen und als ethnische Differenzen, als grundlegende Differenzen der Sitte und der Lebensführung zu verstehen – bis hin zum »Gedanke[n] des ›auserwählten Volkes‹, der nur ein in das horizontale Nebeneinander übersetztes Pendant ›ständischer‹ Differenzierung ist«.[11]

Diese soziologische Untersuchung essenzialistischer Kategorien, das heißt des »bei exakter Begriffsbildung sich verflüchtigende Begriff der ›ethnischen‹ Gemeinschaft«, treibt Weber konsequent auch

---

7   Weber, *Wirtschaft und Gesellschaft*, S. 237.
8   Weber, *Wirtschaft und Gesellschaft*, S. 237.
9   Weber, *Wirtschaft und Gesellschaft*, S. 240 f.
10 Weber, *Wirtschaft und Gesellschaft*, S. 238.
11 Weber, *Wirtschaft und Gesellschaft*, S. 239.

am Begriff der Nation, der als zuweilen komplexe Zusammenfassung und Überlagerung verschiedener, »normalerweise« ethnischer Zusammengehörigkeitsgefühle, meist auf der Basis einer gemeinsamen Sprache, analysiert werden müsse.[12] Es ist nicht nötig, hier Webers Gedankengang im Einzelnen zu referieren. Vielmehr möchte ich den Blick auf die im weitesten Sinne kulturellen Formen lenken, die diese Art von gesellschaftlich relevanten Fiktionen erzeugen – das heißt, mit anderen Worten, auf die Frage, wie Weber die »Logik« ethnischer und nationaler Gemeinschaftsgefühle beschreibt.

Drei Punkte scheinen mir wichtig zu sein. Erstens bemerkt er, dass die Markierung einer Grenze nicht nur zwischen Gruppen, die sich als »rassisch« verschieden begreifen, sondern auch zwischen solchen mit unterschiedlichem Habitus üblich sei: »Die Abstoßung ist das Primäre und Normale.«[13] Weber geht dieser »Normalität« nicht weiter nach; sie wird uns später noch beschäftigen. Zweitens betont er, dass die ethnischen Begriffe leer sind: »Der Inhalt des auf ›ethnischer‹ Basis möglichen Gemeinschaftshandelns bleibt unbestimmt. Dem entspricht nun die geringe Eindeutigkeit derjenigen Begriffe, welche ein lediglich ›ethnisch‹ [...] bedingtes Gemeinschaftshandeln anzudeuten scheinen: ›Völkerschaft‹, ›Stamm‹, ›Volk‹ [...].«[14] Diese Leere der Begriffe, ihre fast völlige Offenheit und Unbestimmtheit kontrastieren eigenartig mit ihrer Zentralität in politischen Diskursen, das heißt mit ihrer Funktion, hochgradig aggregierend und sozial integrierend zu wirken. Weber beachtet diese Diskrepanz ebenfalls nicht näher; wir werden unten sehen, dass sie von konstitutiver Bedeutung ist. Das dritte Moment der Gemeinschaftsfiktion spielt vor allem im Zusammenhang des »Nationalgefühls« eine Rolle, das heißt dort, wo nicht einfach eine einzige ethnische Bestimmung zur Konstituierung des Volkes ausreicht, sondern möglicherweise einander widersprechende Zugehörigkeitsgefühle integriert werden müssen: die Zeichen einer gemeinsamen Geschichte. Weber erwähnt als markantes Beispiel die Erinnerungskultur der »Deutsch-Elsässer«: »Trikolore, Pompier- und Militärhelme, Erlasse Louis Philippe's, vor allem Revolutionsreliquien [...] im Kolmarer Museum«, sowie, allgemeiner, die Erzählungen ge-

---

12 Weber, *Wirtschaft und Gesellschaft*, S. 242.
13 Weber, *Wirtschaft und Gesellschaft*, S. 234.
14 Weber, *Wirtschaft und Gesellschaft*, S. 240.

meinsamer Schicksale in der Französischen Revolution, deren »Legende die Heldensage primitiver Völker ersetzt«.[15]

Während Webers Hinweis auf soziale und politische Ursachen der ethnischen Fiktion diese auf ihren »rationalen Kern« bestimmter Interessen zurückführen soll und dabei Sprache und Religion als Ausgangspunkte und Form erkennbar werden, bleibt das Gewicht der genannten drei Elemente – die »normale« Abstoßung, die leeren Worthülsen der Ethnizität und die Ursprungserzählung – unbestimmt. Weber erwähnt sie eher beiläufig; seine Analyse zielt gemäß seiner methodischen Entscheidung, dass gesellschaftliches Handeln nicht durch »Ideen«, sondern durch »Interessen« motiviert sei,[16] nicht weiter in die Richtung der exakteren Bestimmung dieser diskursiven Mechanismen der Konstruktion von Gemeinschaftsgefühlen. Bei aller soziologischen Aufklärung, die quer zum damaligen Zeitgeist stand und die, wenn ich recht sehe, auch in späteren Jahren nicht rezipiert worden ist, wird daher nicht klar, wie und warum genau Ethnizität, Nationalismus und Rassismus »funktionieren«.

2. Benedict Andersons »Imagined Communities« als neuer Ausgangspunkt

Andersons Buch *Die Erfindung der Nation* von 1983 (erweitert 1991) in eine direkte Linie mit Weber zu bringen ist insofern nicht unbedingt nahe liegend, als Weber die Nationalgefühle als Spezialfall ethnischer Gemeinschaftsempfindungen begreift, während Anderson nur über den Nationalismus schreibt und sich überdies auch gar nicht auf Weber bezieht. Seine Referenz ist, wenn überhaupt, Ernest Renans Vortrag an der Sorbonne von 1882 und, wie erwähnt, Ernest Gellners These, dass Nationen »erfunden« werden.[17] Was Weber und Anderson allerdings auf einer Linie situiert, ist ihre Distanz gegenüber der Frage, ob Nationalismus und Ethnizität nun »gut« oder »schlecht« seien, und ihr Insistieren auf der Fiktionalität und zugleich gesellschaftlichen »Notwendigkeit« dieser Formen von

---

15 Weber, *Wirtschaft und Gesellschaft*, S. 242 f.

16 Max Weber: »Die Wirtschaftsethik der Weltreligionen«, in: ders.: *Gesammelte Aufsätze zur Religionssoziologie*, Bd. 1, Tübingen: J. C. B. Mohr (Paul Siebeck) 1988 (1. Aufl. 1920), S. 252.

17 Anderson, *Die Erfindung*, S. 15.

Gemeinschaftsgefühl. Obwohl Andersons Thesen, zumindest in Gestalt seines eingängigen Titels, bekannt sind und die Forschung in den letzten zehn Jahren enorm angeregt haben,[18] möchte ich hier kurz untersuchen, wie er die oben im Zusammenhang mit Weber erwähnte »Logik« der – in diesem Fall nun – nationalen Fiktion beschreibt. Die Frage dabei ist schlicht, ob und inwieweit Anderson über Weber hinausgeht.

Anderson definiert die Nation folgendermaßen: »Sie ist eine vorgestellte politische Gemeinschaft – vorgestellt als begrenzt und souverän.«[19] Den Aspekt der Souveränität, der Nationen etwa von Ethnien oder gar von »Rassen« unterscheidet, können wir hier außer Betracht lassen; wichtig sind die Begriffe »vorgestellt« und »begrenzt«. Obwohl Anderson bemerkt, jede Gemeinschaft über dem Niveau der Face-to-face-Gemeinschaft sei vorgestellt, und daher sei nicht dieser Umstand selbst, sondern der Inhalt der entsprechenden Vorstellung zur Unterscheidung von Gesellschaften relevant, spielen die verschiedenen Vorstellungsinhalte, was eine Nation je »ist«, in seiner Argumentation keine Rolle. Vielmehr beginnt Andersons Untersuchung mit der Beobachtung, dass die »fesselndsten« Symbole des Nationalismus, die Ehrenmäler und Gräber der Unbekannten Soldaten, deshalb funktionieren, »*weil* sie entweder leer sind oder niemand weiß, wer darin bestattet ist«. Denn das bedeutet: »[S]o entleert von bestimmbaren menschlichen Überresten oder unsterblichen Seelen diese Gräber auch sind, so übervoll sind sie von gespenstischen *nationalen* Vorstellungen.«[20] Das Argument tauchte in abstrakterer Form schon bei Weber auf: Die Leere des Grabes ist ebenso wie die Leere der Begriffe, die die Nation, das Volk oder die »Rasse« bezeichnen, die Voraussetzung dafür, dass sich dieser Signifikant mit dem nationalen Imaginären füllen kann. Das führt Anderson allerdings nicht dazu, das Imaginäre, das heißt die Vorstellungsinhalte der *imagined communities* zu untersuchen, sondern das Symbolische: die leeren symbolischen Formen und die Medien der Nation.

Wie entstehen denn Nationen – etwa dadurch, dass Menschen sie »erfinden«, indem sie beginnen, sich »die Nation vorzustellen«?

18 Eine Internet-Recherche mit *Google* nach der Formulierung »imagined communities« im Juli 2002 ergab rund 160 000 *Sites* ...

19 Anderson, *Die Erfindung*, S. 14.

20 Anderson, *Die Erfindung*, S. 17 (Hervorhebungen im Original).

Anderson argumentiert gerade nicht so, sondern beschreibt das, was man die kulturellen Produktionsverhältnisse der Nation nennen könnte. Die abstrakteste dieser hier in den Blick genommenen symbolischen Formen ist die Zeit, die in der Moderne »leer und homogen« wird, so dass in ihr die Gleichzeitigkeit und Regelmäßigkeit paralleler Ereignisse und Handlungen als erste Voraussetzung der Nation als einer Gemeinschaft von vorstellbar gleichzeitig handelnden Menschen denkbar wird.[21] (Dass eine durchgängige Grenze zur Schaffung eines einheitlichen Territoriums den nationalen Raum homogen macht, ist eine dazu parallele Bewegung.) Dieses homogenisierte Feld einer nationalen Zeit entsteht durch das Medium einer Sprache, die sich als eine von diversen lokalen Sprachen in kontingenter Weise als die nationale durchsetzt beziehungsweise durchgesetzt wird. Das bedeutet sogleich auch: Das nationale Repräsentationsfeld entsteht durch Medien, die diese Prozesse materialisieren – Zeitungen und Bücher in erster Linie. Anderson schreibt: »Indem der Zeitungsleser beobachtet, wie exakte Duplikate seiner Zeitung in der U-Bahn, beim Friseur, in seiner Nachbarschaft konsumiert werden, erhält er ununterbrochen die Gewissheit, dass die vorgestellte Welt sichtbar im Alltagsleben verwurzelt ist.« Auf diese Weise »sickert die Fiktion leise und stetig in die Wirklichkeit ein und erzeugt dabei jenes bemerkenswerte Vertrauen in eine anonyme Gemeinschaft, welches das untrügliche Kennzeichen moderner Nationen ist«.[22] Die »Ursprünge des Nationalbewusstseins« liegen für Anderson daher nicht in sich verändernden Vorstellungsinhalten, sondern primär in der im Rahmen einer bestimmten Wirtschaftsweise möglichen Expansion des Marktes für Druckerzeugnisse seit der Reformation und dann vor allem im 19. Jahrhundert. Bevor irgendjemand die Nation »erfunden« oder sich vorgestellt hat, »wurden diese neuen Gemeinschaften durch eine eher zufällige, doch explosive Interaktion möglich, die sich zwischen einem System von Produktion und Produktionsbeziehungen (dem Kapitalismus), einer Kommunikationstechnologie (dem Buchdruck) und dem unausweichlichen Faktum entwickelte, dass die Menschen verschiedene Sprachen haben. [...] Der Motor der ›Zusammenfassung‹ verwandter Umgangssprachen war der Kapitalismus, der innerhalb der von Grammatik und Syntax gesetzten

---

21 Anderson, *Die Erfindung*, S. 30.
22 Anderson, *Die Erfindung*, S. 37.

Grenzen mechanisch reproduzierte Schriftsprachen hervorbrachte, die in der Lage waren, sich über den Buchmarkt zu verbreiten.«[23]

Indem Sprachpolitik einen symbolischen Raum strukturierte, der in der Moderne als nationaler begriffen wurde, entstand über mehrere Etappen ein letztlich nationales »Gemeinschaftsgefühl«, das sich als solches kaum auf »Interessen« zurückübersetzen lässt, wie Weber zu denken nahe legt. Eine »nationale« Sprache als symbolische Form integriert Menschen noch vor jeder gemeinsamen Vorstellung irgendeines nationalen Inhaltes. Eine analoge Funktion spielen alle Arten von Klassifikation, Registrierung und Kartierung im Dienste der Konsolidierung der Nation und ihrer einzelnen sozialen und/oder ethnischen Gruppen, die nicht selten genau in diesem Moment der Verschriftlichung erst entstehen.[24] Man sollte bei all dem nicht übersehen, dass Andersons Argument materialistisch ist. Dies nicht in der Weise, dass er die »vorgestellte Gemeinschaft« auf den Fetisch der »ökonomischen Basis« als ihrer angeblichen Essenz reduzieren würde, sondern indem er von der Materialität der nationalen Signifikanten und ihren ökonomischen, technologischen und medialen Voraussetzungen spricht.[25] Auch wenn Anderson mögliche Interessen, die mit der nationalen Fiktion kongruent sein können, keineswegs in Abrede stellt,[26] ist damit weder von der zielgerichteten Verfolgung von Interessen noch von intentionalem »Erfinden« als den »eigentlichen« Triebkräften der Konstituierung von vorgestellten Gemeinschaften die Rede.

Und dennoch werden Nationen offenbar »vorgestellt« und »erfunden«. Das heißt, es muss im Rahmen dieses Symbolischen ganz bestimmte imaginäre Mechanismen geben, die mit dazu dienen, die Fiktion des Nationalen in die Wirklichkeit einsickern zu lassen oder vielmehr sie dort zu etablieren. Erstaunlicherweise kommt Anderson erst in den beiden 1991 hinzugefügten Kapiteln auf das zu

23 Anderson, *Die Erfindung*, S. 43 f.
24 Anderson, *Die Erfindung*, S. 141-154.
25 Vgl. dazu grundlegend Friedrich A. Kittler: *Aufschreibesysteme 1800-1900*, 3. vollst. überarb. Auflage, München 1995 (Erstausgabe 1987). Siehe zur Materialität des Symbolischen und der symbolischen Maschinen, das heißt der Aufzeichnungsgeräte am Beispiel der Konstruktion wissenschaftlicher Fakten Timothy Lenoir: »Inscription Practices and Materialities of Communication«, in: ders. (Hg.): *Inscribing Science. Scientific Texts and the Materiality of Communication*, Stanford University Press 1998, S. 1-19.
26 Vgl. Anderson, *Die Erfindung*, S. 124.

sprechen, was heute gemeinhin als das Zentrum der »Erfindung der Nation« angesehen wird: die Erfindung einer Ursprungslegende und die Errichtung einer nationalen Erinnerungskultur. Dabei zählt das »Museum« – genauer: die von der Gegenwart aus erfolgende Identifizierung von Kulturgütern als »zur Nation« gehörig – zusammen mit dem »Zensus« und der »Landkarte« zu den sprachlichen und semiotischen Technologien der Konstruktion der Nation;[27] dies fügt den bisherigen Argumenten nicht unbedingt etwas Neues hinzu.

Einen Schritt weiter führen hingegen Andersons Überlegungen zur Errichtung einer nationalen Chronologie und zum Verhältnis von Erinnern und Vergessen. Nationen entstehen, wenn Kollektive in der Lage sind, einen einheitlichen, für alle ihre Mitglieder »gemeinsamen« Ursprung zu entwerfen, der die Geschichte zu einer Funktion der Gegenwart macht oder sie ganz negiert: Klassische Fälle sind die Entscheidung des französischen Nationalkonvents vom 5. Oktober 1793, die Zeitrechnung auf Eins zurückzustellen und mit der Nation eine neue Ära beginnen zu lassen; oder die amerikanische Unabhängigkeitserklärung, die in ähnlicher Weise einen Bruch mit der (Kolonial-)Geschichte vollzieht, indem sie auf diese mit keinem Wort mehr Bezug nimmt; und schließlich auch – in umgekehrter, dennoch aber derselben Weise – die Schweizerische Eidgenossenschaft, die 1891 per Regierungsbeschluss ihren eigenen Ursprung auf den 1. August 1291 festlegte. Wie im Narrativ der Autobiografie entwerfen Nationen ihre »Identität«, indem sie die Chronologie umkehren und die Zeit rückwärts lesen, weil sie ihren genealogischen Faden von der Gegenwart aus in die Vergangenheit auslegen: »Der Zweite Weltkrieg erzeugt den Ersten Weltkrieg; aus Sedan geht Austerlitz hervor [...]«[28]

Doch was geschieht genau mit der Vergangenheit, wenn sie so in den Dienst der nationalen Identitätsfiktion gestellt wird? In einer immer wieder zitierten Formulierung hat Ernest Renan 1882 diese

27 Anderson, *Die Erfindung*, S. 159.
28 Anderson, *Die Erfindung*, S. 177. Anderson ist in diesem Punkt allerdings ziemlich unklar, weil er den Unterschied zwischen der Biografie und einer nationalen Geschichte darin sieht, dass Personen im Gegensatz zu Nationen einen (natürlichen) »Anfang und ein Ende« hätten (S. 177). Er übersieht, dass der »Sinn«, die »Identität« einer Person ebenso wie jene einer Nation sich nicht vom (natürlichen) Anfang her schreiben, sondern im Modus der Nachträglichkeit konstruiert werden. Auch Personen lesen ihre Geschichte von der Gegenwart aus.

Formen der Errichtung einer »offiziellen« Chronologie mit einem notwendigen Vergessen in Verbindung gebracht: »Das Wesen einer Nation ist, daß alle Einzelnen vieles gemeinsam und daß sie alle vieles vergessen haben. Jeder französische Bürger muß die Bartholomäusnacht und die Massaker des 13. Jahrhunderts im Süden vergessen haben.« Denn »das Vergessen – ich möchte fast sagen: der historische Irrtum – spielt bei der Erschaffung einer Nation eine wesentliche Rolle, und daher ist der Fortschritt der historischen Erkenntnis oft für die Nation eine Gefahr. Die Geschichtsforschung bringt in der Tat die gewaltsamen Vorgänge ans Licht, die sich am Ursprung aller politischen Institutionen, selbst jener mit den wohltätigsten Folgen, ereignet haben. Die Vereinigung vollzieht sich immer auf brutale Weise«.[29] Das bedeutet, so ließe sich Renan interpretieren, dass die ursprüngliche Gewalt durch eine geschönte Erinnerung gedeckt wird – analog zum psychischen Mechanismus der Deckerinnerung.[30] Andersons Lektüre von Renans »bizarrem« Argument ist allerdings weitaus subtiler: Dass Renan keinen Anlass sah, seinen Zuhörern zu erklären, was denn die Bartholomäusnacht oder die »Massaker im Süden« tatsächlich gewesen waren, beweist, dass er ihnen als guten Franzosen genau dieses Wissen unterstellte. Zugleich aber machte er, paradox genug, ihnen die absolute Notwendigkeit klar – mit Verweis auf »das Wesen einer Nation« –, dass sie das, was sie wissen, »vergessen haben müssen«! Wie lässt sich, so fragt Anderson, »dieses Paradox erklären?« Das Paradox nämlich, dass das Wissen von der »Bartholomäusnacht« nicht nur nicht vergessen, sondern geradezu durch »eine – durch den Staat eingesetzte und hauptsächlich durch die Schulen vermittelte – systematische historiografische Kampagne« als »Erinnerung« produziert wird.[31] Offensichtlich geht es hier nicht einfach um eine rührende »Erfindung von Tradition«, ein Imaginieren glücklicher Ursprünge, sondern darum, dass das Wissen um die Gewalt, die am Ursprung dessen steht, was dann nachträglich als nationale (oder auch ethnische) Fiktion in die Wirklichkeit einsickert, in einer spezifischen Weise

29 Renan, *Was ist eine Nation?*, S. 14.
30 Sigmund Freud: *Die Traumdeutung* (Studienausgabe, Bd. II), Frankfurt am Main: S. Fischer 1972, S. 186; vgl. dort auch den Hinweis auf seinen Aufsatz »Über Deckerinnerungen«, in: *Monatsschrift für Psychiatrie und Neurologie 6*, 1899, S. 215-230.
31 Anderson, *Die Erfindung*, S. 173.

»erinnert« wird: Während es, wie die meisten vergangenen Ereignisse, als wirklich Vergessenes im nationalen »Gedächtnis« gelöscht wäre, steht es als, so Anderson, »vergessenes/erinnertes« Wissen zur Verfügung. Denn dieses Vergessen/Erinnern ist ein eigentliches Umschreiben, ein Umcodieren der Geschichte, bei dem zuerst die wirklichen Umstände, Frontlinien und Zugehörigkeiten vergangener Konflikte und Gewalttaten verdrängt werden (von *diesen* Umständen zu reden, würde tatsächlich Widerstand hervorrufen, was insofern den Freud'schen Begriff der Verdrängung rechtfertigt[32]). In einem zweiten Schritt wird dann dank dieser Verdrängung, aber im Rahmen des Wissens um ein tatsächliches Ereignis, das also »erinnert« werden muss, ein solcher Krieg durch eine »gewaltige pädagogische Industrie« nachträglich als »Bruderkrieg« gedeutet und nationalisiert.[33] Man muss, so sagt Renan gemäß dieser Lesart, aus dem kontingenten Meer vergangener Konflikte einzelne herausgreifen, sie als Bruderkriege »erinnern« und sogleich wieder »vergessen«, um die »Identität« der Nation als eine blutgetränkte »Gemeinschaft von Brüdern« in der Geschichte zu verankern und auf diese Weise eine »tiefe« nationale Genealogie zu begründen. Unnötig beizufügen, dass damit die Einsicht in den antagonistischen Charakter der Gesellschaft, die die nationalen »Gemeinschaftsgefühle« unterlaufen könnte, versperrt wird.[34]

Der letzte Punkt von Andersons Konzept der *imagined communities*, auf den ich nur ganz kurz hinweisen möchte, betrifft, analog zu den drei bei Weber schon identifizierten Elementen, die Funktion der Grenze zur Errichtung der nationalen Fiktion. Anderson spricht von zwei Sorten von Grenzen, die die Nation konstituieren: Grenzen um Territorien und Grenzen zwischen Klassen, Ethnien und »Rassen«. Dass ein durch Grenzen homogenisiertes Gebiet schneller als ein mehrsprachiger feudaler Flickenteppich dazu neigt, bei seiner Bevölkerung beziehungsweise bei seinen Eliten Gemeinschaftsgefühle hervorzubringen, die eine ethnische und/oder nationale Form annehmen können, führt Anderson zur These, dass die Nation eigentlich eine »Erfindung« der Kolonien beziehungsweise der Kreolen, der von den Eroberern abstammenden, nun aber einhei-

---

32 Sigmund Freud: »Die Verdrängung«, in: *Studienausgabe*, hg. von A. Mitscherlich u. a., Frankfurt am Main: S. Fischer 1975, S. 107-118.
33 Anderson, *Die Erfindung*, S. 173.
34 Vgl. Anderson, *Die Erfindung*, S. 175.

mischen Eliten war, ein Konzept also, das von Anfang an von den relativ homogenen Territorialstrukturen der Kolonien und vom konstitutiven Gegensatz zum früheren »Mutterland« geprägt wurde. Parallel dazu beziehungsweise innerhalb dieser neuen Struktur spielt die durch die »Rasse« bezeichnete Grenze bei Andersons Konzept der *imagined communities* eine Rolle, die über Webers »normale Abstoßung« gleichzeitig hinausreicht, wie sie auch hinter sie zurückgeht. Zwar zitiert Anderson unter anderem Simon Bolívar mit den Worten, »eine Negerrevolte sei ›tausendmal schlimmer als eine spanische Invasion‹«, und er erinnert daran, dass Thomas Jefferson zur Klasse der sklavenhaltenden Plantagenbesitzer gehörte.[35] Insgesamt wird deutlich, wie sehr der Rassismus nicht nur dem Kolonialismus, sondern auch dem entstehenden Nationalismus vollständig parallel war und ihn wie ein »Schatten« (Hannah Arendt[36]) begleitete. Die Frage ist nun allerdings, welche Funktion diesem Rassismus zugeschrieben wird. Anderson betont nicht nur, dass »die Ideologien, in denen die Fantasien des Rassismus ihren Ursprung haben, in Wirklichkeit eher solche der *Klasse* als der Nation sind«, sondern nennt es überdies »ein tiefgehendes Missverständnis, [...] Rassismus und Antisemitismus aus dem Nationalismus abzuleiten«.[37] Und auch schon Hannah Arendt hatte zwar beobachtet, dass »der Rassebegriff in der Arena politischen Handelns in dem gleichen Moment erschien, in dem die europäischen Völker sich nationalstaatlich organisierten«, dennoch aber behauptet: »Der Rassismus ist überall ein dem Nationalismus entgegengesetzter und ihn wie jede Form des Patriotismus untergrabender Faktor«.[38] Man könnte Max Webers Sicht des Rassismus wohl kaum auf diese Weise interpretieren.[39]

Damit bleiben einige Fragen offen. Anderson folgt Weber insofern, als er Ethnizität als Konstrukt begreift und die Fiktion der Nation auf die Funktion der Sprache, insbesondere der leeren Signifikanten sowie die Errichtung einer spezifischen nationalen »Erinnerung« zurückführt. In der Frage des Rassismus hingegen weicht

35 Anderson, *Die Erfindung*, S. 49.
36 Hannah Arendt: *Elemente und Ursprünge totaler Herrschaft*, Frankfurt am Main o. J. (ca. 1956; amerikanische Originalausgabe 1955), S. 265.
37 Anderson, *Die Erfindung*, S. 129 (Hervorhebung im Original).
38 Arendt, *Elemente und Ursprünge totaler Herrschaft*, S. 265.
39 Vgl. Weber, *Wirtschaft und Gesellschaft*, S. 234.

Anderson von Webers Vorstellung der »normalen Abstoßung« ab. Gefragt wäre mit anderen Worten ein theoretisches Modell, das die Fiktionen Ethnie, Nation und »Rasse« so beschreibt, dass die Mechanismen dieser Imaginationen noch etwas präziser gefasst werden können, und das gleichzeitig hilft, die Frage des Rassismus vielleicht nicht zu lösen, so doch immerhin zu strukturieren.

3. »Identität« als instabile Artikulation bei Ernesto Laclau und Chantal Mouffe

Wiederum muss man sich fragen: Was hat die Dekonstruktion marxistischer Theorie durch Ernesto Laclau und Chantal Mouffe mit Max Weber und Benedict Anderson zu tun? Ist das eine wissenschaftliche Genealogie? Nein, zweifellos nicht; was diese Autoren jedoch miteinander verbindet, ist die Vorstellung, dass die »Einheit« beziehungsweise die »Identität« einer gesellschaftlichen Großgruppe von der Ethnie über die Klasse und die Nation bis zur »Rasse« eine in unterschiedlicher Weise notwendige Fiktion sei. Während Weber mit Marx hinter dieser Fiktion noch die Essenz sozialer Interessen entzifferte, die gleichsam ihre Rationalität ausmachen, ihren harten Kern, ihre Verankerung in der »Wirklichkeit«, hat Anderson eine solche Argumentationsfigur nicht mehr benutzt. In seiner historischen Untersuchung reflektiert er damit eine theoretische Verschiebung, wie sie im angelsächsischen Sprachraum und im Kontext des britischen Marxismus mit dem Aufkommen der *Cultural Studies* entsteht.

Diese neo- beziehungsweise dann postmarxistische Tradition der *Cultural Studies* des »Centre for Contemporary Cultural Studies« an der Universität von Birmingham der 1960er und 70er Jahre (vor allem Richard Hoggart, Raymond Williams und Stuart Hall), wo die fundamentale Bedeutung der Kultur für die Konstituierung von Gesellschaften gegen den Ökonomismus des traditionellen Marxismus herausgearbeitet wurde, ist in den achtziger Jahren dann von den beiden Postmarxisten Laclau und Mouffe weiter ausgearbeitet worden, die sich ihrerseits überdies – und anders als Benedict Anderson – in für Teile des britischen Marxismus jener Zeit allerdings typischen Weise auf die »French School«, das heißt auf die Dekonstruktion Derridas sowie in den letzten Jahren zunehmend auch auf die psychoanalytischen Subjekttheorie Lacans beziehen.[40]

Laclau und Mouffes Theoriekonzept stellt insgesamt den Versuch dar, aus den Sackgassen einer essenzialistischen marxistischen Gesellschaftstheorie herauszufinden.[41] Das bedeutet, keine politische Position, kein »Klassenbewusstsein« und keine Vorstellung einer »Identität« mehr als Ausdruck einer tatsächlichen sozialen Lage, als Reflex »objektiver« Interessen oder ökonomischer Verhältnisse anzusehen. Vielmehr sei jede politische Formulierung eines Interesses, einer Identität oder einer Position jeweils eine spezifische »Artikulation« in der politischen Sphäre, das heißt in einem »überdeterminierten« Feld, in dem mehrere Deutungen gesellschaftlicher Strukturen möglich sind und zwischen denen entschieden werden muss. Diese Deutungen sind, mit anderen Worten, nicht mehr »in letzter Instanz« (Engels) von der ökonomischen »Basis« determiniert, sondern sind kontingent und müssen im Kampf um hegemoniale Deutungsmacht von den politisch handelnden Subjekten artikuliert werden, was auch die Suspendierung, die Verdrängung der Alternativen impliziert. Diese Wiederaufnahme und Reformulierung von Gramscis Hegemoniekonzept reagiert auf die schon 1966 formulierte Kritik Derridas an der Vorstellung eines transzendentalen Signifikats, das unseren Begriffen letztlich zugrunde liege und ihre Wahrheit garantiere. Derrida spricht in einer wichtigen Passage, die auch Laclau/Mouffe zitieren, von einem »Riss«, der diese traditionelle Epistemologie von der Dekonstruktion trennt, bei der es – wie bei Kant – keine ursprüngliche Präsenz eines Eigentlichen mehr gibt, von dem die Zeichen nur das verspätete und unvollständige Abbild wären, sondern einzig »eine Art von Nicht-Ort, worin sich ein unendlicher Austausch von Zeichen abspielt. Mit diesem Augenblick bemächtigt sich die Sprache des universellen Problemfeldes. Es ist dies auch der Augenblick, da infolge der Abwesenheit eines Zent-

---

40 Siehe dazu Stuart Hall: »Cultural Studies. Zwei Paradigmen«, in: Roger Bromley, Udo Göttlich und Carsten Winter (Hg.): *Cultural Studies. Grundlagentexte zur Einführung*, Lüneburg: Dietrich zu Klampen 1999, S. 113-138; vgl. auch Andreas Hepp: *Cultural Studies und Medienanalyse. Eine Einführung*, Opladen: Westdeutscher Verlag 1999; Christina Lutter und Markus Reisenleitner: *Cultural Studies. Eine Einführung*, Wien: Turia & Kant 1999.

41 Ernesto Laclau und Chantal Mouffe: *Hegemonie und radikale Demokratie. Zur Dekonstruktion des Marxismus*, Wien: Passagen 1991 (*Hegemony & Socialist Strategy. Towards a radical democratic politics*, London 1985).

rums oder eines Ursprungs alles zum Diskurs wird – vorausgesetzt, man kann sich über dieses Wort verständigen –, das heißt zum System, in dem das zentrale, originäre oder transzendentale Signifikat niemals absolut, außerhalb eines Systems von Differenzen, präsent ist. Die Abwesenheit eines transzendentalen Signifikats erweitert das Feld und das Spiel des Bezeichnens ins Unendliche«.[42] Was heißt das? Wenn die Bedeutungen der Zeichen nicht mehr durch ein transzendentales Signifikat gleichsam garantiert werden, lösen sich Bezeichnungen in ein Feld von Differenzen auf, in dem die einzelnen Elemente ihren Wert – ihre Bedeutung – aus der Differenz zu allen anderen Elementen gewinnen. Dann wird »alles zum Diskurs«, und das »Spiel des Bezeichnens hat von nun an keine Grenzen mehr«.[43] Die Zeichen, gemeinhin definiert als stabile Einheit von Bedeutungsträger und Bezeichnetem, werden so zu Signifikanten, deren Signifikate nicht mehr fixiert sind; »Bedeutung« entsteht damit nicht nur als Effekt der Differenz der Elemente innerhalb eines Zeichensystems, sondern auch im dauernden Verweis von einem Signifikanten zum andern und damit im ständigen Aufschub der nie erreichbaren »endgültigen« Fixierung der Bedeutung. Derrida prägte für diese doppelte Bewegung bekanntlich den Neologismus *différance*, während Lacan davon spricht »dass das Signifizierte unaufhörlich unter dem Signifikanten gleitet«.[44] Dieses unaufhörliche Gleiten der Signifikate ist nicht zu stoppen; es ist, mit anderen Worten, nicht mehr möglich, in einem stummen Kraftakt die Signifikantenkette an einem außersprachlichen Referenten anzupflocken, um Bedeutungen ein für alle Mal zu fixieren. Die Signifikanten bezeichnen immer auch noch etwas anderes als die konventionelle denotative Bedeutung, produzieren – sich metaphorisch und metonymisch verschiebend und neu kombinierend – weitere konnotative Bedeutungen als ihren Effekt.[45] Die relative Stabilität

42 Jacques Derrida: *Die Schrift und die Differenz*, Frankfurt am Main: Suhrkamp 1994 (1. Aufl. 1976; Paris 1967), S. 424; Laclau/Mouffe, *Hegemonie*, S. 163 f.

43 Derrida, *Die Schrift*, S. 424 f.

44 Jacques Lacan: »Das Drängen des Buchstabens im Unbewußten oder die Vernunft seit Freud«, in: *Schriften*, hg. von N. Haas und H.-J. Metzger, Bd. II, Weinheim, Berlin, 3. Aufl. 1991 (Paris 1966), S. 15-59, Zitat S. 27; vgl. dazu Claus v. Bormann: »Das Spiel des Signifikanten. Zur Struktur des Diskurses bei Lacan«, in: Jürgen Fohrmann und Harro Müller (Hg.): *Diskurstheorien und Literaturwissenschaft*, Frankfurt am Main 1988, S. 53-80.

45 Die Terminologie Denotation/Konnotation verwendet Stuart Hall, allerdings

von Bedeutungen in Diskursen und diskursiven Traditionen ist dann nur noch konventionell festgelegt – die Gegenstände der Diskurse erscheinen so als sozial konstruiert.[46]

Die Konsequenzen einer solchen Sichtweise sind klar: Die Sprache hört auf, die Repräsentantin einer außer ihr liegenden Gegebenheit zu sein und wird selbst zum Konstituens des Sozialen. Daher verwerfen Laclau und Mouffe auch Foucaults verwirrende Dichotomie diskursiv/nicht-diskursiv, um »die gesamte materielle Dichte der mannigfaltigen Institutionen, Rituale und Praxen« als Ausdruck diskursiver Artikulationen verstehen zu können. Insofern sind »Synonymie, Metonymie und Metapher keine Gedankenformen, die einer ursprünglichen, konstitutiven Buchstäblichkeit sozialer Verhältnisse einen zweiten Sinn hinzufügen; vielmehr sind sie selbst Teil des ursprünglichen Terrains, auf dem das Soziale konstituiert wird.«[47] Damit löst sich auch die hegelmarxistische Idee von Gesellschaft als einer Totalität auf: »Wir müssen folglich die Offenheit des Sozialen als konstitutiven Grund beziehungsweise als ›negative Essenz‹ des Existierenden ansehen sowie die verschiedenen ›sozialen Ordnungen‹ als prekäre und letztlich verfehlte Versuche, das Feld der Differenzen zu zähmen.«[48] Die Gesellschaft zerfällt daher nicht mehr in die zwei Ebenen des »Wesens« und der »Erscheinung« – der Ökonomie und der Ideologie, zum Beispiel –, sondern fällt mit ihren diskursiven Formierungen in eins: »Die Gesellschaft und die sozialen Agenten haben kein Wesen, und ihre Regelmäßigkeiten« – ihre Strukturen – »bestehen lediglich aus den relativen und prekären Formen der Fixierung, die die Errichtung einer be-

nicht ohne zu betonen, dass – anders als in der konventionellen linguistischen Unterscheidung zwischen »wahrer« denotativer Bedeutung und »bloß« assoziativer Konnotation – eine solche Trennung nur analytischen Sinn macht und nicht wirklich trennscharf sein kann (Stuart Hall: »Kodieren/Dekodieren«, in: Bromley u. a. (Hg.), *Cultural Studies*, S. 92-110, insb. S. 101).

46 Siehe als anregende, bisweilen polemische Auseinandersetzung mit dem Konzept der sozialen Konstruktion Ian Hacking: *Was heißt ›soziale Konstruktion‹? Zur Konjunktur einer Kampfvokabel in den Wissenschaften*, Frankfurt am Main: Fischer 1999 (gekürzte Ausgabe von: *The Social Construction of What?* Harvard University Press 1999).

47 Laclau/Mouffe, *Hegemonie*, S. 160 f. . Vgl. zu einer von Lacan inspririerten Perspektive der Diskursanalyse jetzt Paul Allen Miller: »Toward a Post-Foucaldian History of Discursive Practices«, in: Configurations, 1999, Nr. 2, S. 211-226.

48 Laclau/Mouffe, *Hegemonie*, S. 142.

stimmten Ordnung mit sich bringt.«[49] Diese vorübergehende Fixierung des Verhältnisses zwischen Worten und dem Bezeichneten geschieht wie erwähnt bloß noch als Konvention. Lacan hat für diese Fixierung das Bild der *points de capitons* geprägt, der Polsterknöpfe oder Stepp-Punkte: Das sind jene »privilegierte[n] Signifikanten, die die Bedeutung einer Signifikantenkette fixieren«.[50] Entscheidend ist aber, dass diese prekäre Bedeutungsfixierung keine »Schließung« ist, keine »endgültige Naht« zwischen Signifikanten und Signifikaten, die die volle Positivität der bezeichneten Gesellschaft oder sozialen Gruppe endgültig zum Ausdruck bringen würde.[51] Weil die Sprache als dem einzigen Medium der Artikulation von Identität polysemisch ist und buchstäblicher Sinn unmöglich bleibt, ist jede Identität und damit jede *community* als *imagination* bruchstückhaft und offen für Veränderungen.

Laclau/Mouffe sprechen zwar nicht von *imagined communities*, sondern von der Gesellschaft als »symbolischer Ordnung«, was im Grunde Andersons »symbolischem« Ansatz näher kommt als sein eigener Titel. Gleichwohl macht erst ihr hier nur sehr verkürzt wiedergegebenes theoretisches Modell[52] verständlich, warum Gesellschaften nicht anderes als »vorgestellt«, das heißt als temporäre und prekäre Artikulation einer bestimmten sozialen Selbstbeschreibung gedacht werden können. Die *community* hat kein »Wesen«, das von ihrer *imagination* verschieden wäre, keine »Identität«, die sich auf einen »nationalen Kern«, auf »Interessen«, auf eine ethnisches »Substanz« oder gar eine »rassische« Gemeinsamkeit zurückführen ließe. Allein – wie genau werden »Identitäten« artikuliert, wenn diese Artikulationen nichts »Natürliches« reflektieren? Wieso scheinen diese Fiktionen notwendig zu sein – und zugleich mit Notwendigkeit fehlzugehen? Schließlich: wieso sind sie so oft nationalistisch, ethnisch oder rassistisch aufgeladen, das heißt so sehr um die überdeutliche Markierung einer Grenze und einer Essenz bedacht? Ich möchte im Folgenden versuchen, auf diese Fragen mögliche Antworten zu skizzieren, indem ich zuerst die Theorie von Laclau/Mouffe in zwei Punkten präziser darstelle, und anschließend zeige,

49 Laclau/Mouffe, *Hegemonie*, S. 145.
50 Laclau/Mouffe, *Hegemonie*, 164.
51 Laclau/Mouffe, *Hegemonie*, S. 162 f.
52 Siehe dazu ausführlich Jacob Torfing: *New Theories of Discourse. Laclau, Mouffe and Žižek*, Oxford: Blackwell 1999.

wie Slavoj Žižek deren Gesellschaftstheorie mit Hilfe einiger psychoanalytischer Argumente noch akzentuiert hat.

Identitäten festzulegen bedeutet, das Gleiten der Signifikate in einem Diskurs zum Stoppen zu bringen. Das ist natürlich unumgänglich; ganz formal lässt sich sagen, dass kein Feld von Differenzen möglich ist, wenn nicht einzelne Bedeutungen fixiert werden. Auf der individuellen Ebene ist ein Diskurs, der keine Bedeutungen fixieren kann, ein psychotischer Diskurs, weil dann das Sujekt selbst in die Rolle gerät, wahnhaft an Stelle des »Großen Anderen« Bedeutungen zu fixieren. Auf der gesellschaftlichen Ebene hingegen wäre die Abwesenheit jeglicher Versuche, »Identität« zu artikulieren, mit vollständiger sozialer Anomie gleichzusetzen. Auch wenn sich die Identität einer *imagined community* nicht abschließend und positiv fixieren lässt, »so existiert [sie] doch nur als Anstrengung, dieses unmögliche Objekt zu konstruieren.«[53] Diese »artikulatorische Praxis« operiert nun mit zwei Instrumenten, die wir schon auf verschiedene Weise diskutiert haben: Erstens mittels »privilegierter Signifikanten« oder *points de capitons*, die, wie ich jetzt zeigen möchte, natürlich nichts anderes sind als jene von Weber und Anderson erwähnten Worthülsen und leeren Gräber, die die ethnische oder die nationale »Identität« signifizieren; und zweitens, damit unmittelbar verknüpft, durch eine spezifische Form der Grenzziehung, die das Feld der Differenzen konstituiert, indem sie es gegen außen zu schließen versucht.

Wie gezeigt, beschreiben Laclau/Mouffe Gesellschaft oder soziale Gruppen als diskursiv strukturiert und damit als ein Feld von Differenzen. Jedes Mitglied, jedes Ereignis und jede Gruppe sind ein wenig »anders«, beschreiben ihre Identität durch die Differenz zu allen andern. Gleichzeitig existieren aber auch Äquivalenzrelationen zwischen ihnen, die dadurch zustande kommen, dass sie sich als »gleich« im Verhältnis zu einem Dritten, zu einem Außen definieren. So mögen die Mitglieder einer Gruppe je relativ verschieden sein, im Verhältnis zu einer sie unterdrückenden Gruppe erfahren sie sich aber als gleich. Im Feld der Differenzen, in dem verschiedene Signifikantenketten zum Beispiel »mich« beschreiben und viele Selbstbeschreibungen sich in zum Teil widersprüchlicher Weise überlagern (»ich bin Arbeiter und Katholik und ein Mann und Untertan und Deutscher und Sozialdemokrat und …«, während mein Kumpel

---

53 Laclau/Mouffe, *Hegemonie*, S. 164 (Hervorhebung im Original).

Protestant ist und Kaninchenzüchter und …«), wird »starke« Identität als Klasse, Nation, Ethnie oder gar »Rasse« nur erzeugt, wenn dieses Gleiten mit seinen divergierenden, instabilen Effekten zum Stoppen gebracht, und das heißt: durch privilegierte Signifikanten fixiert wird (»Wenn ich mein Land gegen die Franzosen verteidige, bin ich nur Deutscher«). Dieses formale Argument[54] läuft darauf hinaus, dass eine »starke« Identitätsbehauptung, also das tendenzielle Verschwinden der Differenzbeziehungen, durch eine ausgeprägte Äquivalenzrelation im Verhältnis zu einem antagonistischen Außen erzeugt wird – dieses Verhältnis zum Außen absorbiert gleichsam alle interne Differenz. Diese Differenz nennen Laclau/Mouffe »Antagonismus.« Der Begriff bezeichnet dasjenige, was nicht Teil des Feldes der Differenzen ist, sondern als ganz Anderes, als Gegenteil schlechthin das Feld insgesamt begrenzt.[55] Das, was Identität als unmögliche Ganzheit und Geschlossenheit stiftet – stiften soll –, ist als solches »undarstellbar« – »it cannot signify itself in terms of any positive signified.«[56] Wäre dieses Element darstellbar, wäre es Teil des Feldes und würde dieses nicht abschließen; umgekehrt haben wir oben schon gesehen, dass auch eine Schließung nie möglich ist – denn dann würde Identität vollständig werden, könnte auf jegliche Vermittlung durch ein Außen verzichten und wäre rein positiv: Soziale Phänomene sind als sprachliche jedoch nie auf diese Weise strukturiert.

Weil »Ich« oder eine soziale Gruppe sich immer nur in Relation zu einem Außen, zu einem Andern konstituieren kann, ist jeder »Identität«, wie Laclau mit Bezug auf Lacan sagt, immer ein konstitutiver Mangel eingeschrieben – ein Mangel an vollem Sein, an Positivität.[57] Im Feld der politischen Diskurse sind es die privilegierten Sig-

54 Mein Referat dieses theoretischen Modells ist zu kurz, als dass dieses wirklich verständlich werden könnte: Mehr als die allgemeine Richtung des Arguments vermag ich auf knappem Raum nicht zu skizzieren. Eine sehr konzise Darstellung liefert Ernesto Laclau: »Why do Empty Signifiers Matter to Politics?«, in: Jeffrey Weeks (Hg.): *The Lesser Evil and the Greater Good*, London 1994, S. 167-178 (deutsch: »Was haben leere Signifikanten mit Politik zu tun?«, in: *Mesotes. Zeitschrift für philosophischen Ost-West-Dialog* 2, 1994). Vgl. auch Laclau/Mouffe, *Hegemonie*, S. 176 ff., sowie: Torfing, *New Theories*, S. 81-131; Oliver Marchart: »Undarstellbarkeit und ›ontologische Differenz‹«, Einleitung zu: Judith Butler, Simon Critchley, Ernesto Laclau, Slavoj Žižek u. a.: *Das Undarstellbare der Politik. Zur Hegemonietheorie Ernesto Laclaus*, hg. von O. Marchart, Wien 1998, S. 7-20.
55 Laclau/Mouffe, *Hegemonie*, S. 176-192.
56 Laclau, »Empty Signifiers …«, S. 169.
57 Das Subjekt selbst ist genau durch seinen Mangel definiert; Lacan prägte dafür

nifikanten, die das Gleiten der Signifikate im gesellschaftlichen Feld
der Differenzen eine Weile lang zum Stoppen bringen und »Identität« stiften, indem sie genau jene fehlende Positivität ausdrücken,
jene fehlende Ganzheit (»fullness«), die soziale Gruppen als eine
notwendige Fiktion von sich entwerfen müssen: »Deutschland«
»das Volk« etc. Damit wird auch deutlich, was Laclau als »hegemo-
nic operation« bezeichnet:[58] Zum Beispiel haben es die National-so-
zialisten seit den späten zwanziger Jahren geschafft, »den Juden«
zum Signifikanten dessen zu machen, was »Deutschland mangelt«
und damit für ihre Wähler, Parteigänger und Mitläufer eine prekäre
»nationale Identität« errichtet. Es ist unnötig zu sagen, dass dieser
leere Signifikant mit konkreten Menschen jüdischen Glaubens natürlich nichts mehr zu tun hatte. »This emptying of a particular sig-
nifier of its particular, differential signified is […] what makes pos-
sible the emergence of ›empty‹ signifiers as the signifiers of a lack, of
an absent totality.«[59] Hegemonie bedeutet mit anderen Worten,
dass irgend ein partikularer Signifikant nicht nur weitgehend von
allem konkreten Inhalt gereinigt wird, sondern auch von seiner
marginalen Position als Schlagwort bei den diversen antisemiti-
schen Gruppen in den Status eines Hauptsignifikanten der Gesellschaft aufsteigt. Er unterdrückt damit alle Alternativen, nationale
Identität als »abwesende Totalität« zu bezeichnen.

   Doch der Antisemitismus ist ein extremes Beispiel, auf das ich
gleich zurückkommen werde. Normalerweise sind die leeren Signifikanten einer Nation »leere Gräber« oder auch die »Erinnerung« an
historische Konflikte, die so weit von allem Inhalt entleert wurden,
dass sie nur noch Mangel und Differenz bezeichnen und dann mit
dem nationalen Imaginären, mit der vorgestellten Einheit angefüllt
werden können. Oder es ist schlicht die Sprache selbst, die als symbolisches System diese Rolle spielt. Der klassische Fall in dieser Hinsicht ist bekanntlich das Deutsche bis zur Reichsgründung 1871;
aber auch das Englische funktioniert in einem von Anderson erwähnten Beispiel so: »Wenn Menschen aus dem englischen Sprachraum die – vor viereinhalb Jahrhunderten niedergeschriebenen –

den Term des durchgestrichenen $, des *sujet barré*. Ernesto Laclau und Lilian Zac:
»Minding the Gap: The Subject of Politics«, in: Ernesto Laclau (Hg.): *The Making of Political Identities*, London 1994, S. 11-39, insb. S. 31-37.
58 Laclau, »Empty Signifiers …«, S. 176.
59 Laclau, »Empty Signifiers …«, S. 174.

Wörter *Earth to earth, ashes to ashes, dust to dust* hören, dann überkommt sie eine gespenstische Ahnung der Gleichzeitigkeit über die ›homogene‹ und ›leere‹ Zeit hinweg. Teils rührt das Gewicht dieser Worte von ihrer feierlichen Bedeutung her« – das ist die Differenzrelation: *Earth to earth*… bedeutet etwas anderes als *I go to school*; »es resultiert aber auch aus einem schon lange existierenden ›Englisch-Sein‹.«[60] Das ist die Äquivalenzrelation, die das Englische in Gegensatz zu jeder anderen Sprache setzt und so zum leeren Signifikanten eines »Gemeinsamkeitsglaubens« macht.

4. Politik des Phantasmas: Slavoj Žižek

So what?, ließe sich einwenden. Ist das alles nicht bloß die komplizierte Beschreibung von etwas, was sowieso vor aller Augen steht und was zum Beispiel mit Michael Jeismanns bekannter Untersuchung zur diskursiven Konstruktion des *Vaterland[s] der Feinde* – eine Formulierung, die die Figur der durch den Feind erst konstituierten nationalen Identität präzis auf den Punkt bringt – auch schon eine exzellente historiografische Bearbeitung gefunden hat?[61] Möglicherweise, doch das spricht nicht gegen die theoretische Modellierung bekannter Phänomene. Denn diese hat unter anderem den Vorzug, Dinge, die scheinbar nichts miteinander zu tun haben, in eine Beziehung zu bringen; mit anderen Worten, sie könnte helfen, die richtigen Fragen stellen. In unserem Zusammenhang ist dies natürlich unter anderem die Frage, wie denn die nationalen »Gemeinschaftsgefühle« mit dem »Schatten« des Rassismus zusammenhängen. Ich will dieses klassische Problem der Nationalismusforschung nur indirekt diskutieren, indem ich Slavoj Žižeks Reaktion auf das Konzept des Antagonismus von Laclau/Mouffe darstelle.[62]

---

60 Anderson, *Die Erfindung*, S. 125.

61 Michael Jeismann: *Das Vaterland der Feinde. Studien zum nationalen Feindbegriff und Selbstverständnis in Deutschland und Frankreich 1792-1918*, Stuttgart: Klett-Cotta 1992.

62 Das ist nun endlich eine wirkliche Bezugnahme von Autoren untereinander – im Gegensatz zu den von mir konstruierten Schnittstellen Weber–Anderson und Anderson–Laclau/Mouffe –, indem Žižek nicht nur deren Antagonismus-Konzept produktiv kritisierte, sondern Laclau dessen entsprechenden Aufsatz »Beyond Discourse Analysis« auch als Nachwort in sein Buch *New Reflections on the Revolution of our time* (London 1990) aufnahm und seine Theorie in den letzten

Im Kontext unserer Auseinandersetzung mit dem Modell der *imagined communities* wäre es eigentlich angezeigt, Žižeks Argumentation zu skizzieren, dass der Gedanke der Notwendigkeit der Fiktion für jede Erkenntnis der Realität ursprünglich von Jeremy Bentham stammt, vor allem aber von Kant und dem Deutschen Idealismus vertreten und schließlich von Lacan reformuliert worden ist. Das würde hier allerdings zu weit führen; in aller Kürze angedeutet, besagt sein Argument Folgendes: »[U]nser Wissen über die objektive Realität kann nur durch die Referenz auf Ideen konsistent und sinnvoll werden. Kurz, Ideen sind unverzichtbar für das effektive Funktionieren unserer Vernunft, sie sind ›eine natürliche und unvermeidliche Illusion‹ ([Kant:] KrV, A 298). […] Wenn Lacan vom ›prekären‹ Status der Realität spricht, hat er genau diese ›transzendentale Illusion‹ als phantasmatischen Rahmen der Realität vor Augen.«[63] Man ahnt, dass der »phantasmatische Rahmen der Realität« etwa dem entspricht, was bei Laclau/Mouffe die Funktion der leeren Signifikanten darstellt: die Erkennbarkeit und Darstellbarkeit der sozialen Realität sichern, indem sie Identitäten fixieren. Auffallend ist allerdings der Begriff des »Phantasmas«. Was bedeutet er?

Žižek kritisiert *Hegemonie und radikale Demokratie* insofern, als hier das Subjekt noch rein »post-strukturalistisch« als Kreuzungspunkt verschiedener Diskurse, als Annahme von »Subjektpositionen«[64] verstanden werde. Dabei biete sich eine andere Lektüre förmlich an: Der Antagonismus, der »Identität« herstellt, lebt ja von der spezifischen Illusion, dass mich mein Feind oder »Klassenfeind« daran hindert, ganz mich selbst (»Deutscher«, oder »Proletarier«, etc.) zu sein, das heißt, dass ich ihn bekämpfen muss, um zu meiner vollen »Identität« zu gelangen. Mit Bezug auf die Figur von Herr und Knecht, die Diderot in *Jacques le fataliste et son maître* dargestellt hat und die Hegel in der *Phänomenologie* theoretisch fasst, ar-

Jahren ein Stück weit in einem lacanianischen Protokoll formuliert (Slavoj Žižek: »Jenseits der Diskursanalyse«, in: Butler, Critchley, Laclau u. a., *Das Undarstellbare*, S. 123-131).

63 Slavoj Žižek: *Die Nacht der Welt. Psychoanalyse und Deutscher Idealismus*, Frankfurt am Main: Fischer 1998, S. 31 f. (Neuausgabe von Teilen von ders.: *Der erhabenste aller Hysteriker. Psychoanalyse und die Philosophie des Deutschen Idealismus I*, Wien: Turia & Kant 1994, sowie ders.: *Verweilen beim Negativen. Psychoanalyse und die Philosophie des Deutschen Idealismus II*, Wien: Turia & Kant 1991).

64 Žižek, »Jenseits der Diskursanalyse«, S. 124; vgl. Laclau/Mouffe, *Hegemonie*, S. 167-176.

gumentiert Žižek: »[U]m den Antagonismusbegriff in seiner radikalsten Dimension zu fassen, sollten wir das Verhältnis der beiden Terme [Herr und Knecht] *invertieren*: es ist nicht der externe Feind, der mich daran hindert, meine Selbstidentität zu erreichen, sondern jene Identität ist bereits in sich selbst blockiert, von einer Unmöglichkeit markiert« – genau diesen Gedanken nimmt Laclau dann auf, wie wir gesehen haben –, »und der externe Feind ist einfach das kleine Stück, der Rest an Realität, auf den wir diese intrinsische, immanente Unmöglichkeit ›projizieren‹ oder ›externalisieren‹.«[65] Die Unmöglichkeit, zu einer positiven Formulierung einer eigenen Identität ohne negative Bezugnahme auf den Andern zu gelangen, die sich nicht im Feld der Differenzen, sondern als radikaler Antagonismus manifestiert, versteht Žižek als das »Reale« im Sinne Lacans, das heißt als traumatischen inneren Kern der »Selbst-Behinderung, der Selbst-Blockade«, der inneren Unmöglichkeit voller Identität.[66] Das Reale ist das, was nicht symbolisiert werden kann: ein vom Subjekt verlorenes Objekt. Dieses aber, und das ist nun der entscheidende Punkt, verschwindet nicht einfach (zum Beispiel in der »Kindheit«), sondern manifestiert sich im Phantasma, das heißt einer ganz bestimmten Wahrnehmungsweise: »Phantasma muss [...] als ein imaginäres Szenario verstanden werden, dessen Funktion ist, eine positive Stütze bereitzustellen, die die konstitutive Leere des Subjekts ausfüllt. Dasselbe gilt *mutatis mutandis* für das soziale Phantasma: es ist ein notwendiges Gegenstück zum Konzept des Antagonismus [...].«[67] Das Phantasma funktioniert gleichsam als »Schirm«, als notfallartige Symbolisierung eines traumatischen Realen durch Bilder, die dieses Reale erträglich machen, indem sie zum Beispiel diese Erfahrung der inneren Unmöglichkeit nach außen verlagern, auf einen Andern projizieren.

Žižek spricht, wenn er so vom Subjekt redet, über das, was die leeren Signifikanten in politischen Diskursen füllt, was ihnen gleichsam die »Energie« verleiht, ihre starke gesellschaftliche Integrationsleistung zu vollbringen und »Gemeinsamkeitsglauben« zu erzeugen.[68] Insofern argumentiert er weniger formal als Laclau/Mouffe:

65 Žižek, »Jenseits der Diskursanalyse«, S. 126 (Hervorhebung im Original).
66 Žižek, »Jenseits der Diskursanalyse«, S. 128 f.
67 Žižek, »Jenseits der Diskursanalyse«, S. 129.
68 Vgl. dazu auch Mladen Dolar: »Introduction«, in: Alain Grosrichard: *The Sultan's Court. European Fantasies of the East*, London: Verso 1998 (Paris 1979), S. x-xi.

Was – um im Register des klassischen Beispiels für den Antagonismus zu bleiben – der Kampf des Knechts mit dem Herrn antreibt, ist sein Begehren, sich ganz zu »verwirklichen«. Dort, im Herrn ist der imaginäre »Objekt-Grund des Begehrens«,[69] dieser »hat« angeblich das, was dem Knecht mangelt, er genießt in illegitimer Weise etwas, was der Knecht als sein Ureigenstes reklamiert (»Die Juden haben den Reichtum Deutschlands usurpiert …«). Das phantasmatische Objekt, das »nationale Ding«, erscheint also dort, wo privilegierte Signifikanten einen leeren Ort für solche Projektionen bereiten, um die »nationalen« Energien zu bündeln.

5. Ursprung und Grenze

Es gibt Phantasmen und Phantasmen. Die Vorstellung des »Ursprungs« einer Nation, konstruiert durch eine Umkehrung der Chronologie und durch mythische Erzählungen einer Gründungstat, die die radikale Kontingenz und auch die Illegitimität jeder ursprünglichen Stiftung verdeckt, ist selbstverständlich phantasmatisch strukturiert, aber sie gehört eindeutig nicht nur zu den einigermaßen harmloseren, sondern auch zu den offenbar unverzichtbaren Illusionen.[70] Das sind die Phantasmen des »guten« Nationalismus. Umgekehrt tauchen – wie ein »Schatten« – hinter diesem Nationalismus seit Beginn der Moderne immer wieder und in wachsendem Maß die phantasmatischen Bilder des Rassismus auf, die Bilder eines monströsen Anderen, eines »Unheimlichen«,[71]

---

69 Žižek, »Jenseits der Diskursanalyse«, S. 129.

70 Jacques Derrida: *Gesetzeskraft. Der »mythische Grund der Autorität«*, Frankfurt am Main: Suhrkamp 1991, S. 27-30.

71 Vgl. zur Figur des Unheimlichen, auf die Horkheimer/Adorno Bezug nehmen, um den Antisemitismus zu erklären (Max Horkheimer und Theodor W. Adorno: *Dialektik der Aufklärung. Philosophische Fragmente*, Frankfurt am Main: Fischer 1977, S. 163), den entsprechenden Text von Freud. Dieser geht seinerseits von einer Passage von Schelling aus: »Unheimlich«, so heißt es bei Schelling, »nennt man Alles, was im Geheimnis, im Verborgnen … bleiben sollte und hervorgetreten ist« (S. 248). Freud konkretisiert dieses sichtbar gemachte Verborgene insgesamt als »das ehemals Heimische, Altvertraute«, um dann hinzuzufügen: »Die Vorsilbe ›un‹ an diesem Worte aber ist die Marke der Verdrängung« (Sigmund Freud: »Das Unheimliche [1919]«, in: *Studienausgabe*, Bd. IV, Frankfurt am Main 1970, S. 241-274, S. 267).

Furchterregenden, das der Rassist bekämpfen will. Das theoretische Modell, das Laclau/Mouffe und Žižek entwerfen, legt die Hypothese nahe, dass dieser »Schatten« kein Zufall ist und dass der Rassismus eben nicht »eigentlich« etwas ganz anderes meint als der Nationalismus – auch wenn sein konkretes Konzept von Gemeinschaft sicher anders ist als dasjenige der Nation, weil diese als »rassisch unrein« kritisiert wird –, sondern dass er in vielfältigen Übergängen und Abstufungen das nationalistische oder auch das ethnische Begehren in radikaler Form vorträgt. Denn der Rassist – und das sind nie alle Mitglieder einer Gesellschaft – empfindet seinen eigenen »Mangel an Sein«, die Brüchigkeit seiner eigenen »Identität« aus kontingenten Gründen schärfer als andere und er lebt im Umfeld von Diskursen, die dieses spezifische Phantasma als »Lösung«, als Symbolisierung des Antagonismus anbieten. Ich will hier nicht empirisch argumentieren und darauf verzichten zu zeigen, dass diese Diskurse seit der Aufklärung keineswegs nur in den dunklen Schmutzecken der Gesellschaft wucherten, sondern dass die Option der rassistischen Grenzziehung auch in Texten von Voltaire, Montesquieu und Kant bis zu den großen Naturwissenschaftern und Historikern am Ende des 19. Jahrhunderts verbreitet waren (um vom 20. Jahrhundert zu schweigen). Aber ich habe hier argumentiert, dass die Antwort auf die Frage, ob der Rassismus als radikalste Möglichkeit der Konstruktion von Identität dem Nationalismus inhärent war oder nicht, letztlich wohl – auch wenn sie auf dichter empirische Forschung basieren muss – dennoch nicht von der Empirie her entschieden werden kann, sondern von theoretischen Modellen abhängt: das heißt von unseren »Ideen«, mit denen wir die Wirklichkeit betrachten.

Metaphern der Ambivalenz

Philipp Etters »Reden an das Schweizervolk« von 1939 und die Politik der Schweiz im Zweiten Weltkrieg

> »Der Bundespräsident von 1939, Philipp Etter, war ein besserer Mann, als seine Kritiker heute aus ihm machen.« (Bundespräsident Adolf Ogi, 21. Januar 2000[1])

Am 10. Juni 1939 hat der schweizerische Bundespräsident Dr. Philipp Etter die Einweihungsrede für das neue Kollegiengebäude der Universität Basel gehalten. Der Magistrat sprach von den Beziehungen zwischen der ältesten Universität der Schweiz und dem Bundesstaat und bemerkte unter anderem: »Wenn ich letzten Sonntag« – bei einer Feier in Genf – »sagte, dass Genf durch die Wasser seines Sees und durch die Rhone wie durch eine Lebensader verbunden sei mit dem Gotthard, mit dem Herzen des Landes, dann darf ich heute daran erinnern, dass auch die Wasser des Basler Rheines der Felsenbrust des gleichen Gotthards entströmen. *Gotthard* aber heißt für uns: *Freiheit, Unabhängigkeit, bündische, eidgenössische Gemeinschaft, Freiheit des Menschen und Freiheit des Landes!* Möge Ihre Universität in ihren neuen, lichten Räumen Trägerin und Künderin dieses alten schweizerischen Geistes sein!«[2]

Das sind auffallende Metaphern, zumal im Hinblick auf eine Universität. Die Universität allerdings hat den Bundespräsidenten nicht

---

1 Adolf Ogi: *Heimat und Welt, Tradition und Offenheit, Neutralität und Kooperation*, Referat von Bundespräsident Adolf Ogi anlässlich der Albisgüetli-Tagung der SVP des Kantons Zürich am 21. Januar 2000 (www.vbs.admin.ch/internet/d/vbs/CHEF_ao/20000121.htm); für den Hinweis danke ich Monika Imboden. Dieser Aufsatz basiert auf meinem Habilitationsvortrag, den ich am 25. November 1999 vor der Philosophisch-Historischen Fakultät der Universität Basel gehalten habe; für die kritische Lektüre dieser weitgehenden Neufassung danke ich Regula Bochsler.

2 Philipp Etter: »Geistige Schweiz. Ansprache an der Einweihung des neuen Universitätsgebäudes in Basel, 10. Juni 1939«, in: *Reden an das Schweizervolk, gehalten im Jahre 1939 von Bundespräsident Philipp Etter*, Zürich: Atlantis 1939, S. 56 (Hervorhebung im Original).

wirklich beschäftigt – ihre Eröffnungsfeier war nur ein Anlass, um in einer Zeit der drohenden Kriegsgefahr in Europa und der Geistigen Landesverteidigung in der Schweiz[3] vom Gotthard zu sprechen, denn der »Gotthard« war das Zentrum von Etters Bild der Schweiz.

Damit stand dieser konservativ-katholische Politiker, dessen Eintreten für die Unabhängigkeit und Neutralität des Kleinstaates sich nahtlos mit seinem autoritären Katholizismus und mit seiner öffentlich geäußerten kritischen Sympathie für die autoritären Regimes in Italien und Deutschland ineinander fügte,[4] nicht allein. Im Gegenteil: Der »Gotthard« und überhaupt die »Alpen« waren ein im politischen Imaginären der Schweiz seit langem tief verankertes Zeichen für die Wehrhaftigkeit und Unabhängigkeit des Landes,[5] und tatsächlich war der »Gotthard« auch jener mächtige Signifikant, der ab 1940 den Rückzug der Armee ins so genannte »Alpenreduit«[6] bezeichnete und legitimierte. In der Formulierung Etters allerdings nahm die »Gotthard«-Metapher eine sehr bezeichnende doppeldeutige Gestalt an, die weit über die Eigenheiten seines Sprachgebrauchs hinauswies. Ich möchte hier zeigen, dass diese Ambivalenz nicht zufällig war, sondern sich vor allem auch in der vom Oberbefehlshaber der Armee, General Henri Guisan, durchgesetzten Reduit-Strategie wiederfindet: als ein reichlich uneindeutiges Schwanken zwischen »Anpassung« an und »Widerstand« gegen Nazi-Deutschland, oder genauer noch: als eine Strategie, die genau

---

3 Vgl. dazu den Forschungsüberblick von Josef Mooser: »»Geistige Landesverteidigung‹ in den 1930er Jahren: Profile und Kontexte eines vielschichtigen Phänomens der schweizerischen politischen Kultur in der Zwischenkriegszeit«, in: *Schweizerische Zeitschrift für Geschichte* 47, 1997, 4, S. 685-708.

4 Vgl. etwa Philipp Etter: *Die schweizerische Demokratie*, Olten und Konstanz: Otto Walter 1934, zum Beispiel S. 31-36; ders.: *Die vaterländische Erneuerung und wir*, Zug: Zürcher 1933, S. 25-26; vgl. dazu auch Aram Mattioli: *Zwischen Demokratie und totalitärer Diktatur. Gonzague de Reynold und die Tradition der autoritären Rechten in der Schweiz*, Zürich: Orell Füssli 1994, S. 242 f.

5 Guy P. Marchal: »Das ›Schweizeralpenland‹: eine imagologische Bastelei«, in: Guy P. Marchal und Aram Mattioli (Hg.): *Erfundene Schweiz. Konstruktionen nationaler Identität*, Zürich: Chronos 1992, S. 37-50; sowie Andreas Ernst, Christof Kübler, Paul Lang und Philipp Sarasin (Hg.): *Die Erfindung der Schweiz 1848-1998. Bildentwürfe einer Nation*, Zürich: Chronos 1998 (= Ausstellungskatalog Musée suisse/ Schweizerisches Landesmuseum Zürich)

6 Vgl. Rudolf Jaun: »Die militärische Landesverteidigung 1939-1945«, in: *Schweizerische Zeitschrift für Geschichte* 47, 1997, Nr. 4, S. 644-661.

in dem Sinne, wie der Bundespräsident ein Jahr zuvor die Metapher gefasst hatte, zugleich beides ermöglichte.[7]

Philipp Etters Basler Rede findet sich in einem in klassischer Antiqua-Schrift mit großen Lettern gedruckten, leinengebundenen Büchlein von 96 Seiten im Octav-Format, das im Oktober 1939 vom Verleger Martin Hürlimann in seinem Atlantis Verlag in Zürich publiziert worden ist: *Reden an das Schweizervolk, gehalten im Jahre 1939 von Bundespräsident Philipp Etter*. Die Sammlung von sechs Reden – von der im Radio übertragenen und in Dialekt gehaltenen »Ansprache an die schweizerische Schuljugend« vom 23. Februar bis zur Rede anlässlich der Mobilisierung der Grenztruppen am 28. August – wird eingerahmt von einem Text über »Das Land und seine Sendung« und einer tagebuchähnlichen Aufzeichnung unter dem Titel »Vaterland heilige Erde!«; dazu kommt die Einleitung des Verlegers. Dieser feiert den Bundespräsidenten als »berufenen Wortführer«, gar als »einstimmigen Ausdruck des Volkswillens«; dann spricht er von der »totalen Bereitschaft der Nation« und von der »Volksgemeinschaft«, die vom »Geist der Erneuerung« getragen werde.[8] All diese paratextuellen Signale[9] des kleinen Buches, vom Goldprägedruck bis zu diesem Vorwort, passen bestens zusammen; gerade die Kombination einer ausgesprochen klassischen Typografie mit der Typisierung Etters als »Führer« ist nicht belanglos. Sie unterstreicht seinen Anspruch, zugleich als Politiker und Intellektueller in einem autoritären Sinne Macht auszuüben. Darüber, dass ihm das gelang, besteht – trotz der überraschend großen Forschungslücken zu seiner Person[10] – wenig Zweifel: Etter war als Bundesrat,

---

7 Dazu grundlegend Jakob Tanner: »›Réduit national‹ und Außenwirtschaft: Wechselwirkungen zwischen militärischer und ökonomischer Kooperation mit den Achsenmächten«, in: Philipp Sarasin und Regina Wecker (Hg.): *Raubgold, Reduit, Flüchtlinge. Zur Geschichte der Schweiz im Zweiten Weltkrieg*, Zürich: Chronos 1998, S. 81-103, insb. S. 87.

8 Martin Hürlimann: »Vorwort«, in: Etter, *Reden an das Schweizervolk* (s. p.).

9 Vgl. dazu Gérard Genette: *Palimpseste. Literatur auf der zweiten Stufe*, Frankfurt am Main: Suhrkamp 1993 (Paris 1983).

10 Vgl. einzig Josef Widmer: »Philipp Etter (1891-1977)«, in: Urs Altermatt (Hg.): *Die Schweizer Bundesräte*, Zürich und München 1991, S. 389-394; Georg Kreis: »Philipp Etter – ›voll auf eidgenössischem Boden‹«, in: Aram Mattioli (Hg.): *Intellektuelle von rechts. Ideologie und Politik in der Schweiz 1918-1939*, Zürich: Orell Füssli 1995, S. 201-217; eine Dissertation von Martin Pfister, Universität Fribourg, über *Bundesrat Etter* ist in Vorbereitung.

wie der Historiker Georg Kreis bemerkte, »vielleicht der mächtigste ›Intellektuelle‹ und zugleich der intellektuellste unter den politisch Mächtigen der Schweiz«.[11] Als Führer des katholisch-konservativen Lagers mit gegenseitigen Sympathien und Beziehungen in die Kreise der extremen Rechten;[12] als überaus populärer, 1934 in den Bundesrat gewählter und bis 1959 amtierender Innenminister; als Politiker, der unter dem direkten Einfluss des in der Schweiz der Zwischenkriegszeit führenden katholischen Rechtsintellektuellen und erklärten Antidemokraten Gonzague de Reynold die so genannte »Kulturbotschaft« zur Geistigen Landesverteidigung vom Dezember 1938 verfasst hat;[13] als Magistrat, der während der Kriegsjahre nicht davor zurückschreckte, die Medien sehr unzweideutig an ihre nationale Pflicht zu erinnern und die Pressefreiheit einzuschränken;[14] als Bundesrat schließlich, der die deutsche Fassung der berüchtigten Rede seines Regierungskollegen Marcel Pilet-Golaz mitredigierte und im Radio auf deutsch vortrug, in der nach dem Zusammenbruch Frankreichs in kaum verhüllten Worten das Neue Europa Hitlers begrüßt wurde[15] – nun, in all diesen Aspekten erweist sich Philipp Etter als ein Politiker, der die Schweiz im mittleren Drittel des Jahrhunderts wie kaum ein Zweiter geprägt hat.

Wie aber spricht ein Mächtiger dieses Zuschnitts und zugleich schreibgewandter Autor in der Öffentlichkeit? Etters Reden sind vor allem durch geografische beziehungsweise topografische Metaphern geprägt. Es ist offensichtlich, dass diese überaus evokativen, mit einem kräftigen nationalreligiösen Pathos eingefärbten Bilder unverhohlen auf die Würde von metapolitischen Begriffen schielen, in denen die Schweiz ihren im felsigen Boden verwurzelten »Geist« erkennen können soll. Aber weil hier immer nur der »Geist« oder »die Schweiz« als das intendierte Signifikat dieser Metaphern er-

11 Kreis, »Philipp Etter …«, S. 201.
12 Mattioli, *Zwischen Demokratie und totalitärer Diktatur*, S. 216; Kreis, »Philipp Etter …«, S. 206 f.
13 »Botschaft des Schweizerischen Bundesrates an die Bundesversammlung über die Organisation und die Aufgaben der schweizerischen Kulturwahrung und Kulturwerbung vom 9. Dezember 1938«, in: *Bundesblatt* 90, 1938, Bd. II, S. 985-1033; Mattioli *Zwischen Demokratie und totalitärer Diktatur*, S. 243 f.
14 Georg Kreis: *Zensur und Selbstzensur. Die schweizerische Pressepolitik im Zweiten Weltkrieg*, Frauenfeld: Huber 1973, S. 98-100; ders., »Philipp Etter …«, S. 212 f.
15 Vgl. Neville Wylie: »Pilet-Golaz and the making of Swiss foreign policy: some remarks«, in: *Schweizerische Zeitschrift für Geschichte* 47, 1997, Nr. 4, S. 608-620.

scheinen, wirken diese zugleich belanglos, repetitiv und nichtssagend. Daher ist es notwendig, sich in der Analyse nicht auf das Signifikat zu konzentrieren, sondern sich an den wörtlichen Sinn der Metaphern zu halten.[16] Denn während das vom Autor Gemeinte armselig bleibt, entsteht das wuchernde und widersprüchliche politische Imaginäre dieser Texte durch das Gesagte, durch die Bewegungen und Kopplungen der Signifikanten. Und doch kommt, paradox genug, der Entscheid, Etters Metaphern wörtlich zu lesen, seinem Denken wohl am nächsten, denn es ist offensichtlich, dass er das, was er über die Topografie der Schweiz sagte, immer auch ganz buchstäblich gemeint hat: Als guter Katholik erkannte er, wie wir gleich sehen werden, in den Zeichen der Landschaft zweifelsfrei Gottes eigene Schrift.

Das Imaginäre, das sich in den Texten des Bundespräsidenten entfaltet, ist nicht belanglos. Die neuere theoretische und empirische Nationalismusforschung hat vielfach gezeigt, dass Nationen oder »ethnische« Gemeinschaften als fiktionale Wirklichkeiten überhaupt erst im Medium der entsprechenden Repräsentationen entstehen; seit Ernest Gellner und insbesondere seit Benedikt Anderson ist es üblich geworden, von *imagined communities* zu sprechen.[17] Nicht alle Imaginationen haben allerdings die Macht, in diesem Sinne Wirklichkeit zu schaffen: meist fehlt es ihnen an historischer »Tiefe«, oder die imaginierenden Subjekte sind zu machtlos, zu wenige oder beides. Wenn hingegen ein einflussreicher Politiker in öffentlichen Reden mit Metaphern hantiert, die, wie sich zeigen wird, in der Geschichte und Kultur seines Landes gut verankert sind, ist die Chance groß, dass seine Formulierungen gleichsam die Kraft haben, die *imagination*, die die *community* formt, auf den neusten Stand zu bringen.

Was also sagte Etter in seinen Reden? Wie beschrieb er die Schweiz, die keine Nation sei, wie er schon 1933 festhielt,[18] sondern eine »bündische Gemeinschaft«? In der neu eröffneten Aula der

---

16 Vgl. zur Theorie der Metapher auch meinen Aufsatz »Infizierte Körper, kontaminierte Sprache« in diesem Band, S. 191 ff.

17 Siehe dazu und zum Folgenden ausführlicher »Die Wirklichkeit der Fiktion« hier in diesem Band, S. 150 ff., sowie Philipp Sarasin, Andreas Ernst u. a.: »ImagiNation. Eine Einleitung«, in: Ernst, u. a. (Hg.), *Die Erfindung der Schweiz 1848-1998*, S. 18-31. Vgl. auch Slavoj Žižek: *Die Nacht der Welt. Psychoanalyse und Deutscher Idealismus*, Frankfurt am Main: Fischer 1998, v. a. S. 31-33.

18 Vgl. Etter, *Die vaterländische Erneuerung und wir*, S. 15.

Universität Basel sprach der Bundespräsident, wie erwähnt, von der Schweiz als einem Körper, der mit dem Gotthard ein »Herz« und mit ihren Flüssen »Lebensadern« hat. Im ersten Text der Redensammlung heißt es dazu präzisierend: »Nur an wenigen schmalen Pforten öffnet sich zu ebener Erde der Eingang in das Innere unseres Landes. Überall sonst führen die Ein- und Ausgänge der Schweiz über die Berge.«[19] Eine im wörtlichen Sinn imaginäre Geografie: Dieses »Innere« der Schweiz lässt Städte wie Basel, Genf, Lausanne oder Lugano außen vor und negiert, dass der Weg von der nördlichen Grenze nach Zürich ziemlich eben ist. Doch wie auch immer Etter die Landesgrenzen genau vorgestellt hat – »in diesem Rahmen« jedenfalls bilde »unser Land eine natürliche Einheit, deren Grenzen nicht von Menschenhand gezogen sind. Der göttliche Schöpfer selbst hat die Einheit dieses Landes geschaffen und es ummauert mit starken Wällen von Granit und hartem Kalkgestein, damit es zugleich eine *Festung* sei, so groß und stark, wie sie nur der Herrgott selber bauen konnte [...]«.[20] Hier sei in Gestalt der Eidgenossenschaft ein »großer, unsterblicher Gedanke Fleisch geworden: Verbindung, Vermittlung und gegenseitige Befruchtung jener Kulturen, auf denen die geschichtliche und geistige Größe des Abendlandes ruht!« Diese von Gott der Schweiz zugewiesene Aufgabe ist in den Boden selbst eingeschrieben. Etter fährt fort: »Die Schweiz ist das Land der Pässe und der Quellen. Die Berge trennen und scheiden. Die Pässe verbinden und vermitteln. Die Quellen befruchten. Uns ward die Aufgabe, im Herzen des Abendlandes Wache zu stehen an den Pässen und an den Quellen.«[21] Die beschworene und mit allen Mitteln zu verteidigende Eigenständigkeit des Landes hat einzig die Funktion, die Erfüllung dieser »Aufgabe« zu sichern.

Dass in dem von Gott gesetzten Naturraum nichts weniger als das Wort selbst »Fleisch« geworden ist, ist der psychotische Zug[22] dieser

19 Etter, »Das Land und seine Sendung«, in: *Reden an das Schweizervolk*, S. 11.
20 Etter, »Das Land und seine Sendung«, in: *Reden an das Schweizervolk*, S. 11 (Hervorhebung im Original).
21 Etter, »Das Land und seine Sendung«, in: *Reden an das Schweizervolk*, S. 11.
22 »Psychotisch« heißt im Kontext der Lacan'schen Psychoanalyse ein Sprechen, bei dem das Subjekt nicht dem Symbolischen unterworfen ist, sondern sich selbst an die Stelle des Gesetzes setzt beziehungsweise sich dem Gesetz oder dem Großen Anderen, dem Gesetzgeber – meist Gott – gleichsetzt. Ein Text beziehungsweise ein Diskurs hat dann eine psychotische Struktur, wenn zwar nicht in einem klini-

Texte: Der Ewige spricht, und Etter versteht dieses Sprechen, er liest den Text des Gesetzes fließend, ohne jedes Stocken und ohne dass Spielraum für Interpretationen bliebe. Jeder Stein ist unendlich bedeutungsvoll und meint genau »Dich, Leser, Zuhörer« beziehungsweise wörtlich: »Schwizerbuebe und Schwizermeitschi!«,[23] »Väter! Mütter!«,[24] »Eidgenossen! Männer und Frauen!«[25] Davor, dass Etter und das göttliche Gesetz wahnhaft ganz zusammenfallen, schützt ihn paradoxer Weise allein noch sein Glaube an die Autorität Gottes, die er zwar im Kleinen bis zur gefährlichen Selbstüberschätzung selbst darstellt, die ihn aber immerhin an einen Größeren, Unerreichbaren verweist.[26] Etter weiß, dass er nicht das Gesetz selbst ist, aber er liest dessen Text wie wenn es sein eigener wäre: Dass das Volk innerhalb der »Festung« und betraut mit seinem abendländischen Wächteramt bis in die Regierungsform hinein genau der steinigen Natur und seiner von Gott gesetzten Aufgabe entspricht; dass »bündische Einheit« und »Freiheit« mit der Vielgestaltigkeit und Abgegrenztheit des Naturraumes korrespondieren[27] und dass »der Schöpfer die Hut der Pässe und der Quellen einem Volke anvertraut, dem eine starke kriegerische Tradition im Blute liegt«.[28] Auch dass die Berge trennen und die Quellen, Seen und Flüsse »befruchten«, spiegelt sich in der Geschichte: Das Rütli liegt »zwischen Berg und See«, und »zwischen Berg und See, am Morgarten, ward der Bund der Freiheit durch das Blut besiegelt«.[29] Alles spiegelt sich in allem, auf jedes historische Zeichen antwortet ein göttliches, jede Kontingenz findet ihre Stütze in der Ewigkeit. Diese ist, wie ersicht-

schen Sinne das menschliche Subjekt selbst, immerhin aber das diskursive Subjekt der Aussage sich in die Position des Großen Andern imaginiert beziehungsweise aus dessen Blickwinkel spricht.

23 Etter, »Mini liebä Schwizerchind! Schwizerbuebe und Schwizermeitschi! [Meine lieben Schweizerkinder! Schweizerbuben und Schweizermädchen!]«, in: *Reden an das Schweizervolk*, S. 31.

24 Etter, »Laupen. Ansprache, gehalten an der Sechshundertjahrfeier der Schlacht bei Laupen, auf dem Schlachtfeld zu Laupen, 25. Juni 1939«, in: *Reden an das Schweizervolk*, S. 71.

25 Etter, »1. August 1939. Ansprache, gehalten an der Bundesfeier auf der Allmend in Zürich, 1. August 1939«, in: *Reden an das Schweizervolk*, S. 82.

26 Vgl. dazu auch Philipp Etter: *Die schweizerische Demokratie*, Olten und Konstanz: Otto Walter 1934, S. 31-36.

27 Etter, »Das Land und seine Sendung«, in: *Reden an das Schweizervolk*, S. 14.

28 Etter, »Das Land und seine Sendung«, in: *Reden an das Schweizervolk*, S. 12.

29 Etter, »Das Land und seine Sendung«, in: *Reden an das Schweizervolk*, S. 15.

lich, eine religiös fantasierte und keine des »Blutes« oder der »Rasse«. Das Volk, das in diesem Naturraum lebt, wird von Etter nicht oder kaum auf eine Gemeinschaft des »Blutes« festgelegt, sondern mit einer »historischen« Sendung betraut. So bemerkt er in der Rede zur Eröffnung der Landesausstellung[30] in Zürich: »Schon die Geschichte allein bildet den unwiderlegbaren Beweis für die Notwendigkeit und universelle Sendung der schweizerischen Eidgenossenschaft und für die Größe und Unsterblichkeit des Gedankens, der in ihr seine Inkarnation gefunden hat.«[31]

Diese Vorstellung einer geschichtlichen »Sendung« der Schweiz wurde zwar erstmals vom Berner Staatsrechtler Carl Hilty (1833-1909) formuliert, aber sie wird meines Wissens erst bei Etter Teil eines psychotischen Diskurses von der »unwiderlegbaren« Inkarnation eines unsterblichen »Gedankens« und einer göttlichen »Sendung« im Boden und in der Geschichte. Dieses Spiel der Zeichen zwischen Kosmos, Geschichte und persönlicher Kontingenz findet seine nahe liegende personalisierte Metapher auf dem Friedhof. Dort, wo seine Eltern und Vorfahren begraben liegen, denkt er an das Samenkorn, das in der Erde »stirbt«,[32] um neue Frucht zu bringen – der »Tod« ist, gut christlich, Bedingung für neues Leben und zugleich politisches Programm: *Wer für seines Landes Freiheit stirbt, stirbt für seine eigene und für seines Volkes Unsterblichkeit.*[33] Daher, und das ist die Konsequenz aus all diesen Konstruktionen historischer und geografischer Notwendigkeit, führen diese Texte am Schluss immer zum Opfer des eigenen Lebens: »Der Staat, das Land muss wieder das Ziel unseres Opfers werden, nicht das Opfer unserer Ziele!«, heißt es im ersten Text der Sammlung.[34] Etter fordert »*Bereitschaft zum Opfer*«[35] und ruft in seiner Rede zum Nationalfeiertag am 1. August

30 Vgl. Kenneth Angst und Alfred Cattani (Hg.): *Die Landi, vor 50 Jahren in Zürich. Erinnerungen – Dokumente – Betrachtungen*, Stäfa: Rothenhäusler 1989; vgl. allgemein auch Schweizerisches Bundesarchiv (Hg.): *expos.ch – Ideen, Interessen, Irritationen*, Bern: Schweizerisches Bundesarchiv 2000 (Bundesarchiv Dossier 12).

31 Etter, »Arbeitsfreudige Schweiz. Ansprache zur Eröffnung der Schweizerischen Landesausstellung in Zürich, 6. Mai 1939«, in: *Reden an das Schweizervolk*, S. 40.

32 Etter, »Vaterland Heilige Erde!«, in: *Reden an das Schweizervolk*, S. 94.

33 Etter, »Vaterland Heilige Erde!«, in: *Reden an das Schweizervolk*, S. 95 (Hervorhebung im Original).

34 Etter, »Das Land und seine Sendung«, in: *Reden an das Schweizervolk*, S. 17.

35 Etter, »Das Land und seine Sendung«, in: *Reden an das Schweizervolk*, S. 17 (Hervorhebung im Original).

1939 auf der Allmendwiese in Zürich aus: »GLÜCKLICH DIE GEFAHR, die ein Volk aufruft zur Besinnung auf seine Sendung«,[36] um dann die Kontur dieses Opfers zu konkretisieren: »Eidgenossen! Männer und Frauen! Seien wir treue Hüter dieser beiden Kräfte, die im Schweizervolk lebendig bleiben müssen: Der Kraft harten und straffen soldatischen Willens und der Kraft der mütterlichen Opferbereitschaft und mütterlichen Fruchtbarkeit«.[37] Der Boden und der Charakter des Volkes, das hier lebt und Opfer bringt, sind also auch aufgespannt ins Geschlechterschema, das selbst noch Etters manifeste Begeisterung für das Verhältnis von »Berg« und »See« zu prägen scheint, deren »Verbindung« wie gesehen immer eine »Befruchtung« ist. Diese anschauliche historische Geografie kann tatsächlich nichts anderes als wahr sein.

Es ist keine neue Erkenntnis, dass organizistische und religiöse Metaphern im Raum der politischen Sprache immer dann auftauchen, wenn die Naturwüchsigkeit gesellschaftlicher Verhältnisse beschworen werden soll.[38] Und man könnte ergänzen, dass die Vorstellung einer Korrespondenz von Boden, Klima, »Blut« und politischem System seit Montesquieu zur Staatstheoriediskussion der Moderne gehört – auch wenn sich dieses Korrespondenzdenken im Laufe des 19. Jahrhunderts immer deutlicher an den rechten Rand des politischen Spektrums verschoben hat, bis es schließlich zur Basisideologie des Nationalsozialismus verkommen ist. Und in Bezug auf die Schweiz ließe sich etwa festhalten, dass Johann Jakob Scheuchzer 1706 den Begriff des »Homo alpinus« geprägt hat, der bis in den Zweiter Weltkrieg hinein bei Anthropologen in Gebrauch blieb;[39] dass sich die Delegation der Schweizer Kantone am Wiener Kongress 1815 käseverteilend und alphornblasend präsentierte, um damit für die alpine Eigenart einer künftigen schweizerischen Nation zu werben; oder dass in der zweiten Fassung der älteren Nationalhymne von 1872 die Alpen als »Wall dir von Gott«

---

36 Etter, »1. August 1939. Ansprache, gehalten an der Bundesfeier auf der Allmend in Zürich, 1. August 1939«, in: *Reden an das Schweizervolk*, S. 79 (Hervorhebung im Original).

37 Etter, »1. August 1939 …«, in: *Reden an das Schweizervolk*, S. 82-83.

38 Vgl. Vgl. Judith E. Schlanger: *Critique des totalités organiques*, Thèse Paris-Sorbonne, Paris: Vrin 1971.

39 Vgl. Christoph Keller: »Ob es den reinrassigen Schweizer gebe. Otto Schlaginhaufen und die Rassenfrage«, in: Ernst u. a. (Hg.): *Die Erfindung der Schweiz 1848-1998*, S. 350-355.

besungen wurden.[40] Dieser Hintergrund funktionierte in den Reden Etters als traditioneller schweizerischer Resonanzraum, wenn er den »Boden«, den »Berg« und die »Flüsse« als ein metapolitisches Signal für die Unabhängigkeit des Landes einsetzte.

Paradox und erklärungsbedürftig allerdings ist, dass hier der »Gotthard« als das, was als das Wesen der Schweiz vorgestellt wird, nicht nur von einem fremden Außen abtrennt, abschirmt und schützt, wie das Etters Rede von den »starken Wällen von Granit« impliziert und wie es auch der Reduit-Mythos nachträglich behauptete,[41] sondern weit mehr noch mit diesem Außen »verbindet«. Der »Gotthard« ist hier ebenso ein Zeichen für den wehrhaften Rückzug in die Berge wie auch, wenn nicht vor allem, für die »Aufgabe«, die »Sendung« der Schweiz, zwischen den Kulturen, auf denen »die Größe des Abendlandes« ruht, zu vermitteln. Diese Bedeutungsverschiebung oder Bedeutungsverdoppelung des »Gotthard«-Signifikanten geschieht zugleich unter der Hand und wird dennoch, wie selbstverständlich, unter dem Pathos der Eigenständigkeit verhüllt und trotzdem ganz offen ausgesprochen: Er bezeichnet nun primär die »Aufgabe« der Schweiz, die Verbindung der italienischen, französischen und deutschen »Kultur« zu garantieren. *Nichts anderes* soll die eigentliche »Sendung« der Alpenrepublik sein; im Kontext des Jahres 1939 heißt das, dass die Schweiz – liest man wörtlich –, in dieser Scharnierfunktion vor allem für die damals in der Achse miteinander verbundenen deutschen und italienischen Nationalstaaten beziehungsweise »Kulturen« weitgehend aufgeht. Die Verbindung mit Frankreich ist zwar im Bild vom verbindenden Gotthard explizit mitgemeint, aber sie »funktionierte« 1939 politisch nicht – bis dann nach dem Zusammenbruch Frankreichs im Sommer 1940 die »Gotthard«-Metapher wieder alle Nachbarn der Schweiz als Teil des »Abendlandes« signifizieren konnte, wie wir gleich sehen werden.

40 Yvonne Boerlin-Brodbeck: »Das Bild der Alpen«, in: Ernst u. a. (Hg.), *Die Erfindung der Schweiz 1848-1998*, S. 76-87; vgl. auch dies.: »Alpenlandschaft als politische Metapher. Zu einer bisher wenig bekannten ›Libertas Helvetiae‹«, in: *Zeitschrift für Schweizerische Kunstgeschichte und Archäologie* 55, 1998, S. 1-12.

41 Etter, »Das Land und seine Sendung«, in: *Reden an das Schweizervolk*, S. 11;, Siehe zum Reduit-Mythos vor allem Tanner, »›Réduit national‹ und Außenwirtschaft …«; vgl. auch Walter Leimgruber (Hg.): *Sonderfall? Die Schweiz zwischen Réduit und Europa*, Ausstellungskatalog Zürich: Schweizerisches Landesmuseum 1992.

Diese Ambivalenz von »Abwehr« und »Verbindung« durchzieht, wie die neuere Forschung zeigt, nicht nur das Denken von Rechtsintellektuellen wie des erwähnten de Reynold oder des Historikers Hektor Ammann,[42] sondern in vielfacher Gestalt auch ganz konkret die Politik der Schweiz im Zweiten Weltkrieg: Die Geistige Landesverteidigung verband in einer komplexen Mischung konservative mit liberalen und linken Positionen, so dass bis heute umstritten bleibt, wie sie zu bewerten sei.[43] Die Wirtschaftspolitik kämpfte zwar für das ökonomische Überleben des unabhängigen Kleinstaates in einer sehr schwierigen Situation, fügte sich dabei aber, wie die Arbeiten der »Bergier-Kommission« zur Geschichte der Schweiz im Zweiten Weltkrieg gezeigt haben, im Laufe des Krieges immer stärker und auch deutlich mehr als nötig in den kriegswirtschaftlichen Raum der Achse ein.[44] Am stärksten zugespitzt aber zeigt sich die Ambivalenz, von der hier die Rede ist, in der Militärstrategie der neutralen Schweiz. Die entscheidende Phase war hier der Sommer 1940. Damals, nach der Niederlage Frankreichs, gerieten mit der berüchtigten, das Verhältnis zum siegreichen Deutschland zumindest sehr elastisch darstellenden und von weiten Bevölkerungskreisen als defätistisch empfundenen Radioansprache von Pilet-Golaz (und Etter auf deutsch) am 25. Juni die politischen Koordinaten der Schweiz wie kaum je zuvor aus den Fugen. Der Bundesrat sprach unumwunden von der Notwendigkeit der Anpassung an das »Neue Europa«, und politisch stark rechtsgerichtete so genannte Erneuerungsbewegungen wie der »Gotthard-Bund« forderten diese Anpassung unumwunden – bei gleichzeitigem militärischem Widerstand notabene.

42 Christian Simon: »Hektor Ammann – Neutralität, Gemanophilie und Geschichte«, in: Mattioli (Hg.), *Intellektuelle von rechts*, S. 29-53.

43 Hans-Ulrich Jost und Kurt Imhof: »Geistige Landesverteidigung: helvetischer Totalitarismus oder antitotalitärer Basiskompromiss? Streitgespräch am 12. Dezember 1997 im Schweizerischen Landesmuseum« (Gesprächsleitung Andreas Ernst, Philipp Sarasin und Christof Kübler), in: Ernst u. a. (Hg.), *Die Erfindung der Schweiz 1848-1998*, S. 364-380; dass die Geistige Landesverteidigung sowohl eine »linke«, fortschrittliche wie eine »rechte«, konservativ-autoritäre Seite hat, ist kaum mehr bestreitbar (vgl. Mooser, »Geistige Landesverteidigung …«).

44 Unabhängige Expertenkommission Schweiz – Zweiter Weltkrieg: *Die Schweiz, der Nationalsozialismus und der Zweite Weltkrieg. Schlussbericht*, Zürich: Pendo 2002, S. 181-406; vgl. auch schon Tanner, »›Réduit national‹ und Außenwirtschaft …«, vor allem S. 88-89 und 96-100.

In dieser konfusen Situation hat General Henri Guisan im Sinn einer leeren Geste, die so überaus gehaltvoll war, am 25. Juli die befehlshabenden Offiziere aller Kampfverbände auf die mythisch-historische Wiese des Rütli am Vierwaldstättersee beordert – um dort nicht viel mehr zu sagen, als dass sich die Armee in die Berge in eine neue Verteidigungsstellung zurückziehen werde.[45] Guisan bediente gezielt einige zentrale Metaphern, das heißt: ein paar längst von jeder konkreten Bedeutung entleerte Signifikanten, die aber genau deshalb, wie bei Etter gezeigt, sehr wirkungsvoll das Ganze der Nation und deren Unabhängigkeit bedeuten konnten. Hier signifizierte die Rede von den »Bergen« fraglos den »Geist« des Landes, und daher geschah hier auch, so der Historiker Willi Gautschi, »eine Art Rütli-Wunder [...]. Vom Rütli ging eine geradezu magische Wirkung aus.«[46] Allein, wie paradox! In der Bevölkerung – sowie in Rom und Berlin – wurde Guisans Geste zwar als Zeichen des unbedingten Widerstandswillens verstanden, doch Guisan wollte laut seinem bis 1984 geheim gehaltenen Redemanuskript zugleich *auch* sagen, dass die Schweiz nun die alten Parteien abschaffen, die Verfassung total revidieren – was einer alten Forderung der faschistischen »Fronten« von 1935 entsprach, der Etter damals als einziger Bundesrat zugestimmt hatte – und sich ins »Neue Europa« einfügen solle.[47] Tatsächlich bedeutete der Rückzug ins Reduit die Demobilisierung von zwei Dritteln der Armee, und der General hat nur drei Wochen nach dem Rütlirapport – und auch später noch – Vorstöße beim Bundesrat unternommen, damit dieser eine Sondermission nach Berlin schicke »pour tenter un apaisement er instituter une collaboration« mit Hitler-Deutschland; der Bundesrat behielt allerdings seine vorsichtigere, neutralere Politik bei.[48] Als die Gesandten Deutschlands und Italiens beim Bundesrat nach dem Rütli-Rap-

---

45 Die Geschichte des Reduit-Konzepts ist im Detail insofern komplizierter, als dieses ursprünglich von deutschfreundlichen Offizieren gegen den Welschen Guisan vorgebracht wurde und Guisan erst gleichsam im letzten Moment vor seiner drohenden Entmachtung als General auf diese Linie einschwenkte, dabei aber öffentlichkeitswirksam das Reduit mit »Widerstand« konnotierte (vgl. Tanner, »›Réduit national‹ und Außenwirtschaft ...«, S. 92-93).

46 Willi Gautschi: *General Henri Guisan. Die schweizerische Armeeführung im Zweiten Weltkrieg*, Zürich: Verlag Neue Zürcher Zeitung 1989, S. 292.

47 Gautschi, *General Henri Guisan*, S. 276.

48 Tanner, »›Réduit national‹ und Außenwirtschaft ...«, S. 95; Gautschi, *General Henri Guisan*, S. 357.

port scharf gegen Guisans Manifestation des Widerstandswillens protestierten, antwortete Etter, wie er selbst notierte: »Ich bemerkte […]: Dem General sei eine Absicht, gegen Norden oder Süden zu hetzen, nach meiner vollen Überzeugung absolut fern gelegen. Er dachte einfach positiv an die Behauptung der Unabhängigkeit unseres Landes, und diese zu verteidigen sei ja gerade die Pflicht des Generals und der Armee.«[49]

Es ist ein ungelöstes Rätsel, was Guisan auf dem Rütli wirklich gesagt hat. Sein vorbereitetes Redemanuskript hat er offenbar nicht oder nur als Gedankenstütze gelegentlich benutzt; gesichert ist, dass er seine politischen Optionen vor den rund 500 höheren Truppenkommandanten der gesamten Armee nicht dargestellt hat, angeblich aus Zeitgründen, weil das Schiff Verspätung hatte. Doch allein schon die großen Leerformeln, die sich im Manuskript finden und die auch in den Erinnerungen der Teilnehmer wieder auftauchen, mithin wohl Verwendung gefunden haben, glichen den Metaphern Etters so sehr aufs Wort, dass es sich auch hier lohnt, auf den buchstäblichen Sinn zu achten: Der General sagte unter anderem, dass die Armee am Gotthard die »Alpen*übergänge*« verteidigen werde, »coûte que coûte« – koste es was es wolle.[50] Er erhob also genau jenes das Abendland verbindende bewaffnete Wächteramt, von dem der Bundespräsident ein Jahr zuvor gesprochen hatte, zum strategischen Konzept. Dass die Armee dann am Gotthard vor allem die »Pässe« beziehungsweise die Eisenbahntunnels zwischen Italien und Deutschland sicherte, war auch während des Kriegs ein offenes Geheimnis.[51] Und ebenfalls im Sinne einer wörtlich gelesenen Metapher Etters sagte nur sieben Tage nach dem Rütli-Rapport der damalige Bundespräsident Marcel Pilet-Golaz in seiner Radioansprache zum Nationalfeiertag von 1940, die Aufgabe der Armee bestehe darin, »Hüterin der Alpen zu sein« – nicht: der Schweiz –, »Festung und Schlussstein *Europas* zugleich«.[52] Der »Gotthard« war die »Festung Europas« – die Armee hatte den »Gotthard«, wie aus all diesen Äußerungen deutlich wird, nicht deshalb bis aufs »Blut«

---

49 Bundesrat Etter: Bemerkung für das Politische Departement, 14. 8. 40, zitiert in: Gautschi, *General Henri Guisan*, S. 287.

50 Gautschi, *General Henri Guisan*, S. 278 (Hervorhebung durch mich, Ph. S.).

51 Unabhängige Expertenkommission, *Die Schweiz, der Nationalsozialismus und der Zweite Weltkrieg*, S. 230–242.

52 Zit. in Gautschi, *General Henri Guisan*, S. 291 (Hervorhebung von mir, Ph. S.).

zu verteidigen, weil sie gegen Hitler kämpfte, sondern weil der Wächter unabhängig sein wollte.

Die tiefe Ambivalenz der schweizerischen Politik jener Monate und vielleicht auch Jahre war ein offenes Geheimnis – im Grunde ein schmutzige Geheimnis, das in der Nachkriegszeit vom Phantasma des heroischen Widerstandes gegen Hitler-Deutschland zugedeckt wurde. Aber das »Geheimnis« war immer offen ausgesprochen – prominent vor allem von Philipp Etter, jedoch weniger als etwas, das er bewusst »meinte«, das er »sagen wollte«, sondern schlicht auf der Oberfläche der buchstäblichen Bedeutung seiner metaphorischen Texte, die so taten, als könnten sie nicht anders, als geheimnisvoll und tief vom Widerstandsgeist, von historischer Sendung und von schweizerischer Eigenart zu raunen.

Infizierte Körper, kontaminierte Sprachen

Metaphern als Gegenstand der
Wissenschaftsgeschichte

1. Einleitung[1]

Zwei Grenzpolizisten starren angestrengt durch die Glaskuppel ihres tief fliegenden Helikopters und tasten im Dunkeln mit einem Suchscheinwerfer den staubigen Boden unter ihnen ab. Jede Nacht, so der *off*-Kommentar dieses BBC-Dokumentarfilms, bekämpfen Hunderte von *officers* der Border Police hier an der Grenze zu Mexiko den gefährlichsten Feind, der die USA vom Süden her bedroht. Sie machen Jagd auf jene unzähligen Illegalen, die den Grenzzaun überwinden, um in Amerika Arbeit zu suchen. Das nächste Bild mit einem der Aufgegriffenen im Untersuchungszimmer zeigt allerdings, was der Film »eigentlich« sagen will: Der Feind, das ist

1 Dieser Text entstand im Rahmen eines vom Schweizerischen Nationalfonds geförderten Forschungsprojektes an der Forschungsstelle für Sozial- und Wirtschaftsgeschichte des Historischen Seminars der Universität Zürich zum Thema »Unsichtbare Feinde – infizierte Körper. Politische Metaphern der Bakteriologie/Immunologie 1880-1950«. Er wurde auf Anregung von Prof. Wolfgang Hardtwig für die Zeitschrift *Geschichte und Gesellschaft* geschrieben; dort wird nun allerdings eine stärker auf unser Forschungsprojekt zentrierte Fassung erscheinen.
Ich danke den Projektmitarbeiterinnen Silvia Berger, Marianne Hänseler und Myriam Spörri für die regelmäßigen Diskussionen der in diesem Papier vorgestellten Überlegungen sowie für ihre kritischen Einwände zu einer ersten Fassung des Textes; die hier vorgetragenen Thesen sind zu einem wesentlichen Teil das Resultat unserer gemeinsamen Arbeit. Ich hatte das Privileg, dieses Papier im März 2002 am Max-Planck-Institut für Wissenschaftsgeschichte in Berlin mit den Mitgliedern der Gruppe »Experimentalisierung des Lebens« (unter der Leitung von Prof. Hans-Jörg Rheinberger und PD Michael Hagner) diskutieren zu dürfen; ebenso dankbar bin ich für die Anregungen, die ich aus dem Kolloquium des SFB 511 »Literatur und Anthropologie« in Konstanz (unter der Leitung u. a. von Prof. Alfred Koschorke) im Januar 2002 aus der Diskussion über diesen Aufsatz erhalten habe. Danken möchte ich auch Martina Weiss (Zürich) für ihre informierte Kritik sowie Gabriela Imboden (Basel) und Martin Hallauer (Zürich) für ihre Quellen- und Literaturrecherche. Für Hinweise und Anregungen danke ich schließlich auch der Forschungsgruppe zur Didaktik der Metaphern an der Universität Basel, insbesondere Hugo Caviola und Prof. Anton Hügli.

die Tuberkulose, an der diese Migranten oft leiden und die abzuwehren eine der Aufgaben ist, für die diese breitschultrigen Polizisten mit ihrem rauen Slang bezahlt werden. Auf dem Röntgenschirm im Grenzlager für medizinische Zwangsbehandlung werden die Verheerungen sichtbar, die dieser Feind in der Lunge eines hageren Mexikaners schon angerichtet hat – ein Bild wie eine Landkarte, die besetztes Territorium zeigt.[2]

Dieser BBC-Dokumentar-Film aus der Reihe »Supermensch« (»Um uns tobt die hochtechnisierte Welt des 21. Jahrhunderts. Wir verfügen aber immer noch über einen Körper, der auf die Anforderungen der Steinzeit zugeschnitten ist« – so der Klappentext zur Serie) trägt den Titel »Invasion der Mikroben«. Er beginnt damit, dass ein vierjähriger Junge in einem Videospiel gefährliche, tief fliegende Flugobjekte abschießt, die durch die Straßenschluchten von New York rasen, indem er seine »Helper T-Cells« aus seitlich montierten schweren Maschinengewehren auf die unheimlichen fliegenden Objekte zwischen den Wolkenkratzer feuern lässt. Seit dem 11. September 2001 und dem Umstand, dass in einem Materiallager der Al-Kaida in Afghanistan neben den Adressen von Flugschulen auch ein Microsoft *Flightsimulator* gefunden wurde, wirken diese Bilder noch ein wenig eigenartiger, als sie schon sind – aber der Film will, wiederum, »eigentlich« etwas anderes sagen: Er will erklären, was sich im Körper der dreijährigen Schwester des kleinen Jungen abspielt, die im selben Zimmer mit einer schweren Infektionskrankheit im Bett liegt, während die Mutter erzählt, wann die Mikroben angegriffen hätten.

Dass bestimmte mikrobiologische Vorgänge im Körper mit der Metaphorik des Krieges beschrieben werden, ist seit langem bekannt. Der polnische Bakteriologe und Erkenntnistheoretiker Ludwik Fleck hat 1935 als einer der Ersten kritisch auf den Umstand hingewiesen, dass »primitive Kampfmetaphern die ganze Immunitätswissenschaft durchtränken«, obwohl es »keinen einzigen experimentellen Beweis gibt, der imstande wäre, einen Unvoreingenommenen zu solcher Auffassung zu zwingen«.[3] Dennoch hat sich diese

2 Supermensch – Nr. 4: *Invasion der Mikroben*. BBC-Dokumentarfilm, Produzent Michael Mosley, deutsche Fassung, Grünwald: Komplett-Media, o. J., 50 Min.

3 Ludwik Fleck: *Entstehung und Entwicklung einer wissenschaftlichen Tatsache. Einführung in die Lehre vom Denkstil und Denkkollektiv*, mit einer Einleitung hg. von Lothar Schäfer und Thomas Schnelle, Frankfurt am Main: Suhrkamp 1993 (Origi-

Sprache, auf deren Geschichte ich im zweiten Teil dieses Aufsatzes zurückkommen werde, zunehmenden Zweifeln an ihrer Angemessenheit[4] zum Trotz, bis heute nicht nur gehalten;[5] der »Krieg-im-Körper« wurde vielmehr zu einer Art *master-metaphor*,[6] die zusammen mit weiteren mit ihr verknüpfte Metaphern wie »Invasion« oder »Fremder« einen Assoziationsraum eröffnet, in dessen Zentrum Bilder des Immunsystems und die Unterscheidung »self/nonself« stehen.[7] Seinen x-tausendfach reproduzierbaren und distribuierbaren materiellen Ausdruck hat dieser Assoziationsraum nicht zuletzt in Videospielen gefunden. Seit den späten 1970er Jahren kamen die ersten *games* mit *space invaders* auf den Markt, die wie fliegenden Mikroben aussahen und vom Spieler beziehungsweise von der Spielerin bekämpft werden mussten; 1979 kreierte der *game designer* Moru Iwatani den *pac-man*, der seine Wurzeln zwar in der japanischen Sagenwelt hatte, für westliche Augen aber wie schon die *space invaders* vor allem an einen gefräßigen Einzeller erinnerte; beide Spieltypen knüpfen, mit anderen Worten, an die visuelle Metaphorik der Phagozytose an.[8] Die heutigen, technologisch ungleich

nalausgabe Basel: Benno Schwabe 1935), S. 79. Vgl. über den Begriff der »Invasion« sehr ähnlich Owsei Temkin: »An Historical Analysis of the Concept of Infection«, in: ders: *The Double Face of Janus and Other Essays in the History of Medicine*, Baltimore: Johns Hopkins University Press 1977, S. 456-471, insb. S. 456.

4 Polly Matzinger: »An innate sense of danger«, in: *Seminars in immunology*, 1998, Bd. 10, S. 399-415.

5 Siehe zum Beispiel die *state-of-the-art*-Darstellung von Cedric A. Mims: *The War Within Us: Everyman's Guide to Infection and Immunity*, San Diego: Academic 2000; vgl. dazu Jonathan Howard: »Divergent Thinking About Self-Defense«, in: *Science* 293, 13. Juli 2001, S. 219-220.

6 Vgl. Catherine Waldby: »Body Wars, Body Victories. AIDS and Homosexuality in Immunological Discourse«, in: *Science as Culture* 5, 1995, Nr. 2/23, S. 181-198; Arthur Kroker und Marilouise Kroker: »Panic Sex in America«, in: dies. (Hg.): *Body Invaders. Sexuality and the Postmodern Condition*, London: Macmillan 1988, S. 10-19.

7 Donna Haraway: »The Biopolitics of Postmodern Bodies: Determinations of Self in Immune System Discourse«, in: Shirley Lindenbaum und Margaret Lock (Hg.): *Knowledge, Power, and Practice. The Anthropology of Medicine and Everyday Life*, Berkeley u. a. 1993, S. 364-410; Emily Martin: *Flexible bodies. Tracking immunity in the American culture: from the days of polio to the age of AIDS*, Boston: Beacon Press 1994; Thomas Lemke: »Immunologik – Beitrag zu einer Kritik der politischen Anatomie«, in: *Das Argument*, 2000, 42, H. 3, S. 399-411.

8 Das erste *Space Invaders*-Spiel wurde 1978 von der japanischen Firma Taito auf den Markt gebracht, der *pac-man* ein Jahr später von der Firma Namco (vgl. dazu Wil-

weiter fortgeschrittenen und von der Unterhaltungsindustrie in engem Austausch mit führenden Universitätsinstituten und den *research-labs* der amerikanischen Streitkräfte[9] entwickelten Videospiele bringen in unzähligen Varianten den Körper der Stadt – also uns selbst, vgl. den 11. September und den BCC-Dokumentarfilm – sowie die Invasion extraterrestrischer Flugobjekte mit Kriegstechnologien »des 21. Jahrhunderts« zusammen und fungieren so als zeitgemäße Speicher für weiterverwertbare *plots*.

Die Beispiele zeigen, dass Populärwissenschaft und Populärkultur offensichtlich von Themen, Konzepten und Metaphern aus wissenschaftlichen Diskursen und Repräsentationen geprägt sind. Dasselbe gilt auch für die Politik. Im 20. Jahrhundert waren politische Diskurse im eigentlichen Sinn »vergiftet« von Metaphern, die im engeren Sinn mit dem Thema des »infizierten Körpers« zu tun haben – das heißt konkret durch Metaphern der Verunreinigung des »Volkskörpers« oder auch der »russischen Erde«[10] durch so genannte Mikroben, Parasiten und Ähnliches.[11] Solche Sprachformen waren in sehr weitgehender Weise »handlungsleitend«, um das Mindeste zu sagen: Es ist kein Zufall und – und man soll es nicht vergessen –, dass Menschen, die auf diese Weise zu »Schädlingen« gemacht wurden, in Auschwitz unter einer »Desinfektionsdusche« starben.[12]

Solche Zusammenhänge und Wirkungsweisen von Metaphern im (populär)kulturellen und politischen Raum sind nachvollziehbar

liam Hunter: »From ›pong‹ to ›pac-man‹. The History of video games«, auf: http://www.designboom.com/eng/education/pong.html). Unter Phagozytose versteht man das »Fressen« beziehungsweise Absorbieren eines Bakteriums vor allem durch Leukozyten, das heißt weiße Blutkörperchen.

9 Timothy Lenoir: »All But War Is Simulation: The Military-Entertainment Complex«, in: *Configurations* 8, 2000, Nr. 3, S. 289-336.

10 Gerd Koenen: *Utopie der Säuberung. Was war der Kommunismus?* Frankfurt am Main: Fischer 2000 (Berlin 1998), S. 43-62.

11 Ulrich Enzensberger: *Parasiten. Ein Sachbuch*, Frankfurt am Main: Eichborn 2001; Sarah Jansen: »Ameisenhügel, Irrenhaus und Bordell. Insektenkunde und Degenerationsdiskurs bei August Forel (1848-1931), Psychiater, Entomologe und Sexualreformer«, in: Norbert Haas u. a. (Hg.): *Kontamination*, Eggingen: Edition Klaus Isele 2001 (Lichtensteiner Exkurse IV), S. 141-184.

12 Paul Weindling: *Epidemics and genocide in Eastern Europe, 1890-1945*, Oxford: Oxford University Press 2000; Sarah Jansen: »Männer, Insekten und Krieg: Zur Geschichte der angewandten Entomologie in Deutschland, 1900-1925«, in: Christoph Meinel und Monika Renneberg (Hg.): *Geschlechterverhältnisse in Medizin, Naturwissenschaft und Technik*, Stuttgart: GNT 1996, S. 171-181.

und theoretisch auch leicht zu begründen. Doch was hat das alles mit Wissenschaftsgeschichte zu tun? Wirken Metaphern auch gleichsam in die andere Richtung: von der (Populär-)Kultur oder der politischen Sphäre in die Wissenschaft? Wird der wissenschaftliche Text selbst auch durch Metaphern geformt (so dass tief fliegende Polizeihelikopter, Videogames oder auch Computerviren viel mit Wissenschaftsgeschichte zu tun hätten)? Das ist offensichtlich die schwierigere Frage.

Metaphern gelten seit Aristoteles als das, was die wissenschaftliche Sprache verunreinigt, ihren eigentlichen Sinn kontaminiert und die, wie Thomas von Aquin sagte, *adaequatio rei et intellectus* zerstört; Hobbes, Bacon und Locke haben diese Annahme nur noch einmal bekräftigt: Wer Metaphern gebraucht, untergräbt die Fähigkeit der wissenschaftlichen Sprache, von »den Dingen« zu handeln. Schließen sich also das Von-den-Dingen-Sprechen und der Gebrauch von Metaphern aus? Ich möchte im Folgenden zeigen, dass eine solche Ansicht heute nicht mehr allgemein geteilt wird. Aktuelle Konzepte der Wissenschaftsgeschichte beziehungsweise -theorie legen zwar einerseits wieder ein stärkeres Gewicht darauf, dass experimentelle Forschung wirklich von »den Dingen« handelt und der wissenschaftliche Text daher nicht umstandslos auf den kulturellen oder sozialen »Kontext« zurückgeführt werden kann. Andrerseits aber scheint es just die Metapher zu sein, die dem Erkenntnisprozess den Zugang zu »den Dingen« in der Natur bahnt, ohne dass diese dabei ihre Fähigkeit einbüßen würde, ihn mit der Kultur jenseits des Labors zu verknüpfen.

Ich werde damit beginnen, kurz die wissenschaftstheoretischen Positionen von Ludwik Fleck, Bruno Latour und Hans-Jörg Rheinberger darzustellen, die im Hinblick auf die Frage, wie von »den Dingen« gesprochen werden kann, besonders einflussreich waren und sind (2.). Das mag wie ein Umweg wirken, liefert aber die epistemologische Begründung für ein präzisiertes Metaphernkonzept, das die wissenschaftliche Tätigkeit in einer offenen, ein Stück weit auch ambivalenten Weise mit ihrem kulturellen »Kontext« verknüpft (3.). Anschließend werde ich am Beispiel unseres Forschungsprojektes über die »politischen Metaphern der Bakteriologie« empirische Hinweise zu den Möglichkeiten einer solchen Perspektive geben (4.), um am Schluss wieder zu fragen, was das alles mit Populärkultur zu tun hat (5.).

2. Konstruktivismus und Metapherntheorie:
Von den Dingen reden

2.1. Ludwik Flecks Wissenssoziologie

Es ist eine Ironie der heutigen, in einem weiten Sinne »konstruktivistischen«[13] Wissenschaftsgeschichtsschreibung, dass fast alle neuen und neuesten Wege in diesem Feld bei Ludwik Fleck ihren Ausgangspunkt nehmen beziehungsweise zu ihm zurückgeführt werden können. Fleck selbst hatte als polnischer Jude 1935 keine Chance, Gehör für Thesen zu finden, die heute noch provokativ sind und auf die nach dem Zweiten Weltkrieg erst Thomas Kuhn im Vorwort zu seinem Buch *The Structure of Scientific Revolutions* hingewiesen hatte.[14] Die Rezeption seines Entwurfs einer soziologischen Epistemologie der Naturwissenschaften setzte erst in den letzten 20 Jahren ein, nachdem der Text zuerst 1979 auf englisch und ein Jahr später auf deutsch wieder aufgelegt worden ist.[15] Schon Kuhn musste sich gegen den Vorwurf verteidigen, seine Paradigmatheorie füge Flecks Denkstil-Lehre nur wenig Neues bei. Aber auch das die Wissenschaftsgeschichte seit den 1970er Jahren tief greifend verändernde »Symmetrieprinzip« der Edinburgher Schule, wonach »wahre« und »falsche« wissenschaftliche Theorien genau die gleiche

---

13 Ich verwende den Begriff Konstruktivismus hier sehr allgemein, weil es mittlerweile eine ganze Reihe von konstruktivistischen Positionen gibt, die eben gerade dadurch, dass sie das »über die Dinge Reden« einfordern, den klassischen *social constructivism* zu überwinden versuchen. Siehe zum Begriff des Konstruktivismus das sorgfältig abwägende Buch von Ian Hacking: *The Social Construction of What?* Cambrigde (Mass.), London: Harvard University Press 1999, sowie als Überblikke Jan Golinski: *Making Natural Knowledge. Contructivism and the History of Science*, Cambridge, New York: Cambridge University Press 1998; Thomas Schlich: »Wissenschaft: Die Herstellung wissenschaftlicher Fakten als Thema der Geschichtsforschung«, in: Norbert Paul und Thomas Schlich (Hg.): *Medizingeschichte: Aufgaben, Probleme, Perspektiven*, Frankfurt am Main, New York: Campus 1998, S. 107-129; Bettina Heintz: »Wissenschaft im Kontext. Neuere Entwicklungstendenzen der Wissenschaftssoziologie«, in: *Kölner Zeitschrift für Soziologie und Sozialpsychologie*, 1993, 45, Nr. 3, S. 528-552.

14 Thomas S. Kuhn: *Die Struktur wissenschaftlicher Revolutionen*, Frankfurt am Main: Suhrkamp 1973, S. 8 (*The Structure of Scientific Revolutions*, 1962).

15 Lothar Schäfer und Thomas Schnelle: »Einleitung. Ludwik Flecks Begründung der soziologischen Betrachtungsweise in der Wissenschaftstheorie«, in: Fleck, *Entstehung und Entwicklung*, S. XLVI.

Aufmerksamkeit der Historiker verdienen und die Unterscheidung wahr/falsch überhaupt ein für die Wissenschaftsgeschichte irrelevanter Operator sei, findet sich explizit schon bei Fleck.[16] Fleck vertritt schließlich einen dezidierten Relativismus, wie er angeblich erst der »postmodernen« Wissenschaftstheorie eigen sein soll. Diese Verabschiedung des traditionellen Wahrheitsbegriffs hat ihn allerdings – und das ist doch ganz interessant – nicht daran gehindert, in kontinuierlicher Laborforschung unter anderem an der Entwicklung eines Typhusimpfstoffs zu arbeiten.

Fleck argumentiert, Erkenntnis entstehe nicht aus dem bipolaren Verhältnis zwischen dem Subjekt und dem Objekt, sondern im Dreieck zwischen den sich durch diese Relation laufend verändernden Faktoren erkennendes Subjekt, Erkenntnisgegenstand und Denkstil/Denkkollektiv.[17] Der Denkstil wird laut Fleck durch »Präideen« beziehungsweise »vorwissenschaftliche […] Urideen«[18] entscheidend geformt. Präideen sind vage, oft sehr alte Vorstellungen darüber, wie sich Dinge verhalten, Vorstellungen über Kausalitäten und Zusammenhänge. Sie stehen, darin den »absoluten Metaphern« Blumenbergs verwandt,[19] am Anfang wissenschaftlicher Erkenntnis, die von dieser wissenschaftlich »unreinen«, keinesfalls rein logisch rekonstruierbaren Genealogie unaufhebbar geprägt bleibt. Daher lebt die Vergangenheit, so Fleck, »in übernommenen Begriffen weiter, in Problemfassungen, in schulmäßiger Lehre, im alltäglichen Leben, in der Sprache und in Institutionen. Es gibt keine Generatio spontanea der Begriffe, sie sind, durch ihre Ahnen sozusagen, determiniert«.[20]

Interessant an diesem historisch-genealogischen Schema ist, dass es zugleich ein strukturelles ist: Wissenschaftliche Begriffe sind nach Fleck grundsätzlich von Vorstellungen geprägt, die nicht aus der bipolaren Relation zwischen dem Objekt und dem Subjekt der Er-

---

16 Fleck, *Entstehung und Entwicklung*, S. 31; vgl. David Bloor: »The Strong Programme in the Sociology of Knowledge«, in: ders.: *Knowledge and Social Imagery*, London: Routledge and Kegan Paul 1976, S. 1-19, insb. S. 5. Zur Frage der »Wahrheit« siehe auch Steven Shapin: »Rarely Pure and Never Simple: Talking about Truth«, in: *Configurations* 7, 1999, Nr. 1, S. 1-14.

17 Fleck, *Entstehung und Entwicklung*, S. 115.

18 Fleck, *Entstehung und Entwicklung*, S. 35.

19 Hans Blumenberg: *Paradigmen zu einer Metaphorologie*, Frankfurt am Main: Suhrkamp 1998.

20 Fleck, *Entstehung und Entwicklung*, S. 31.

kenntnis erwachsen, sondern als Drittes die Erkenntnisrelation supplementieren und damit erst konstituieren.[21] Die Betonung liegt so gesehen weniger auf der Historizität der verwendeten Begriffe als auf der konstitutiven Vagheit der in den wissenschaftlichen Aussagen aufbewahrten und reproduzierten Residuen überkommener »Urideen«. Als ein gegenüber der Subjekt-Objekt-Relation Hinzugefügtes, das heißt als Supplement, verhindern sie, dass der Begriff vollständig in seiner aktuellen denotativen Funktion aufgehen und sich in deduktiver Logik aus anderen Begriffen herleiten lassen kann. Fleck verwendet in diesem Zusammenhang den Begriff der Metapher nicht, bemerkt aber, dass Worte nicht nur eine Geschichte haben, sondern auch eine »denkstilmäßige Färbung«; da sich diese aber »bei der inter[denk-]kollektiven Wanderung ändert, kreisen [die Worte] immer mit einer gewissen Änderung ihrer Bedeutung. Man vergleiche die Bedeutung der Worte ›Kraft‹ oder ›Energie‹ oder ›Versuch‹ für einen Physiker und für einen Philologen oder Sportsmann«.[22] Worte also »kreisen« und verändern dabei ihre Bedeutung, sie »wandern« von einem Denkkollektiv zum andern, das heißt auch: von einem semantischen Feld ins andere; sie halten damit neben der jeweiligen Denotation auch ein konnotatives Assoziationsfeld offen – und sie halten sich überdies auch nicht an die schöne *coupure épistémologique* (Bachelard), die angeblich die Wissenschaft vom Alltag trennt.

Das aber kommt insgesamt der Beschreibung der Funktion der Metapher schon sehr nahe; die Frage dabei ist allerdings, wie die Funktion dieser »kreisenden«, »wandernden« Worte mit ihren Einschlüssen von Präideen zu verstehen ist. Es ist bei Fleck nicht ganz auszumachen, ob sie eher dazu dienen, die Erkenntnis qua Denkkollektiv oder qua Denkstil zu formen. Die im Titel des Fleck'schen Buchs durch das »und« angezeigte Trennung von Stil und Kollektiv ist eine Unschärfe, die noch die gesamte konstruktivistisch orientierte Wissenschaftsgeschichte nach Kuhn prägt: Ist die »Entstehung und Entwicklung einer wissenschaftlichen Tatsache« ein Effekt von Formen des Denkens, eines »Stils«, oder ist es ein »Kollektiv«, das dem Denken den Rahmen setzt und die Richtung vorgibt? Es ist keine neue Erkenntnis, dass die Differenz zwischen

21 Vgl. zur Funktion der Metapher als Supplement Jacques Derrida: *Grammatologie*, Frankfurt am Main: Suhrkamp 1990 (Paris 1967), S. 461-481.

22 Fleck, *Entstehung und Entwicklung*, S. 143.

sozialen Bedingungsfaktoren auf der einen Seite und linguistischen beziehungsweise diskursiven oder allgemeiner noch kulturellen Faktoren auf der andern das Feld jener gespalten hat, die den wissenschaftstheoretischen Realismus zu überwinden suchen. Interessant sind daher Versuche, über diese Spaltung hinauszugelangen, indem in einer nicht-naiven Weise wieder über »die Dinge« gesprochen werden soll. Das kann man zwar »von der Sache her« zu begründen versuchen – etwa weil das »Außen« der Dinge das »Innen« der Erkenntnisproduktion *de facto* ja wohl in irgendeiner Weise berührt. Hier soll die Frage in epistemologischer Weise gestellt werden: Wie kann man denn von den Dingen sprechen? Und was erfährt man über die Sprache, wenn man »von den Dingen spricht«?

Über das Verhältnis der Sprache beziehungsweise der Forschenden zu den Dingen haben in den letzten Jahren Bruno Latour und Hans-Jörg Rheinberger die wohl interessantesten Überlegungen angestellt. Latour machte den Vorschlag, von einem »Netzwerk« auszugehen, in welchem neben Menschen und Artefakten auch den Dingen in der Natur – Bakterien zum Beispiel – ihr eigenes Gewicht zukommt. Latours Konzept – seine *actor-network-theory* – ist allerdings von unlösbaren erkenntnistheoretischen Problemen belastet; daher werde ich anschließend anhand von Hans-Jörg Rheinbergers Analyse von »Experimentalsystemen« argumentieren, dass es die Struktur der Metapher ist, die es ermöglicht, von den Dingen zu sprechen, indem sie zugleich die »innere« und in einem gewissen Sinne »realistische« Logik der Forschung verständlich macht, wie sie *zugleich* auch deren Historizität und Kontextabhängigkeit begründet.

2.2. *Bruno Latour: Wider den »Kollekto-Zentrismus«*

Auch Bruno Latour hat mit den Mikroben und dem Krieg begonnen. In seinem ersten großen Buch *Les microbes: Guerre et Paix* von 1984 übertrug er seine Untersuchungskategorien als bewusst gewählte Metaphern aus einem literarischen Werk – eben Tolstojs *Krieg und Frieden* – in ein wissenschaftliches Feld; sie gilt einerseits dem Aufstieg Pasteurs und dem gleichzeitigen Aufstieg der Mikroben in die Welt der »Aktanten«; andererseits entwirft Latour hier eine neue, »nicht-reduktionistische« Epistemologie.[23] Seine Arbei-

23 Bruno Latour: *The Pasteurization of France*, Cambridge, London: Harvard Uni-

ten kreisen um die Fragen, wie man der Falle entgehen könne, entweder im Stile der älteren Wissenschaftsgeschichte zu glauben, das Geschäft der Wissenschaft bestehe darin, die verborgenen geschichtslosen Dinge der Natur ans Licht zu bringen und zu ihrem wahren Ausdruck zu verhelfen – oder aber sich mit der Auskunft zu bescheiden, über die Dinge ließe sich gar nichts sagen, weil Wissenschaftsgeschichte immer nur die sozial und kulturell determinierte Repräsentation der Dinge untersuchen könne. Latour bringt gegen diese Alternative sein erweitertes beziehungsweise »verallgemeinertes Symmetrieprinzip«[24] ins Spiel. Das heißt: nicht nur von der Geschichtlichkeit und gesellschaftlichen Gebundenheit des Wissens zu sprechen, sondern »symmetrisch« dazu auch von der Geschichtlichkeit der Dinge, um »die Verabsolutierung der Gesellschaft, der Natur oder der Sprache« als Erklärungs- beziehungsweise Bedingungsfaktoren für wissenschaftliches Wissen zu brechen; es müsse, wie Latour in etwas sehr lockerer Anspielung auf Derridas Kritik am Logozentrismus des abendländischen Denkens schreibt, »jeder ›Kollekto-Zentrismus‹ aufgegeben werden«.[25]

Am Beispiel Pasteurs versucht er zu zeigen, dass etwa das 1857 isolierte Milchsäurebakterium ebenso wie die Mikroben, deren Entstehung im Streit mit Pouchet in den 1860er Jahren zur Debatte standen, in diesen Versuchen und Auseinandersetzungen »geformt« wurden.[26] In der Art und Weise, wie und mit welchen Instrumenten Pasteur sie im Labor behandelt, gewinnen sie allmählich eine ganz

versity Press 1988 (*Les microbes: guerre et paix suivit de irréductions*, Paris: Métalié 1984); vgl. auch ders.: *Pasteur – une science, un style, un siècle*, Paris: Perrin 1994. Seinen Denkansatz entfaltet Latour dann vor allem in den Studien *Science in Action. How to follow scientists and engineers through society*, Cambridge (Mass.): Harvard University Press 1987; ders.: *Wir sind nie modern gewesen. Versuch einer symmetrischen Anthropologie*, Berlin: Akademie Verlag 1995, und ders.: *Pandora's Hope. Essays on the Reality of Science Studies*, Cambridge, Mass.: Harvard University Press 1999.

24 Latour, *Wir sind nie modern gewesen*, S. 127-130.

25 Bruno Latour: »Haben auch Objekte eine Geschichte? Ein Zusammentreffen von Pasteur und Whitehead in einem Milchsäurebad«, in: ders.: *Der Berliner Schlüssel. Erkundungen eines Liebhabers der Wissenschaft*, Berlin: Akademie Verlag 1996 (Paris 1993), S. 87-113, Zitate S. 92.

26 Bruno Latour: »Pasteur und Pouchet: Die Heterogenese der Wissenschaftsgeschichte«, in: Michel Serres (Hg.): *Elemente einer Geschichte der Wissenschaften*, Frankfurt am Main 1994 (Paris 1989), S. 749-790; ders.: »Pasteur on Lactic Acid Yeast: A Partial Semiotic Analysis«, in: *Configurations*, 1992, 1, S. 129-145.

bestimmte Form. Latour betont nun, dass Pasteur seine Mikroben nicht einfach »konstruieren« konnte – er spricht von »Entdeckung/ Erfindung/Konstruktion«[27] –, sondern in seinen Bemühungen, ihnen gleichsam eine Gestalt zu geben, seinerseits von den Mikroben abhing. Die Mikroben oder das Milchsäurebakterium seien genauso »Aktanten« in einem »Netzwerk« wie andere menschliche und nichtmenschliche Elemente eines solchen Netzes.[28] Das gesuchte X, das unbekannte Ding in der Natur, ist daher nicht immer schon da, sondern hat eine Geschichte, in der zum Beispiel das Erscheinen Pasteurs einen Einschnitt darstellt: Erstmals kann 1857 die Milchsäure im Labor des chemischen Instituts der Universität Lille in einer ganz bestimmten, historisch einzigartigen Form – in einem Glaskolben und in reiner Form – auftreten und sie kann überdies Pasteurs Denken und Arbeiten in eine bestimmte Richtung zwingen: Die Milchsäure ist ein handelndes und historisches »Wesen«.[29]

Das ist, Latour bekennt es selbst, natürlich ein starkes Stück. Die zugrunde liegende Denkfigur der Aktor-Netzwerk-Theorie scheint dabei, ohne dass Latour das sagt, letztlich das Konzept der Saussure'schen Zeichentheorie sein, wie sie insbesondere von Derrida seit den 1960er Jahren neu theoretisiert worden ist. Danach ist die Bedeutung, das heißt der »Wert« eines Zeichens nicht mehr in seinem Bezug auf die denotierte außersprachliche Referenz zu verstehen, sondern nur noch in seiner relativen Position innerhalb des Netzwerks der Signifikanten.[30] Latour benutzt *de facto* diese Denkfigur, um die Wandelbarkeit, Relativität und Interdependenz aller Elemente eines Forschungsprozesses, das heißt aller Personen und aller Dinge, zu begründen: Auch von den Dingen in der Natur lässt sich keine »absolute« Referenz angeben, also keine Aussage über ihre »Substanz« oder Ähnliches machen; sie sind, was sie »sind«, immer nur als Teil des Netzes von Aktanten, Bedingungen und Instrumenten, die sie formen und innerhalb dessen sie selbst formend wirken.

Das klingt einleuchtend, basiert bei Latour aber auf einer betont

---

27 Latour, »Haben auch Objekte eine Geschichte? …«, S. 87.
28 Siehe dazu vor allem Latour, *Wir sind nie modern gewesen*, insb. S. 123-171.
29 Latour, »Haben auch Objekte eine Geschichte? …«, S. 99-101.
30 Vgl. Derrida, *Grammatologie*, S. 17; ders.: »Die Struktur, das Zeichen und das Spiel im Diskurs der Wissenschaften vom Menschen«, in: *Die Schrift und die Differenz*, Frankfurt am Main: Suhrkamp 1994, S. 424.

schlichten Epistemologie. Für ihn ist es ausgemacht, dass man von der Erfahrung ausgehen kann, ja sogar von »[der] unbestreitbare[n] Erfahrung«.[31] Das aber bedeutet, dass man angeblich in Protokollsätzen direkt von den Dingen sprechen kann, und es heißt folglich auch, dass die Darstellungen, die die Dinge jeweils erfahren, ihr adäquater Ausdruck seien. Das, was Pasteur zu einem bestimmten Zeitpunkt über die Milchsäure sagen kann, »ist« die Milchsäure auch – und zwar nicht einfach als Repräsentation, über die hinaus nichts aussagbar ist, die aber *per definitionem* immer nur eine unter vielen anderen möglichen Darstellungsformen ist, sondern »wirklich«, »real«: »Jede Ereignis füllt genau – ohne Supplement [!], ohne Rückstand – seine einzigartige raum-zeitliche Hülle aus.«[32] Die Dinge sind »da«, und sie sind *tatsächlich* nichts anderes als das, was Pasteur jeweils gerade von ihnen erkennt, sagt, zeigt …: »Wenn Pasteur zögert, zögert die Milchsäure ebenfalls.«[33]

Latours begrüßenswerter und notwendiger Versuch, die Wirklichkeit der Dinge außerhalb der Repräsentationen als konstitutiv für Erkenntnis zu denken, überzeugt nicht: Zu sehr ist das, was angeblich da draußen wirklich ist – und dann auch gleich noch »historisch« –, jeweils exakt das, was im Labor des großen Mannes (den Latour mit de Gaulle vergleicht) gerade erscheint.[34] In Latours Welt gibt es keine Metaphern, keine sprachliche Über- oder Unterdeterminiertheit:[35] Dinge und Aussagen sind deckungsgleich. Sein expli-

31 Latour, »Haben auch Objekte eine Geschichte? …«, S. 105.
32 Latour, »Haben auch Objekte eine Geschichte? …«, S. 110.
33 Latour, »Haben auch Objekte eine Geschichte? …«, S. 100.
34 Latour, »Haben auch Objekte eine Geschichte? …«, S. 94; vgl. u. a. dazu die Kritik von Simon Schaffer: »The Eigteenth Brumaire of Bruno Latour«, in: *Studies in the History and Philosophy of Science*, Bd. 22, Nr. 1, S. 174-192, insb. S. 187-189.
35 Das gilt auch für das sich auf Latour und Callon beziehende Konzept der »boundary objects« von Leigh Starr und Griesemer, die davon ausgehen, dass Objekte selbst inhärente Eigenschaften haben, die sie für die Herstellung von kohärentem Wissen zwischen unterschiedlichen wissenschaftlichen und populären *communities* als besonders geeignet erscheinen lassen. Die Frage, ob es für solche Translationsprozesse nicht übergreifender symbolischer Systeme bedarf, die den entsprechenden Objekten ihren Platz zuweisen (der durchaus wechseln kann), taucht dabei nicht auf; dass das Konzept des *boundary objects* unausgesprochen dem Modell der Metapher nachgebaut ist, wird sich weiter unten zeigen (Leigh Star, Susan und James R. Griesemer: »Institutional Ecology, ›Translations‹, and Boundary Objects. Amateurs and Professionals in Berkeley's Museum of Ve-

ziter Versuch, die »gemütliche« Kant'sche Erkenntnistheorie zu überwinden, fällt hinter Kant zurück: Latour will mit dem Appell an den »gesunden Menschenverstand« uns nicht nur davor bewahren, »lebenslänglich Gefangene der Sprache zu sein«, sondern überhaupt verhindern, dass wir den Dingen, »wie bei Kant, willkürlich Kategorien aufzwängen könn[en]«.[36] Das ist Kant auf den Kopf gestellt: Dieser versuchte die Möglichkeit von Wissenschaft bekanntlich durch den Nachweis zu begründen, dass die Kategorien – vor allem Raum und Zeit – eben *nicht* willkürlich seien. Beim zweifellos angezeigten Versuch, über Kant hinauszugehen, ohne dabei auf den naiven, vorkantischen Empirismus der »einfachen Erfahrung« zurückzufallen, stellt sich deshalb eine doppelte Frage: Erstens, ob zwar nicht mehr die ahistorischen Kategorien Kants, wohl aber die Kategorien der historisch wandelbaren Sprache oder generell von Repräsentationssystemen nicht doch jenen unhintergehbaren Rahmen darstellen, aus dem Latour herauszuspringen versucht?[37] Und zweitens, wo diese Repräsentationssysteme gleichsam ihre »Öffnung« auf das Ding hin haben, wenn man nicht mehr an die durch die transzendentale Apperzeption prästabilierte Harmonie des Verhältnisses von Begriff und Erscheinung glauben will?

2.3. Hans-Jörg Rheinberger: Experimentalsysteme und epistemische Dinge

Zwischen 1947 bis 1962 arbeiteten Paul Zamecnik und seine Forschergruppe am Collis P. Huntington Memorial Hospital in Boston an einem Rattenleber-Experimentalsystem. Im Kontext der Krebsforschung sollte die Proteinsynthese erforscht werden, um Aufschluss über fundamentale Mechanismen des Zellwachstums zu

tebrate Zoology, 1907-39«, in: Mario Biagioli (Hg.): *The Science Studies Reader*, New York, London: Routledge 1999, S. 505-524, insb. S. 508-509).

36 Latour, »Haben auch Objekte eine Geschichte? …«, S. 109.

37 In diesem Sinne scheint Karin Knorr-Cetina zu argumentieren, wenn sie auf die Wichtigkeit von »symbolic repertoires« hinweist, die darüber entscheiden, wie die Dinge in der epistemischen Praxis »rekonfiguriert« werden, und die vor allem bestimmen (Karin Knorr-Cetina: »Metaphors in the Scientific Laboratory«, in: Zdravko Radman (Hg.): *From a Metaphorical Point of View. A Multidisciplinary Approach to the Cognitive Content of Metaphor*, Berlin: de Gruyter 1995, S. 329-349, Zitat S. 335).

gewinnen.[38] Die Arbeit im Labor von Zamecnik und seinen Mitarbeiter/innen führte zur Entstehung des »epistemischen Dings«[39] Messenger-RNA. Zamecnik hatte nicht nach einem solchen Objekt gesucht – dieses war als etwas unerwartet Neues in seinem Labor aufgetaucht. Rheinbergers Grundfrage lautet: Wie entsteht etwas Neues wie zum Beispiel die Messenger-RNA? Wenn das Neue wirklich »neu« sein soll, dann kann es nicht schon in den Theorien oder den sozialen Interessen der Forschenden, in den Instrumenten oder im Forschungsdesign der Experimente angelegt sein – es muss, wie Rheinberger sagt, ein »unvorhersehbares Ereignis« sein. Paul Zamecnik und seine Mitarbeiterinnen und Mitarbeiter haben anfänglich nicht im Traum an so etwas wie Botenmoleküle oder den genetischen Code gedacht – und dennoch ein solches Molekül »gefunden«. Das Experimentalsystem – eine über Jahre aufgebaute komplexe organisatorisch-materielle Verkoppelung von organischen Substanzen, Instrumenten, Messgeräten, vagen Ideen und den *skills* der Forschenden[40] – hat die Bostoner Gruppe in eine Richtung getrieben, von der sie nicht einmal wusste, dass es sie gibt. Dennoch ist hier »das Neue« aufgetaucht als etwas, das zwar ohne Zweifel ein materieller Effekt des Experimentalsystems war, gleichwohl aber nicht auf dieses zurückgeführt werden kann: Das System war »offen« für die Erscheinung von etwas, was vollständig unbekannt war.

Das »epistemische Ding« gleicht zwar auffällig dem Objekt in seiner Historizität bei Latour, das jeweils genau das ist, was Pasteur von ihm sagt,[41] und Rheinberger bekräftigt mit Latour auch, dass wissenschaftliche Repräsentationen nicht Dinge »da draußen« abbilden, sondern in einem eigenen, neuen Repräsentationsraum als epistemische Dinge hervorbringen, das heißt produzieren. Aber Rheinbergers Epistemologie ist bei näherem Hinsehen um Entscheidendes präziser. Gestützt auf Derridas Philosophie der De-

38 Hans-Jörg Rheinberger: *Experimentalsysteme und epistemische Dinge. Eine Geschichte der Proteinsynthese im Reagenzglas*, Göttingen: Wallstein 2001 (*Toward a History of Epistemic Things. Synthesizing Proteins in the Test Tube*, Stanford: Stanford University Press 1997).

39 Rheinberger versteht unter dem Terminus epistemische Dinge primär »Dinge, in denen sich Begriffe verkörpern« (Rheinberger, *Experimentalsysteme*, S. 15, vgl. weiter 24-30).

40 Rheinberger, *Experimentalsysteme*, S. 24.

41 Vgl. Rheinberger, *Experimentalsysteme*, S. 25.

konstruktion bezeichnet er dasjenige, was Wissenschaftler/innen im Rahmen eines Experimentalsystems tun, als Produktion von Differenz, das heißt von Spuren von etwas, was »nicht aufgeht«.[42] Experimentalsysteme bewegen sich »am Rande des Zusammenbruchs« und brauchen oft Jahre der Praxis, bis die Forschenden sie zum »Funktionieren« bringen. Diese Praxis erzeugt Daten, die als Grapheme – als grafische oder numerische Zeichen, kurz: als Schrift – produziert werden.[43] Diese Grapheme sind ein differenzielles System, in dem Bedeutung *nicht* durch die Referenz auf eine Natur »außerhalb« entsteht, sondern in Referenz von einem Signifikanten auf einen anderen Signifikanten: Wissenschaftler deuten Spuren im Lichte anderer Spuren und hoffen dabei ständig, Differenzen zum schon mit Bedeutung Versehenen ausmachen zu können – Differenzen, die sich möglicherweise als Hinweis auf etwas Neues stabilisieren lassen.

Der Begriff der »Spur« im Sinne Derridas ist dabei zentral: »Spuren« sind zum einen Eintragungen in Laborjournale oder zum Beispiel auch die grafisch repräsentierten Sedimente zentrifugierter Zellextrakte; sie sind als das materielle Substrat des täglichen Forschungsprozesses Spuren von etwas, das tatsächlich »außen« existiert, das aber eben nur als Spur, nur *innerhalb* eines bestimmten Repräsentationsraums überhaupt wahrgenommen werden kann.[44] Zum andern aber entsteht eine Spur in der metaphorischen und metonymischen Bewegung von einem Zeichen zum nächsten: Dieses erhält seinen Wert nicht nur durch seine relative Position im Bedeutungssystem – als Differenz also –, sondern gleichzeitig auch durch die nicht abschließbare Bewegung, in der Bedeutung durch den Verweis aufs nächste Zeichen entsteht und die nie zum Stillstand, zur endgültigen Fixierung von Bedeutung führt. Für diese doppelte, unaufhebbare Differenz hat Derrida den Term *différance* geprägt.[45] Das Neue entsteht daher als epistemisches Ding in den

42 Vgl. dazu insb. Rheinberger, *Experimentalsysteme*, S. 76-87 (= Kapitel 4: »Reproduktion und Differenz«).

43 Rheinberger, *Experimentalsysteme*, S. 113-115.

44 Vgl. dazu auch Timothy Lenoir: »Inscription Practices and Materialities of Communication«, in: ders. (Hg.): *Inscribing Science. Scientific Texts and the Materiality of Communication*, Stanford: Stanford University Press 1998, S. 1-19.

45 Jacques Derrida: »Die différance«, in: ders.: *Randgänge der Philosophie*, Wien: Passagen 1988, S. 29-52; ders.: »Die weiße Mythologie. Die Metapher im philosophischen Text«, in: ebd., S. 205-258, insb. S. 213-221.

metaphorischen Verweisen von einem Signifikanten der vom Experimentalsystem erzeugten Grapheme zum nächsten: »Mit der Produktion epistemischer Dinge sind wir in eine potentiell endlose Folge von Darstellungen verwickelt, in welcher der Platz des Referenten immer wieder von einer weiteren Darstellung besetzt wird. In semiotischer Perspektive weist die Produktion wissenschaftlicher Erkenntnis daher die gleiche Textur wie jedes andere symbolische System auf: Metaphorizität und Metonymie übernehmen entscheidende Funktionen.«[46] Und zwar unhintergehbar: »Was Spuren erzeugt, kann jeweils nur mit Hilfe weiterer Spuren arretiert werden. Es gibt keinen Weg, der hinter diese Batterie von Spuren führt.«[47] Die Struktur dieses nicht zielgerichteten Prozesses, der nie zu einem Abschluss, zu einer endgültigen Repräsentation des Naturdings kommt, ist *als* metaphorische die Voraussetzung dafür, dass das Experimentalsystem und sein ihm zugehöriges Repräsentationssystem gegen »vorne«, gegen »außen« offen sind. Mit anderen Worten und gegen Latour gewendet, heißt das, dass die Dinge nicht unmittelbar »erfahrbar« sind – sie sind vielmehr, als epistemische Dinge, nur in dem Maße intelligibel, wie sie durch die Signifikantenlogik und die materiellen Bedingungen des Repräsentationssystems hervorgebracht wurden.[48]

2.4. Das »Widerstandsaviso«

Das Neue entsteht als signifikante Differenz – als Signifikanten-Differenz, um genau zu sein –, die sich vom Hintergrundrauschen der Daten abhebt, ohne dass die »Bedeutung« dieser Differenz damit schon feststehen würde: Es ist nicht a priori zu entscheiden, ob eine solche Differenz ein Hinweis auf das (nicht) gesuchte X oder auf bloßen Abfall ist. Dass Rheinberger diesen an Lacans Konzept des Realen angelehnten Begriff verwendet,[49] ist kein Zufall: Das wirklich Neue, das nicht schon im Forschungsdesign angelegt sein kann, zeigt sich immer nur an den Rändern oder in den Rissen des

46 Rheinberger, *Experimentalsysteme*, S. 112.
47 Rheinberger, *Experimentalsysteme*, S. 117.
48 Vgl. Hans-Jörg Rheinberger: »Von der Zelle zum Gen«, in: ders., Michael Hagner und Bettina Wahrig-Schmidt (Hg.): *Räume des Wissens. Repräsentation, Codierung, Spur*, Berlin: Akademie Verlag 1997, S. 265-279.
49 Rheinberger, *Experimentalsysteme*, S. 77.

Symbolischen, das heißt in den Lücken einer Theorie, eines Paradigmas oder des Hypothesengerüsts, das mit dem Experimentalsystem entsteht. Es erscheint dort, wo primär nur Abfall vermutet wird – wie jene Unreinheit im Überstand eines zentrifugierten Leberzellextraktes, die Paul Zamecnik lange Zeit nicht beachtet hatte, die dann aber schließlich als Messenger-RNA identifiziert wurde. Der Abfall als das nicht gesuchte X außerhalb der verstehbaren Wahrnehmung stört, bis er sich als das erweist, was durch sein hartnäckiges Stören neue Versuche des Verstehens des bewusst überkomplexen Experimentalsystems erzwingt.[50] Dann beginnt es, wie Rheinberger zeigt, im Verhältnis zum Experimentalsystem und dem dieses deutende Hypothesengerüst die Funktion des Supplements einzunehmen, das als Zusätzliches, Überschüssiges sich mit Bedeutung auflädt und von dort her das Hypothesengerüst zu verschieben beginnt. Nachträglich erscheint nun die gesamte Forschung als zielgerichteter Prozess, der zu nichts anderem als zur Entdeckung der Messenger-RNA hatte führen können. Dieses Supplement funktioniert wie die Metapher, indem es gleichsam »von außen« eine neue Bedeutung in die Signifikantenkette einträgt.

Rheinbergers Konzeption des »von den Dingen Redens« unterscheidet sich in einem entscheidend Punkt von jener Latours. Es gibt hier keine »Erfahrung« der Dinge, sondern nur graphematische Spuren in einem Repräsentationsraum, die unhintergehbar materiell, medial und semiotisch sind: von Maschinen erzeugte Zeichen, die ihre Bedeutung nur in Relation aufeinander erhalten und die nur indirekt auf das »räthselhafte X des Dings«[51] schließen lassen. Dieses wandelt sich durch sein Erscheinen im Rahmen des Experimentalsystems langsam vom nicht fassbaren Realen zum epistemischen Ding, um dann entweder wieder zu zerfallen, weil es im System der Signifikanten keine stabile Bedeutung erlangen kann – oder aber als robustes Faktum klassifiziert zu werden. In diesem semiotisch-materiellen System zur Erzeugung von epistemischen Dingen – das heißt von Dingen, von denen wir etwas wissen kön-

50 Zu Lacans Begriff des Realen unter anderem Slavoj Žižek: *Grimassen des Realen. Jacques Lacan oder die Monstrosität des Aktes*, Köln: Kiepenheuer & Witsch 1993.

51 Friedrich Nietzsche: »Ueber Wahrheit und Lüge im außermoralischen Sinne«, in: *Sämtliche Werke. Kritische Studienausgabe*, hg. von G. Colli und M. Montinari, München, Berlin, New York: dtv/de Gruyter 1980, Bd. 1, S. 873-890, Zitat S. 879.

nen, weil sie im Labor als artifizielle erzeugt wurden[52] – ist das Reale
nicht direkt präsent, aber es ist auch nicht abwesend (womit die
Wissenschaft zum Spiegelkabinett der Repräsentationen verkäme):
Das Reale zeigt sich als Widerstand, der differente Spuren erzeugt.
Genauso hat auch schon Ludwik Fleck das Reale, das »Ding« außerhalb des Denkkollektives, konzipiert: Als »Widerstandsaviso«, das
heißt als eine Ankündigung oder Nachricht und damit als eine graphematische Spur, die den »Widerstand« der Natur »anzeigt«. Die
»Tatsache« ist laut Fleck – und Rheinberger sagt nichts anderes –
»zuerst ein Widerstandsaviso im chaotischen anfänglichen Denken,
dann ein bestimmter Denkzwang, schließlich eine unmittelbar
wahrnehmbare Gestalt«[53] (die man nun »erfahren« kann). Im Netz
der metaphorisch aufeinander bezogenen Signifikanten fungiert
dieses Aviso zwar als Anker im Realen, aber der wissenschaftliche
Erkenntnisprozess bleibt grundsätzlich von der *différance* geprägt:
Es gibt, schreibt Fleck, trotz aller Suche nach dem »›festen Boden
der Tatsachen‹ [...] ebenso kein Ende, wie keinen nachweisbaren
Anfang dieser Arbeit, die immer nur in Fortsetzungen besteht«.[54]

Die auf Fleck zurückbeziehbare und auf Derridas Dekonstruktion
basierende Epistemologie von Hans-Jörg Rheinberger ist »szientisti-
scher« und auch »realistischer« als diejenige des klassischen Sozialkonstruktivismus, indem er die »innere« Logik der Forschung dagegen
verteidigt, dass wissenschaftliche Erkenntnisprozesse allzu wohlfeil auf
soziale »Kontexte« zurückgeführt werden.[55] Das darf man allerdings
nicht als räumliche Trennung missverstehen: »Es gibt«, so Rheinberger, »kein ein für allemal lokalisiertes Außen und Innen mehr. Außen
und innen sind überall. Topologisch gesprochen haben wir es mit einem Möbiusband zu tun, geometrisch mit einer fraktalen Verfasst-
heit.«[56] Es gibt, mit anderen Worten, keine Trennung zwischen wissenschaftlichem Text und außerwissenschaftlichem Kontext. Doch
was heißt das? Wie dieses Verhältnis genau zu denken ist, möchte ich
nun, nach diesem »Umweg« durch die Epistemologien von Fleck, Latour und Rheinberger, im Folgenden näher untersuchen.

52 Vgl. Rheinberger, »Von der Zelle zum Gen«, S. 271 f.; vgl. auch sehr ähnlich
   Knorr-Cetina, »Metaphors in the Scietific Laboratory«, S. 334.
53 Fleck, *Entstehung und Entwicklung*, S. 124, vgl. S. 129.
54 Fleck, *Entstehung und Entwicklung*, S. 125.
55 Rheinberger, *Experimentalsysteme*, zum Beispiel S. 247.
56 Rheinberger, *Experimentalsysteme*, S. 199.

3. Metapherntheorie und
»Cultural Studies of Scientific Knowledge«

3.1. Metapherntheorie

Von Metaphern spricht man bekanntlich nicht erst seit Derrida. Abgesehen von ihrer mit der antiken Rhetorik einsetzenden Geschichte ist es heute vor allem die so genannte Interaktionstheorie von Max Black, die mehrheitlich als Ausgangspunkt der Diskussion über die Metapher anerkannt wird.[57] Laut Black wird mit dem *focus*-Wort, das heißt der Metapher, ein »System miteinander assoziierter Gemeinplätze« in einen Aussagezusammenhang (*frame*) importiert und so dessen wörtliche Bedeutung verschoben/erweitert. Gleichzeitig wirkt dieser neue Verwendungszusammenhang nun seinerseits wieder zurück auf die üblichen Assoziationen, die mit dem *focus*-Wort verknüpft werden; es gibt keine stabile »Bedeutung« von Metaphern, sondern nur kontextabhängige Bedeutungseffekte.[58] Metaphern funktionieren dann als »Filter«, die »wie ein rußgeschwärztes Glas«[59] bestimmte Dinge der Wirklichkeit zeigen und zugleich andere verdecken. Dabei ist es nach Black nicht die wörtliche Bedeutung der Metapher, wohl aber ihr *common-sense*-Assoziationshof (Black spricht auch von »Resonanz«[60]), der per implizitem Analogieschluss etwas über den Hauptgegenstand sagt, und zwar in einer Weise, die nicht paraphrasierbar ist: Man kann das, was die Metapher sagt, laut Black nicht anders sagen, ohne ihren kognitiven Gehalt zu zerstören.[61]

Donald Davidson hat gegen Max Black einen interessanten Einwand vorgebracht, indem er auf der Wörtlichkeit der Metapher beharrt: Nach Davidson ist es gerade der wörtliche Sinn, das heißt die konventionelle Denotation des metaphorisch eingesetzten Wortes,

---

57 Max Black: »Die Metapher«, in: Anselm Haverkamp (Hg.): *Theorie der Metapher*, Darmstadt: Wissenschaftliche Buchgesellschaft 1996, S. 55-79; vgl. auch Mary Hesse: »Models, Metaphors and Truth«, in: Radman (Hg.): *From a Metaphorical Point of View*, S. 351-372.

58 Black, »Die Metapher«, S. 58, 70-71.

59 Black, »Die Metapher«, S. 72.

60 Max Black: »Mehr über die Metapher«, in: Anselm Haverkamp (Hg.): *Theorie der Metapher*, Darmstadt: Wissenschaftliche Buchgesellschaft 1996, S. 379-413, S. 389 f.

61 Black, »Die Metapher«, S. 78 f.

die im neuen Aussagekontext seine metaphorischen Wirkunger entfaltet: »[D]ie These lautet, dass Metaphern eben das bedeuten was die betreffenden Wörter in ihrer buchstäblichen Interpretation bedeuten, und sonst nichts.«[62] Die Metapher bedeute daher nicht »mehr«, als was auch mit einer Paraphrase gesagt werden könne, weil der wörtliche Sinn des importierten metaphorischen Begriffs bekannt sei und daher paraphrasiert werden könne; ihre Funktion liege nicht im Feld der Semantik, sondern der Pragmatik: Die Metapher ist ein »phantasievoller« Gestus des Sprechens, aber sie »bedeute« im strengen Sinn nichts.[63]

Mit Black ist gegen Davidson zwar daran festzuhalten, dass die Verknüpfung von zwei Worten aus unterschiedlichen semantischen Feldern neue Bedeutungen generiert,[64] weil »fremde«, »falsche« Signifikanten in eine bestimmte, schon bestehende Signifikantenkette eingeschleppt werden, um etwas zu sagen, was anders nicht gesagt werden kann. Aber Davidson hat wohl Recht, wenn er sagt, dass es just das Wörtliche ist, das in der Metapher noch identifizierbar sein müsse: Aktive Metaphern funktionieren deshalb, weil der metaphorische Signifikant eben in seiner wörtlichen Bedeutung verstanden wird (was bei toten Metaphern wie dem »Flughafen« nicht mehr der Fall ist). Die Unschärfe der Metapher, ihre erhellende Vagheit besteht ja gerade darin, dass für das, was nicht »direkt« gesagt werden kann, ein Wort aus einem anderen semantischen Feld verwendet wird – und damit auch keine Denotation erfolgt –, so dass sich die mutmaßliche Bedeutung des unbekannten X per Analogieschluss zum diskursiv stabilisierten Signifikat des metaphorischen Signifikanten ergibt: Hier steht, wie Lacan in unübertrefflicher Kürze und Präzision sagt, schlicht »ein Wort für ein anderes«.[65] Dass dieser metaphorische Signifikant selbst auch Teil einer anderen, weiteren Signifikantenkette ist, von wo er seine wörtliche Bedeutung erst gewonnen hat und die mit seinem Import in neuen Zusammenhang auch mitassoziiert wird, bewirkt den Bedeutungseffekt, den Black mit »Resonanz« bezeichnet.

62 Donald Davidson: »Was Metaphern bedeuten«, in: ders.: *Wahrheit und Interpretation*, Frankfurt am Main: Suhrkamp 1976, S. 343-371, Zitat S. 343.

63 Davidson, »Was Metaphern bedeuten«, S. 345, 366 f.

64 Black, »Mehr über die Metapher«, S. 383.

65 Jacques Lacan: »Das Drängen des Buchstabens im Unbewußten oder die Vernunft seit Freud«, in: *Schriften*, hg. von N. Haas und H.-J. Metzger, Bd. II, Berlin: Quadriga 1991 (Paris 1966), S. 32.

Die entscheidende Frage ist nun, wie weit das auch für das im Rahmen von Experimentalsystemen produzierte Wissen gilt. Beziehungsweise: Die Vermutung, die Rheinbergers Konzept der Entstehung des Neuen durch die Wirkung der *différance* zumindest nahe legt, ist die, dass die im Labor generierte Signifikantenkette nicht an der Labortüre abschließbar ist, obwohl die graphematischen Spuren und Signifikanten, von denen er spricht, primär vom Experimentalsystem selbst erzeugt werden. Es gäbe dann auf solchen Ketten Übergangsbereiche, wo Experimental-Signifikanten auch von Signifikanten aus anderen semantischen Feldern gestützt werden, um von dort her erste »vage« Bedeutungen in das entstehende Hypothesengerüst einzubringen. Im Kontext der Untersuchung Rheinbergers wäre dies etwa der Informationsbegriff, der die Biologie in den späten 1940er Jahren zu verändern beginnt.[66] Rheinberger geht allerdings gerade dieser Spur nicht nach. Die Frage stellte sich also, wie weit Metaphorizität angesichts der von Rheinberger herausgestellten und auch gegen den *common sense*-Konstruktivismus gestellten komplexen technischen, instrumentellen, organisatorischen und semiotischen Eigenlogik von in Experimentalsystemen erzeugtem Wissen reicht. Ist der Kontext der symbolischen Systeme und Imaginationen jenseits der Labortüre tatsächlich und erkennbar ein konstitutiver Teil des Experimentalsystems und des aus diesem hervorgehenden wissenschaftlichen Textes?

Diese Frage mag merkwürdig erscheinen, weil heute kaum mehr jemand bestreitet, dass Metaphern in wissenschaftlichen Erkenntnisprozessen zumindest eine Rolle spielen.[67] Im Kontext der traditionellen und von Black ebenso wenig wie von Davidson bestrittenen Unterscheidung von Begriff und Metapher wurde Letztere vor allem als Instrument der wissenschaftlichen Innovation begriffen.

66 Rheinberger, *Experimentalsysteme*, S. 31.

67 Vgl. etwa die Sammelbände Andrew Ortony (Hg.): *Metaphor and Thought*, Cambridge: Cambridge University Press 1993; Radman (Hg.), *From a Metaphorical Point of View*; Fernand Hallyn: *Metaphor and Analogy in the Sciences*, Dordrecht: Kluwer Academic Publishers 2000; vgl. auch Jan Golinski: »Language, Discourse and Science«, in: R. C. Olby, G. N. Cantor u. a. (Hg.): *Companion to the History of Modern Science*, London: Routledge 1990, S. 111-123, insb. S. 116; Bettina Wahrig-Schmidt: »Metaphern, Metaphern für Metaphern und ihr Gebrauch in wissenschaftshistorischer Absicht«, in: Bernd Ulrich Biere und Wolf-Andreas Liebert (Hg.): *Metaphern, Medien, Wissenschaft. Zur Vermittlung der AIDS-Forschung in Presse und Rundfunk*, Opladen: Westdeutscher Verlag 1997, S. 23-43.

Danach fungiert sie gleichsam als Leiter, die die Forschenden dann irgendwann einmal wegwerfen können, weil sie, um im Bild zu bleiben, mit ihren Hypothesen begriffliche Höhen erklommen haben: Sie arbeiten nun mit stabilisierten Begriffen, die nur das bedeuten, was sie explizit denotieren, und nichts anderes.[68] Die inhärente Schwierigkeit dieses Ansatz – beziehungsweise der Leiter-Metapher – liegt offenkundig darin, dass völlig unklar bleibt, wer wann und auf welche Weise »die Leiter wegwirft« beziehungsweise wie der Übergang von »noch metaphorischen« zu »gereinigten« Begriffen zu denken wäre. Selbstverständlich ist die *Anstrengung*, die Bedeutung von Worten so weit zu stabilisieren, dass sie möglichst klar das bezeichnen, was sie bezeichnen sollen – und damit Begriffe sind –, jeder wissenschaftlichen Tätigkeit inhärent, und es ist auch klar, dass diese Stabilisierung die Funktion von Diskursen ist.

Heutige Metapherntheorien konvergieren meist in der Auffassung, dass es bei der Anstrengung bleibt und Metaphern wissenschaftlichem Wissen überhaupt inhärent und zuweilen auch für dieses konstitutiv sind.[69] Dennoch unterliegen viele dieser Ansätze derselben Schwierigkeit wie jene, die dem Wegwerfen der Leiter anhaftet: Weit entfernt davon, in Metaphern noch länger gefährliche Verunreinigungen zu sehen, werden diese zu freundlichen Werkzeugen der Erkenntnis, die man »reflektieren« und damit kontrollieren könne: »[D]urch eine solche Reflexion des Sinnganzen der Metapher«, schreibt etwa Debatin, »durch die gleichermaßen kontextbezügliche wie selbstbezügliche Metaphernreflexion kann die Wahrheit der Metapher aufgewiesen und der Gebrauch de

68 Arthur I. Miller: »Metaphor and Scientific Creativity«, in: Hallyn, *Metaphor and Analogy*, S. 147-164; Michael Hoffmann: »Zur Rolle von Modellen und Metaphern bei der Entwicklung neuer Theorien«, in: *Die Zukunft des Wissens. XVIII Deutscher Kongress für Philosophie Konstanz 1999. Workshop-Beiträge*, hg. von Jürgen Mittelstraß, Berlin: Akademie-Verlag 1999, S. 793-801; Sabine Maasen: »Who is afraid of metaphors?«, in: Sabine Maasen, Everett Mendelsohn und Peter Weingart (Hg.): *Biology as Society, Society as Biology: Metaphors*, Dordrecht: Kluwer 1995, S. 11-35; Bernhard Debatin: »Die Modellfunktion der Metapher und das Problem der ›Metaphernkontrolle‹«, in: Hans Julius Schneider (Hg.): *Metapher, Kognition, Künstliche Intelligenz*, München: Fink 1996, S. 83-103, insb. S. 85-89.

69 Vgl. als repräsentativ für die nicht-konstruktivistische Position Richard Boyd: »Metaphor and Theory Change: What is ›Metaphor‹ a Metaphor for?«, in: Ortony (Hg.), *Metaphor and Thought*, S. 358-408, zum Beispiel S. 359 f.; vgl. auch Michael Bradie: »Science and Metaphor«, in: *Biology and Philosophy* 14, 1999, S. 159-166, insb. S. 165.

Metapher rational legitimiert werden.«[70] Die Wissenschaftlerinnen und Wissenschaftler oder ihr Denkkollektiv bleiben hier gegenüber der Sprache, die sie verwenden, souverän; die Metaphernreflexion soll gar ermöglichen, dass der »metapherninduzierte ›Denkzwang‹ [...] aufgehoben werden« kann.[71]

Eine solcherart von allen Infektionsängsten emanzipierte Metapherntheorie sitzt just den positivistischen Phantasmen auf, die sie eigentlich bekämpfen will: Sie unterschätzt die Unbeherrschbarkeit und Unkalkulierbarkeit der von der *différance* strukturierten wissenschaftlichen Tätigkeit, unter anderem auch, weil sie an der systematischen Trennung von Begriff und Metapher festhält und unterstellt, dass Begriffe sich angeblich auf Referenten »da draußen« beziehen, während Metaphern das nicht tun. Was sie zudem als die intentionale Leistung des Subjekts und der von diesem bewusst eingesetzten Metaphern begreift – nämlich der durch die Metapher mögliche »Vorgriff auf die Wahrheit«[72] –, ist schließlich genau das, was die Emergenz des Neuen verhindern würde und was sich bestenfalls nur als nachträgliche Lesart des Erkenntnisprozesses konstruieren lässt.[73] Es ist interessant, dass kein Geringerer als Thomas S. Kuhn gegenüber der von ihm im Prinzip auch vertretenen realistischen Wissenschaftsphilosophie dennoch skeptisch bleibt,

70 Debatin, »Die Modellfunktion der Metapher ...«, S. 95; vgl. ähnlich – wenn auch offenbar skeptischer gegenüber solchen hermeneutischen Möglichkeiten – Maasen, »Who is afraid of metaphors?«, S. 13, 30.

71 Debatin, »Die Modellfunktion der Metapher ...«, S. 97 f.; ähnliche Probleme ergeben sich bei der von George Lakoff vertretenen Theorie, dass Metaphern gar nicht sprachliche Strukturen, sondern Strukturen des Denkens beziehungsweise des Gehirns seien, und zwar so grundlegende, dass aus dieser Perspektive jeder Erkenntnisprozess per se »metaphorisch« ist. Metapher ist hier schlicht ein anderer Name für Begriff, weil sie, wie das Begriffe seit jeher tun, Einzeldinge einander ähnlich machen und das Inkommensurable ausblenden (George Lakoff: »The contemporary theory of metaphor«, in: Ortony (Hg.), *Metaphor and Thought*, S. 202-251; vgl. zu Lakoffs »neuronaler« Metapherntheorie auch: »›Philosophy in the Flesh‹. A Talk with George Lakoff, Introduction by John Brockman«, in: *Edge* 52 (http://www.edge.org/); vgl. auch R. C. Paton: »Towards a Metaphorical Biology«, in: *Biology and Philosophy* 7, 1992, S. 279-294).

72 Debatin, »Die Modellfunktion der Metapher ...«, S. 94; Boyd spricht von »reference fixing« (Boyd, »Metaphor and Theory Change ...«, S. 364-372, insb. S 368).

73 Vgl. dazu auch Hans-Jörg Rheinberger: »Historialität, Spur, Dekonstruktion«, in: ders.: *Experiment, Differenz, Schrift. Zur Geschichte epistemischer Dinge*, Marburg: Basilisken Presse 1992, S. 47-66.

indem er betont, dass beispielsweise der Begriff »electric charge« nicht auf eine stabile Entität in der Natur referiert, sondern nur auf den Ausschlag der Nadel eines Galvanometers – also auf eine graphematische Spur – und dass die Bedeutung (hier: der gemeinte Referent) von Begriffen immer nur im Vergleich mit anderen Begriffen stabilisiert werden könne.[74] Aus diesem Grund spricht Kuhn auch nicht einfach von »der« Metapher, sondern von einem »metaphor-like process […] in which the juxtaposition either of terms or of concrete examples calls forth a *network of similarities* which help to determine the way in which language attaches to the world«.[75]

Niemand kontrolliert das »Sinnganze« und die vielfältigen Bedeutungseffekte einer Metapher, und keiner kennt vorab schon die Wahrheit, auf die er mit der Metapher zielen könnte.[76] Metaphern sind nicht bewusst einsetzbare Erkenntniswerkzeuge, sondern Teil der Bedeutungseffekte, die jedem semiotischen System als einem differenziellen inhärent sind. Lacan bezeichnet daher die Metapher als Kennzeichen für die Leistungsfähigkeit von Sprache überhaupt: »[C]omment peut-il se faire«, fragt dieser in seinem *Séminaire III*, »que le langage ait son maximum d'efficacité quand il arrive à dire quelque chose en disant autre chose? C'est en effet captivant, et on croit même aller par là au cœur du phénomène du langage.«[77] Ganz im Hintergrund einer jeden Diskussion über Metaphern, die das positivistische Phantasma ihres bewussten Einsatzes und ihrer Kontrollierbarkeit »durchqueren« (Lacan), das heißt überwinden will, lauert die beunruhigend Frage nach dem Unbewussten. Man muss diese Frage zwar weder unbedingt stellen noch gar anhand einzelner wissenschaftlicher Texte zu beantworten versuchen, aber man soll nicht vergessen, dass mit der der Sprache selbst inhärenten Struktur, immer auch noch etwas anderes zu sagen, sich auch ein Begehren in den wissenschaftlichen Text einschreibt.

74 Thomas S. Kuhn: »Metaphor in Science«, in: Ortony (Hg.), *Metaphor and Thought*, S. 409-419, insb. S. 411, 413 und grundsätzlich 418 f.).

75 Kuhn, »Metaphor in science«, S. 415 (Hervorhebung von mir, Ph. S.).

76 Vgl. dazu auch Boyd, »Metaphor and Theory Change …«, S. 357, sowie, diese Position bestätigend, Thomas S. Kuhn: »I agree entirely with Boyd's assertion that the open-endedness or inexplicitness of metaphor has an important (and I think precise) parallel in the process by with scientific terms are introduced and thereafter deployed« (Kuhn, »Metaphor in science«, S. 409).

77 Jacques Lacan, *Le séminaire, livre III: Les psychoses*, Paris: du Seuil 1973, S. 255. Für den Hinweis danke ich Johannes Fehr, Zürich.

Das Resultat dieser Überlegungen lässt sich vielleicht folgendermaßen zusammenfassen: Die im Labor generierten Signifikantenketten sind prinzipiell offen – nicht nur für das Auftauchen jener Differenz, die das Neue indiziert, sondern auch für Signifikanten, die von »außen« kommen beziehungsweise als Verunreinigung die Hypothesenbildung immer schon begleiten. Dieses Spiel der Differenzen nimmt nicht erst im Labor seinen Anfang – aus dem einfachen Grund, weil dieses Spiel gar keinen Anfang hat, sondern immer nur Übergänge kennt.[78] Wissenschaft lässt sich auch in dieser sehr spezifischen, wenngleich unhintergehbaren Perspektive als Teil des kulturellen Kontextes ausweisen – was soll sie sonst sein? –, aber die Frage, welche Effekte »fremde« Signifikanten in dem in Experimentalsystemen erzeugten wissenschaftlichen Text haben, ist damit noch lange nicht beantwortet. Entgegen den hermeneutischen Illusionen einer freundlich den Weg zur Wahrheit weisenden Metapher, die einigermaßen bewusst eingesetzt und kontrolliert werden kann, scheint jedenfalls klar zu sein, dass metaphorische Prozesse sowohl konstitutiv als auch nur schwer kontrollierbar sind; zudem scheint es kein Kriterium zu geben, um zu bestimmen, ob Metaphern »wahre« Aussagen fördern oder umgekehrt eher verhindern – »Wahrheit« oder auch nur »Angemessenheit« ist kein Kriterium, an Hand dessen sich die Wirkungsweisen von Metaphern beurteilen lassen. Weil metaphorische Prozesse unausweichlich »geschehen«, stellt sich einzig die Frage, wie man die Bedeutungseffekte dieser Prozesse dekodiert. Genau hier aber sind die Perspektiven derjenigen, die selbst in die Produktion wissenschaftlicher Texte verwickelt sind, von den Perspektiven jener zu unterscheiden, die nachträglich oder zumindest von außen – als Historikerinnen, Soziologen oder Kulturwissenschaftlerinnen – diese Texte daraufhin befragen, wie weit sie eben nicht nur Erkenntnisobjekte bezeichnen, sondern gleichzeitig auch andere Bedeutungseffekte haben.

78 Vgl. Derrida, *Grammatologie*, S. 17; ders., *Die Schrift und die Differenz*, S. 424.

3.2. Cultural Studies of Scientific Knowledge

Die oben beschriebene Lesart der Funktion von Metaphern im wissenschaftlichen Text, deren epistemologische Struktur ich hier anknüpfend an Rheinbergers Ansatz zu rekonstruieren versuche, wird mit Joseph Rouse wohl am besten unter dem Titel *Cultural Studies of Scientific Knowledge* subsumiert.[79] Im Gegensatz zum Programm des Sozialkonstruktivismus suchen die *Cultural Studies of Science* nicht nach einer Erklärung dafür, *warum* bestimmte wissenschaftliche Aussagen sich als »wahr« durchgesetzt haben, sondern konzentrieren sich darauf zu untersuchen, *wie* Bedeutungen zu Stande kommen; dabei geraten Kategorien wie »soziale Lage«, »Interesse« etc., die im Sozialkonstruktivismus als kausale Ursachen für wissenschaftlichen Durchsetzungserfolg gelten, selbst unter Dekonstruktionsdruck.[80] Die *Cultural Studies of Scientific Knowledge* seien daher auch »epistemologisch und politisch engagiert«, weil sie stärker reflexiv arbeiten als andere Ansätze. Sie sind, so Rouse, in die Dekonstruktionsprozesse selbst verwickelt und daher gezwungen, ihre eigenen methodischen Voraussetzungen, ihre Werkzeuge und ihre Standpunkte zu explizieren.[81] Entscheidend in unserem Zusammenhang aber ist, dass aus dieser Perspektive die Grenzen zwischen Wissenschaft und »Kontext« verschwimmen: Rouse betont in Übereinstimmung mit den Resultaten der ethnografisch ausgerichteten Laborstudien,[82] dass es keine spezifische Essenz der Wissenschaft gibt, die diese insgesamt von anderen kulturellen Phänome-

79 Joseph Rouse: »What are Cultural Studies of Scientific Knowledge?«, in: *Configurations*, 1992, Nr. 1, S. 1-22, insb. S. 7 ff.; vgl. zum Konzept der *Cultural Studies* Stuart Hall: »Cultural Studies. Zwei Paradigmen«, in: Roger Bromley, Udo Göttlich und Carsten Winter (Hg.): *Cultural Studies. Grundlagentexte zur Einführung*, Lüneburg: Dietrich zu Klampen 1999, S. 113-138.

80 Rouse, »What are Cultural Studies of Scientific Knowledge?«, S. 10.

81 Rouse, »What are Cultural Studies of Scientific Knowledge?«, S. 20-22; vgl. dazu den auch von Rouse zitierten Text von Donna Haraway: »Situiertes Wissen. Die Wissenschaftsfrage im Feminismus und das Privileg einer partialen Perspektive«, in: Elvira Scheich (Hg.): *Vermittelte Weiblichkeit. Feministische Wissenschafts- und Gesellschaftstheorie*, Hamburg: Hamburger Edition 1996, S. 217-248.

82 Vgl. als guten Überblick Karin Knorr-Cetina: »Laborstudien. Der kultursoziologische Ansatz in der Wissenschaftsforschung«, in: Renate Martinsen (Hg.): *Das Auge der Wissenschaft. Zur Emergenz von Realität*, Baden-Baden, 1995, S. 101-135.

nen unterscheiden würde;[83] zu beobachten sei vielmehr »a constant traffic across the boundaries that allegedly divide scientific communities (and their language and norms) from the rest of the culture«.[84]

Ich wäre sehr zurückhaltend, das, was diesen »traffic« ermöglicht, einen gemeinsamen, übergreifenden Diskurs zu nennen, wie Lily E. Kay in Bezug auf den Aufstieg des »information discourse« seit den 1950er Jahren sagt.[85] Diskurse sind regulierte, stabilisierende Bezeichnungsordnungen; es ist wichtig, sich daran zu erinnern, dass Foucault mit dem Übergang von seinem das Denken einer Epoche umfassenden Episteme-Konzept in *Les mots et les choses* von 1966 zum begrenzteren Diskurskonzept in der *Archéologie du Savoir* von 1969 die Reichweite von vereinheitlichenden Aussagesystemen bewusst reduziert und damit die faktische Pluralität von parallelen, aber auch von einander widersprechenden Diskursen betont hat (um sich damit vom Strukturalismus und dessen Glauben an Großstrukturen zu verabschieden). Was aber verbindet dann verschiedene Diskurse in- und außerhalb der Wissenschaft miteinander? Ilana Löwy spricht in Anlehnung an das Konzept der *boundary objects* (Leigh Star/Griesemer) von »boundary concepts« oder »unscharfen Begriffen«, die »die Konstruktion eines bestimmten Wissensbereichs ermöglichen«, indem sie »dazu beitragen, Allianzen zwischen professionellen Gruppen zu schaffen [und] den Partnern erlauben, sich einer im Wandel begriffenen kognitiven und sozialen Umgebung anzupassen«.[86] Ihre Beispiele aus der Geschichte der Immunologie zeigen, dass es sich dabei nicht um »kontrollierte« Begriffe handelt, sondern um vage Vorstellungen, die genauso funktionie-

83 Rouse, »What are Cultural Studies of Scientific Knowledge?«, S. 8; Knorr-Cetina, »Laborstudien …«, S. 114.

84 Rouse, »What are Cultural Studies of Scientific Knowledge?«, S. 13.

85 Kay, Lily E.: »Cybernetics, Information, Life: The Emergence of Scriptural Representations of Heredity«, in: *Configurations* 5, 1997, S. 23-91, S. 30; vgl. zum Konzept der Diskursanalyse Hannelore Bublitz und Andrea D. Bührmann, Christine Hanke und Andreas Seier (Hg.): *Das Wuchern der Diskurse. Perspektiven der Diskursanalyse Foucaults*, Frankfurt am Main: Campus 1999; sowie meinen Aufsatz »Geschichtswissenschaft und Diskursanalyse«, in diesem Band, S. 10 ff.

86 Ilana Löwy: »Unscharfe Begriffe und föderative Experimentalstrategien. Die immunologische Konstruktion des Selbst«, in: Hans-Jörg Rheinberger und Michael Hagner (Hg.): *Die Experimentalisierung des Lebens. Experimentalsysteme in den biologischen Wissenschaften 1850/1950*, Berlin: Akademie Verlag 1993, S. 188-206, S. 189 f.

ren, wie Fleck sie beschrieben hat. Sie spricht mit guten Gründen nicht von »objects«, sondern eben von »concepts«, und es ist klar, dass ihre *boundary concepts* nichts anderes als Metaphern sind.[87] Während Foucault Metaphern für die Diskursanalyse als unbrauchbar betrachtete, weil es ihm nicht um die Polysemie der Signifikanten ging, sondern um die »Seltenheit« der positiven Aussagen,[88] rücken Metaphern in den *Cultural Studies of Science* ins Zentrum;[89] James J. Bono bezeichnet sie schlicht als »medium of exchange«.[90]

Die epistemologische Seite dieser Sichtweise habe ich schon diskutiert; ich möchte daher an Hand einiger gut untersuchter Beispiele fragen, ob sie sich mit den oben skizzierten theoretischen Überlegungen in Übereinstimmung bringen lassen. In einem schon klassischen Artikel hat Nancy Ley Stepan 1986 gezeigt, wie sehr in den Wissenschaften vom Menschen im 19. Jahrhundert die wechselseitige metaphorische *as if*-Beziehung von Frauen und »Negern« eine sehr weit reichende Grundannahme war, die jahrzehntelang neben den bekannten politischen Effekten auch ganze wissenschaftliche Forschungsprogramme geprägt hat.[91] Die Pointe ihres Arguments ist, dass diese offensichtlich metaphorische Gleichsetzung von Frauen und Schwarzen für die Wissenschaftler, die sie verwendeten, *keine* Metapher war, sondern eine reale Ähnlichkeitsbeziehung ausdrückte; hier konnte es keine »Metaphernreflexion« oder »Metaphernkontrolle« geben, weil der positivistische Glaube an die tatsächliche Vergleichbarkeit sich auf einem soliden Fundament statistisch und naturwissenschaftlich erhärteter Begriffe wähnte. Dass

---

87 Vgl. Warwick Anderson, Myles Jackson und Barbara Gutmann Rosenkrantz: »Toward an Unnatural History of Immunology«, in: *Journal of the History of Biology* 27, 1994, Nr. 3, S. 575-594, S. 589 f.

88 Metaphern sind genau das, was Foucault bewusst *nicht* in den Blick nahm – seine Diskursanalyse sollte vielmehr just dazu dienen, »die Souveränität des Signifikanten auf[zu]heben«, weil sonst »der Diskurs seine Realität verliert« (Michel Foucault: *Die Ordnung des Diskurses*, Frankfurt am Main, Berlin, Wien: Ullstein 1979 [Paris 1971], S. 34 f.).

89 Siehe dazu Ulrike Kistner: »Georges Cuvier: Founder of Modern Biology (Foucault), or Scientific Racist (Cultural Studies)?«, in: *Configurations* 7, 1999, Nr. 2, S. 175-190.

90 James J. Bono: »Science, Discourse, and Literature«, in: Stuart Peterfreund (Hg.): *Literature and Science: Theory and Practice*, Boston: Northeastern University Press 1990, S. 59-89, Zitat S. 61, vgl. S. 72.

91 Nancy Leys Stepan: »Race and Gender: The Role of Analogy in Science«, in: *Isis*, 1986, 77, S. 261-277.

diese Art von metaphorischer Gleichsetzung keine wissenschaftliche Innovation darstellt, muss dabei ebenso wenig hervorgehoben werden wie die Tatsache, dass die Theoretiker dieses Konzepts natürlich genau das annahmen.[92]

Etwas anders liegen die Dinge im Fall der berühmten *Cellularpathologie* von Rudolf Virchow.[93] Es ist schon öfter darauf hingewiesen worden, dass Rudolf Virchow ungeachtet seines eigenen Ideals empirischer Tatsachen- und Laborwissenschaft in der Formulierung des Zellkonzepts als dem Basiskonzept für biologische Organismen stark von seinem politischen Ideal des gleichberechtigten Staatsbürgers als der kleinsten – und entscheidenden – Einheit des Staates angeleitet wurde; in beiden Fällen, in der Biologie wie in der Politik, hat Virchow aus der Zellmetapher das Prinzip abgeleitet, dass es weder im Körper noch im Staat eine übergeordnete Steuerungseinheit geben könne.[94] Das Beispiel zeigt besonders deutlich, dass sich die grundsätzliche Unterscheidung Begriff/Metapher nur als analytische aufrechterhalten lässt: Die »Zelle« ist ein stabilisierter Basisbegriff der Biologie und *zugleich* weiterhin eine überaus aktive Metapher, die ihre eigene Geschichte hat (in der heute »Terrorzellen« eine prominente Rolle spielen).

Ähnlich grundlegend wie die Zellmetapher ist für die Biologie die Informationsmetapher, die seit den 1950er Jahren die Molekularbiologie tief greifend veränderte. Das ist ein besonders sprechendes Beispiel für die komplexen Transferprozesse zwischen zwei Wissen-

---

92 Über die Forschungspraxis dieser bösartigen metaphorischen Gleichsetzung (die bekanntlich zuweilen auch noch Proletarier, Prostituierte, Juden und/oder Verbrecher einbezog) vgl. immer noch Stephen Jay Gould: *Der falsch vermessene Mensch*, Basel: Birkhäuser 1983 (New York 1981); vgl. Sander L. Gilman: »The Hottentot and the Prostitute. Toward an Iconography of Female Sexuality«, in: ders.: *Difference and Pathology. Stereotypes of Sexuality, Race, and Madness*, London 1985, S. 76-108.

93 Rudolf Virchow: *Die Cellularpathologie in ihrer Begründung auf physiologische und pathologische Gewebelehre. Zwanzig Vorlesungen*, Berlin 1858.

94 Owsei Temkin: »Metaphors of Human Biology« [1949], in: ders.: *The Double Face of Janus*, S. 271-283; Paul Weindling: »Theories of the Cell State in Imperial Germany«, in: Charles Webster (Hg.): *Biology, Medicine and Society 1840-1940*, Cambridge: Cambridge University Press 1981, S. 99-155; Renato G. Mazzolini: *Politische Metaphern im Frühwerk Rudolf Virchows*, Marburg: Basilisken Presse 1988; Laura Otis: *Membranes. Metaphors of Invasion in Nineteenth-Century Literature, Science, and Politics*, Baltimore und London: Johns Hopkins University Press 1999, S. 8-36.

schaften – in diesem Fall Physik und Biologie –, und es zeigt sehr genau, welche Rolle dabei vage Ideen spielen. Lily Kay und Evelyn Fox Keller[95] haben herausgearbeitet, wie die Biologen, die den mathematischen Informationsbegriff von Wiener und Shannon übernommen haben, diesen im Grunde nicht verstanden haben. Norbert Wieners Konzept von Steuerungssystemen entstand aus seinen Arbeiten während des Zweiten Weltkrieges, in denen es darum ging, komplexe Artillerie-Feuerleitsysteme[96] als sich selbst steuernde und Informationen verarbeitende »Organismen«[97] zu konzipieren, in welchen Rückkopplungsschleifen und Informationsflüsse in verschiedene Richtungen eine zentrale Rolle spielten. Er griff damit auf das Organismuskonzept der (alten) Biologie von Claude Bernard bis Walter Cannon zurück, während zur gleichen Zeit die Biologen genau davon nichts mehr wissen wollten, sondern nach biochemischen Basismodellen suchten. Wieners Konzept des *cybernetic organism* – des Cyborg – operierte mit einem Begriff von »Information«, die von Claude Shannon, Mathematiker bei Bell Telephone Laboratories, 1948 als negative Entropie – als Gegenteil von Unordnung – definiert wurde; entscheidend war, dass dieser Informationsbegriff dezidiert nichts mehr mit der Bedeutung von Informationseinheiten, das heißt mit Semantik, zu tun hatte.[98] Die Biologen, die den Informationsbegriff seit den 1950er Jahren in ihre eigenen theoretischen Überlegungen einbauten, »verwendete[n]«

95 Kay: »Cybernetics …«; dies.: »Wer schrieb das Buch des Lebens?«, in: Michael Hagner, Hans-Jörg Rheinberger und Bettina Wahrig-Schmidt (Hg.): *Objekte, Differenzen und Konjunkturen. Experimentalsysteme im historischen Kontext*, Berlin: Akademie Verlag 1994, S. 151-180; Evelyn Fox Keller: »Der Organismus zwischen Telegraph und Computer: Der Körper einer neuen Maschine«, in: dies.: *Das Leben neu denken. Metaphern der Biologie im 20. Jahrhundert*, München: Antje Kunstmann 1998 (New York 1995); vgl. dies.: »Der Organismus: Verschwinden Wiederentdeckung und Transformation einer biologischen Kategorie«, in: Elvira Scheich (Hg.): *Vermittelte Weiblichkeit. Feministische Wissenschafts- und Gesellschaftstheorie*, Hamburg: Hamburger Edition 1996, S. 313-334.

96 Vgl. Peter Galison: »Die Ontologie des Feindes. Norbert Wiener und die Vision der Kybernetik«, in: Rheinberger, Hagner, Wahrig-Schmidt (Hg.), *Räume des Wissens*, S. 281-324

97 Vgl. Karl M. Figlio: »The metaphor of organization: An historical perspective on the bio-medical sciences of the early nineteenth century«, in: *History of Science* 1976, 14, S. 17-53.

98 Kay, »Cybernetics …«, S. 28 f., 44 f. und 54-61; dies., »Wer schrieb das Buch des Lebens?«, S. 158-170.

diesen nun allerdings, wie Evelyn Fox Keller schreibt, »eher im umgangsprachlichen als im technischen Sinne«.[99] Das bedeutet, dass erstens der genetischen »Information« eine jeweils präzise Bedeutung beziehungsweise Funktion zugeschrieben wurde: eine Nukleid-Sequenz bedeutet/bewirkt immer die Produktion eines einzigen definierten Enzyms (bei Genen gibt es keine Metaphern ...). Und es bedeutet zweitens, dass diese Information gemäß dem 1958 von Francis Crick formulierten »Zentralen Dogma« der Molekularbiologie immer nur in einer einzigen Richtung fließt: von der DNA zur RNA zum Protein. Der Informationsbegriff, dem die Molekularbiologie ihren phänomenalen Aufstieg verdankte, meinte eigentlich »Anleitung/Befehl«; er stammte ironischerweise aus dem alltagssprachlichen Konzept militärischer Kommandostrukturen, das just zur selben Zeit durch die Kybernetik moderner Waffensysteme umgewandelt wurde.[100] Es war dann Norbert Wiener selbst, der diesen Informationsbegriff der »Bauanleitung« wiederum als Metapher ausdeutete – »[d]as scheint ein Echo oder der Prototyp des Schöpfungsakts zu sein, in dem vermutlich Gott den Menschen nach seinem Ebenbild geschaffen hat«[101] –, dies allerdings *nicht*, um damit den biologischen Informationsbegriff zu kritisieren, sondern – fern jeder »Metaphernreflexion« – um seine »Wahrheit« durchzusetzen. Heute, im Zeitalter der *post-genomics*, weiß man, dass diese von der Schrift- und Befehlsmetapher angeleitete Sichtweise zwar produktiv und revolutionär,[102] in ihrer Einseitigkeit aber falsch war, weil es Rückkopplungen zwischen den Proteinen und dem Genom gibt und die genetische Information nicht ein eineindeutiger Code ist.[103] Das bedeutet nicht, dass die Dinge weniger metaphorisch würden; vielmehr zeigt »a new look at the language of

99 Keller, »Der Organismus zwischen Telegraph und Computer ...«, S. 120; vgl. ebenso Kay, »Wer schrieb das Buch des Lebens?«, insb. S. 166.

100 Kay, »Cybernetics ...«, S. 41 f.

101 Norbert Wiener, *God, Golem, Inc.*, 1964, zitiert in Keller, »Der Organismus zwischen Telegraph und Computer ...«, S. 133.

102 Vgl. Donna Haraway: »When Man is on the Menu«, in: Jonathan Crary und Sanford Kwinter (Hg.): *Incorporations*, New York: Zone 1992, S. 36-43; dies.: »Bescheidener Zeuge@Zweites Jahrtausend. MannFrau© trifft OncoMouse™. Leviathan und die vier Jots: Die Tatsachen verdrehen«, in: Elvira Scheich (Hg.): *Vermittelte Weiblichkeit. Feministische Wissenschafts- und Gesellschaftstheorie*, Hamburg: Hamburger Edition 1996, S. 347-389.

103 Keller, Evelyn Fox: *Das Jahrhundert des Gens*, Frankfurt am Main, New York: Campus 2001.

DNA« in aktuelle Publikationen laut John C. Avise erstaunliche neue, aber nicht ganz unbekannte Metaphoriken: »Recent genome-sequencing efforts have confirmed that traditional ›good-citizen‹ genes (those that encode functional RNA and protein molecules of obvious benefit to the organism) constitute only a small fraction of the genomic populace in humans and other multicellular creatures. The rest of the DNA sequence includes an astonishing collection of noncoding regions, regulatory modules, deadbeat pseudogenes, legions of repetitive elements, and hosts of oft-shifty, self-interested nomads, renegades, and immigrants«.[104]

Diese Beispiele belegen zwar, dass »fremde« Signifikanten offensichtlich die Hypothesenbildung im Labor prägen, aber man könnte immer noch versucht sein, sie bloß als bestimmte Formen der Repräsentation von »Natur« zu lesen – diese wäre damit wie bei Kant ein »Ding an sich«, das nur noch erscheinen müsste. Die Wirkung metaphorischer Signifikanten ist allerdings tief greifender, weil die »Re«-Präsentation kein wie auch immer verzerrtes Abbild von Natur ist, sondern eher eine »Darstellung« im Sinne der Chemie, die einen Stoff darstellt, indem sie ihn herstellt (was an Kants Diktum erinnert, dass die Vernunft nur das einsieht, was sie selbst hervorgebracht hat). Wie sehr metaphorische Signifikanten diesen Herstellungsprozess von epistemischen Dingen formen, erweist sich besonders deutlich bei Karin Knorr-Cetinas Darstellung von Maschinen, die in der Hochenergie-Experimentalphysik als Detektoren dienen, um subatomare Teilchen »aufzuspüren«. Das sind ziemlich komplizierte Maschinen – sie sind so komplex, dass sie »wie Organismen« zu funktionieren scheinen. Die Physikerinnen und Physiker, die sie bauen, bedienen und warten, um mit ihnen Spuren des unbekannten X zu produzieren, beschreiben ihre Fähigkeiten in physiologischen und soziologischen Termini: Detektoren »sehen«, sie »äußern« sich und »antworten«, sie bringen wie Athleten »eine Leistung« und »gehen« mit verschiedenen Aufgaben verschieden gut »um«; sie verändern sich laufend, sind instabil, »spielen sich auf«, entwickeln aber auch »soziale« Fähigkeiten, indem sie untereinander »kooperieren«, sich »überwachen«, Konflikte haben und sich überhaupt »gut« oder »schlecht« verhalten. Und schließlich haben sie einen Lebenszyklus, sie kennen »Krankheit« und »Tod«, sie

104 John C. Avise: »Evolving Genomic Metaphors: A New Look at the Language of DNA«, in: *Science* 294, 5. Oktober 2001, S. 86-87, Zitat S. 86.

»leben«, werden »getötet« und haben daher auch eine »Lebenserwartung«.[105] Weil komplexe Maschinen so »sind« – von den Physikerinnen und Physiker so »erlebt« werden –, stehen sie mit ihrer
massiven Materialität und ihrem »Eigenleben« immer schon zwischen den Forschern und den Daten, die sie produzieren. Die zur
Beschreibung dieser Maschinen verwendeten Metaphern sind keine
bloß rhetorische Veranschaulichung von harter technischer Realität, weil es kein »Jenseits« von dieser metaphorisch strukturieren
Wahrnehmung gibt: Die beteiligten Physikerinnen und Physiker
können diese Maschinen gar nicht anders behandeln, als die Metaphern es ihnen nahe legen. Genauer noch: Diese Sprache zeigt an,
dass »a detector does indeed *not* work (or to put it more weakly, does
not only work) like a machine«.[106] Es gibt hier keinen Unterschied
zwischen der Metapher und der Maschine; ebenso wie die epistemischen Dinge im Experimentalsystem nur in den metaphorischen
Prozessen der Produktion differenzieller Spuren entstehen, sind diese Metaphern das linguistische Äquivalent zu Maschinen, die eben
nicht wie Maschinen funktionieren, sondern dafür gebaut wurden,
das Auftreten des Neuen zu ermöglichen.

4. »Politische Metaphern der Bakteriologie/ Immunologie 1870-1930«[107]

Die Bakteriologie gilt als eine der wenigen »Revolutionen« der Medizingeschichte und als eine der wichtigsten Etappen auf dem Weg
ihrer Verwissenschaftlichung.[108] Pasteurs Impfung von Schafen gegen Anthrax 1881 in Pouilly-le-Fort und Kochs Isolierung des Tuber-

---

105 Alle Zitate aus Knorr-Cetina, »Metaphors in the Scientific Laboratory«, S. 336-
     346.

106 Knorr-Cetina, »Metaphors in the Scientific Laboratory«, S. 347 (Hervorhebung
     im Original).

107 An diesem Projekt, das seit dem Sommer 2001 läuft (vgl. Anm. 1), sind beteiligt:
     Silvia Berger (»Krieg den Bazillen! Metaphernzirkulation zwischen Wissenschaft und Politik 1914-1918«), Marianne Hänseler (»Unter dem Mikroskop:
     Bakterien und Metaphern bei Robert Koch«) und Myriam Spörri (»Un/reines
     Blut. Metaphern in der Blutgruppenforschung der 1920er Jahre«); ich selbst arbeite über die Kriegs- und Migrationsmetaphorik in der Formierungsphase der
     Bakteriologie.

108 Georges Canguilhem: »Der Beitrag der Bakteriologie zum Untergang der ›me-

kelbazillus 1882 erscheinen nicht nur in nachträglicher Perspektive als wichtige Ereignisse im Verhältnis von Menschen und Mikroorganismen, sondern wurde auch schon von den Zeitgenossen als große wissenschaftliche Leistung wahrgenommen. In dem Maße, wie die Bakteriologie in erster Linie eine systematische und technisch hochstehende Laborwissenschaft war,[109] scheint es primär nicht geboten, nach (politischen) Metaphern der Bakteriologie und daran anschließend der Immunologie zu fragen, sondern mit einem gewissen Respekt vor ihrer Fähigkeit, im Labor Neues zu entdecken, den Experimentalprozess selbst zu untersuchen.[110] Ich habe hier zu zeigen versucht, dass sich diese beiden Perspektiven nicht ausschließen, sondern dass vielmehr die Fragen nach der Metaphorizität der bakteriologischen Sprache auf der Hand liegen. Wie eingangs erwähnt, sind diese zwar keineswegs neu,[111] aber sie sind erst in den

dizinischen Theorien‹ im 19. Jahrhundert«, in: ders.: *Wissenschaftsgeschichte und Epistemologie. Gesammelte Aufsätze*, hg. von Wolf Lepenies, Frankfurt am Main: Suhrkamp 1979, S. 110-133, Zitat S. 111; etwas kritischer gegenüber der Wirkung der bakteriologischen »Revolution« sind Nancy Tomes und John Harley Warner: »Introduction to Special Issue on Rethinking the Reception of the Germ Theory of Disease: Comparative Perspectives«, in: *Journal of the History of Medicine and Allied Sciences* 52, 1997, Nr. 1, S. 7-16; vgl. auch Erwin H. Ackerknecht: »Anticontagionism between 1821 and 1867«, in: *Bulletin of the History of Medicine*, 1948, 22, Nr. 2, S. 562-593; Frank Macfarlane Burnet: *Naturgeschichte der Infektionskrankheiten des Menschen*, Frankfurt am Main: Fischer 1971.

109 Andrew Cunningham: »Transforming plague. The laboratory and the identity of infectious disease«, in: ders. und Perry Williams (Hg.): *The laboratory revolution in medicine*, Cambridge (Mass.): Cambridge University Press 1992, S. 209-244; Paul Weindling: »Scientific elites and laboratory organisation in fin de siècle Paris and Berlin. The Pasteur Institute and Robert Koch's Institute for Infectious Diseases compared«, in: ebenda, S. 170-188.

110 Vgl. als Überblicke William Bulloch: *The history of bacteriology*, New York, Toronto: Oxford University Press 1960; Roy Porter: »From Pasteur to Penincillin«, in: ders.: *The greatest benefit to mankind. A medical history of mankind*, London: Harper Collins 1997, S. 429-461; Pierre Darmon: *L'homme et les microbes, XVIIe – XXe siècle*, Paris: Fayard 1999; vgl. auch Klaus Grossgebauer: *Eine kurze Geschichte der Mikroben. Urahnen – Baumeister – Giftpfeile*, München: Verlag für angewandte Wissenschaften 1997.

111 Zu nennen sind zur Bakteriologie vor allem: Christoph Gradmann: »Bazillen, Krankheit und Krieg«, in: *Berichte zur Wissenschaftsgeschichte*, 1996, 19, H. 2-3, S. 81-94; ders.: »›Auf Collegen, zum fröhlichen Krieg‹. Popularisierte Bakteriologie im Wilhelminischen Zeitalter«, in: *Medizin, Gesellschaft und Geschichte* 13, 1994, S. 35-54; Otis, *Membranes*; S. L. Montgomery: »Codes and Combat in Biomedical Discourse«, in: *Science and Culture* 2, 1991, Nr. 3, S. 341-391; zur

Arbeiten von Alfred I. Tauber über Elie Metchnikoff und über Frank Macfarlane Burnet systematisch untersucht worden.[112] Dennoch – und das spricht für die vielen noch offenen Fragen in diesem Feld – erwähnt auch Tauber überraschenderweise nicht, dass Metchnikoff seine Theorie der Phagozyten 1887 in der Sprache des Krieges darstellt: Dass sich bei einer Infektion »Soldaten« und »Feinde« auf einem »Schlachtfeld« bekämpfen, scheint selbstverständlich zu sein.[113] Kein Wunder: Das *ist* die *master-metaphor*, die heute mehr denn je isomorphe Narrative von Körpern, Subjekten und Gesellschaften generiert – Narrative auf allen Ebenen, die gleichermaßen von Krieg und Überleben, von unsichtbaren Feinden und intelligenten Abwehrsystemen handeln.

Es wird gemeinhin angenommen,[114] dass Elie Metchnikoff der Erste war, der die Phagozytose, das heißt den »Kampf« der weißen Blutkörperchen mit »fremden Eindringlingen« im Gewebe, untersucht und vor allem in der Sprache des Krieges beschrieben hat. Doch Metchnikoff hatte Vorläufer in Deutschland, die seit den 1870er Jahren das Infektionsgeschehen im Körper ebenfalls als »Kampf«, ja genauer noch: in den Termini des Sozialdarwinismus als »Kampf ums Dasein« verstanden hatten. Ferdinand Cohn spricht schon 1872 davon, dass »jener grausame Kampf ums Dasein,

Immunologie unter anderem: Francisco J. Varela: »Der Körper denkt. Das Immunsystem und der Prozeß der Körper-Individuierung«, in: Hans Ulrich Gumbrecht und K. Ludwig Peiffer (Hg.): *Paradoxien, Dissonanzen, Zusammenbrüche. Situationen offener Epistemologie*, Frankfurt am Main: Suhrkamp 1991, S. 727–743; Anne-Marie Moulin: »Immunology Old and New: the Beginning and the End«, in: Pauline M. H. Mazumdar (Hg.): *Immunology 1930–1980. Essays on the History of Immunology*, Toronto: Wall & Thompson 1989, S. 291–298; F. Karush: »Metaphors in Immunology«, in: ebenda, S. 73–80; Emily Martin: »Toward an anthropology of immunology: The body as nation state«, in: *Medical Anthropology Quaterly*, 1990, 4, S. 410–426; Haraway, »The Biopolitics of Postmodern Bodies …«; vgl. auch Geraldine W. van Rijn-van Tangeren: *Metaphors in medical texts*, Amsterdam, Atlanta (GA): Rodopi 1997.

112 Alfred I. Tauber: *The immune Self. Theory or metaphor?*, Cambridge: Cambridge University Press 1994; ders. und Leon Chernyak: *Metchnikoff and the origins of immunology. From Metaphor to Theory*, New York [etc.]: Oxford University Press 1991 (= Monographs on the History and Philosophy of Biology).

113 Elie Metchnikoff: »Sur la lutte des cellules de l'organisme contre l'invasion des microbes (Théorie des phagocytes)«, in: *Annales de l'Institut Pasteur* 1, 1887, Nr. 7, S. 321–336, insb. S. 323, 324 und 328.

114 Arthur M. Silverstein: *A history of immunology*, San Diego: Academic Press 1989, S. 36.

der nach altem Brauch den Unterliegenden zugleich ausrottet [!], auch die Vermehrung der Bacterien, wie aller übrigen Wesen in Schranken hält; nur wo jene die Oberhand behalten, vermögen sie sich ihrer Mitbewerber, die zugleich ihre Todfeinde sind, zu erwehren«.[115] Doch bekanntlich konnte sich das Phagozytose-Konzept in Deutschland lange nicht gegen die hier seit den 1890er Jahren von vor allem der Koch'schen Schule propagierten Toxin-/Antitoxin-Hypothese durchsetzen, wonach Infektion und Abwehr als Vergiftung und Schutz vor Giften zu beschreiben wäre. Was genau der Grund für diese Verschiebung hin zum zweiten heute anerkannten grundlegenden Infektionsmechanismus war und vor allem welche Rolle Metaphern dabei spielten, bleibt zu untersuchen.

Neben der Metaphorik des Krieges, des Kampfs und der Vergiftung waren es aber vor allem – und darauf wurde bis jetzt noch kaum hingewiesen – Metaphern der Migration, die das Infektionsgeschehen im Körper beschreiben.[116] Wenn Fremdkörper von außen in den Körper eindringen – beziehungsweise im Körper festgestellt werden –, so ist das seit den 1870er Jahren eine »massenhafte *Ueberwanderung* von Micrococcen durch den ganzen Körper«.[117] Aber auch die Leukozyten, die sich durch die Gewebe hindurch auf die »Eindringlinge« zu bewegen, um sie zu vernichten, werden als »Wanderzellen« bezeichnet.[118] Diese Sprache ist offensichtlich nicht bloß akzidentielle Rhetorik. Die Rede von »Migration« in den Zeitschriften, in denen die Bakteriologen publizierten, ist zentral, weil sie einerseits dazu dient, die Ausbreitung von Krankheits-»Keimen« im Innern des Körpers zu beschreiben, und gleichzeitig deutlich machen kann, woher Infektionskrankheiten kommen: Das, was in den Körper gelangt, musste zuerst nach Deutschland eindringen,

115 Ferdinand Cohn: *Ueber Bakterien, die kleinsten lebenden Wesen*, Berlin: Lüderitz'sche Verlagsbuchhandlung 1872 (= Sammlung gemeinverständlicher wissenschaftlicher Vorträge, hg. von Rud. Virchow und Fr. v. Holtzendorff), S. 12.

116 Bettina Wahrig-Schmidt: »Das ›geistige Auge‹ des Beobachters und die Bewegungen der vorherrschenden Gedankendinge. Beobachtungen an Beobachtungen von Zellen in Bewegung zwischen 1860 und 1885«, in: Michael Hagner u. a. (Hg.), *Objekte, Differenzen und Konjunkturen*, S. 23-47; Metaphern spielen in dieser Analyse der Mikroskopiertechnik allerdings keine Rolle.

117 *Berliner Klinische Wochenschrift* 11, 1874, S. 251 (Hervorhebung von mir, Ph. S.).

118 Julius Cohnheim: *Neue Untersuchungen über die Entzündung*, Berlin: August Hirschwald 1873, S. 3.

und zwar, wie zum Beispiel der Typhus 1879/80, »von außen«, von »Obdachlosen« aus »Schlesien«, aus den »Stammländern im Orient«, von »ungarischen Mausefallenhändlern« oder von »einem 25jährigen jungen Mann, welcher mit einer aus sechs Köpfen bestehenden Zigeunerbande von Norden her auf der Bergstrasse nach Heidelberg eingewandert war«.[119]

Die metaphorische Rede von »Ueberwanderung des Körpers« durch fremde »Eindringlinge« und der »Kampf« der »wandernden« Leukozyten gegen diese ist von den sich stabilisierenden Begriffen der werdenden Bakteriologie und Immunologie schon ab 1880 nicht mehr zu trennen; zusammen mit den Vorstellungen von einem »alten Brauch« (Cohn) und den kulturell sehr tief verankerten Vergiftungsängsten sind sie konstitutiv für eine Reihe von Begriffen, die in den bakteriologischen und immunologischen Texten bis heute immer wieder auftauchen (vor allem »Eindringling«, »Fremdkörper«, »Kolonisation/Kolonie«, »Angriff«, »Verteidigung«, »Kampf«, »Schlachtfeld«, »Vergiftung«, »Reinheit«, später dann »self/non-self«). Diese Begriffe/Metaphern – sie sind beides – lassen sich zu den drei *clusters* »Invasion/Migration/Fremdheit«, »Krieg/Kampf-ums-Dasein« und »Vergiftung/Reinheit/self« zusammenfassen; alle drei Metaphern-Komplexe sind auf den – wie es in heutigen Videospielen heißt – *foreign invader* zentriert. Das kann kein Zufall sein. Dass es auch vor Fleck immer wieder Bakteriologen gab, die etwa die Kriegsmetapher ablehnten und Vorstellungen von einer »Symbiose« des Körpers mit Bakterien entwickelten, spricht jedenfalls für die Kontingenz dieser Sprache und damit auch für die Annahme einer starken »Formung« (Latour) der Bakteriologie durch eben diese spezifische Metaphorik.[120]

Doch das zu zeigen, ist nur das eine Ziel unseres Projektes zu den »politischen Metaphern der Bakteriologie/Immunologie« – und ist als theoretisches Problem auch das Thema dieses Aufsatzes. Das andere Ziel – und in einem gewissen Sinne das eigentliche Motiv des Projektes – ist es hingegen, die Verwendung der bakteriologischen Sprache in populärwissenschaftlichen und politischen Diskursen zu untersuchen. Ein prominentes Beispiel für die schnell einsetzende

119 Alle Zitate aus: *Deutsche Medicinische Wochenschrift*, 1879, Nr. 19, S. 241; 1879, Nr. 39, S. 499-500; 1879, Nr. 50, S. 642; 1880, Nr. 22, S. 291; 1880, Nr. 24, S. 325.

120 Vgl. P. Poitier: *Les Symbiotes*, Paris: Masson 1918; für den Hinweis danke ich Silvia Berger.

Rezeption bakteriologischer Sichtweisen im außerwissenschaftlichen Raum war Nietzsche, der im Sommer 1882 notiert: »Das ›Ich‹ unterjocht und tötet: es arbeitet wie eine organische Zelle: es raubt und ist gewalttätig.«[121] Die Bakteriologie und die entstehende Immunologie begannen, so die Hypothese, ein Reservoir von Bildern aufzubauen, die jenseits des Labors zunehmend Verwendung fanden. Während die »Wahrheit« des bakteriologischen Textes sich auf das metaphorische Supplement etwa des Sozialdarwinismus stützen konnte, um eine neue Sichtweise von Gesundheit, Krankheit und von Vorgängen im Körper plausibel zu machen, dienten – so, wie gesagt, die Hypothese – popularisierte Konzepte der Bakteriologie/Immunologie bald schon als Bedeutungsressource für Bilder des Körpers und der Gesellschaft, die gemäß der Logik dieser Bilder beide ihre Krisen kriegerisch bewältigen müssen und die von Vergiftungen bedroht sind. Populärwissenschaft funktioniert dann am besten, wenn die führende wissenschaftliche Autorität selbst erklärt, dass die Bilder im populärwissenschaftlichen Text nicht nur direkt aus dem Labor stammen, sondern vor allem – dass sie keine Metaphern sind. Daher schreibt Elie Metchnikoff um die Wende zum 20. Jahrhundert: »Wenn ich sage Kampf, so ist das nicht metaphorisch gemeint. Es handelt sich tatsächlich um eine wahre Schlacht in den innersten Teilen unseres Organismus.«[122]

Mit anderen Worten: Der bakteriologische Text etablierte eine neue Form der »Wahrheit«, und es ist daher zumindest nicht unplausibel, zu behaupten, dass die Aufstellung von »Desinfektions-Kompanien« im Ersten Weltkrieg zur Bekämpfung der »unsichtbaren Feinde« in den Schützengräben durch Gas, die Angst vor der Vergiftung des so genannten Volkskörpers oder auch die Vorstellung des Krieges als notwendige »Reinigung«, als große hygienische Veranstaltung und viele ähnliche Phantasmen, die die erste Hälfte des 20. Jahrhunderts geprägt haben, in einem wie auch immer engen oder weniger engen Zusammenhang mit einer Sprache und einer Wissenschaft stehen, die dafür zweifellos nicht die »Verantwortung« zu tragen hat, deren Signifikanten aber zur Labortür ein- und

---

121 Friedrich Nietzsche: »Nachgelassene Schriften«, in: *Studienausgabe,* Band 10, S. 13-14 [Juli/August 1882].

122 Elie Metchnikoff: *Studien über die Natur des Menschen. Eine optimistische Philosophie,* Leipzig: Veit & Comp. 1910 (zweite, durchgesehene Auflage, 1. deutsche Aufl. 1904), S. 315 f.

ausgingen. Das zu zeigen ist hier nicht möglich, aber es ist, wie angedeutet, letztlich das, was die Beschäftigung gewöhnlicher Historikerinnen und Historiker mit der Wissenschaftsgeschichte der Bakteriologie motivieren kann.

5. Supplement

Der Kampf zwischen »angreifenden« Bakterien oder Viren und den eigenen »Abwehrsystemen« hat sich zu einem der wirkungsvollsten Narrative der Gegenwart entwickelt. Der Medientheoretiker Douglas Rushkoff nennt »media events« – das sind medial verstärkte Begriffsprägungen oder Geschichten, die unsere Wahrnehmung verändern – »media viruses«, und er besteht darauf, dass dies keine Metapher sei: »This term is not used as a metaphor. These media events are not *like* viruses. They *are* viruses.« Es wundert daher nicht, dass Ruskoff, der diese Art der »Infektion« für unausweichlich hält, solche »Viren« mit den gesamten kriegerischen Attributen ausstattete, die dem Kampf zwischen Bakterien und Phagozyten seit Elie Metchnikoff schon immer zukam.[123] Vielleicht ist es daher auch kein Zufall, dass Sabotage-Programme für Computer-Systeme ebenfalls als »Viren« angesprochen werden, die als *foreign invaders* all jene Eigenschaften aufweisen, die ihnen ebenfalls seit der Frühzeit der Bakteriologie zugeschrieben wurden. Sie bedrohen uns, weil sie in unsere Computer eindringen, ohne die wir nicht mehr denken könnten – und zwar so, wie sie unsere Körper schon seit 130 Jahren bedrohen.

Peter Mühlbauer hat kürzlich darauf hingewiesen, dass meist ganz selbstverständlich osteuropäische, arabische oder asiatische Hacker als Hersteller von Computerviren »vermutet« werden (was selten den Tatsachen entspricht). Darauf haben wir auch unsere »Abwehr« eingestellt: Das »Virus-Symbol der Anti-Viren-Software von Dr. Solomon vereinigt in sich alle populären Vorstellungen der Herkunft von Viren: ein Insekt mit rotem Körper, Leonid-Breschnjew-Augenbrauen, ›Schlitzaugen‹ und Vampirzähnen. Die Nase erinnert zudem an ein chinesisches Schriftzeichen«.[124] Wenn der

---

123   Douglas Rushkoff: *Media Virus! Hidden Agendas in Popular Culture*, New York: Ballantine Books 1996 (2. Aufl.), S. 9 (Hervorhebung im Original).

124   Peter Mühlbauer: »Warum gerade Manila? Die Rolle der Viren im Globalisie-

wissenschaftliche Text wie mit einem Möbiusband mit der Kultur verwoben ist – was ist dann die Kultur? Man könnte metaphorisch sagen: ein Arsenal von kontaminierten Wiederholungsschleifen.

rungs- und Sicherheitsdiskurs«, in: Armin Medosch und Janko Roettgers (Hg.): *Netzpiraten – die Kultur des elektronischen Verbrechens*, Hannover: Heise/Telepolis 2001, S. 73-86, S. 78 (zuerst auf http://www.heise.de/tp/deutsch/inhalt/te/9209/1. html).

Das obszöne Genießen der Wissenschaft

Über Populärwissenschaft und
»mad scientists«

Es ist Nacht und regnet in Strömen. In einem hochtechnisierten und zugleich schäbigen Los Angeles trifft im November 2019 eine frierende junge Frau auf den kauzigen Bastler J. F. Sebastian, der mit der Herstellung von Gehirnen zu tun hat. Er bietet der merkwürdig verschüchterten Schönen an, in seine Wohnung zu kommen, und man sieht die beiden durch die dunkeln, regennassen Flure eines weiträumigen Altbaus gehen, eine gehobene Mietskaserne mit verblichenem Chic und löchrigem Dach.[1] Als J. F. Sebastian die Tür zu seiner Wohnung öffnet, kommen ihm mechanische Puppen entgegen: ein napoleonischer Spielzeugsoldat mit langer Nase und ein als General aus dem 18. Jahrhundert gekleideter Teddybär, die ihn beide freudig mit blecherner Stimme begrüßen – »Home again, home again, jiggity jig. Goooood evening J. F.« –, zum offenbaren Erstaunen von Pris, seiner neuen Bekanntschaft. »They're toys«, sagt J. F. Sebastian, »my friends are toys. I make them. It's a hobby.«[2] Es sind nicht die einzigen: Die Wohnung in Ridley Scotts Film *Blade Runner* von 1982, aus dem diese Szene stammt, ist übervoll von Erfindungen und Gerätschaften, vor allem aber von puppenartigen mechanischen Wesen, die hier leben. Das passt ganz gut, denn Pris ist eine Replikantin. Das sind humanoide Roboter, die im Roman *Do androids dream of electric sheep?* von Philip K. Dick (1968), der Ridley Scott zu seinem Film inspirierte, noch Androiden hießen, die dann aber vom Drehbuchautor David Webb Peoples – angeregt von seiner Molekularbiologie studierenden Tochter – auf den Neologismus »replicant« getauft wur-

1 Gedreht im Bradbury Building von 1893 in Los Angeles, dem ältesten noch bestehenden Bürobau der Stadt; vgl. Frank Schnelle: *Ridley Scott's* BLADE RUNNER, Stuttgart: Wiedleroither 1994, S. 56. Dieser Aufsatz basiert teilweise auf einem Vortrag, den ich im November 1999 auf der Tagung »Americanization and Popular Culture« auf dem Monte Verità in Ascona gehalten habe. Ich danke Regula Bochsler, Silvia Berger, Marianne Hänseler und Myriam Spörri für ihre kritische Lektüre dieses Textes.
2 Alle Filmzitate aus: http://www.filmsite.org/blad.html.

den.[3] Der Film erzählt von sechs Replikanten, Nexus-6-Maschinen, die mit einer Lebenszeit von vier Jahren für Aufgaben in fernen Galaxien gebaut wurden und unerlaubt auf die Erde zurückkamen, um für die Verlängerung ihres Lebens zu kämpfen. Sie sind stark, gefühllos und gefährlich, aber so menschenähnlich, dass sie nur schwer als Maschinen zu identifizieren sind.

Bei der Verfolgung der Nexus-6-Replikanten gerät der *Blade Runner* Rick Deckard – ein Polizist, der darauf spezialisiert ist, sie aufzuspüren und zu töten, dabei wahrscheinlich selbst ein Replikant – in eine Welt, die in der Vergangenheit zu liegen scheint beziehungsweise in der die Vergangenheit wie in Schichten abgelagert ist. Das zeigt sich nicht nur an der Architektur, die vom 19. Jahrhundert über die Gegenwart bis in eine futuristische Zukunft geht, in der die Städte zerfallen und im Müll versinken werden, wie Scott sagt,[4] das zeigt sich auch an den Figuren selbst: Die frierende Replikantin Pris – »a basic pleasure model, the standard item for military clubs in the outer colonies« – sieht als Prostituierte aus wie ein Punk der 1970er Jahre; ihre rehäugige Kollegin Rachael, die den Helden mit romantischer Klaviermusik betört, erscheint in Kleidern der 1930er Jahre; die Figur des blonden Hünen Roy Batty spielt unverhohlen mit dem Kalten-Krieg-Cliché des DDR-Bösewichts, der seinen Schöpfer, den schachspielenden *mad scientist* Tyrell, umbringen wird. Besonders sprechend aber ist die Wohnung des Tüftlers J. F. Sebastian, der mit Gensequenzen ebenso behänd umgehen kann wie mit possierlichen Blechautomaten: Ridley Scott imaginiert dieses Appartement nicht als ein Ort avanciertester Modernität, sondern im Gegenteil als nostalgische Wunderkammer, bevölkert mit Maschinenmenschen, wie sie nur einer alteuropäischen Fantasie entsprungen sein können. Alle Szenen in der Wohnung des komischen Vogels J. F. Sebastian, wo dann auch der *Blade Runner* über Blech und Plüsch stolpert, um die zwischen den mechanischen Puppen versteckte Replikantin Pris zu suchen, leben von rückwärtsgewandten zeichenhaften Versatzstücken. Von den beiden ratternden »Freunden«, die an Vaucansons Automaten erinnern, bis hin zu den Replikanten selbst sind all diese Figuren Evokationen jener anthropoiden Maschinen, die das 18. Jahrhundert dem 19. als Traum

3 Schnelle, *Ridley Scott's* BLADE RUNNER, S. 21.
4 Schnelle, *Ridley Scott's* BLADE RUNNER, S. 23.

vererbt hat.[5] Dieser Traum geistert seither durch die europäische Kultur,[6] und vielleicht – Ridley Scotts Szenerie wäre ein Beleg dafür – haben wir das 19. Jahrhundert noch gar nicht verlassen und werden es auch so schnell nicht verlassen können. Immerhin ist dieser Traum moderner als die kosmischen Ritterspiele und *gothic-novel-plots*, die die SF- und *fantasy*-Produkte heute meist prägen.

Das Imaginäre jedenfalls, das sich in *Blade Runner* um die Figur des Replikanten, des künstlich erzeugten menschenähnlichen Lebewesens, herum entfaltet, folgt einem Narrativ, das seinen Ursprung in Mary Shelleys 1818 erschienener Novelle *Frankenstein* hat,[7] und gehört damit zur europäischen populärwissenschaftlichen Kultur, wie sie im 19. Jahrhundert sich ausbildete. In weit verbreiteten, für ein wachsendes bürgerliches Publikum produzierten Zeitschriften, die, wie etwa die französische *La Nature*, von der zweiten Hälfte des 19. Jahrhunderts an Wissenschaft als populäres Faszinosum verbreitet haben, erkennt man an den dort abgedruckten illustrierenden Stahlstichen ähnliche Wohnräume voll von Gerätschaften und Erfindungen, die die Laien als Teil ihres künftigen Alltags begreifen lernen sollten. Es ist diese Atmosphäre der europäischen Populärwissenschaft, die Ridley Scott in einem zerfallenden Altbau in Los Angeles entstehen lässt, und es ist kein seriöser Wissenschaftler, der hier wohnt, sondern ein Bastler, ein *amateur des sciences*, wie man im 19. Jahrhundert sagte. Was in diesem Film von Kalifornien her nach Europa zurückkommt, sind nichts anderes als ein paar alte

---

5 Julien Offray de La Mettrie: *L'homme machine/Die Maschine Mensch* (1747), übersetzt und hg. von C. Becker, Hamburg: Meiner 1990; Denis Diderot: »Gespräche mit d'Alembert [Le rêve de d'Alembert]«, in: ders.: *Über die Natur*, hg. von J. Köhler, Frankfurt am Main: Fischer 1989, S. 67-144; Albrecht von Haller: »Von den empfindlichen und reizbaren Theilen des menschlichen Körpers«, in: *Sammlung kleiner Hallerischer Schriften*, Bern: Haller 1772 (Bd. 2); vgl. Simon Schaffer: »Enlightened Automata«, in: William Clark, Jan Golinski und Simon Schaffer (Hg.): *The Sciences in Enlightened Europe*, Chicago: The University of Chicago Press 1999, S. 126-165; Sergio Moravia: »From Homme Machine to Homme Sensible. Changing eighteenth-century models of man's image«, in: *Journal of the History of Ideas*, 1978, 39, S. 45-60; Ann Thomson: »L'homme machine, mythe ou métaphore?« in: *Dix-Huitième Siècle* 20, 1988, S. 367-376.

6 Vgl. dazu Rolf Aurich, Wolfgang Jacobsen und Gabriele Jatho (Hg.): *Künstliche Menschen, manische Maschinen, kontrollierte Körper*, Berlin: Jovis 2000 (= Ausstellungskatalog Filmmuseum Berlin).

7 Jon Turney: *Frankenstein's Footsteps. Science, Genetics and Popular Culture*, New Haven, London: Yale University Press 1998, S. 13-25.

Fragen in Form jener Antworten, die die europäische Populärkultur diesen Fragen immer schon erteilt hat. So lässt sich am Beispiel von *Blade Runner* nicht nur der europäische Traum von Maschinenmenschen entziffern, sondern vor allem auch zeigen, dass die Figur des *mad scientist*, der die Kontrolle über seine menschenähnlichen Schöpfungen verliert – »We're not computers. We're physical«, bemerkt die Replikantin Pris maliziös –, eine genuine Erfindung der Populärkultur ist, die die für die Moderne kennzeichnende Differenz von Wissenschaft und Populärwissenschaft selbst sichtbar macht und problematisiert. Um das verständlich zu machen, ist es zuerst notwendig, die »Kultur« (1.) und die diskursive Struktur (2.) der Populärwissenschaft vor allem des 19. Jahrhunderts genauer in den Blick zu nehmen. Anschließend werde ich auf die Figur des *mad scientist* in der Populärkultur und speziell in *Blade Runner* zu sprechen kommen (3.), um schließlich die Frage zu stellen, ob sich die Trennung von Wissenschaft und Populärwissenschaft überhaupt aufrechterhalten lässt (4.).

1. Populärwissenschaft

Verwendet man den Begriff Populärwissenschaft[8] in einem sehr breiten und vagen Sinne, dann gelten Bernard B. de Fontenelles *Entretiens sur la Pluralité des mondes* (1686) üblicherweise als Anfang einer Tradition populärer Wissenschaft, die im 18. Jahrhundert in sehr unterschiedlichen Formen Einfluss auf das wachsende Lese-

---

8 Vgl. dazu als Überblicke Bruno Béguet (Hg.): *La Science pour tous. Sur la vulgarisation scientifique en France de 1850 à 1914*, Paris: Réunion des Musées Nationaux 1990 (= Ausstellungskatalog Conservatoire des Arts et Métiers); ders., Maryline Cantor und Ségolène Le Men (Hg.): *La Science pour tous*, Paris: Réunion des Musées Nationaux 1994 (= Les Dossiers du Musée d'Orsay, Nr. 52 [Ausstellungskatalog]); Susan Sheets-Pyenson: »Popular Science Periodicals in Paris and London: the Emergence of a Low Scientific Culture, 1820-1875«, in: *Annals of Science* 42, 1985, S. 549-572; Daniel Raichvarg und Jean Jacques: *Savants et Ignorants. Une histoire de la vulgarisation des sciences*, Paris: Seuil 1991; Steven Shapin: »Science and the Public«, in: Robert Olby, G. N. Cantor u. a. (Hg.): *Companion to the History of Modern Science*, London: Routledge 1996, S. 999-1007; Bernadette Bensaude-Vincent und Anne Rasmussen (Hg.): *La science populaire dans la presse et l'édition, XIXe et XXe siècles*, Paris: CNRS Editions 1997; Andreas Daum: *Wissenschaftspopularisierung im 19. Jahrhundert: Bürgerliche Kultur, naturwissenschaftliche Bildung und die*

publikum gewonnen hat. Diese gebildete städtische Elite hat als *amateurs des sciences* die Wissenschaften ihrer Zeit diskutiert und damit selbst zu ihrem Fortschritt beigetragen. Die Kabinette und Laboratorien von Naturwissenschaftler zogen im Zeitalter der *Lumières* in Frankreich ein Publikum an, zu dem häufig Berühmtheiten wie Diderot oder Rousseau gehörten, zugleich aber auch wissenschaftliche Laien beiderlei Geschlechts.[9] Wie Jan Golinski gezeigt hat, war es auch das zentrale Anliegen von Wissenschaftlern in der englischen Aufklärung, Laien den Zugang zur Wissenschaft zu bahnen; auch hier war nicht einfach nur die Publikation von Wissen in einer allgemein zugänglichen Form, sondern die persönliche Präsenz des Publikums bei wissenschaftlichen Experimenten wichtig.[10] Die Formen dieser »Kontakte« zwischen Wissenschaftlern und dem sehr heterogenen Publikum war im 18. Jahrhundert allerdings noch sehr variantenreich. Robert Darnton hat in seiner Untersuchung über den Mesmerismus in der Spätzeit der Aufklärung sehr farbig geschildert, wie in Paris im vorrevolutionären Brodeln der Ideen, Spekulationen und Projekte wissenschaftliche und populärwissenschaftliche, aber auch abstruse para- oder schlicht scheinwissenschaftliche Entwürfe zur Erklärung beziehungsweise zur »Vervollkommnung« des Menschen und der Welt um die Gunst eines begeisterten Publikums wetteiferten, das hitzig alles Neue aufsog.[11] Während der Revolution demonstrierten Erfinder auf den Straßen und Märkten ihre mechanischen Automaten, ihre

---

deutsche Öffentlichkeit, 1848-1914, München: Oldenbourg 1998; Christine Brecht: »Das Publikum belehren – Wissenschaft zelebrieren«, in: Christoph Gradmann und Thomas Schlich (Hg.): *Strategien der Kausalität. Konzepte der Krankheitsverursachung im 19. und 20. Jahrhundert,* Pfaffenweiler 1999, S. 53-76; Beatrix Mesmer (Hg.): *Die Verwissenschaftlichung des Alltags. Anweisungen zum richtigen Umgang mit dem Körper in der schweizerischen Populärpresse 1850-1900,* Zürich: Chronos 1997.

9 Londa Schiebinger: *Schöne Geister. Frauen in den Anfängen der modernen Wissenschaft,* Stuttgart: Klett-Cotta 1989, S. 221 ff.; Daniel Raichvarg: *Science et Spectacle. Figures d'une Rencontre,* Nizza: Z'édition 1993, S. 26-28; Lindsay Wilson: *Women and Medicine in the French Enlightenment. The Debate over Maladies des Femmes,* Baltimore und London: Johns Hopkins University Press, 1993, S. 90-94.

10 Jan Golinski: *Science as Public Culture. Chemistry and Enlightenment in Britain, 1760-1820,* Cambridge (Mass.): Cambridge University Press 1999 (1992).

11 Robert Darnton: *Der Mesmerismus und das Ende der Aufklärung in Frankreich,* Frankfurt am Main: Fischer 1986 (Cambridge/Mass. 1968), S. 13-49.

elektrischen oder optischen Experimente, Heilmethoden und Zauberticks.[12]

Dass es teilweise schier unmöglich war, zwischen Wissenschaft, Populärwissenschaft und bizarrer Scheinwissenschaft zu unterscheiden, galt Philosophen und Wissenschaftlern wie Rousseau, d'Alembert oder den Sekretär der Académie Royale des Sciences, Condorcet, als Zeichen für den noch zu großen Einfluss von *charlatans* und der von diesen beeinflussten öffentlichen Meinung auf die Wissenschaft. Unter dem Druck dieser Kritik setzte sich seit dem Ende der Aufklärung und vor allem seit dem ersten Drittel des 19. Jahrhunderts die Ansicht durch, dass Wissenschaft institutionell abgesichert zu sein hatte und Laien von ihr auszuschließen seien. Folglich macht es auch erst dann, wenn sich wissenschaftliche Disziplinen durch Zugangslizenzen und Ausschließungsmechanismen gegen Nicht-Wissenschaft abgegrenzt haben, wirklich Sinn, von Popularisierung von Wissenschaft zu sprechen – ein Begriff, der in seiner französischen Form (*vulgarisation des sciences*) um 1840 von Auguste Comte geprägt wurde.[13]

Gleichsam spiegelbildlich zur Ausdifferenzierung und Disziplinenbildung der Wissenschaft erlebte die Popularisierung von Wissenschaft und Technik in der zweiten Jahrhunderthälfte ihr Goldenes Zeitalter.[14] Die Zeitgenossen selbst haben die Jahrhundertmitte als Höhepunkt einer Welle von Populärwissenschaft erlebt, als 1856 die Zeitschrift *La Science pour tous* erstmals erschien und Louis Figuier die erste Nummer seiner *Année scientifique et industrielle* publizierte; Mitte der 1860er Jahre feierte auch Jules Verne seine ersten großen Romanerfolge.[15] Es sind jene Jahre, in denen der Positivismus die höheren Schulen eroberte, um dann in der Dritten Republik zur Weltanschauung des laizistischen Bürgertums und der sozialistischen Arbeiterschaft zu werden.[16] In diesem Geist gründeten

12 Raichvarg, *Science et Spectacle*, S. 42-46.

13 Bruno Béguet: »La vulgarisation scientifique au XIXe siècle«, in: ders., Cantor, Le Men, *La science pour tous*, S. 5.

14 Raichvarg, Jacques, *Savants et Ignorants*, S. 14.

15 Zu dieser Periodisierung siehe Bruno Béguet: »La vulgarisation scientifique en France de 1850 à 1914: concepts, conceptions et procédés«, in: ders. (Hg.), *La science pour tous* (1990), S. 7 ff.

16 Madeleine Rebérioux und Christophe Prochasson: »Ruptures et figures contemporaines«, in: *Histoire de la France* (hg. von André Burguière, Jacques Revel u. a.), Band 4: *Les formes de la culture* (hg. von A. Burguière), Paris: Seuil 1993, S. 406-

zum Beispiel sozialistische Intellektuelle und eine Gruppe Typografen um Jean-Baptiste Girard 1861 in Paris die der Arbeiterbildung gewidmete »Bibliothèque des Amis de l'Instruction du IIIe arrondissement«, die ihren mehrheitlich proletarischen Lesern statt explizit politischer Schriften der bekannten Sozialisten bezeichnenderweise die Bücher führender Naturwissenschafter (Darwin an erster Stelle) und der *science vulgarisée* zur Verfügung stellte.[17]

Der Erfolg der popularisierten Wissenschaft beim rasch wachsenden Lesepublikum war zugleich Folge wie auch Ursache der geradezu revolutionären Veränderungen und der Expansion des Mediensektors im 19. Jahrhundert. Seit den 1820er Jahren entwickelte sich zuerst in England ein Markt für neue wissenschaftliche und technische Zeitschriften. In Frankreich begann diese Publizistik fast gleichzeitig mit Ratgeber-Zeitschriften für praktisches (nicht aber, wie in England, für technisches) Wissen wie dem *Journal des connaissances usuelles et pratiques* (1825). Im selben Jahr entstand in der später saint-simonistischen Zeitung *Le Globe* das wissenschaftliche Feuilleton,[18] eine populärwissenschaftliche Textsorte, die in kaum mehr überschaubarer Weise von nun an in Tageszeitungen, illustrierten Blättern, Volkskalendern, Almanachen und Familienzeitschriften auftauchte. Periodika für die Berichterstattung über die Entwicklung der Wissenschaft existierten seit den 1830er Jahren (*L'Echo du monde savant*, 1834) und hatten ihre Blüte in der Zeit zwischen 1852 (*Cosmos* von Abbé Moigno) und 1870 (*La Nature* von Gaston Tissandier).[19] Am Ende des Jahrhunderts lässt sich ein hektisches Erscheinen und ebenso schnelles Verschwinden zum Teil ephemerer Blättchen beobachten, die alle auf diesen Markt drängten.[20]

412; vgl. Annie Petit: »La diffusion des savoirs comme devoir positiviste«, in: *Romantisme*, Nr. 65, 1989, S. 7-25.

17 Marie-Josèphe Beaud u. a. (Hg.) *Lectures et lecteurs au XIXe siècle. La Bibliothèque des Amis de l'Instruction*. Actes du Colloque tenu le 10 novembre 1984 sous la présidence de Madeleine Rebérioux, Paris: Bibl. des Amis de l'Instruction du 3e Arrondissement 1985.

18 Die Sitzungsberichte der Académie des Sciences, die hier publiziert wurden, sind übrigens seit 1835 von der Académie selbst zuhanden des »Publikums« herausgegeben worden (Bernadette Bensaude-Vincent: »Présentation«, in: *Romantisme*, 1989, Nr. 65, S. 5, Anm. 2).

19 Vgl. das Titelverzeichnis bei Sheets-Pyenson, »Popular Science Periodicals ...«, S. 570-572.

20 Vgl. zum Beispiel: *La Chronique scientifique, Revue mensuèle illustrée, Revue scien-*

Typisch für diesen Erfolg populärer beziehungsweise popularisierter Wissenschaft auf dem Zeitschriftenmarkt auch in Deutschland ist unter vielen anderen die bildungsbürgerliche Wochenschrift *Das Ausland*, die seit 1829 bei Cotta in München mit dem Untertitel »Eine Wochenschrift für Kunde des geistigen und sittlichen Lebens der Völker mit besonderer Rücksicht auf verwandte Erscheinungen in Deutschland« erschien. Im Zentrum ihrer Berichterstattung stand das, was man heute Reportagen aus fremden Ländern und Analysen außenpolitischer Vorgänge nennen würde. Naturwissenschaften, Medizin und Technik gehörten zu den Marginalia; die »naturgeschichtlichen Notizen« des Jahres 1851 umfassten 25 Artikel zu allerlei Merkwürdigkeiten wie »ein flügelloser Vogel«, »merkwürdiger Regenfall« oder das »Pferd ohne Haare«.[21] 1865 änderte *Das Ausland* seinen Untertitel und bot nun eine »Überschau der neuesten Forschungen auf dem Gebiete der Natur-, Erd- und Völkerkunde«. Diese Änderung ist bezeichnend: Die im Jahr 1870 – neben ausführlichen Berichten zu physikalischen, chemischen, zoologischen oder botanischen Fragen – unter der unspezifischen Restkategorie »Naturwissenschaftliches« subsumierten 47 kleineren Artikel berichteten nicht mehr über sonderbare Phänomene der vorfindbaren Natur, sondern über die erforschte Natur: Theorien (Darwin …), Erfindungen, Entdeckungen.[22] Aber auch populärere illustrierte Medien wie die freisinnig-liberale *Gartenlaube* (ab 1853) oder ihre protestantisch-konservative Kopie *Daheim* (ab 1865), welche mit großem Erfolg unterhaltende Belehrung für »Familien« boten, führten medizinische und naturkundliche Rubriken – al-

tifique des écoles et des familles, Mai 1895-1897 (?); *Revue illustrée des idées nouvelles*, 1891-<1914 (?); *La Science en Famille, Revue illustrée de vulgarisation scientifique*, 1886-1899 (?); *La Science française* (später: *… et la Science pour tous*), *Revue populaire illustrée*, 1890-1901 (?); *La Science illustrée, Journal hebdomadaire …*, (1887-1905); *La Science moderne, Revue illustrée des Sciences et de leurs application aux arts & à l'industrie* (1891-1893); *La Science universelle, Revue scientifique industrielle, artiste et littéraire*, Juli 1885 bis Dezember 1885 (?); *Science, arts, nature, Revue hebdomadaire illustrée*, 1901-1905 (?); *Sciences et commerce, Revue commerciale bi-mensuelle des applications scientifiques …*, 1892 bis Oktober. 1894; *La Vie pratique, Revue pour tous les connaissances* 1894-1896.

21 *Das Ausland*, 1851, »Alphabetisches Inhalts-Verzeichnis«, S. vii.

22 Ab 1882 verwendete *Das Ausland* dann schließlich den sehr allgemeinen Untertitel »Wochenschrift für Länder- und Völkerkunde«, was allerdings die Beschäftigung mit naturwissenschaftlichen Problemen in keiner Weise behinderte.

lerdings in einem weniger informierenden denn moralisierend-belehrenden Ton.[23]

Trotz des Erfolgs solcher Zeitschriften bildeten Bücher das wichtigste Medium der Populärwissenschaft. Darunter waren richtige Bestseller, die, wie etwa Figuiers *Merveilles de la science* (1867) oder Camille Flammarions *Merveilles célestes* (1865), durchaus mit den Auflagehöhen von Romanen konkurrieren konnten.[24] Oder sie waren selbst Romane: Der mit einer geschätzten Gesamtauflage von weltweit rund 26 Millionen Exemplaren wirkungsvollste *vulgarisateur* und (skeptische) Verkünder des technischen Fortschritts war natürlich Jules Verne, der in seinen Romanen sehr schnell die neusten wissenschaftlichen Entdeckungen und Konzepte verarbeitete.[25] Im deutschen Sprachraum war der Geograf, Völkerkundler und Naturforscher Alexander von Humboldt in der ersten Hälfte des 19. Jahrhunderts der mit Abstand erfolgreichste Publizist von Büchern, die als wissenschaftliche überaus populär wurden und große Verbreitung fanden (*Kosmos. Entwurf einer physischen Weltbeschreibung*, 1845-58). Als Humboldts Ruhm langsam verblasste, folgte ihm bezeichnenderweise ein Biologe nach: der Darwinist Ernst Haeckel, dessen Werke am Ende des Jahrhunderts in Deutschland den Markt für Populärwissenschaft[26] anführten. Seine *Natürliche Schöpfungsgeschichte* (1868) erlebte bis 1902 zehn Auflagen; die *Welträthsel* von 1899, Haeckels zwar »gemeinverständliche«, aber dennoch nicht einfach zu lesenden 470-seitigen *Studien über Monistische Philosophie*, erschienen schon 1911 allein in der Kröner'schen Taschenbuchausgabe im 300. Tausend.[27] Der Erfolg dieses Buches

23 Vgl. Hartwig Gebhardt: »Illustrierte Zeitschriften in Deutschland am Ende des 19. Jahrhunderts. Zur Geschichte einer wenig erforschten Pressegattung«, in: *Buchhandelsgeschichte*, 1983, H. 2 (Beilage zu *Börsenblatt für den Deutschen Buchhandel*, Frankfurter Ausgabe, Nr. 48, 16. 6. 1983), S. B41-B65.

24 Martyn Lyons: *Le Triomphe du Livre. Une histoire sociologique de la lecture dans la France du XIXe siècle*, Paris: Promodis 1987, S. 85-104. Vgl. Béguet, »Le livre de vulgarisation scientifique«, S. 61-62.

25 Pierre Laszlo: *La Vulgarisation scientifique*, Paris: PUF 1993, S. 24 f.; Lyons, *Le Triomphe du Livre*, S. 145. Vgl. Jean Bessière (Hg.): *Modernités de Jules Vernes*, Paris: PUF 1988.

26 Vgl. dazu auch Antoon Berentsen: »*Vom Urnebel zum Zukunftsstaat*«. *Zum Problem der Popularisierung der Naturwissenschaften in der deutschen Literatur (1880-1910)*, Berlin: Peter Oberhofer 1986.

27 Vgl. Erika Krausse: *Ernst Haeckel*, Leipzig: Teubner 1987 (= Biographien hervorragender Naturwissenschaftler, Techniker und Mediziner, Bd. 70).

ging über die schlichte Begeisterung des Lesepublikums für die Wissenschaft weit hinaus: Die *Welträthsel* und ihr Autor waren ein Motor der darwinistischen und freidenkerischen Bewegung gegen traditionelle kirchliche Auffassungen. Die deutsche Sozialdemokratie hat – wie weitgehend auch Marx und Engels selbst – ihren Glauben an den notwendigen Sieg des Sozialismus auf die Anerkennung der naturwissenschaftlichen Form der Welterklärung und insbesondere auf die Evolutionstheorie gebaut und sich dabei vornehmlich auf Haeckel bezogen;[28] selbst Lenin feierte den Erfolg von Haeckels Buch, das »ins Volk gedrungen« sei als eine »Waffe im Klassenkampf«.[29] Faktisch allerdings war Haeckels Einfluss auf der rechten Seite des politischen Spektrums größer; vor allem sein »Monisten«-Bund gehörte zu den Trägern der mehrheitlich rechts stehenden rassenhygienischen beziehungsweise soziobiologischen Strömung nach der Jahrhundertwende.[30]

Populärwissenschaft war *en vogue*; ein wenig spöttisch und mit deutlicher Spitze gegen die Haeckel'sche Evolutionsmystik bemerkte der Basler Physiologie Friedrich Miescher 1875: »Wie ein vierwöchentlicher Hundeembryo aussieht, das zu wissen, verlangt man heute von jedem gebildeten Mann, der mit dem Geiste des Jahrhunderts fortschreitet.«[31] Als Höhepunkte dieser Wissenschaftskultur können die beiden Pariser Weltausstellungen von 1889 und 1900 angesehen werden: 1889 bestaunten innerhalb von sechs Monaten 32 Millionen Besucher die hier ausgestellten Wunder des Fortschritts; elf Jahre später strömten – auch wenn man diese Zahlen *de facto* wohl nach unten korrigieren muss – 51 Millionen Menschen (oder 245 000 täglich) auf das Ausstellungsgelände der *Exposition*

28 Kurt Bayertz: »Naturwissenschaft und Sozialismus. Tendenzen der Naturwissenschafts-Rezeption in der deutschen Arbeiterbewegung des 19. Jahrhunderts«, in: *Social Studies of Science*, Bd. 13, 1983, S. 355-394; ders.: »Spreading the Spirit of Science. Social Determinants of the Popularisation of Science in Nineteenth-Century Germany«, in: Terry Shinn und Richard Whitley (Hg.): *Expository science: Forms and functions of Popularisation*, Dordrecht: Reidel 1985 (= Sociology of the Sciences, A Yearbook, Bd. IX), S. 209-227.

29 W. I. Lenin, *Materialismus und Empirokritizismus*, Werke, Bd. 14, Berlin 1964, zitiert in: Krausse, *Ernst Haeckel*, S. 108.

30 P. Weingart, J. Kroll, K. Bayertz: *Rasse, Blut und Gene. Geschichte der Eugenik und der Rassenhygiene in Deutschland*, Frankfurt am Main: Suhrkamp 1992 (1988), S. 76, 114, 117 f., 191, 196, 203.

31 F. M. [Friedrich Miescher]: »Unsere Körperform und das physiologische Problem ihrer Entstehung«, in: *Correspondenzblatt für Schweizer Ärzte*, 1875, S. 199.

Universelle, diese populärwissenschaftliche Apotheose der entzau-berten und kolonialisierten Welt mitten in Paris.[32]

Dieser Höhepunkt war auch zugleich ein Endpunkt: Nach 1900 war die hohe Zeit der *science vulgarisée* vorbei. Nicht, dass die Populärwis-senschaft aus den Medien verschwunden wäre, im Gegenteil; doch die Wissenschaft war nicht mehr »amusant« wie noch im 19. Jahrhundert, sondern bereits seit einiger Zeit banaler Schulstoff und selbstverständ-liche Grundlage der Arbeit in Fabriken und Verwaltungen.[33] Und einige Dinge wurden komplizierter: Einsteins Relativitätstheorie und Freuds Entdeckung des Unbewussten passten nicht mehr in die Inge-nieurslogik der ›größten Brücke‹ und des ›kühlen Verstandes‹, die gleichsam auf populäres Niveau skaliert und den ideologischen Be-dürfnissen des 19. Jahrhunderts angepasst werden konnte. »Raum und Zeit«, notierte Bertrand Russell nur 14 Jahre nach der gigantischen Pa-riser Feier deren weltweiter Beherrschung durch Technik und Kolo-nialmächte, »gehören für die Relativitätsphysik nicht mehr zu den Wesensbestandteilen der Welt, und man weiß heute, dass sie Kons-truktionen sind.«[34] Diese Revolution des Denkens wurde zwar vor dem Krieg noch kaum rezipiert; ihr korrespondierte aber seit der Jahr-hundertwende in bürgerlich-intellektuellen Kreisen eine Erosion der im Rückblick naiv anmutenden Wissenschaftsbegeisterung der ver-gangenen Jahrzehnte, ein – am prominentesten von Nietzsche inspi-rierter – neuer Glaube an die Dekadenz der bürgerlich-technischen Welt, ein avantgardistisches Spiel mit dem Irrationalismus. Doch wahrscheinlich hatten solche schrillen Technik-Zweifel in den Feuille-tons letztlich weniger Gewicht als die Grundwelle der populärwissen-schaftlichen Rationalisierung der Weltbilder des laizistischen Bürger-tums und der sozialistischen Arbeiterbewegung, die nach 1900 zwar noch ungebrochen, doch nicht mehr ganz so *à la mode* war wie um 1860. Daran hat sich seither nicht wenig geändert: Wenn man heute in so genannten Publikums-Zeitschriften blättert, dann fällt es schwer, Po-pulärwissenschaft zu übersehen – beziehungsweise: Vielleicht überse-hen wir sie, weil sie so allgegenwärtig ist.

32 Patrice A. Carre: »Expositions et modernité: Electricité et communication dans les expositions parisiennes de 1867 à 1900«, in: *Romantisme*, Nr. 65, 1989, S. 37-47.

33 Béguet, »La science pour tous« (1994), S. 19; ders., *La science pour tous* (1990), S. 14 f.

34 Zitiert in Eric J. Hobsbawm: *Das imperiale Zeitalter, 1875-1914*. Frankfurt/New York: Campus 1989 (London 1987), S. 305.

2. Das Verhältnis der Wissenschaft zum Publikum und das *mot d'ordre* im populärwissenschaftlichen Diskurs

Populärwissenschaft, deren Geschichte ich hier nur ganz kurz und lückenhaft angedeutet habe, konstituiert sich am Ort der Differenz zwischen sich institutionalisierender, in Disziplinen verfestigender Wissenschaft einerseits und der Sprache der so genannten Laien andrerseits.[35] Weil »Wissenschaft« ohne das, was sie als »Publikum« oder als »Populärwissenschaft« aus ihrem Bereich ausgrenzt, in der Moderne gar nicht zu denken wäre, ist diese Differenz, wie ich zeigen werde, in sich komplex strukturiert, und sie ist auch der Ort, wo der *mad scientist* auftaucht.

Im 17. Jahrhundert hat Robert Boyle in einem eigentlichen Gründungsgestus moderner Wissenschaft die experimentelle Konstruktion von wissenschaftlichen Fakten an die Bedingung geknüpft, dass eine ausgewählte Gruppe von »Gentlemen«, das heißt von zuverlässigen, sozial unabhängigen und am Ausgang des Experiments desinteressierten Laien *bezeugt*, ob die Luftpumpe ein Vakuum hergestellt habe oder nicht.[36] Der Theologe und Chemiker Joseph Priestley hat sich dann rund hundert Jahre später in seinen öffentlichen Experimenten nicht einfach nur auf das Urteil einiger Gentlemen verlassen, sondern sich dezidiert an ein großes Publikum gewandt. Aber auch bei Priestley meinte dieser Bezug zum Publikum nicht einfach die Demonstration feststehender wissenschaftlicher *facts* vor staunenden Laien, sondern war selbst nichts weniger als die soziale Konstruktion dieser *facts*. Das bedeutete nicht nur die öffentliche Sichtbarkeit und Verifizierbarkeit der neuen, experimentell erschlossenen Wahrheit, sondern auch, dass Priestley mit seinen

35 Vgl. Richard Whitley: »Knowledge Producers and Knowledge Acquirers: Popularisation as a Relation Between Scientific Fields and Their Publics«, in: Shinn/Whitley (Hg.), *Expository science*, S. 3-28.

36 Steven Shapin und Simon Schaffer: *Leviathan and the Air-pump: Hobbes, Boyle, and the Experimental Life*, Princeton: Princeton University Press 1985; vgl. Steven Shapin: »Pump and Circumstance: Robert Boyle's Literary Technology«, in: *Social Studies of Science*, 1984, 14, S. 481-520; vgl. auch Donna Haraway: »Bescheidener Zeuge@Zweites Jahrtausend. MannFrau© trifft OncoMouse™. Leviathan und die vier Jots: Die Tatsachen verdrehen«, in: Elvira Scheich (Hg.): *Vermittelte Weiblichkeit. Feministische Wissenschafts- und Gesellschaftstheorie*, Hamburg: Hamburger Edition 1996, S. 347-389.

Experimenten die Zuhörerinnen und Zuhörer dazu anleiten wollte, ihrerseits diese Experimente durchzuführen, um so gleichzeitig Wissen zu verbreiten und die Reproduzierbarkeit des Experiments als Beweis für diese *facts* sicherzustellen. Darüber hinaus sollten die Laien die Interpretation dieser experimentellen Fakten mitgestalten, indem sie das entsprechende Wissen in ihre eigene technische oder kommerziellen Tätigkeiten übernahmen und weiterentwickelten.[37] Und schließlich galt für Priestley die Verbindung von Wissenschaft und Publikum auch als Waffe gegen religiöse Vorurteile, gegen ungerechtfertigte Herrschaft und für sozialen Fortschritt. So schreibt er 1775: »The rapid process of knowledge [...] will, I doubt not, be the means [...] of putting an end to all undue und usurped authority in the business of religion as well as of science. [...] And the English hierarchy (if there be anything unsound in its constitution) has equal reason to tremble even at an air pump, or an electrical machine.«[38]

Das war ein optimistische Programm, aber es änderte nichts daran, dass seit dem Ende des 18. Jahrhunderts die wachsenden Differenzen zwischen Wissenschaftlern und Laien als Problem erschienen. Im erfolgreichsten Werk der Aufklärung, der *Encyclopédie* von Diderot und d'Alembert, erscheint es als Unterscheidung von wissenschaftlicher Systematik und popularisierten Kenntnissen. Die *Encyclopédie* hat zwei verschiedene Lesesysteme angeboten, ein populäres und ein gelehrtes – zwei Gebrauchsweisen also desselben Textes, nicht zwei Texte.[39] Für die von d'Alembert im *Discours préliminaire* (1751) vorgestellte »multitude« möglicher Leser/innen hielt sich die *Encyclopédie* – popularisierend – als »Dictionnaire« an das Klassifikationsschema des Alphabets: Auf diese Weise konnten auch nicht gelehrte Leser schnell ihr Bedürfnis nach Wissen befriedigen.[40] Die für die kleine Gruppe der »gens éclairés« konzipierte Ver-

37 Golinski, *Science as Public Culture*, S. 50-128; vgl. Roger Cooter: *The cultural meaning of popular science: phrenology and the organisation of consent in nineteenth-century Britain*, Cambridge: Cambridge University Press 1984.

38 Joseph Priestley: *Experiments and Observations on Different Kind of Air*, 2. Auflage, 3 Bde., London: J. Johnson 1775-1777, Bd. I, S. xiii-xiv, zitiert in: Golinski, *Science as Public Culture*, S. 81.

39 Vgl. D. Teysseire: »La Médecine de l'Encyclopédie ou le double affrontement«, in: Claude Langois, Jacques Poirier (Hg.): *Médecine et Vulgarisation, XVIIIe–XXe siècles*, Créteil: Université Paris XII – Val de Marne 1991, S. 1-21, insb. S. 2 f.

40 Herbert Dieckmann: »The Concept of Knowledge in the Encyclopédie«, in:

wendungsweise der *Encyclopédie* hingegen war keineswegs populärwissenschaftlich. Diese »Aufgeklärten« sollten durch den »arbre encyclopédique«, das Strukturmodell des Werks, angeleitet werden, das System des Wissens als enzyklopädisches Ganzes sich anzueignen. Wahres Wissen war in den Augen der beiden Herausgeber nur möglich, wenn man die Prinzipien und die genealogischen Ursprünge des Wissens überhaupt kenne.[41] Das Subversive der *Encyclopédie* lag nicht in den positiven und auch in ›populärer‹ Weise zu fassenden Kenntnissen, sondern in der veränderten Systematik des Wissens, bei der die Theologie vom Thron gestoßen und an ihrer Stelle die Philosophie eingesetzt wurde, sowie darin, dass die Herausgeber in ihrer Kartierung der Welt des Wissens, ihrer »mappemonde«, all das ausschlossen, was man rationalerweise nicht wissen kann.[42] Dabei haben Diderot und d'Alembert das Problem der Autorität heruntergespielt beziehungsweise gingen davon aus, dass auch die ›populäre‹ Lektürereform zur kritischen Reflexion befähige, was letztlich zur Einsicht in die Vernunft als der einzig gültigen Autorität führen müsse.

Ich will die Frage der politischen Funktion von Populärwissenschaft, die sowohl bei Priestley wie bei Diderot/d'Alembert aufscheint, hier nicht weiter verfolgen,[43] sondern nur auf einen Punkt hinweisen: Es ist bezeichnend für diese Art von Beziehung zwischen Wissenschaft und Publikum *vor* dem eigentlichen Zeitalter der Po-

ders.: *Studien zur Europäischen Aufklärung*, München: Fink 1974, S. 244. Robert Darnton hat allerdings an Hand von Subskriptionslisten sehr eindrücklich gezeigt, wie klein und elitär der Kreis der so genannten ›populären‹ Leser war: *Glänzende Geschäfte. Die Verbreitung von Diderots ENCYCLOPEDIE oder: Wie verkauft man Wissen mit Gewinn?* Berlin: Wagenbach 1993 (Cambridge, Mass. 1979), vor allem S. 221-235.

41 *Encyclopédie ou Dictionnaire Raisonné des Sciences, des Arts et des Métiers*, par une société des gens des lettres. Mis en ordre et publié par Mr. ***, Neufchastel: Samuel Faulche & Compagnie, Bd. 1. Paris 1851, S. xix; vgl. Dieckmann, »The Concept of Knowledge …«, S. 246-250; Raichvarg/Jacques, *Savants et Ignorants*, S. 30 f.

42 Robert Darnton: »Philosophen stutzen den Baum der Erkenntnis: Die erkenntnistheoretische Strategie der *Encyclopédie*«, in: ders.: *Das große Katzenmassaker, Streifzüge durch die französische Kultur vor der Revolution*, München: Hanser 1989 (New York 1984), S. 219-243.

43 Vgl. dazu in Bezug auf Deutschland vor allem Andreas Daum: »Naturwissenschaft und Öffentlichkeit in der deutschen Gesellschaft. Zu den Anfängen einer Populärwissenschaft nach der Revolution von 1848«, in: *Historische Zeitschrift*, 1998, Bd. 267, S. 57-90.

pulärwissenschaft, dass Frauen hier noch nicht ausgegrenzt wurden, sondern oft noch eine explizit angesprochene »Zielgruppe« darstellten. Paradoxerweise wurde allerdings genau das von prominenten Aufklärern heftig kritisiert, die ihre Reputation als Philosophen just in den von Frauen geführten Salons erlangten. So haben Rousseau, Condorcet und d'Alembert Kritik am weiblichen Element dieser Wissenskultur formuliert, weil sie gleichsam die Schotten dicht machen und die entstehenden wissenschaftlichen Disziplinen gegen das Eindringen von Laiendiskursen aller Art absichern wollten. Eine Frau, die keinen Beruf hat, sondern bloß Verstand, erschien ihnen als Inbegriff des Laien. Diese insgesamt konservative männliche Kritik beginnt sich im ersten Drittel des 19. Jahrhunderts durchzusetzen. Golinski hat diesen Konflikt in sehr anschaulicher Weise am Beispiel des englischen Chemikers Humphry Davy analysiert.[44] Dieser erfolgreiche Wissenschaftler wandte sich noch im frühen 19. Jahrhunderts mit größter Selbstverständlichkeit im Sinne Priestleys an ein Laienpublikum und hatte dabei vor allem bei Frauen aus der Londoner *upper class* großen Erfolg. Diese Frauen aber hörten bei seinen Vorträgen nicht einfach nur zu, sondern machten, wie berichtet wird, eifrig Notizen. Genau das wurde Davy zum Verhängnis. Der Chemiker, der im Laufe seiner glänzenden Karriere geadelt und Präsident der Royal Academy wurde, sah sich in der Presse zunehmend polemischen Angriffen gegen seine Person ausgesetzt: Man begann darauf hinzuweisen, dass er ein sozialer Aufsteiger aus bescheidenen provinziellen Verhältnissen sei. Sein Kleidungsstil wurde als jener eines Dandys oder Stutzers kritisiert und seine Vorlesungen als peinliche Anbiederung bei den Frauen, was eines richtigen Mannes und Wissenschaftlers nicht würdig sei. Natürlich tauchte bald auch die Unterstellung auf, der verheiratete Davy habe wohl selbst Neigungen zu Männern. Kurz, ein Mann, der sich mit seiner experimentellen Naturwissenschaft an Frauen richtete und sie als Gesprächspartnerinnen ernst nahm, wurde um 1830 identifiziert »as unmanly, as having sacrificed his own masculinity in submission to female domination«.[45]

Dreißig Jahre später scheint das wissenschaftliche Feld in doppelter Weise bereinigt. Am 7. April 1864 richtet sich Louis Pasteur im

44 Jan Golinski: »Homphry Davy's Sexual Chemistry«, in: *Configurations*, 1999, 7, S. 15-41.

45 Golinski, »Homphry Davy's Sexual Chemistry«, S. 40.

großen Amphitheater der Sorbonne an sein Publikum, um mit einem Experiment zur Entstehung von Keimen durch Verunreinigung die Theorie der so genannten *generatio spontanea* seines wissenschaftlichen Widersachers Félix-Archimède Pouchet öffentlich und damit endgültig zu widerlegen. »Meine Herren!« rief Pasteur ins Amphitheater, um dann mit einigen Experimenten zu zeigen, dass die Mikroben in der Nährlösung von Pouchet nicht spontan entstanden waren, wie dieser behauptet hatte, sondern durch Verunreinigung in die abgeschlossene Flasche gelangten. Pasteur schloss seine öffentliche Demonstration mit den Worten: »Niemals wird sich die Lehre der *generatio spontanea* von dem tödlichen Streich erholen, den ihr dieses einfache Experiment versetzt. *[Anhaltender Beifall]*.«[46] Noch immer also benutzt ein Wissenschaftler das Publikum als Zeuge für die Wahrheit seiner Erkenntnisse – doch dieses Publikum ist ein anderes geworden, anders als das in den Salons der Aufklärer oder das von Priestley oder Davy. Es ist in eine vollständig passive Rolle gedrängt, es staunt und spendet Beifall – und es ist ein männliches Publikum oder zumindest eines, das Pasteur nur noch unter dem Titel »meine Herren« anspricht.

Populärwissenschaft unterliegt der Notwendigkeit, die Spur der gewaltsamen Ausschließung, durch die sie konstituiert wird, zu verwischen. Ihr Gestus ist es zu behaupten, die Welt der Wissenschaft sei auch für die Laien verständlich, wie es etwa das ephemere Blatt *La Science moderne* in seinem Editorial von 1891 versprach: »[F]ür die bescheidene Summe von zehn Centimes pro Nummer werden unsere Leser zwei Mal in der Woche über alle Erscheinungen der Wissenschaft auf dem Laufenden gehalten.« Und das, ohne die Klassen- und Geschlechterschranke der höheren Bildung auszuspielen, im Gegenteil: »Das Ganze wird in freundlicher und fesselnder Weise präsentiert, damit es ohne Anstrengung gelesen werden kann.«[47] Der entscheidende Punkt ist nun nicht, darauf hinzuweisen, dass die scheinbar einfache und leicht verständliche populärwissenschaftliche Paraphrase meist voller Missverständnisse des wis-

46 Bruno Latour: »Pasteur und Pouchet: Die Heterogenese der Wissenschaftsgeschichte«, in: Michel Serres (Hg.): *Elemente einer Geschichte der Wissenschaften*, Frankfurt am Main 1994 (Paris 1989), S. 749-790, S. 754.

47 *La Science Moderne*, 1. 3. 1891, S. 1; vgl. Robert Fox: »Les conférences mondaines sour le Second Empire«, in: *Romantisme*, 1989, Nr. 65, S. 49-57.

senschaftlichen Textes steckt.[48] Wichtig ist vielmehr, dass seit dem 19. Jahrhundert sich die Stimmen jener mehrten, die – im Gegensatz noch zu Diderot, Priestley und anderen Aufklärern – die Laien grundsätzlich für unfähig hielten, den eigentlichen Gehalt wissenschaftlicher Sätze zu verstehen, und die Möglichkeit fürchteten, dass die Laien mit aufgeschnapptem wissenschaftlichem Wissen sich die Welt in unerhörter Weise vorzustellen versuchten. Johann Gottlieb Fichte hat diese Überzeugung schon 1801 in seiner Schrift mit dem schönen Titel *Sonnenklarer Bericht an das größere Publikum über das eigentliche Wesen der neuesten Philosophie. Ein Versuch, die Leser zum Verstehen zu zwingen* in aller Deutlichkeit ausgesprochen: Auch wer dieses Buch gelesen und verstanden hat, wird, so Fichte, dennoch gar nichts verstanden haben. Wer nicht philosophieren gelernt hat, vermag einzig und allein zu »räsonniren«:[49] Vernunft allein, die allen eigen ist, qualifiziert allerdings schon um 1800 nicht mehr zum wissenschaftlichen (Mit-)Denken, sondern bloß noch zum laienhaften Ahnen. Das ist sonnenklar, und Fichte war es nur darum zu tun, mit seiner ganzen Autorität als Philosoph diese »Grenzscheidung« zu betonen.[50]

Aus der Perspektive der Wissenschaft stellte sich allein noch die Frage nach der »Grenzscheidung«: Wie ließ sich die Aneignung wissenschaftlicher Erkenntnis durch die Laien so kontrollieren, dass der Effekt der Populärwissenschaft darin lag, die wissenschaftliche Wahrheit anzuerkennen und damit auch die diskursiven Hierarchien zu installieren und zu reproduzieren? Wie konnten, mit anderen Worten, die Wissenschaftler das Denken der Laien steuern, die die Sprache der Gelehrten immer weniger verstanden haben? Fichte und viele nach ihm haben das durch größtmögliche »Klarheit« ihrer Argumentation versucht; entscheidend scheint mir aber die Antwort zu sein, die Hermann von Helmholtz auf diese Frage gegeben

---

48 Marie-Françoise Mortureux: »La vulgarisation scientifique. Parole médiane ou dédoublée«, in: Bernard Schiele und Daniel Jacobi (Hg.): *Vulgariser la Science. Le Procès de l'Ignorance*, Seyssel: Champ Vallon 1988, S. 118-147; vgl. als Überblick über die linguistischen Ansätze zur Erforschung des Vulgarisierungsdiskurses Jean-Claude Beacco und Sophie Moirand: »Autour des discours de transmission de connaissances«, in: *Langages*, Nr. 117, März 1995, S. 32-53.

49 Johann Gottlieb Fichte: *Sonnenklarer Bericht an das größere Publikum über das eigentliche Wesen der neuesten Philosophie. Ein Versuch, die Leser zum Verstehen zu zwingen.* Berlin: In der Realschulbuchhandlung 1801, Vorrede, S. XVI.

50 Fichte, *Sonnenklarer Bericht*, S. XIX.

hat. Als dieser 1874 über das *Streben nach Popularisierung der Wissenschaft* nachdachte, konstatierte er, dass der Versuch, »gebildeten Klassen Einsicht in die Art und die Erfolge der naturwissenschaftlichen Forschung« zu geben, sich meist auf die »Anhäufung von Kuriositäten« oder von »feststehende[n] Resultate[n]« beschränke. Dadurch aber werde »das Bild von der Wissenschaft ein ganz falsches«, was man merke, »wenn man die Leser von dem erzählen hört, was ihnen wichtig schien«[51] – denn diese haben, mit anderen Worten, die »Kuriositäten« und einzelne Tatsachen mit einer eigenen, populären Systematik verknüpft. Weil das theoretische Konzept, das hinter wissenschaftlichen Resultaten steht, kaum populär darstellbar sei, schlug Helmholtz vor, an jenem in der populären Aneignung gefährlich leeren Ort, wo aus den Fragmenten popularisierter Wissenschaft ungeplante Gedanken und bizarre Ideen entstehen, als Garanten der diskursiven Stabilität des populärwissenschaftlichen Imaginären die Person des Forschers einzusetzen. Die nicht vereinfacht darstellbare wissenschaftliche Theorie soll im populärwissenschaftlichen Text ersetzt werden durch die »Anschauung der geistigen Tätigkeit des Naturforschers, von der Eigentümlichkeit seines wissenschaftlichen Verfahrens, von den Zielen, denen er zustrebt, von den neuen Aussichten, welche seine Arbeit für die großen Rätselfragen der menschlichen Existenz bietet«.[52] Das heißt mit anderen Worten, dass der populärwissenschaftliche Diskurs ein *mot d'ordre* braucht, das ihn legitimiert, ihm eine Richtung gibt und das ungehörige Reden ausschließt. Der männliche, weiße »Naturforscher« fungiert dabei als Vaterfigur, die diese Ordnung repräsentiert.

Eine Fotografie von 1930 kann dieses *mot d'ordre* illustrieren: Im Kontext der Eugenik wurde vor 1933 in der Hoffnung auf die Wirksamkeit populär erläuterter vererbungsbiologischer Theorien versucht, ehewillige Paare über mögliche Gesundheitsrisiken für ihre Nachkommen aufzuklären, um sie gegebenenfalls zu einem Zeugungsverzicht zu motivieren. Die Fotografie aus der Zeitschrift *Eugenik, Erblehre, Erbpflege* zeigt einen Wissenschaftler mit Brille und

51 Hermann von Helmholtz: »Über das Streben nach Popularisirung der Wissenschaft. Vorrede zu der Uebersetzung von Herrn Tyndall's ›Fragments of Science‹« [1874], in: ders.: *Vorträge und Reden*, Bd. 2, Braunschweig: Friedrich Vieweg und Sohn 1884, S. 350-364, Zitate S. 354 f.
52 Helmholtz, »Über das Streben nach Popularisirung …«, S. 355 f.

Demonstrationsstab von rechts auf eine Tafel mit einem Stammbaumschema weisen. Links neben diesem abstrakten Familienmodell stehen ein Mann und eine Frau: Mit aufmerksamen Augen schauen die beiden nicht auf die Vierecke und Kreise des Stammbaums, sondern auf den Mund des Gelehrten.[53]

3. Mad scientists

Diese väterliche Figur, und das ist entscheidend, wurde allerdings im kulturellen Raum der Populärwissenschaft nie bloß naiv akzeptiert. Um das zu zeigen, kehre ich zum Film zurück, und ich will dabei anhand einiger signifikanter Beispiele fragen, was im populärwissenschaftlichen Diskurs genau gesagt wird. Ich bin von einem Filmbeispiel ausgegangen, das zumindest teilweise in den Rahmen des Frankenstein-Narrativs gehört – von Menschen geschaffene menschenähnliche Monster, die sich gegen ihre Schöpfer wenden. Andrew Tudor hat in seinem Buch *Monsters and Mad Scientists. A Cultural History of the Horror Movie*, das auf der Analyse von 990 in Großbritannien zwischen 1931 und 1984 gezeigten Horrorfilmen basiert, nachgewiesen, dass der mehrheitlich amerikanische Horrorfilm vor allem vor 1960 besonders von einem Motiv dominiert wurde: vom Horror, der von der Wissenschaft oder von einzelnen *Scientists* ausgeht: »The most common films here, of course, are mad-scientist movies, and certainly the best-known articulations of such themes are those rooted in the Frankenstein story.«[54] Nach 1960 nimmt die Virulenz diese Motivs ab; dennoch kann Tuder auch bezogen auf den gesamten Untersuchungszeitraum sagen: »The belief that science is dangerous is as central to the horror movie as is a belief in the malevolent inclinations of ghosts, ghouls, vampires and zombies. In just over a quarter of the films included in this study, science is posited as a primary source of disorder, and in

53 Abgebildet in Weingart u. a., *Rasse*, S. 279; vgl. dazu auch Daniel Jacobi und Bernard Schiele: »Scientific Imagery and Popularized Imagery: Differences and Similarities in the Photographic Portraits of Scientists«, in: *Social Studies of Science*, Bd. 19, 1989, S. 731-753, bes. 739-749.

54 Andrew Tudor: *Monsters and Mad Scientists. A Cultural History of the Horror Movie*, Oxford: Basil Blackwell 1989, S. 17-29, Zitat S. 29; vgl. Hans Richard Brittnacher: *Ästhetik des Horrors. Gespenster, Vampire, Monster, Teufel und künstliche Menschen in der phantastischen Literatur*, Frankfurt am Main: Suhrkamp 1994.

169 of them that impulse is given flesh in the person of a ›mad scientist‹«[55] – das sind 20 % des gesamten Samples zwischen 1931 und 1984.

Die Frage liegt auf der Hand: Was bedeutet diese auffallende und prominente Figur des *mad scientist* auf dem Hintergrund der Kultur der Populärwissenschaft, die mit der Moderne untrennbar verknüpft ist? Wenn das diskursive Muster der Populärwissenschaft darauf beruht, dass in der Lücke, die die Laien vom Verständnis der Zusammenhänge der »Fakten« trennt, die Figur des Wissenschaftlers steht, dann gerät dieser strukturell in die Position des – mit Lacan gesprochen – »Großen Anderen«, der die symbolische Ordnung des Wissens garantiert. Das ist jene Instanz, die dem Subjekt äußerlich und vorgängig ist und es als Sprachwesen konstituiert. Als Symbolisches, als Gesetz ist es abstrakt und nicht fassbar und wird daher *de facto* immer wieder als Figur imaginiert, die dieses Gesetz repräsentiert.[56] Das bedeutet, dass empirisch gesehen nicht einfach jeder Chemiker, der am Radio etwas erklärt, seinem Publikum als der Große Andere erscheint, und zwar unter anderem deshalb nicht, weil Wissensgebiete wie etwa die Chemie für Laien tendenziell zugänglich sind, nicht selten als Teil ihres Alltags (von der Waschküche bis zur Fotografie) oder als Teil ihrer Arbeit in der Industrie. Im populärwissenschaftlichen Feld der Biologie beziehungsweise der Medizin hingegen ist die strukturelle Position des Wissenschaftlers als Großer Anderer deutlich erkennbar: Jene, die mit lebenden Organismen arbeiten – sei es in der biologisch-physiologischen Forschung, sei es als Ärzte am Krankenbett – repräsentieren ein Wissen und Eingriffsmöglichkeiten, die für Laien unerreichbar sind und die jenseits ihres Alltags liegen. Hier tritt der Bruch, der die Populärwissenschaft konstituiert, in aller Schärfe zu Tage. Und hier geht es nicht einfach um Photochemie oder die Physik des Automotors, sondern um das biologische Leben – also auch um die eigene Existenz.

55 Tudor, *Monsters and Mad Scientists*, S. 133.
56 Lacan spricht erstens vom »autre«, dem konkreten Gegenüber des Subjekts – angefangen bei Mutter, Vater etc. –, und den sich daraus gestaltenden Beziehungen im Register des Imaginären, das heißt der Identifikation und der Übertragung, der Liebe und der Aggression. Davon unterschieden wird nun zweitens ein »Anderer«, den Lacan im Französischen mit großem A schreibt (l'Autre) und für den sich im Deutschen die Bezeichnung »Großer Anderer« anbietet. Vgl. dazu die Belege auf http://www. shef. ac. uk/-psysc/, sowie Slavoj Žižek: *Mehr-Genießen. Lacan in der Populärkultur*, Wien: Turia & Kant 1992.

An diesem Ort nun taucht in der Populärkultur, in der Literatur und im Film einerseits die beruhigende Gestalt des väterlichen Arztes auf (der »Halbgott in Weiß« in Fernsehserien oder Groschenromanen), andrerseits aber auch die unheimliche Figur des *mad scientist*. Das ist in bezeichnender Weise nie irgendein Geologe oder gar ein Historiker, sondern einer, der über das Wissen verfügt, wie Leben geschaffen werden kann.[57] Man erinnere sich nur daran, dass schon Aldous Huxleys Roman *Brave New World* von 1932 mit der Schilderung eines so genannten Befruchtungsraumes beginnt, in dem dreihundert »Befruchter« über ihre Mikroskope gebeugt serielle In-vitro-Fertilisationen betreiben.[58] Diese Wissenschaftler und Techniker erscheinen, angeführt von ihrem Direktor, als furchterregend – wegen dem, was sie tun und weil sie sich dabei so sicher fühlen. Daher sagt auch Dr. von Niemann im Film »The Vampire Bat« von 1931, der für seine Experimente Menschen geopfert hat: »Mad? Is one who has solved the secret of life to be considered mad? Life, created in the laboratory. No mere crystalline growth, but tissue, living, growing tissue that moves, pulsates, and demands food. [...] What are a few lives when weighed in the balance against the achievements of biological science? Think of it. I have lifted the veil. I have created life.«[59]

Dabei ist »Leben erzeugen« auch vor der Ära der Genetik nicht bloß ein populärkulturelles Phantasma, das der Wissenschaft zu Unrecht zugeschrieben worden wäre. Der Physiologe Wilhelm Wundt hat 1862 den Forschungsprozess in der Physiologie des menschlichen Körper mit der Bemerkung charakterisiert, dass »die künstliche, experimentelle Erzeugung der in der Natur beobachteten Erscheinungen das letzte Ziel aller naturwissenschaftlichen Untersuchungen ist. Das letzte Ziel der Physiologie ist der Homunculus [...]«.[60] Und Donna Haraway zitiert die – allerdings ziemlich

57 Vgl. Tudor, *Monsters and Mad Scientists*, S. 140; Turney, *Frankenstein's footsteps*, S. 32-37.

58 Aldous Huxley: *Brave new world*, London 1932.

59 Zitiert in: Tudor, *Monsters and Mad Scientists*, S. 137.

60 Wilhelm Wundt: »Beschreibung eines künstlichen Augenmuskelsystems«, in: *Archiv für Ophthalmologie*, 1862, zitiert in Timothy Lenoir: »Das Auge der Physiologen«, in: Philipp Sarasin und Jakob Tanner (Hg.): *Physiologie und industrielle Gesellschaft. Studien zur Verwissenschaftlichung des Körpers im 19. und 20. Jahrhundert*, Frankfurt am Main: Suhrkamp 1998, S. 118; vgl. auch Emil du Bois-Reymond: »Über die Lebenskraft« [1848], in: ders.: *Reden*, Bd. 1, Leipzig 1912, S. 1-26.

vollmundige – Vision eines *human engineers* von 1894: »Life can be molded into any conceivable form. Draw up your specifications for a dog, or a man […] and if you will give me control of the environment, and time enough, I will clothe your dreams in flesh and blood.«[61] Die Physiologie des 19. Jahrhunderts dachte an elektromechanische Maschinen, die die Bewegungen und Funktionen des Muskelkörpers nachahmen, die wissenschaftlichen *life-creation*-Fantasien des frühen 20. Jahrhunderts hingegen kreisten vor allem um chemische Prozesse. Das Wissen um die Erzeugung von Leben muss als das Letzte erscheinen, was man wissen könnte, als der letzte Baustein in der sonst *de facto* immer offenen Ordnung des Wissens. Aus der Perspektive der Populärkultur, die immer nur über Bruchstücke verfügt, ist dieser Gedanke beunruhigend und faszinierend zugleich. Denn wer – gleichsam gottähnlich – über die Antwort auf Schrödingers Frage »What is Life?«[62] verfügt, *ist* der Große Andere.

Das wird besonders deutlich in H. G. Wells' *Island of Dr. Moreau*: Dr. Moreau, der als Vivisektionist monströse Tiermenschen konstruiert, kann deren gefährliche Natur nur in Schranken halten, indem er ihnen gegenüber als der absolute Herr und Meister auftritt, als die Verkörperung des Gesetzes, dessen Formeln die Tiermenschen stupid wiederholen müssen. Als Moreau stirbt und die Tiermenschen für Pendrick, den Helden der Geschichte, immer bedrohlicher werden – weil der Große Andere tot ist und die Tiermenschen sogleich an der Gültigkeit des Gesetzes zu zweifeln beginnen –, kommt Pendrick auf eine rettende Idee, die er natürlich nicht selbst erfunden hat: »›Er ist *nicht* tot‹, sagt er zu den ihn bedrohlich anfletschenden Tiermenschen, ›er hat seine Gestalt gewechselt – er hat den Leib gewechselt‹, fuhr ich fort. ›Eine Zeitlang werdet ihr ihn nicht sehen. Er ist … dort‹ – ich zeigte nach oben – ›wo er euch beobachten kann. Ihr könnt ihn nicht sehen. Aber er kann euch sehen. Fürchtet das Gesetz.‹«[63]

61 Frank Parsons (1894), zitiert in: Donna Haraway: »The Biological Enterprise: Sex, Mind, and Profit from Human Engineering to Sociobiology«, in: dies.: *Simians, Cyborgs, and Women. The Reinvention of Nature*, London: Free Association Books 1991, S. 43.

62 Erwin Schrödinger: *Was ist Leben? Die lebende Zelle mit den Augen des Physikers betrachtet*, Bern: A. Franke 1946 (Cambridge 1944).

63 H. G. Wells: *Die Insel des Dr. Moreau*, München: dtv 1996, S. 143 (Hervorhebung im Original); vgl. zu Wells' Vision auch Turney, *Frankenstein's footsteps*, S. 54-59.

Das »Gesetz« ist dabei ein vollständig leerer Signifikant, der im Rahmen der Wissenschaftsgläubigkeit im 19. Jahrhundert das »Naturgesetz« bedeuten konnte. In unserem Zusammenhang jedoch ist etwas Anderes von Bedeutung: die Tatsache nämlich, dass Moreau von Wells als eine *perverse* Verkörperung des Gesetzes präsentiert wird. In dem Maße, wie die Figur des Großen Anderen immer auch imaginär aufgeladen wird und nicht rein symbolisch bleibt, ist sie stets *barré*, das heißt nicht-ganz, von einem eigenen Begehren durchkreuzt, das im Verhältnis zu dem von dieser Figur repräsentierten Gesetz als obszönes Genießen erscheint. Und so erweist sich auch in diesen Geschichten der verrückte Wissenschaftler, der das »Gesetz« repräsentiert, als ein Großer Anderer, der *barré* ist. Er zeigt nicht nur selbst jenes Begehren, welches das Gesetz im Subjekt erst erzeugt, sondern erscheint selbst als Verkörperung eines obszönen Genießens. Die Verrücktheit des *mad scientist* besteht darin, dass er zwar von seiner großen, fast unmenschlichen Verantwortung spricht, die auf ihm lastet, diese zugleich aber offensichtlich genießt. Man könnte vielleicht sagen: Er genießt genau die Macht, die aus der Differenz erwächst, dass *er* das Geheimnis kennt und die andern nicht – jene Differenz also, die die Grundstruktur jeder Populärwissenschaft ist. Der *mad scientist* genießt als Privilegierter den Rausch des Wissenwollens und Wissenkönnens. Diese obszöne *jouissance* treibt ihn dazu, die Achtung vor dem Leben anderer zu verlieren – sie für seine wissenschaftlichen Ziele zu opfern – und damit auch alle Maßstäbe für das eigene Tun.

Es ist keine Frage, dass diese Narrative vom *mad scientist* hochgradig ambivalent sind. Auf einer mehr manifesten Ebene formuliert der Horrorfilm die Angst, dass der diskursive Verweis auf das Wissen eines Anderen die faszinierten Laien der Gewalt einer unkontrollierbaren Macht ausliefert. In dem Masse, wie der populärwissenschaftliche Glaube an die wissenschaftliche Repräsentation der Welt auf diesem Verweis auf einen zweiten, unerreichbaren Diskurs basiert, steht die Figur des *mad scientist* in sehr präziser Weise für die verborgene dunkle Rückseite der Populärwissenschaft. Die populäre Kultur des (Hollywood-)Kinos produziert ein Narrativ, das in kritischer Weise das Verhältnis von Wissen und Macht, wie es die Populärwissenschaft im kulturellen Raum der Gesellschaft zu verankern versucht, konterkariert. Das tut sie allerdings – als populäre Kultur – nicht schulmeisterlich, sondern indem sie auch dem Zuschauer ein Genießen anbietet:[64] Als erfolgreiche Filme funktionierten diese Geschichten gerade deshalb, weil sie dem Publikum ermöglichten, sich schaudernd mit dem obszönen Genießen desjenigen zu identifizieren, der das Geheimnis kennt. Sie offerieren damit einen *plot*, der Faszination und Kritik, Vertrauen und Angst in einer Geschichte zusammenbringt und so das Verhältnis der Laien zur Wissenschaft in der Moderne zu deuten hilft.

Diese Ambivalenz von Kritik und Faszination findet sich in gesteigerter Form auch in *Blade Runner*. Hier ist die faszinierend-horrible *jouissance* Tyrells, die aus seinem Verfügen über das Leben anderer entspringt, in die Figuren der Nexus-6-Replikanten selbst eingeschrieben, deren Wunsch, länger zu leben, ihr einziges Begehren und zugleich zentrales Motiv des Film ist: Leben, wirkliches Leben…! Es ist nicht ohne Ironie, wenn der Replikant Roy Batty seinem Schöpfer Tyrell gegenübertritt und diesem ins Gesicht sagt: »I want more life, *fucker*«, Tyrell aber ungerührt antwortet: »The facts of life. To make an alteration in the evolvement of an organic life-system is fatal. The coding sequence cannot be revised once it's been established.« Was tut der *mad scientist*, wenn er von seinen Schöpfungen bedroht wird? Er bricht die Diskussion mit der Bemerkung ab, dies alles sei ziemlich »academic« und beruft sich aufs (Natur-) Gesetz. Roy Batty aber ist kein staunender Laie, sondern eine hochgebildete Maschine, die sich nur dem »god of biomechanics« verpflichtet fühlt. Er diskutiert mit seinem Schöpfer biochemische Details, bis er schließlich Tyrells Schädel und sein geniales Gehirn zerquetscht – das *mot d'ordre* funktionierte nicht.

4. »Populäre« Kultur?

Ein wesentlicher Teil der populären Kultur des 19. und 20. Jahrhunderts hat sich in vielfältiger Weise auf die Wissenschaften bezogen, und die Figur des *mad scientist* hat gezeigt, dass im weiten und unklar definierten Rahmen der Populärkultur immer wieder Probleme verhandelt werden, die die Kernfragen der wissenschaftlich-technischen Zivilisation berühren: in erster Linie jene nach der Macht der

---

64 Zum Stellenwert des Amusements und des Genießens in der Populärkultur siehe Andreas Hepp: *Cultural Studies und Medienanalyse. Eine Einführung*, Opladen: Westdeutscher Verlag 1999, S. 73-77.

Wissenschaftler und nach den Grenzen des biologischen Wissens. Das festzuhalten ist wesentlich, weil es zeigt, dass im Rahmen der Populärkultur beziehungsweise der Populärwissenschaft ein Wissen auftaucht, das substanziell zur gesellschaftlichen Konstruktion von Wissenschaft beiträgt. Dieses Wissen beziehungsweise diese Kritik jedoch ist nicht Produkt von Popularisierung, ist kein Derivat, kein Abgeleitetes aus einem *discours premier*, ist nichts, worüber Wissenschaftler sowieso sprechen und dann und wann auch Laien daran teilhaben lassen. Es ist vielmehr eine genuine und zugleich für die Moderne wesentliche Leistung der Populär*kultur*, das scheinbar freundliche Verhältnis zwischen Wissenschaft und Laien gleichsam umzustülpen, um zu zeigen, dass die Machtposition des Wissenschafters nicht *a priori* so vertrauenerweckend ist, wie die Populär*wissenschaft* dies behaupten muss.[65]

Populärwissenschaft ist ein Teil der Populärkultur. Während Populärwissenschaft als solche davon lebt, dass sie der Autorität der Wissenschaft unterworfen bleibt, ist Populärkultur in diesem Sinne ein Ort der Manifestation wissenschaftlicher Macht – und damit der Herstellung wissenschaftlicher Weltdeutungen –, *zugleich* aber auch ein Ort der Kritik an dieser Macht. Dieser scheinbare Widerspruch kann nicht wirklich überraschen, denn »Kultur« überhaupt ist eine Kampfzone. Es gibt keinen in irgendeiner Weise übergeordneten Standpunkt, von dem aus entschieden werden könnte, was legitimes und was illegitimes Wissen ist, was zu Recht *low* und was auf eine geheimnisvoll exklusive Weise eben *high* sein muss. Vielmehr stellen sich solche Positionen auf Grund von gesellschaftlichen Kämpfen um Deutungsmacht her.[66] Dass diese Deutungsmacht sich meist verstetigt und institutionalisiert, so dass der Eindruck entstehen kann, sie sei naturwüchsig mit »Wahrheit« verknüpft, ändert daran nichts. Wenn man »Kultur« als Kampfzone begreift, muss die angeblich so klare Trennlinie zwischen dem Populären und dem Elitären, zwischen der Kultur der ungebildeten Leute und der Hochkultur, zwischen Wissenschaft und Populärwissenschaft, ins Wanken geraten. Die Rede von dieser Trennung neigt dazu, die Begriffe »Elite« und »Volk« zu essentialisieren und aus

65 Vgl. Tudor, *Frankenstein's Footsteps*, S. 3.
66 Vgl. dazu grundlegend Stuart Hall: »Kodieren/Dekodieren«, in: Roger Bromley, Udo Göttlich und Carsten Winter (Hg.): *Cultural Studies. Grundlagentexte zur Einführung*, Lüneburg: Dietrich zu Klampen 1999, S. 92-110.

dem Populären zugleich ein Zeichen und eine Substanz zu machen, das heißt einen Index, der wie ein Schmutzfleck am Rock – an der Trainingshose – des gemeinen Mannes klebt. Es ist zwar evident, dass es unterschiedliche Sprachkompetenzen, unterschiedliche Formen von Bildung, unterschiedliche Zugangslizenzen zu Wissen und unterschiedliche Kulturen gibt. Aber diese diskursiven Verhältnisse, wie sie *pars pro toto* im Verhältnis des Wissenschaftler zum Laien sich veranschaulichen lassen, sind nicht intrinsisch oder gar konstitutiv mit Klassengegensätzen verknüpft – das wäre zugleich eine Überschätzung und eine Unterschätzung des Kulturellen.[67] Sie sprechen nicht die innere Wahrheit des Verhältnisses zwischen »Elite« und »Volk« aus, wie wenn etwa dem »Volk« eine bestimmte Art zu denken und des In-der-Welt-seins eigen wäre.[68] Was die Wissenschaft betrifft, so neigt die Rede von der Trennung zwischen Hoch- und Populärkultur dazu, die wissenschaftliche Produktion auf den Genius des Wissenschaftlers zurückzuführen und das doch sehr weltliche Netzwerk von politischen, kulturellen, technischen, ökonomischen« und sozialen Beziehungen auszublenden, das die Produktion wissenschaftlicher Wahrheit überhaupt erst ermöglicht.[69] Und zugleich neigt diese Rede dazu, die Tatsache auszublenden, dass auch jeder Wissenschaftler, jede Wissenschaftlerin in den meisten Fällen sich in der Position des Laien befindet, wenn nicht zufällig gerade von seinem beziehungsweise ihrem kleinen Fachgebiet die Rede ist. Was Professoren der Geschichtswissenschaft von der Genetik wissen – und Genetikerinnen von der Geschichte –, erfahren sie wohl meist aus dem Fernsehen und der Tageszeitung.

Die Vorstellung einer klaren Trennungslinie zwischen zwei sozialen Ordnungen des Wissens sollte daher ersetzt werden durch das Konzept von zwei koexistierenden Diskursformen: Das »Populäre« der Populärwissenschaft wäre dabei nicht mit einer sozialen Posi-

---

67 Vgl. dazu Roger Chartier: »Texts, Printing, Readings«, in: Lynn Hunt (Hg.): *The New Cultural History*, London: Routledge 1989; ders.: »Le monde comme représentation«, in: *Annales E. S. C.*, 1989, Nr. 6, S. 1505-1520.

68 In eine solche Richtung scheint etwa zu argumentieren Lawrence Grossberg: »Zur Verortung der Populärkultur«, in: Bromley u. a. (Hg.), *Cultural Studies*, S. 215-236.

69 Vgl. dazu in erster Linie Bruno Latour: *Science in Action. How to follow scientists and engineers through society*, Cambridge (Mass.): Harvard University Press 1987; und Steven Shapin: »Rarely Pure and Never Simple: Talking about Truth«, in: *Configurations* 7, 1999, Nr. 1, S. 1-14.

tion ihrer Produzenten oder Rezipienten verknüpft, sondern erscheint als Name für einen zweiten, allerdings ziemlich instabilen, unkontrollierbaren Diskursmodus innerhalb des weiten Rahmen der sozialen Konstruktion wissenschaftlicher Wahrheit. Das Beispiel des kritischen Narrativs vom *mad scientist* legt den Gedanken nahe, dass moderne Gesellschaften neben ihren vielen hochspezialisierten Diskursen grundsätzlich bestimmte »populärkulturelle« Räume brauchen, in welchen weit mehr Akteure sich am konflikthaften »Aushandeln« von Normen und Wertvorstellungen für die Wissensgesellschaft beteiligen können, als dies die Institutionen der Wissenschaft selbst je ermöglichen würden. Diese Räume – »Populärkultur« – sind nichts anderes als die fraktionierten Räume der medialen Öffentlichkeit, in der die vielen Bewohnerinnen und Bewohner der moderner Gesellschaften sich mithilfe von Populärwissenschaft und in unterschiedlich intensiver und unterschiedlich kompetenter Weise zugleich ihr Bild der Welt zusammenbasteln, wie sie auch »Wissenschaft« zu verstehen versuchen. »Populärkultur« oder eben »Öffentlichkeit« ist die Voraussetzung dafür, dass wissenschaftliche Weltbilder entstehen können[70] – und sie schafft erst die Bedingungen dafür, dass »Wissenschaft verstehen« auch bedeuten kann, sie zu kritisieren.

70 Vgl. dazu auch Susan Leigh Star und James R. Griesemer: »Institutional Ecology, ›Translations‹, and Boundary Objects. Amateurs and Professionals in Berkeley's Museum of Vetebrate Zoology, 1907-39«, in: Mario Biagioli (Hg.): *The Science Studies Reader*, New York, London: Routledge 1999, S. 505-524.

Nachweise

1. »Geschichtswissenschaft und Diskursanalye« ist eine überarbeitete Fassung von »Diskurstheorie und Geschichtswissenschaft«, in: Reiner Keller, Werner Schneider und Willy Viehöver (Hg.): *Handbuch Sozialwissenschaftliche Diskursanalyse*, Bd. 1: *Methoden und Theorien*, Opladen: Leske + Budrich 2001, S. 29-52, ergänzt durch Passagen aus: »Subjekte, Diskurse, Körper. Überlegungen zu einer diskursanalytischen Kulturgeschichte«, in: Wolfgang Hardtwig und Hans-Ulrich Wehler (Hg.): *Kulturgeschichte Heute*, Göttingen 1996 (= *Geschichte und Gesellschaft*, Sonderheft 16), S. 131-164.

2. »Die Rationalisierung des Körpers. Über ›Scientific Management‹ und ›biologische Rationalisierung‹«, erschienen in: Michael Jeismann (Hg.): *Obsessionen. Beherrschende Gedanken im wissenschaftlichen Zeitalter*, Frankfurt am Main: Suhrkamp 1995, S. 78-115.

3. »*Mapping the body*. Körpergeschichte zwischen Konstruktivismus, Politik und ›Erfahrung‹«, erschienen in: *Historische Anthropologie*, 1999, 7, H. 3, S. 437-451.

4. »Vom Realen reden? Fragmente einer Körpergeschichte der Moderne«, erschienen in: *RISS, Zeitschrift für Psychoanalyse*, 1999, 2, S. 29-61 (überarbeitete und gekürzte Fassung. Der Text basiert seinerseits auf Passagen aus Sarasin, *Reizbare Maschinen*, Kapitel 1 und 4).

5. »Die Wirklichkeit der Fiktion. Zum Konzept der ›imagined communities‹«, erschienen in: Ulrike Jureit (Hg.): *Politische Kollektive. Die Konstruktion nationaler, rassischer und ethnischer Gemeinschaften*, Münster: Verlag Westfälisches Dampfboot 2001, S. 22-45.

6. »Metaphern der Ambivalenz. Philipp Etters ›Reden an das Schweizervolk‹ von 1939 und die Politik der Schweiz im Zweiten Weltkrieg«: Originalbeitrag.

7. »Infizierte Körper, kontaminierte Sprachen. Metaphern als Gegenstand der Wissenschaftsgeschichte«: Originalbeitrag.

8. »Das obszöne Genießen der Wissenschaft. Über Populärwissenschaft und ›mad scientists‹«: Originalbeitrag.

Michel Foucault
im Suhrkamp Verlag

Sexualität und Wahrheit. Erster Band. Der Wille zum Wissen. Übersetzt von Ulrich Raulff und Walter Seitter. stw 716. 190 Seiten

Sexualität und Wahrheit. Zweiter Band. Der Gebrauch der Lüste. Übersetzt von Ulrich Raulff und Walter Seitter. stw 717. 327 Seiten

Sexualität und Wahrheit. Dritter Band. Die Sorge um sich. Übersetzt von Ulrich Raulff und Walter Seitter. stw 718. 316 Seiten

Überwachen und Strafen. Die Geburt des Gefängnisses. Übersetzt von Walter Seitter. Mit Abbildungen. stw 184. 396 Seiten

Wahnsinn und Gesellschaft. Eine Geschichte des Wahns im Zeitalter der Vernunft. Übersetzt von Ulrich Köppen. stw 39. 562 Seiten

Herculine Barbin/Michel Foucault. Über Hermaphrodismus. Herausgegeben von Wolfgang Schäffner und Joseph Vogl. Übersetzt von Annette Wunschel. es 1733. 247 Seiten

Zu Michel Foucault

Gilles Deleuze. Foucault. Übersetzt von Hermann Kocyba. stw 1023. 192 Seiten

Wolfgang Detel. Macht, Moral, Wissen. Foucault und die klassische Antike. stw 1362. 359 Seiten

Didier Eribon. Michel Foucault. Eine Biographie. Übersetzt von Hans-Horst Henschen. Mit Abbildungen. st 3086. 517 Seiten

Gouvernementalität der Gegenwart. Studien zur Ökonomisierung des Sozialen. Herausgegeben von Ulrich Bröckling, Susanne Krasmann und Thomas Lemke. stw 1490. 320 Seiten

Thomas Schäfer. Reflektierte Vernunft. Michel Foucaults philosophisches Projekt einer antitotalitären Macht- und Wahrheitskritik. stw 1219. 215 Seiten

Wilhelm Schmid. Auf der Suche nach einer neuen Lebenskunst. Die Frage nach dem Grund und die Neubegründung der Ethik bei Foucault. stw 1487. 466 Seiten

Wilhelm Schmid. Die Geburt der Philosophie im Garten der Lüste. Michel Foucaults Archäologie des platonischen Eros. st 3215. 224 Seiten

Spiele der Wahrheit. Michel Foucaults Denken. Herausgegeben von François Ewald und Bernhard Waldenfels. es 1640. 340 Seiten

Paul Veyne. Foucault: Die Revolutionierung der Geschichte. Übersetzt von Gustav Roßler. es 1702. 84 Seiten

NF 116/3/3.02

Gilles Deleuze
im suhrkamp taschenbuch

Das Bewegungs-Bild. Kino 1. Übersetzt von Ulrich Christians und Ulrike Bokelmann. stw 1288. 332 Seiten

Die Falte. Leibniz und der Barock. Übersetzt von Ulrich Johannes Schneider. stw 1484. 231 Seiten

Foucault. Übersetzt von Hermann Kocyba. stw 1023. 192 Seiten

Kritik und Klinik. Übersetzt von Joseph Vogl. Aesthetica. es 1919. 208 Seiten

Die Logik des Sinns. Herausgegeben von Karl Heinz Bohrer. Übersetzt von Bernhard Dieckmann. Aesthetica. es 1707. 397 Seiten

Unterhandlungen. Übersetzt von Gustav Roßler. es 1778. 262 Seiten

Das Zeit-Bild. Kino 2. Übersetzt von Klaus Englert. stw 1289. 454 Seiten

Gilles Deleuze/Félix Guattari
- Anti-Ödipus. Kapitalismus und Schizophrenie. Übersetzt von Bernd Schwibs. st 224. 529 Seiten
- Kafka. Für eine kleine Literatur. Übersetzt von Burkhart Kroeber. es 807. 133 Seiten
- Was ist Philosophie? Übersetzt von Bernd Schwibs und Joseph Vogl. stw 1483. 272 Seiten

Gilles Deleuze/Claire Parnet. Dialoge. Übersetzt von Bernd Schwibs. es 666. 160 Seiten

NF 108/1/1.03

Hans Blumenberg
im Suhrkamp und im Insel Verlag

Die Sorge geht über den Fluß. BS 965. 222 Seiten

Die Verführbarkeit des Philosophen. 210 Seiten. Leinen

Die Vollzähligkeit der Sterne. 557 Seiten. Leinen

Über Hans Blumenberg

Die Kunst des Überlebens. Nachdenken über Hans Blumenberg. Herausgegeben von Franz Josef Wetz und Hermann Timm. stw 1422. 476 Seiten

NF 129/2/11.00

Kulturwissenschaft und Kulturtheorie
im Suhrkamp Verlag
Eine Auswahl

Michail M. Bachtin. Die Ästhetik des Wortes. Herausgegeben und eingeleitet von Rainer Grübel. Übersetzt von Rainer Grübel und Sabine Reese. es 967. 366 Seiten

Michail M. Bachtin. Rabelais und seine Welt. Volkskultur als Gegenkultur. Übersetzt von Gabriele Leupold. Herausgegeben und Vorwort von Renate Lachmann. stw 1187. 546 Seiten

Roland Barthes
- Fragmente einer Sprache der Liebe. Übersetzt von Hans-Horst Henschen. st 1586. 279 Seiten
- Die helle Kammer. Bemerkungen zur Photographie. Übersetzt von Dietrich Leube. Mit zahlreichen Abbildungen. st 1642. 138 Seiten
- Mythen des Alltags. Übersetzt von Helmut Scheffel. es 92. 152 Seiten

Pierre Bourdieu. Die Regeln der Kunst. Genese und Struktur des literarischen Feldes. Übersetzt von Bernd Schwibs und Achim Russer. 552 Seiten. Gebunden

Peter Bürger. Theorie der Avantgarde. es 727. 147 Seiten

Gilles Deleuze. Das Bewegungs-Bild. Kino 1. Übersetzt von Ulrich Christians und Ulrike Bokelmann. stw 1288. 332 Seiten

Gilles Deleuze. Das Zeit-Bild. Kino 2. Übersetzt von Klaus Englert. stw 1289. 454 Seiten

NF 118/1/8.00

Jacques Derrida. Grammatologie. Übersetzt von Hans-Jörg Rheinberger und Hanns Zischler. stw 417. 541 Seiten

Jacques Derrida. Die Schrift und die Differenz. Übersetzt von Rodolphe Gasché. stw 177. 451 Seiten

John Dewey. Kunst als Erfahrung. Übersetzt von Christa Velten, Gerhard vom Hofe und Dieter Sulzer. stw 703. 411 Seiten

Michel Foucault. Archäologie des Wissens. Übersetzt von Ulrich Köppen. stw 356. 301 Seiten

Michel Foucault. Die Ordnung der Dinge. Eine Archäologie der Humanwissenschaften. Übersetzt von Ulrich Köppen. stw 96. 470 Seiten

Peter Gendolla/Thomas Kamphusmann (Hg.). Die Künste des Zufalls. stw 1432. 302 Seiten

Michael Giesecke. Der Buchdruck in der frühen Neuzeit. stw 1357. 957 Seiten

Michael Giesecke. Sinnenwandel, Sprachwandel, Kulturwandel. Studien zur Vorgeschichte der Informationsgesellschaft. stw 997. 374 Seiten

Ernst H. Gombrich/Julian Hochberg/Max Black. Kunst, Wahrnehmung, Wirklichkeit. Übersetzt von Max Looser. es 860. 156 Seiten

Nelson Goodman. Sprachen der Kunst. Entwurf einer Symboltheorie. Übersetzt von Bernd Philippi. stw 1304. 254 Seiten

Nelson Goodman/Catherine Z. Elgin. Revisionen. Philosophie und andere Künste und Wissenschaften. Übersetzt von Bernd Philippi. stw 1050. 225 Seiten

Jack Goody. Die Logik der Schrift und die Organisation von Gesellschaft. Übersetzt von Uwe Opolka.
323 Seiten. Gebunden

Jack Goody/Ian Watt/Kathleen Gough. Entstehung und Folgen der Schriftkultur. Übersetzt von Friedhelm Herborth. Mit einer Einleitung von Heinz Schlaffer.
stw 600. 161 Seiten

Wolf Lepenies. Melancholie und Gesellschaft. Mit einer neuen Einleitung: Das Ende der Utopie und die Wiederkehr der Melancholie. stw 967. 337 Seiten

André Leroi-Gourhan. Hand und Wort. Die Evolution von Technik, Sprache und Kunst. Übersetzt von Michael Bischoff. Mit 153 Zeichnungen des Autors. stw 700. 532 Seiten

Winfried Menninghaus. Ekel. Theorie und Geschichte einer starken Empfindung. 592 Seiten. Gebunden

K. Ludwig Pfeiffer. Das Mediale und das Imaginäre. Dimensionen kulturanthropologischer Medientheorie.
624 Seiten. Gebunden

Georg Simmel
im Suhrkamp Verlag

Gesamtausgabe in 24 Bänden. Herausgegeben von Otthein Rammstedt. Die Bände sind auch einzeln lieferbar.
Bereits erschienen:

NF 137/2/12.02

Zu Georg Simmel

Georg Simmel und die Moderne. Neue Interpretationen und Materialien. Herausgegeben von Heinz-Jürgen Dahme und Otthein Rammstedt. Mit Beiträgen von David P. Frisby, Lewis A. Coser, Birgitta Nedelmann, Bruno Accarino, Michael Landmann, Kurt H. Wolff, Hannes Böhringer, Sibylle Hübner-Funk, Heinz-Jürgen Dahme, Klaus Lichtblau, Peter-Ernst Schnabel, Donald N. Levine, Klaus Christian Köhnke, Heinz-Jürgen Dahme und Otthein Rammstedt.
stw 469. 486 Seiten

Georg Simmels ›Philosophie des Geldes‹. Aufsätze und Materialien. Herausgegeben von Otthein Rammstedt unter Mitwirkung von Natalia Cantó i Milà und Christian Papilloud.
stw 1584. 350 Seiten

Klaus Christian Köhnke. Der junge Simmel in Theoriebeziehungen und sozialen Bewegungen. 569 Seiten. Gebunden